JEWISH STUDIES

教育部人文社会科学重点研究基地
山东大学犹太教与跨宗教研究中心

第22辑

犹太研究

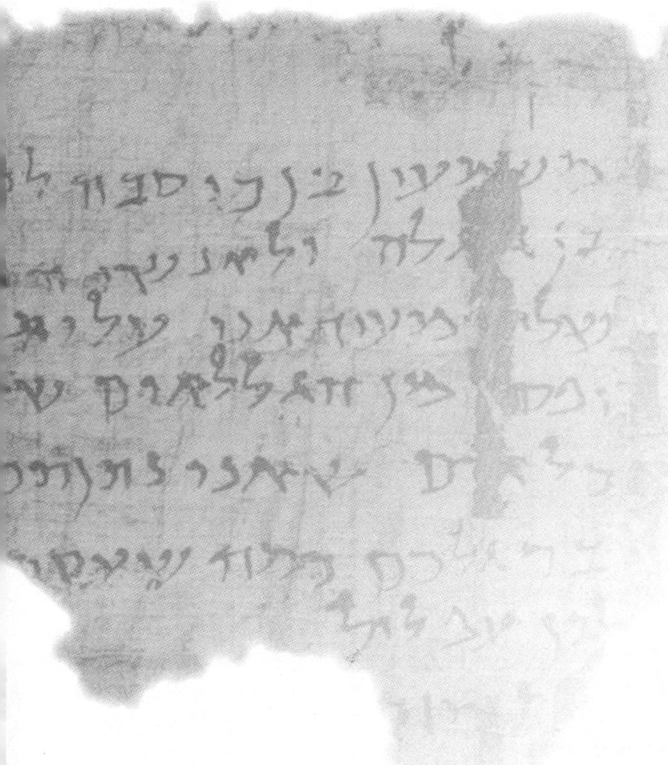

主编
傅有德
副主编
陈家富
董修元

山东大学
出版社

图书在版编目(CIP)数据

犹太研究.第22辑/傅有德主编.—济南:山东大学出版社,2023.12
ISBN 978-7-5607-8015-3

Ⅰ.①犹… Ⅱ.①傅… Ⅲ.①犹太教—宗教哲学—研究 ②犹太人—研究 Ⅳ.①B985 ②K18

中国国家版本馆CIP数据核字(2023)第252055号

责任编辑 霍馨莹
封面设计 牛 钧 王秋忆

犹太研究
YOUTAI YANJIU
第22辑

出版发行 山东大学出版社
社　　址 山东省济南市山大南路20号
邮政编码 250100
发行热线 (0531)88363008
经　　销 新华书店
印　　刷 济南华林彩印有限公司
规　　格 787毫米×1092毫米 1/16
18.5印张 370千字
版　　次 2023年12月第1版
印　　次 2023年12月第1次印刷
定　　价 59.00元

目录

A.历史与社会

History and Society

B.思想与人物

Thought and People

目 录

A

历史与社会

History and Society

以色列学校德育的生成逻辑、现实样态与理性审视

——基于国家教育的考察

王晨霏*

【摘要】以色列国家教育的德育是对犹太教育的继承与发展，是犹太复国主义自发起至今对教育的高度凝练和系统总结，具有深厚的历史底蕴和现实指向。它回答了“培养什么样的以色列人”和“怎么样培养合格以色列人”的问题，在增强国内外犹太人团结、促进犹太民族复兴、助力国家发展和维护意识形态安全等方面发挥着重要作用。在具体的实施过程中，以犹太性和民主性为基调，形成了集民族、国家、社会、个人价值观于一体的德育内容体系，构建起了目标、内容、途径紧密连接的德育框架，并注重正式教育和课外实践的互助补充，以增强学生知行合一的核心素养。研究以色列国家教育的德育样态，有助于拓展中国德育教育的国际视野。

【关键词】以色列；国家教育；德育；犹太文化

以色列国家教育的德育倡导培养能够建设“犹太的和民主的”国家的以色列人，凝心聚力促进犹太民族复兴和以色列的安全稳定，促使以色列成为在科技、教育、军事、农业等领域具有突出优势的“袖珍强国”。本文拟通过对以色列国家教育的德育进行深入剖析，厘清其发展脉络，挖掘其本质与核心内容，揭示其当代实践样态，从而进一步认识和分析以色列国家教育中德育的经验与教训，以期为我国德育提供借鉴性启示。

---

* 王晨霏，东北师范大学思想政治教育研究中心讲师。

一、以色列国家教育德育的生成逻辑

犹太民族十分注重德性养成。在以色列建国之前，犹太复国主义者便已十分重视对定居点犹太人进行德育，初步形成了以色列德育的知识框架与运行体系。以色列建国后，学校德育得到了系统发展，在适应社会发展、移民融合、文化转型的过程中，国家教育的德育逐渐形成了兼具“犹太”和“民主”指向的行动范式。

（一）以色列国家教育德育的历史逻辑

以色列建国初期的德育旨在巩固新政权，以英雄主义鼓舞以色列人建设国家，以家国情怀感召犹太移民回归，突出了以色列国家的犹太特征。随着不同文化背景的犹太移民的涌入，融合与共存成为统治阶级考虑的核心任务，德育发挥起整合移民的功能。受以美国为主的西方国家德育影响，以色列德育变得更加现代化、多元化、个人主义化，道德危机也逐步显现。为了增强国家强有力的管控，全面实行“国家主义”，教育部在顶层设计上开始对国家教育提出更加具体、明确的要求。与此同时，更加丰富多样的德育实践在学校中普及开来，与课堂教育相辅相成，提升了德育的成效。由此，大致可以将以色列国家教育的德育发展划分为三个阶段。

第一阶段为犹太复国主义兴起到 1948 年以色列建国的探索阶段，这一阶段的德育具有模糊性、工具性、传统性的特点。建国前尚未产生“国家教育”这一概念，当时的大多数犹太学校都隶属于政党并分为普通教育(general trends)、劳工教育(labor trends)、宗教教育(Mizrahi trends)三类。其中，普通教育学校的学生人数在 1948 年以色列建国时已达到学生总人数的 52%，普通教育是当今以色列国家教育的雏形。[①] 这一阶段的德育尚未形成自上而下的整体性建构和科学规划，不同学校的德育依附不同教育发展，它们的德育目标有着相似的出发点，即培养积极重建家园的犹太人，他们应具有热爱故土、吃苦耐劳、团结同胞、忠于国家的价值观念。这一阶段的德育为以色列建国的合理化和传播主流意识形态做准备，但是，由于没有强有力的国家政权掌控教育，各类学校各行其道，具体的教学内容也并不统一，多利用犹太文化的感召力来增强德育的实效性。

第二阶段为以色列建国至 2000 年的体系化构建阶段。以色列政府为了规定和调整业已存在的犹太教育，在 1949 年颁布了《义务教育法》，以法律的形式承认了四种教育，即普通教育、劳工教育、宗教教育和代表传统宗教犹太社会的

① 参见 https://edu.gov.il/heb/Pages/hp.aspx。

政党教育。1953 年以色列通过了《国家教育法》,决定成立教育与文化部(下文简称"教育部")来负责全国的学校和课程,并完善了已经存在的教育结构。教育部将已经存在的四种教育整合为三类:一是由普通教育转变的"国家教育"(state education),指由国家根据课程设置提供的教育,不与政党、种群或者任何非政府团体发生联系,接受教育部长或由教育部长为此目的任命的任何个人的监督。二是由宗教教育转变而来的"国家宗教教育"(state religious education),指国家管控下的宗教教育,课程、教师、校监均依照宗教传统以及宗教犹太复国主义精神开展。三是由政党教育转变而来的"宗教教育"(ultra-Orthodox education, Haredim),他们开展独立的宗教教育,不接受现代化的国家课程。除此之外,还新增加了"非犹太教育"(non-Jewish education),他们依照自己的特殊情况进行教育。与其他学校的德育相比,国家教育的德育目标随着统治阶级的成熟发展而逐步清晰,越来越多的课程开始发挥德育作用、以文化人,形成了政治化、体系化、科学化的德育范式。

第三阶段为 2001 年至今的德育新阶段。为了解决 2000 年巴以冲突升级之后的国内不同族裔之间的矛盾,教育部要求"各校在 2001 年秋季新学年开始时调整教学大纲,所有科目要突出价值观教育如人文主义、犹太价值以及无论性别种族的平等价值教育,要把尊重他人和人文主义、犹太复国主义和犹太价值相结合"[①]。与前两个阶段相比,国家教育的德育在目标、内容与途径三方面实现了转变:在目标层面上从单一性变为多元性又转变为明确性,在内容层面上从同一性过渡到多样性又转化为统一性,在实践层面上探索更具实效性和感召力的德育活动。

(二)以色列国家教育德育的理论逻辑

与大部分西方国家不同,以色列德育理论的形成和发展受西方古代德育理论和西方中世纪的德育理论影响较小,在文化和意识形态上"与世隔绝",以犹太教自持,保持精神领域的纯洁性与独立性。在以色列建国后,教育领域逐渐美国化,引入对西方近代教育和德育理论的研究,以服务于自身理论体系的发展与完善。

犹太文化为以色列学校德育奠定了理论基础,主张"行其道",通过行动来成为道德的人。犹太教"不专重于来世,而是注重今世。它的目的在于推进社会正

① 陈腾华 Chen Tenghua,《为了一个民族的中兴:以色列教育概览》[A Brief Introduction to Israeli Education](上海[Shanghai]:华东师范大学出版社[East China Normal University Press],2005),55—56。

义与和睦的社会，消除人与人之间的不人道行为，而不是使人在来世得到拯救”①。犹太教的一些拉比认为，如果没有道德律法的存在，那么这个物质世界的创造就是不完整的，甚至是没有意义的。在目标上，犹太文化向往的价值观、世界观、人生观、道德观是目的性明确的开放性多层次系统，与现代以色列德育的目标相配适，即培养热爱犹太文化、热爱故土、传承犹太遗产、勤奋创新、公平正义的以色列人。在内容上，犹太文化弘扬的道德理念诸如追求平等与自由、重视生命的价值、善、公义等兼具现代性的价值观都是当代以色列学校德育大力提倡的道德观念。犹太文化正是由于较为恰当地对待了神圣与世俗、信仰与功利、传统与变革、凝聚与分化等思想范畴，从而得以在历经现代主义的一次次挑战后依然存活，在历史的沧桑沉浮中守住自己的一片空间，并为现代人提供了宝贵的精神滋养与历史借鉴。②

以艾泽(H. Ezer)为核心的一些以色列本土学者认为，乌兹尔的多元主义模型是一个理想的模型，并支持其应用于以色列的教育体系，因为这一模型提出了解决多元主义和特殊主义教育之间矛盾的教育实践。根据乌兹尔的理论，学习者学习多元主义和特殊主义的内容，形成每个个体独特的知识，同时所有学生都获得一些其他群体的文化传统和知识，而在以色列，这些知识通常与他们原有的民族和社会文化互相冲突。③ 多数以色列学者认为这种教育方法将促进社会正义、平等、团结。20 世纪 70 年代以后，随着世界各地犹太人“回归故土”的逐渐完成，以色列移民人数不断下降，新生一代多出生于以色列本土。在基本完成国民身份与民族意识整合的背景下，以色列开始呼吁给予个体性和现代性价值更多的关注，以色列德育也在不断丰富其教育目标与内涵。伴随着以美国为代表的西方世界反战运动、平权运动、女权运动的兴起，价值澄清、认知发展、女性主义等道德教育理论的发展，以色列德育也发生了向“多元主义”的转向。

需要指出的是，以色列学校德育的理论体系尚不完备。以色列教育家尤瓦

① Robert Seltzer 罗伯特·塞尔茨，《犹太的思想》[Jewish People, Jewish Thought]，赵立行 Zhao Lixing、冯玮 Feng Wei 译(上海[Shanghai]：上海三联书店[Shanghai SDX Joint Publishing Company]，1995)，304。

② 参见张倩红 Zhang Qianhong、艾仁贵 Ai Ren'gui，《犹太文化》[Jewish Culture](北京[Beijing]：人民出版社[People's Publishing House]，2013)，3—4。

③ 参见 H. Ezer, *Multiculturalism in Society and in School*: *Educational and Literacy Aspects* (Jerusalem: Open University Press, 2004); R. Reingold, *Curricular Models of Multicultural Pluralistic Education*: *Four Event Investigations from the USA Academy* (Jerusalem: Dapim, 2005), 108-131; A. Yogev, "Approaches to Education in a Pluralistic Society," in *Zomet*: *Values and Education in Israeli Society*, eds. Y. Iram, S. Shkolnikov, Y. Cohen and A. Shechter (Jerusalem: Ministry of Education, 2001), 355-379。

尔(Yuval Dror)指出,以色列道德和价值观教育缺乏系统的理论体系,道德教育有诸多理论模型,其中一些是相互矛盾的。[①] 也有学者认为,以色列德育将“普遍道德教育”和依赖于特定社会的“价值教育”分开,但同时又联系起来。[②] 也有学者指出,在规划德育活动时,缺乏非正式教育的维度,仅有父母、外部环境、社会等因素,而其他影响德育实践的因素没有被纳入研究范围中。以色列政府大力推行的德育实践活动也遭到了质疑,有社会学家批判道德、宗教、民族或普遍的价值观念没有转到学校、地方、国家和国际社会日益扩大的范畴中去。[③]

(三)以色列国家教育德育的实践逻辑

以色列社会高度异质,诸多现实诉求使得德育的建设和发展至关重要。在国家发展的历程中,以色列学校德育发挥着维护意识形态与国家安全稳定的重要功能。以色列是一个极其特殊的国家。犹太复国主义自 19 世纪后期一经出现,就时刻准备重建犹太家园,这一初衷鼓舞了世界各地犹太人纷纷移民巴勒斯坦地区,为以色列建国做准备。但是,这一理念也招致多方争议,该地区的原住居民和周边阿拉伯国家进行了抵抗运动。时至今日,这一意识形态冲突仍存在,使得以色列常年饱受战乱之苦,时刻面临着国土安全的威胁与挑战。基于这样的现实需求,德育成为国家安全战略的重要组成部分。

以色列学校德育还肩负着维持社会和谐稳定、缩小不同文化背景移民差异的重任,通过道德的感召力凝聚散居世界各地的犹太人保持民族的同一性。以色列移民成分复杂,包括在社会上占主流的德系犹太移民,历史文化传统上得不到认可的东方犹太移民,犹太教信仰最为淡泊的俄罗斯移民,还有与世界上其他犹太人隔绝多年的埃塞俄比亚犹太移民,等等。在流散世界各地的不同历史时期,犹太民族在与世界各地不同民族的交往过程中,毫无疑问吸纳了各地、各民族的一些文化因素,呈现出价值观的多样性。但与此同时,犹太文化也是封闭的。两千年的流散生活中,犹太民族极强的民族意识促使犹太文化、犹太精神的内核和诸多的文化元素明显区别于其他民族与文化,形成极为独特的价值观。为了确保以色列学校德育缩小移民差异这一功能,在学校德育内容的设计上不可避免地要利用历史文化上的传统因素,但这并不等同于简单的历史记忆之堆

① 参见 Yuval Dror, “Community and Activity Dimensions: Essentials for the Moral and Values Educator,” *Journal of Moral Education* 22 (1993): 125。

② 参见 Fritz Oser, “Moral Education and Values Education: The Discourse Perspective,” in *Handbook of Research on Teaching*, ed. Merlin Wittock (New York: Macmillan, 1986), 917-941。

③ 参见 M. Gal, “Informal Education in Israel,” in *Education in an Evolving Society*, eds. Walter Ackerman, Arye Carmon and David Zucker (Jerusalem and Tel-Aviv: Van-Leer Institute and Ha-Kibbutz Ha-Meuchad, 1985), 601-666。

积与犹太价值观之总和，而是要发挥犹太道德观念这个“最大公约数”，把现代国家建设与几千年的犹太文化结合在一起，把不同文化背景、不同派别、不同历史回忆的几代犹太人加之国内少数民族装入一个共同的以色列文化熔炉中，以共同的民族信仰、道德准则、行为规范来约束犹太移民，以促进犹太移民个人更好地发展、更好地传承犹太文化，协调与他者的关系，促进社会和谐稳定发展，增强民族凝聚力。

二、以色列国家教育德育的现实样态

要科学把握、深刻理解、理性分析以色列国家教育的德育，应明晰这一论域的核心关键词，在此基础上剖析国家教育德育的本质内涵。国家教育德育的本质决定了其核心目标和内容体系，限定了其实践的主题和形式。

（一）以色列国家教育德育的本质内涵

以色列国家教育德育的一个关键词是“国家教育”。前文已述，国家教育是1953年以来形成的以色列主流教育体系，本文主要聚焦这一范畴内开展的德育实践，国家宗教教育、非犹太教育和极端正统派教育本文暂不涉及。

以色列国家教育德育的另一个关键词是“德育”。在以色列德育研究的话语体系中，我国学者使用“以色列爱国主义教育”“以色列价值观教育”“大屠杀教育”“以色列国防教育”等概念；以色列学者常用“公民教育”“犹太教育”“民族教育”“大屠杀教育”“道德教育”“以色列研究”“《圣经》学习”“非正式教育”等概念。可见，“德育”并不是一个常用的概念，但是上述提法与德育有着内在的紧密联系，它们实质上都包含了灌输以色列主流思想观念、政治观点、道德规范的意涵，意指培养合格以色列公民的教育实践活动。

为了便于研究，本文在使用“德育”这一概念时，认为德育是为培养和提高受教育者的思想政治品德素质而进行的教育，因此是广义上的德育，即大德育，包括政治教育、思想教育、品德教育以及心理教育等。基于这样的认识基础，本文核心论域“以色列国家教育德育”指的是在以色列国家教育的学校中广泛开展的，灌输以色列主流价值观念、政治理念、道德规范，形成符合以色列统治阶级要求的思想品德的教育活动，以此来维护国家意志，凝聚价值共识。

（二）以色列国家教育德育的内容体系

从目标来看，以色列国家教育的德育要培养对国家忠诚、热爱犹太民族及文化、传承犹太文化遗产、崇尚自由与和平、尊重他人、团结互助、具有勤奋创新精神的以色列人。简言之，即培养合格的以色列人以促进民族复兴和国家发展。这一总体目标从民族层面、国家层面、社会层面及个人层面对学生的思想品德及

道德素养提出了要求。正如前面分析到的，国家教育德育具有突出的阶级性、世俗性、民族性，其本质是培育符合统治阶级利益的以色列公民，助力民族复兴与国家富强。国家教育的德育内容以此为基本原则和指导思想，具有丰富的内涵。

以色列《国家教育法》规定了以色列教育的宗旨，并对德育目标和内容作出了明确的要求。该法提出的 11 条教育目标中有 10 条明确对学生的价值观进行了规定，可概括归纳为个人、社会、国家、民族四个维度的要求，具体内容见表 1。

表 1　以色列《国家教育法》中规定的教育目标和道德指向

个人道德	社会道德	国家道德	民族道德
热爱人类、尊敬父母（第 1 条）	创造不同的、支持发展的氛围（第 8 条）	热爱国家、忠诚（第 1 条）	热爱民族、尊重文化遗产（第 1 条）
为有意义的生活而竞争（第 5 条）	平等（第 8 条）	继承以色列民主价值观、守法、和平（第 2 条）	继承犹太精神、尊重文化（第 2 条）
鼓励身体实践和休闲（第 6 条）	互相帮助、贡献社区（第 9 条）	尊重国家景物及地理风物、责任感（第 10 条）	传承以色列遗产、犹太传统、大屠杀记忆（第 4 条）
好奇、独立、首创精神、对革新敏感（第 7 条）	公正（第 9 条）	了解阿拉伯及其他少数民族独特传统（第 11 条）	尊重民族环境（第 10 条）

（资料来源：王晨霏 Wang Chenfei、高地 Gao Di，〈以色列中小学道德教育的多轨模式与整体性建构〉[The Multi-Track Model and Integral Construction of Moral Education in Israeli Primary and Secondary Schools]，于《比较教育学报》[Journal of Comparative Education]，2021 年第 2 期[2021, Issue 2]，91—105。）

可见，四个维度的德育内容互相联系、互相补充。第一，在民族层面要热爱犹太民族，团结犹太同胞，这是最重要的内容。第二，在国家层面首要的是忠诚于国家，并传承《独立宣言》提倡的自由、和平等精神，为国家的建设发展贡献自己的全部力量。第三，在社会层面要使学生具备无差别的平等观念，尊重他者，理解不同族裔之间的文化差异，团结互助，消除隔阂，从而形成团结友爱、和谐共存的良好社会氛围。第四，在个人层面要提高个人素质，使学生具备良好的思想品德素质，如勤奋劳动、公义的品格、创新精神等。四个方面的德育内容互相联系，共同指向了以色列合格公民的“犹太性”和“民主性”，高度契合了以色列统治阶级的利益，服务于国家的发展与稳定。值得一提的是，国家教育德育并不是简单的“犹太性”与“民主性”的结合，在对其价值理念深度挖掘时亦不能机械地将民族性与民主性一分为二，而是要体味犹太思想与现代理念间的联系。犹太文化中蕴含的现代哲思是民族国家现代化发展的根脉，国家日益政治化与世俗化反过来加速了犹太文化的创新与转化，这种对待传统文化的扬弃态度促使犹太文化具有鲜活的生命力。

（三）以色列国家教育德育的实践进路

以色列国家教育的德育深受国家的重视，主要培育路径是学校教育和社会教育，形成了知行合一的范式，以课堂培育和课外实践为主，辅之以学校、家庭、社会的一体化育人实践，充分利用关键时间节点来进行卓有成效的德育活动。

第一，在正式教育中充分利用课程培育。其主渠道是学校开展的必修课程，核心目的在于综合运用不同的课程，建构起犹太民族与以色列国之间的吻合性，以培养学生爱国情感。就政治课而言，以色列的建国文件《独立宣言》是课程的基础内容，使学生在掌握以色列的国体、政体、公民权利与义务等知识的基础上逐步形成国家认同；同时，教师对知识背后所蕴藏的道德价值进行深度挖掘与讲授，使学生在政治课学习的过程中形成道德判断的基本认知，引导学生形成符合以色列国家发展所需的道德价值观，成长为合格公民。就历史课而言，课程以以色列建国的艰辛历程、以色列建设史、以色列与世界为主要内容，同时将大屠杀记忆融入民族与国家的成长历史之中，既激励学生传承英雄主义精神与开拓精神，又以此使不同背景的学生产生共情，使“以色列人”这样一种身份具有历史与现实的双重意蕴——既是与上帝立约的雅各的后代“以色列人”，又是作为现代民族国家以色列的公民“以色列人”——实现民族道德与国家道德的深度结合，促进形成犹太人之所以为以色列人的身份认同。就地理课而言，课程内容主要涉及以色列的国家版图、以色列在中东地区的地理位置与政治地位、国内各区情况及各区之间的比较、以色列与世界之间的联系等，使学生形成跨越历史与现实、时间与空间界限的国家体认，更加具象地感知和把握国家情况与命运。由实践观之，系统性、规范性的公民道德教育体系，对于培养以色列学生在国家政治生活中的国家道德和公民日常生活中的公民道德都有效发挥了其内容规范、结构系统、影响深广、效果扎实的重要作用。

第二，在非正式教育中依托各类项目开展体验式德育。以色列开展道德教育主要有四种方法，分别是道德判断法、价值法、后现代主义和批判式教育，在实际开展德育时，往往综合使用上述方法。根据上述道德教育的各种方法，学界提出了德育实践的基本概念，诸如自主（包括道德判断和道德动机）、共情和关怀、

选择、自我实现、发展真实身份、社会批判和对话。教育部针对上述指标进行了评估，明确指出以色列青少年的道德松懈，并启动德育项目，通过将这些项目纳入核心课程来解决学生出现的道德问题，并且德育实践项目要明确加强学习者的犹太身份认同感以及他们对犹太遗产、文化和以色列土地的归属感。课外活动与社会实践均为道德教育的有机构成，课外活动与社会实践有效弥补了正式课程在实践锻炼与认识提升上的不足，是贯穿以色列学校德育的重要途径。学校积极与社会群体寻求合作，为学生提供了医院护工志愿者体验、急救知识学习、社区垃圾清理、文化遗址讲解员体验等多种志愿服务选择，使学生在社会实践的锻炼中形成公民身份认同，并不断培养其团结邻里、互帮互助、各民族和平共处的道德情操。

第三，国家教育力图构建家庭、学校、社会协同培育的德育体系。家庭教育是以色列学校德育的摇篮。不论是在历史上迁徙和流散的时期，还是当代以色列，家庭都是生活中最小、相对最为稳定的单位，承担起传承犹太民族精神的重任。犹太人十分注重家庭教育，重言传、重身教，以传统文化熏陶和培养孩子树立正确的道德观念、行为举止、生活方式、宗教礼仪。现行教育大纲还强调了个人、集体和学校层面的社会参与教育，积极在学校和社区之间搭建桥梁，与家长、民间社会和社区建立伙伴关系，以增加学生参与社会和融入社会的机会。[①] 以现状观之，以色列学校、家庭、社会德育一体化之构建任务尚未完成。家庭教育与学校德育之间以民族文化为纽带，建立起了较好的育人合力，社会教育与学校德育以公民参与为抓手，也建立起了较好的育人协调力。但是，学校、家庭、社会三者之间的共同培育机制尚未形成。

三、以色列国家教育德育的理性审视

以色列国家教育的德育取得了一定成效，在建国后的 70 余年统一了国家意志，成功地凝聚了世界各地犹太人，国内居民安家乐业，经济、科技、教育长足发展。但是，国民信仰差异与立场分歧等因素侵蚀着统一身份认同的构建，以色列当代德育建构依然面临诸多挑战。

（一）以色列国家教育德育的时代困境

综观以色列学校德育的发展历程，其在建国初期增强了民族凝聚力，在应对重大挑战、抵御重大风险、克服重大阻力、解决重大矛盾时发挥了不可替代的作

① 参见 http://matana.education.gov.il/חטיבת-ביניים:יעד-בית-ספרי-07:מעורבות-חברתית。

用;在以色列发展建设阶段,更是培育了不同群体对于国家的忠诚和责任意识,将以色列建设成为中东乃至世界的教育和科技强国。但是,以色列带有世俗与宗教联袂的先天不足,在国家发展的过程中,主流意识形态随着政治、经济、文化的改变而改变,狭隘民族主义势力抬头,原教旨主义群体仍然存在并有扩大势力之趋势。通过理性审视可以发现以色列国家教育轨道的德育存有以下时代困境,需要我们深入思考。

首先,现代化生活削弱犹太传统文化和犹太民族集体记忆的生命力。随着现代民族国家的不断发展,以色列"美国化"日益严重,极端民族主义势力抬头,国民价值观呈现出世俗化、现代化、多元化的特征。年轻一代的以色列人受西方意识形态影响愈发向往现代性的生活,不恪守犹太教律法,犹太文化在生活习惯和价值观念上的影响式微,逐渐流于形式。大部分以色列世俗犹太人逐步倾向于现代化的生活,不再尽心、尽力、尽性追溯和传承自己的民族文化,如特拉维夫大区近年来在安息日逐步恢复了公共交通,这引发了民众极大的争议。大屠杀创伤也逐步被新一代所摒弃,他们不愿回忆悲痛的历史,不欢迎过度的大屠杀教育,认为在教育中不需要脆弱、病态的过去,应当抛弃不齿的历史,以国家成就取而代之,激励下一代为国奉献。

其次,疫情后德育尚未进行适应性转变。虽然世界各国对待疫情态度不一,防控手段各异,但不可否认的是,疫情对各国都造成了不同程度的影响。以色列政府较早采取了开放政策,国家教育的学校大部分时间都正常运转,也有学校分时段、错峰采取了线上授课的方式。在相对宽松的防疫环境中,世俗犹太人与宗教犹太人、犹太人与阿拉伯人未能创造共同抗疫、共克时艰的集体记忆,隐性德育缺乏发力点,师、生、家、校各自为营,错失了整合德育资源及重构德育合力的有利时机。

最后,政党政治间角力不利于德育宏观环境的稳定。国家教育德育与以色列政治环境有着内在的联系与互动。自 2019 年 5 月议会宣布解散至今,疫情加剧了政治混乱,政党组阁困难重重。以色列各政党就像缠绕在一起的绳结,牵一发而动全身,至今尚未形成良性、稳定的政治文化。多党组阁给了人民更多表达诉求的机会,但也存在政治不稳定、政策不连贯的风险,不利于构建统一的公民认同。

(二)以色列国家教育德育的发展趋势

国家教育的德育兼具"犹太性"与"民主性"的双重特性,对于二者是否矛盾、能否调和的问题,学界一直存在争论。在建国初,以色列《独立宣言》昭示了以色列是一个"犹太的和民主的国家",这一建国理念为历届政府所推崇和巩固,因此,可以预见的是,以色列民族性与民主性势必会进一步结合,而非分离。在这一理念下自觉形成的德育，以传统性与现代性的耦合来减少二者之间的张力。在德育目标层面的设定上，国家教育的德育将更加适应于国家发展与个人成长之需要。在德育内容上，一方面，国家教育将继续推广以民族历史为原型的“政治神话”，以英雄主义和爱国主义来维护和巩固自身阶级的稳定性；另一方面，为了与世界各国接轨，突破国际政治盟友稀缺的藩篱，国家教育的德育将会加强全球化、文明交流互鉴等主题，以培养世界公民，特别是团结世界各地的犹太人，加强以色列犹太人与海外犹太人的联系，以增强国际政治博弈的力量。

与此同时，国家教育亦会加强同其他教育的角力，突出自己的优势地位，争取更多的话语权和教育资源。在整合资源、形成优势上，国家教育的德育可以从以下几方面进行努力：一是令更多的课程发挥起德育的作用，综合利用希伯来语课、文学课、地理课、历史课、公民课等课程，形成系统的德育课程网络，全方位强化主流意识形态的灌输；二是使用统一教材来限制教材多样性，教育部将着重推进教材编写和教材使用的立场与导向的统一，减少新历史主义思潮的负面影响；三是在教学实践上，利用好文化历史遗址和国家公祭场所，加强历史文化传统教育和国民身份认同塑造，以培养国家建设者和接班人。

（三）以色列国家教育德育的启示借鉴

世界百年未有之大变局加速演进，人类已经成为你中有我、我中有你的命运共同体，文明深度交流，彼此相互依存。处于新时代，要求我们放眼世界，借鉴世界其他国家道德教育、公民教育、价值观教育等意识形态领域建设的有益经验与启示，以我为主、为我所用。同时，吸取他国教训，从而达到他山之石可以攻玉之目的。

诸多学者已达成共识，在世界具有较大影响的文化传统中，能够一以贯之、没有断裂的仅有中国文化与犹太文化。《塔木德》学者施坦泽兹（Adin Steinsaltz）对中国文化和犹太文化进行了比较，认为犹太智慧文献与以儒家五经为代表的中国文化无论是在风格上还是在内容上都有相似之处，“尽管他们都致力于人类生存的根本问题，但他们都没有以抽象方式涉及，也没有以系统哲学写作的方式表达他们的观点，当在希腊写作关于哲学与道德问题的丰富而又系统的著作之时，在中国和以色列则是以贤哲向门徒或大众传播的简短格言的形式表达着这些见解。以这种方式表现的智慧之文因而只是一个开端，一个观念的概括，它是一种引发深思的方法”①。由此可见，中以德育及其比较研究不仅

① Adin Steinsaltz 阿丁·施坦泽兹诠释，《阿伯特——犹太智慧书》[Aboth: The Wisdom of Our Fathers]，张平 Zhang Ping 译（北京[Beijing]：中国社会科学出版社[China Social Sciences Press]，1996），9—10。

具有可行性,还十分必要。

以色列充分借助犹太文化的感召力,对其进行挖掘、利用、重构,使之符合现代民族国家建构,在一定程度上增强了民族凝聚力,促进了犹太民族复兴,加速了国家建设发展,使以色列在经济、科技、军事、教育、农业等方面实力不断增强,在中东地区具有明显的影响力,被称为"袖珍强国"。但是,这一成功经验我国不能全部借鉴,直接复制照搬。一方面,中以两国制度不同。以色列具有鲜明的宗教因素与犹太文化相融特性,民族传统与文化习俗不分畛域,犹太教在一定程度上起到了德育的作用,这种经验不适合我国国情。另一方面,这种对犹太文化及史实的转化建立在改造、删减、误读的基础之上,随着时代的进步、国家的发展、原始文物遗产的重现等因素,其弊端初步呈现,逐渐遭到公众质疑,发酵形成新历史主义思潮。"政治神话"和过度操控集体记忆,使民众对于政府更加不信任,认为国家干预了个人知晓真相的权利,阻碍了政权权威的巩固,削弱了公民对统治阶级的政治认同。这提示我们要持续推进中华优秀传统文化的创造性转化和创新性发展,使之契合学校德育的内容,并丰富德育实践,构建理论完备、内容科学、实践多样、实效持久的德育模式。

The Generative Logic, Theoretical Composition, and Practical Approach of Moral Education in Israeli Schools: Examination Based on Israeli State Education

WANG Chenfei

Abstract: The moral education of Israel's state education is the inheritance and development of Jewish education, and it is a highly condensed and systematic summary of education since the launch of Zionism. It has a profound historical background and practical direction. It answers the questions of "What kind of students are taught in Israel" and "How to educate qualified Israelis". It plays an important role in enhancing Jewish unity at home and abroad, promoting Jewish national rejuvenation, assisting national development, and maintaining ideological security. In the specific implementation process, the state education takes Judaism and democracy as the keynote, forms a moral education content system integrating national, state, social and personal values, builds a moral education framework with tight junction goals, contents and approaches, and focuses on mutual assistance and supplement of formal education and extracurricular practice, so as to enhance the core quality of students' unity of knowledge and practice. Studying the moral education of Israel's state education system helps to expand the international perspective of Chinese means of strengthening morality.

Key Words: Israel, State Education, Moral Education, Jewish Culture

哈尔滨犹太人慈善事业研究*

高龙彬**

【摘要】哈尔滨犹太人与国际局势变化关系密切，主要是来自俄国的阿什肯纳兹犹太人。中东铁路的修筑等重大历史事件使约2.5万名犹太人来到铁路的枢纽哈尔滨，建立了哈尔滨犹太社区，形成远东地区最大的犹太人聚集中心。犹太人在俄国和哈尔滨的生活境遇与战争、灾害等特殊境况，是犹太人开展慈善事业的现实动因。他们针对特殊人群组建犹太贫民救济会等慈善机构，还有作出特殊贡献的斯基德尔斯基等著名慈善人物慷慨捐献，为哈尔滨犹太社区的持续发展与日益完善奠定了一定的基础。

【关键词】犹太人；哈尔滨；慈善；理念

犹太人的慈善活动是犹太民众内心根深蒂固的事业。希伯来文的"慈善"为Tsedakah，即"公义的行"。对犹太人而言，"慈善"指"公义"，是责任和义务，是一种能够稳固个人地位与为信徒赎罪的行为。慈善理念是犹太文化的重要组成部分，慈善事业是哈尔滨犹太社区开展的重要实践。犹太人在哈尔滨建立了犹太免费食堂、犹太贫病救济会、犹太妇女慈善会、犹太养老院、远东犹太救助大屠杀遗孤委员会、犹太水灾救济委员会等机构，并开展相关慈善活动。相对于来华犹太人的其他专题研究，哈尔滨犹太人慈善事业研究有待进一步深入的探究。

* 本文系国家社科基金重大项目"俄罗斯西伯利亚远东地区藏1950年前中国共产党档案文献的整理与研究"(21&ZD031)与2019年度国家社会科学基金项目"俄罗斯民族意识研究"(19BGJ060)的阶段性成果。

** 高龙彬，黑龙江大学历史文化旅游学院副教授。

一、犹太人在哈尔滨的生活境遇与特殊境况

犹太人分为阿什肯纳兹犹太人与塞法迪犹太人两大分支。塞法迪犹太人的祖先曾在伊比利亚半岛居住，后被迫迁移到其他地区，如北非和西亚；阿什肯纳兹犹太人则主要来自中东欧国家。俄国犹太人基本是阿什肯纳兹犹太人。俄国与苏联时期国家制定与实施反犹主义政策。

大约在 1 世纪时，一些犹太人陆续迁徙到东欧的克里米亚、乌克兰、西白俄罗斯、波兰和立陶宛等地区。作为一个外来民族，犹太人是在 18 世纪后半期真正大批进入俄国。这主要是通过沙皇叶卡捷琳娜二世三次吞并波兰实现的。处于波罗的海与黑海之间的波兰，由于它的重要的地理位置，一直是俄国沙皇的觊觎之地，从彼得一世到叶卡捷琳娜二世都奉行吞并波兰的政策。1772 年 8 月 5 日，俄国、普鲁士和奥地利在彼得堡签署了第一次瓜分波兰的条约。根据条约，俄国得到了拥有 9.2 万平方公里和 130 万人口的德鲁奇河、西德维纳河和第聂伯河之间的白俄罗斯和拉脱维亚的部分领土。1793 年，俄国和普鲁士在彼得堡签订了第二次瓜分波兰的协议。根据协议，俄国得到共有 25 万多平方公里的白俄罗斯和立陶宛的一部分与第聂伯河以西乌克兰的大部分地区。1795 年 10 月 24 日，俄国、普鲁士和奥地利签订了第三次瓜分波兰的协定。根据协定，俄国吞并了 12 万平方公里的立陶宛、库尔兰、西白俄罗斯和沃伦西部地区，把边界推进到了涅曼河—布格河一线。通过三次吞并，大量的波兰犹太人成为俄国公民。1815 年俄国(包括俄属波兰)犹太人约有 120 万人，到 19 世纪中期俄国境内的犹太人大约为 240 万人，19 世纪末已接近 500 万，俄国成为世界上犹太人最多的国家①，占当时全世界犹太人的三分之二②。

从 19 世纪初开始，俄国犹太人就被限制在从波罗的海到黑海的“隔离区”(又称“栅栏区”，Pale of Settlement)。在“隔离区”里，大多数犹太人居住在黑暗的地下室或者湿墙湿顶的简陋狭小的房子里，10 个人住一个房间，拥挤地在压抑的气氛中生活。他们主要从事木业、制锁业、制袜业、制革业、香烟和火柴业等

---

① 参见余建华 Yu Jianhua，〈1882—1914 年犹太复国主义运动初兴阐析——兼谈现代阿犹冲突的起源〉[The Beginning of Zionist Movement from 1882 to 1914 and the Origin of Contemporary Arab and Jewish Conflict]，于《西亚非洲》[West Asia and Africa]，1997 年第 4 期[1997，Issue 4]，36—43；肖宪 Xiao Xian，《中东国家通史・以色列卷》[The General History of the Middle East(Israel)](北京[Beijing]：商务印书馆[The Commercial Press]，2001)。

② 参见徐新 Xu Xin，《犹太百科全书》[The Jewish Encyclopedias](上海[Shanghai]：上海人民出版社[Shanghai Renmin Chubanshe]，1993)。

行业,通常在拥挤和空气滞涩的工作环境中劳作16—18个小时。① 一份关于19世纪80年代犹太人状况的俄国政府委员会的调查报告称,90%的犹太人是"仅够糊口的无产阶级";到19世纪末,将近一半的犹太人靠他们中有工作的人提供的慈善金维持生活。② 并且在俄国,他们不仅没有公民权,而且特别法对他们的居住、发展经济和婚姻等方面严加限制。

沙皇政府为了所谓"不让犹太人败坏俄国社会",采取同化、排犹、反犹和屠杀犹太人的政策。16世纪伊凡四世即位后,禁止犹太人在俄国居住;17、18世纪,沙皇政府多次拒绝波兰犹太人来俄国居住的申请,彼得一世说宁愿接受伊斯兰教徒和异教徒,也不要犹太人;叶卡捷琳娜二世在1762年允许外国人来俄国旅行、居住,但犹太人不在范围之内。然而,18世纪70年代俄国从奥斯曼土耳其手中接管的乌克兰南部以前鞑靼的地域则是个例外。这个新俄罗斯地区向犹太人和其他少数民族开放,以便增加当地人口和发展当地的经济。这一地区的主要城市敖德萨很快成了犹太人生活的一个主要中心。1791年,莫斯科的东正教商人要求在与犹太商人的竞争中得到保护,犹太商人被禁止居住在俄国中部。③ 保罗一世执政时期,颁布了建立"犹太人居住区"的法令,规定犹太人只能居住在白俄罗斯和乌克兰,且不得在首府居住。亚历山大一世在位时,下令将犹太人从白俄罗斯农村赶走;尼古拉一世在位时,制定了反犹法令,这两位沙皇实施了屠杀犹太人的政策。亚历山大二世执政初期,犹太人的文化水平得到了迅速提高,犹太中学生人数显著上升,到1873年已占中学男生人数的13.2%。但在他统治后期,反犹报纸指责犹太大学生和中学生在俄国国民学校中所占比例过高,致使俄国政府对犹太人入学重新规定苛刻的限制。④ 同时,接受大学教育的犹太人的日益增多也加剧了对犹太人的普遍怀疑和敌意,因为他们认为这样会引起社会主义和革命思想。⑤ 1871年敖德萨发生了排犹暴乱,犹太人死伤近百人。

1881年3月1日,沙皇亚历山大二世在彼得堡遇刺身亡。沙皇政府称参加这次谋杀的民意党人中有一位犹太妇女,俄国当局竭力煽动这次迫害情况,以将

---

① 参见 John Rose, *The Myths of Zionism* (London:Pluto Press,2004)。

② 参见 Noah Lucas 诺亚·卢卡斯,《以色列现代史》[The Modern Israel History],杜先菊 Du Xianju、彭艳 PengYan 译(北京[Beijing]:商务印书馆[The Commercial Press],1997)。

③ 参见 Robert M. Seltzer 罗伯特·M.塞尔茨,《犹太的思想》[The Jewish Idea],赵立行 Zhao Lixing、冯玮 Feng Wei 译(上海[Shanghai]:上海三联书店[Shanghai SDX Joint Publishing Company],1995)。

④ 参见 Abba Eban 阿巴·埃班,《犹太史》[The Jewish History],阎瑞松 Yan Ruisong 译(北京[Beijing]:中国社会科学出版社[The China Social Sciences Press],1989)。

⑤ 参见 Robert M. Seltzer, *Jewish People, Jewish Thought: The Jewish Experience in History* (New York: Macmillan Publishing Co,1994)。

民愤转移到俄国犹太人身上。全国掀起了屠杀犹太人狂潮，亚历山大二世的继承者沙皇亚历山大三世镇压了革命活动，所有的自由反抗和革命活动均遭到打击。[1] 在接下来的几个月里，至少有 160 个城市和村庄出现暴乱，一开始集中在俄国南部和乌克兰，后来在华沙和诺夫哥罗德也时有发生。在圣彼得堡的美国大使约翰·福斯特(John Foster)向美国政府报道："近来发生的这些事件比如今这个世纪更配称为'黑暗时代'(Dark Ages)。"[2]而事实上，如列宁所言，这是"把穷困的工人和农民的仇恨引导到犹太人身上去"[3]。这次迫害"导致了日益增长和无法控制的动荡以及在俄国日益刻毒的反犹主义，这些也激起了反犹主义在整个西欧和中欧的流行"[4]。苏联政府的犹太政策不是本文论述的重点，在此不赘述。[5]

哈尔滨犹太人与世界局势的变迁紧密相连。哈尔滨位于中国的东北端，在历史上是一座古老而年轻的城市。19 世纪末以前，哈尔滨是一个烟波浩渺的松花江畔的"萧瑟寒村"和渡口。古老的女真人在此留下历史的痕迹和印记，金戈铁马的金元文化亦在此诉说与传唱，"闯关东"的关内人的足迹在此延展和扎根。随着中东铁路(The Chinese Eastern Railway, CER)的修筑和开通，"穿过中国境内北满地区命名为中国东省铁路的区段，在许多方面具有异常特殊的地位"[6]。第一批俄籍犹太人来到中东铁路的枢纽哈尔滨，随后缘于日俄战争、俄国十月革命、第一次世界大战与第二次世界大战等重大历史事件，俄籍与德籍等犹太人来到哈尔滨，构建哈尔滨犹太社区，建立哈尔滨犹太宗教公会、教堂、学校、图书

① 参见 Peter N. Stearns, *The Encyclopedia of World History* (Boston: James Clarke and Cambridge, 2001)。

② Arthur Herzberg, *The Zionist Idea: A Historical Analysis and Reader* (New York: Atheneum, 1975).

③ 《列宁全集》(第 29 卷)[The Collected Works of Lenin (29)](北京[Beijing]：人民出版社[The People's Publishing House]，1956)，221。

④ Joseph Alpher et al. (eds.), *Encyclopedia of Jewish History: Events and Eras of the Jewish People* (New York: Facts on File, 1986).

⑤ 参见张倩红 Zhang Qianhong、葛淑珍 Ge Shuzhen，〈简论苏联政府对其境内犹太人的政策和态度〉[The Brief Studies on the Policy and Attitude of USSR Government to Jews in USSR]，于《世界民族》[Journal of World Peoples Studies]，2007 年第 3 期[2007, Issue 3]，10—22；张建华 Zhang Jianhua，〈简论苏联的犹太人问题〉[The Brief Studies on the Jewish Problem of USSR]，于《当代世界与社会主义》[Contemporary World and Socialism]，2003 年第 2 期[2003, Issue 2]，116—120；余建华 Yu Jianhua、康璇 Kang Xuan，〈苏联对犹政策的历史考察〉[The Historical Survey on the Policy of USSR to Jews]，于《史林》[Historical Review]，2007 年第 2 期 [2007, Issue 2]，157—165。

⑥ Nislu 尼鲁斯编著，《中国东省铁路沿革史》(第 1 卷)[The Chinese Eastern Railway History (1)]，刘秀云 Liu Xiuyun 编译(长春[Changchun]：吉林出版集团股份有限公司[The Jilin Press Group Co.]，2017)。

馆、慈善和墓地等相关公共机构。[①] 哈尔滨建立了完善的俄籍犹太人社区。

关于哈尔滨犹太人人口最多时期的数量，目前中国学者认为，“1920 年代，犹太人在哈尔滨数量达到 20000 多人”，也是哈尔滨“犹太人最多时达 2 万多人”。[②] 据日本领事馆调查后所作日文资料《哈尔滨住主要各国人口表》，1919 年哈尔滨“日本人 4168 人，男 2775 人，女 1393 人；露（俄）国人 70000 人；支那人 160000 人；英国人 62 人，男 42 人，女 20 人”。其中，“7 万露（俄）国人中，3 万是露（俄）人，4 万为犹太人[③]”[④]。具体不同年份而言，1916 年，犹太人“五〇三二人”；“俄人中有二万为犹太人”；1926 年“二九三人”；1927 年“一一一三人”；1928 年“七六五人”；1929 年“三九一人”。[⑤] 据《民国十八年十月止哈尔滨市各国人户数人口总表（二）》统计，哈尔滨特别市区内“犹太人一〇三户，三九一人”[⑥]，傅家甸没有统计数据。1930 年“一一四人”[⑦]。据《全哈尔滨之人口数（民国十九年八九月调查）》统计，哈尔滨特别区内犹太人“二八户，一一四人”[⑧]。东省特别区户口数目表（民国十九年八月末调查）》显示：“犹太人在第一区（哈尔滨）第一署道里户数一一，男二三，女一五，计三八；第二署道里八站户数五，男一〇，女八，计

① 参见高龙彬 Gao Longbin，〈关于“犹太人在哈尔滨”的历史文化研究〉[The Study on the History and Culture of Jews in Harbin]，于《俄罗斯学刊》[Academic Journal of Russian Studies]，2012 年第 2 期[2010, Issue 2]，84—92；高龙彬 Gao Longbin，〈“区域”与“整体”：近现代史上犹太人来华史研究路径探究〉[Region and Entirety: Exploring the Research Path of Jewish History to China in Modern History]，于《黑河学院学报》[Journal of Heihe University]，2019 年第 1 期[2019，Issue 1]，7—9、42。

② 曲伟 Qu Wei，《哈尔滨犹太人图史》[The Illustrated History of the Harbin Jewry]（哈尔滨[Harbin]：黑龙江人民出版社[The Heilongjiang People's Publishing House]，2015），3；曲伟 Qu Wei、李述笑 Li Shuxiao，《犹太人在哈尔滨》[The Jewry in Harbin]北京[Beijing]：社会科学文献出版社[Social Sciences Academic Press]，2003），2。

③ 这是目前发现的关于哈尔滨犹太人数量的另一个数据，中国学者更多趋向于认为犹太人在哈尔滨的人口数量最多时在 2.5 万人左右。

④ 南满洲铁道株式会社社长室调查科 The Bureau of Investigation of President's Office of the South Manchuria Railways Co.，〈满蒙全书〉（第 7 卷）[Man Meng Quan Shu (7)]，收录于《内蒙古外文历史文献丛书》（第 11 辑）[The Foreign Historic Documents Series of Inner Mongolia (11)]，内蒙古大学内蒙古近现代史研究所 The Institute of Inner Mongolia Modern History of Inner Mongolia University、内蒙古自治区图书馆学会 The Inner Mongolia Library Society 编（呼和浩特[Hohhot]：内蒙古大学出版社[The Inner Mongolia University]，2015），1522。

⑤ 参见晓东 Xiao Dong，〈外人在哈尔滨之经济势力〉[The Foreign Economic in Harbin]，于《中东经济月刊》[Chinese Eastern Railway Economic Monthly]，1930 年第 6 期[1930, Issue 6]，6。

⑥ 同上，7。

⑦ 雷雨 Lei Yu，〈东三省人口及朝鲜日本苏俄白俄人所占之地位〉[The Population of Northeast China and the Status of the Korean, Japanese, Soviet Russia and White Russia]，于《中东经济月刊》[Chinese Eastern Railway Economic Monthly]，1931 年六周年纪念专号[1931，6th Anniversary Special]，32。

⑧ 雷雨，〈东三省人口及朝鲜日本苏俄白俄人所占之地位〉，34。

十八;第三署秦家岗户数三,男九,女四,计十三;第四署香坊、马家沟、小北屯、鼎新屯户数八,男二一,女二〇,计四一;第五署新安埠、三十六棚、故乡屯、懒汉屯、正阳河户数一,男二,女二,计四。计户数二八,男六五,女四九,计一一四。第四区(哈满线)第三分署满沟站、对青山站、李木店站、鲁赤果等户数一,男一,计一。第五区(哈满线)总署满洲里站、扎赉诺尔、磋岗站、完工站等户数三,男六,女五,计一一。总计户数三二,男七二,女五四,计一二六。”①

中国没有原发性的反犹主义思想与活动,哈尔滨犹太人没有受到中国人的迫害。哈尔滨犹太人慈善活动的诱因一是自然灾害,二是战争问题。

以 1932 年哈尔滨水灾为例,1932 年 7 月大雨滂沱,连降 27 天,松花江水日涨。8 月 5 日,松花江洪水泛滥成灾,水位达海拔 133.16 米,哈尔滨太阳岛、十字岛完全淹没,马家船口民房倒塌,人民纷纷逃难。8 月 7 日,江水暴涨,道外九道街江堤决口百余米,道外受淹。市内银行停业,商店关门,电话中断。是日,松花江水位达海拔 133.51 米。8 月 8 日,道里顾乡屯一带漫入洪水。至 10 日,道里全部遭淹,到处一片汪洋。8 月 11 日,暴雨如注,第一松花江江桥护路炮台倒塌。8 月 12 日,洪水达最高水位海拔 134.31 米。8 月,哈市道里、道外十余万灾民向南岗、马家沟、香坊高阜之地潮涌而来,约 5 万人在极乐寺、文庙、大直街、山街等地露宿。人们啼饥呼寒,其状惨不忍睹。虎列拉、猩红热、白喉、麻疹等传染病流行,其势猖獗。1986 年,李述笑先生编著的《哈尔滨历史编年(1896—1949)》指出,水灾使哈尔滨蒙受巨大损失,直接损失额达伪国币 4000 多万元,将间接损害额计算在内,共达伪国币 2 亿元左右。“俄侨方面曾组织俄侨救灾委员会、而俄侨灾民救济会、乌克兰因救济团及各种妇女团体,对于灾民之收容施食施水施医舍药等事,共事迹甚多。”②为了救助在哈尔滨的犹太人,犹太水灾救济委员会成立,并且开展相关生活救助与卫生防疫活动。

第一次世界大战期间,1914 年 11 月 9 日,“A.I.考夫曼、E.I.多比索夫等发起,哈尔滨犹太人开会讨论救助欧战难民问题,选举组织委员会,开展捐款救助活动”;1915 年 10 月,“欧洲部分犹太难民来哈。哈尔滨犹太社团成立救助欧战难民委员会,在商务街(现上游街)开办难民救济所,后在药铺街(现中医街)和沙曼街(现霞曼街)等地也办了难民救济所”;1915 年 11 月 11 日,“哈尔滨救助欧战难民委员会在难民所开办免费食堂”;1916 年 1 月 24 日,“哈尔滨救助欧战难

① 雷雨,〈东三省人口及朝鲜日本苏俄白俄人所占之地位〉,34。

② 哈尔滨清理水灾善后委员会 Harbin After-care Committee Dealing with Floods,《壬申哈尔滨水灾纪实》[Renshen Records of the Flood in Harbin](文化时报社印刷部[Culture Daily Publishing Department],1932),89。

民委员会开会,考夫曼作工作报告,选举新的委员会";1917 年 2 月,"圣彼得堡救助欧战犹太难民中央委员会主席金茨贝尔格致电 A.I.考夫曼,请求紧急捐资,救助欧战难民";1917 年 10 月 10 日,"哈尔滨救助欧战难民委员会和移居巴勒斯坦促进协会发表呼吁书,呼吁哈尔滨犹太人紧急捐资救助来哈的犹太难民(当年募捐达 94498 卢布)"。①

哈尔滨犹太人慈善事业的开展与犹太自身文化以及各种历史境遇相关联,犹太人在哈尔滨相继建立了犹太妇女慈善会、犹太贫病救济会、犹太免费食堂、远东犹太救助大屠杀遗孤委员会、犹太水灾救济委员会等专业机构。

二、犹太人在哈尔滨的慈善机构与特殊人群

关于犹太人在哈尔滨的慈善机构,据《哈尔滨俄侨史》记载,哈尔滨犹太贫民食堂"由哈尔滨犹太宗教公会于 1917 年 9 月在道里炮队街创办,会长穆布尔格。每日免费或半免费供给贫苦俄侨两餐。其经费来自会员会费、义演收入和社会募捐,每年收支约一万元左右。由于其经费有保障,这个贫民食堂直至 50 年代还在开办"。这里需要说明的是,犹太贫民食堂就是犹太免费食堂,"50 年代"是 20 世纪 50 年代。哈尔滨犹太贫病救济会"创办于 1919 年,会址设于道里东商市街(现五道街)。主要是为了给贫穷的犹太人、俄籍犹太人免费施诊。主持人为俄籍犹太人高夫曼,会内医生有 15 人,每日平均诊治病人约 100 人左右。经费主要来自会员会费、社会团体以及个人的捐助"。这里的"高夫曼"应该是考夫曼,即 A.И.考夫曼。哈尔滨犹太养老院"创建于 1921 年 1 月,地址在道里炮队街。负责人为拉宾诺维赤。养老院以收容供养犹太及俄籍犹太病残老人为宗旨,1934 年时在院老人有 34 人。年经费 6000 元左右,由犹太宗教公会资助及社会募捐解决"。文中的"拉宾诺维赤"即拉宾诺维奇。哈尔滨犹太妇女慈善会"创办于 1907 年,会址设在道里炮队街(现通江街)。会长齐特林。该会专对俄籍犹太贫困妇女实施救济,其救济人数最多时达一百九十余人。救济款由会员会费及捐款解决,每年收支约 3000 元左右"。② 该介绍,以原始资料为基础,基本梳理了犹太人在哈尔滨的慈善机构的大概情况。《犹太人在哈尔滨》中的《美丽的松花江之滨——犹太人在远东栖息的乐土》,用相关图片呈现了这些组织的

---

① 曲伟、李述笑,《犹太人在哈尔滨》,202、203。

② 石方 Shi Fang、刘爽 Liu Shuang、高凌 Gao Ling,《哈尔滨俄侨史》[The Russian Oversees of Harbin](哈尔滨[Harbin]:黑龙江人民出版社[Heilongjiang People's Publishing House],2003),493—494、494、495、493。

具体场所和活动。[①]

俄罗斯哈巴罗夫斯克国立师范大学政治历史系教授 Б.Б.罗曼诺娃在其《哈尔滨犹太宗教公会的慈善活动》一文中介绍，“1906 年，犹太公会还建立了妇女慈善会。妇女慈善会帮助俄国的妇女，向她们提供必要的衣服，部分金钱、劈柴和烧煤。他们还帮助贫穷的犹太家庭缴纳房屋租金、偿还银行贷款、支付子女的学费。所需费用来自会员交纳的会费和捐助款项。妇女慈善会平均要帮助 200 个左右的家庭”；1907 年 7 月，“在哈尔滨开办了犹太人食堂，需要者可免费用餐”；1921 年“公会建立了养老院，为孤寡老人以及亲友无能力赡养的老人提供住所。该院刚建立的时候有 25 个老人在那里吃住，1934 年增加到 84 个”。[②] 虽然这位俄罗斯学者在撰写该论文时使用了相关档案文献特别是俄罗斯的档案，但是笔者掌握的资料跟她有一些不同，尤其是这些慈善机构建立的时间节点和具体情况。另有中国研究者认为，“1921 年，哈尔滨建立了犹太贫病救济会”，“哈尔滨犹太养老院(又称为莫沙夫·兹凯伊尼姆养老院)建成于 1920 年”，“哈尔滨贫病救济会始设于 1920 年”。[③]

笔者收集到一本 1936 年哈尔滨特别市公署行政处社会科编的《哈尔滨特别市社会事业团体调查》。该调查资料具有较高的研究价值，详细记录了这四个犹太慈善机构的情况。

(一)哈尔滨犹太免费食堂

犹太免费食堂地址是道里炮队街(今通江街)，设立时间为 1917 年 7 月，设立者是犹太教会多毕索夫等。有会员 342 名，经营主体为民营(哈尔滨犹太教会)。代表者是金子布尔克，职业经商。创办犹太免费食堂的目的是发给贫民免费或廉价午膳，事业种别为经济保护事业。1916 年欧洲大战之时，由俄国内地逃往哈市之犹太难民甚多，流离失所，困苦堪怜。犹太教会会长多毕索夫等遂创设难民收容所，附设食堂，于道里经纬街。迨后难民星散，仅余食堂一所，以供给贫苦人民午膳。1918 年犹太大慈善家拉宾诺维赤夫妇慨然捐资，在上述地址建筑楼房，为备养老院级食堂之用。落成后，“本食堂遂迁至该处以迄今日最近两年计一九三四年发出午膳四三〇〇一份，除七七四四份曾缴纳廉费外，其余均属免费。又一九三五年发出午膳三六六六二份，其中缴纳廉费者一〇三六五份，余

---

① 参见曲伟、李述笑，《犹太人在哈尔滨》，40—47。

② 曲伟 Qu Wei、Teddy Kaufman 特迪·考夫曼，《哈尔滨犹太人的故乡情》[The Homesick Feeling of Harbin Jews](哈尔滨[Harbin]：黑龙江人民出版社[Heilongjiang People's Publishing House]，2005)，379、380—381。

③ 曲伟，《哈尔滨犹太人图史》，186、200。

者均属完全免费”[①]。

犹太免费食堂的事务组织是,“发给贫民午饭分廉价、免费两种。每午饭一份纳费者仅收费由五分之二角五分,视来食者经济之可能而定计。完全免费者约占四分之三。本堂内设大饭厅一间、厨房一间、办公室一间、管理员住室一间、储藏室一间。人员组织为,理事会置理事长、副理事长、管理财政者、秘书各一名。理事廿四名。监事会置监事长一名、监事三名、庶务委员会置女委员长一名、副委员长一名、秘书一名、委员四名。又妇女轮流值日员四十名。办事处置秘书一名、会计一名。本堂内置管理员一名、厨役二名、夫役一名。有薪职员数六人;无薪职员数五二人。哈尔滨犹太免费食堂为砖质二层楼房五间,房屋五六〇方米,地基一三六五、六七方米;自有免费占用,租用仅占用楼下大部分”[②]。

据亚伯拉罕·考夫曼回忆,“尽管当时哈尔滨的政治形势错综复杂,犹太人的社会活动依旧进行。在各社会机构的赞助下,犹太社团财力殷实。免费和廉价食堂办得很有声色,每天都有很多人来此就餐,其中大部分是免费的。在逾越节一周期间,来免费食堂享用一日三餐的就餐者有 130 多人,其中 100 人完全免费,另外 30 人在整个逾越节周(全部膳宿费)也只需支付 8 元。伙食很好、营养又美味”[③]。“犹太免费及便宜食堂以及为没有经济来源人群提供的集体宿舍同属犹太社团。”[④]

(二)哈尔滨犹太贫病救济会

犹太贫病救济会的地址是道里中国五道街十四号,设立时间为 1919 年,设立者是医生威克洁尔等 7 人。有会员 618 名,经营主体为民营,代表者列别尔曼是一名会计师。建立哈尔滨犹太贫民救济会的目的是救济贫病之犹太人,予以免费或廉费医治。《哈尔滨贫病犹太救济会章程》指出:“本会对于居住哈尔滨及其附近或由东铁沿线来哈之贫病犹太人,施以物质上之援助,有病者则予以免费医治为宗旨。”[⑤]其事业种别为医疗保护事业。该会的历史沿革和历年成绩是,

① 参见哈尔滨特别市公署行政处社会科 Social Department of Administrative Office of Harbin Special City,《哈尔滨特别市社会事业团体调查》[A Survey of Social Organizations of Harbin Special City](1936),31。

② 同上。

③ Abraham Joseph Kaufman 亚伯拉罕·约瑟弗维奇·考夫曼,《我在哈尔滨的岁月:亚伯拉罕·约瑟弗维奇·考夫曼回忆录》[My Years in Harbin: The Memories of Abraham Joseph Kaufman],李述笑 Li Shuxiao 译(哈尔滨[harbin]:哈尔滨出版社[Harbin Publishing House],2019),201。

④ 郭秋萍 Guo Qiuping 主编,《哈尔滨犹太人档案文献汇编》(甲编第 1 册)[A Compilation of Jewish Files and Documents in Harbin (Jia 1)](北京[Beijing]:社会科学文献出版社[Social Sciences Academic Press],2021),51。

⑤ 同上,112。

“本会原为医生威克洁尔等所创设，其主旨在救济在哈贫苦患病之犹太人，其始规模极小，对于贫苦病人仅到家诊治或予以物质上之援助，迨至一九二〇年时始，在炮队街犹太教会所属之楼房内开设诊疗所，以施诊贫病。于一九二一年起，并在诊疗所附设牙医室。一九三三年，本会以原有房屋地方狭窄不敷应用，故募资在中国五道街建筑楼房。落成后，随将诊疗所迁至上开地址。迨至一九三四年冬，本会始大事扩充，在新房内增设病院，设有病床十六张，并添设电汽治疗室及化验所，以化验病人之痰血等物，计近年每年经由本会诊治者延人数三万余人。”哈尔滨犹太贫病救济会的事务组织是，“设有医院，内有床铺十六张，并附设病人门诊所、牙医及镶牙室、化验室、手术室、电汽治疗室。诊治病人分免费、纳费、廉费等三种。人员组成是，理事会置理事长一名、副理事长一名、管理财政者一名、秘书一名、理事九名；监事会置有监事长一名、秘书一名、监事二名；病院及诊疗所特约专门医生及牙医二十六名；此外，并雇用主任医官、会计、庶务、文牍、挂号员、看护妇、夫役、厨役、司阍等共二十三名。有薪职员数二十三人；无薪职员数十七人”。“该救济会房屋是砖质地窖式三阶楼房，十七大间，四七四、一七方米；地基为五九一、二〇方米；属于自有房屋。”[①]

哈尔滨犹太贫病救济会建立初期没有固定的医院场所，1920 年在今通江街“犹太教会所属楼房内开设诊疗所”，即在犹太免费食堂内开设；直到 1933 年在原五道街建造犹太医院，该医院十多年一直在今通江街“犹太教会所属楼房”。据 1928 年 10 月印行的《东省铁路哈尔滨自动电话簿》记载：“犹太医院，道里炮队街四\二十号，三七三二。”[②]据李述笑老师介绍，“四\二十号”是电话号码“新号老号的标示”。

1934 年 11 月位于五道街的哈尔滨犹太医院建成后，哈尔滨犹太贫病救济会应该是搬入此场所开展活动。据《东省特别区哈尔滨街市全图》记载：“商市街，旧名，东商市街亦名外国三道街，位置，中央大街迤西”；“五道街，旧名，东商市街，位置，中央大街迤东。”[③]

《哈尔滨犹太医院的历史与成因》记述了关于哈尔滨犹太贫病救济会和犹太医院的内容：“1919 年哈尔滨的犹太人建立了犹太贫病患者救济会(Mishmeret Holim，即米歇梅兰特・朱呼姆就诊基金会；以下简称‘救济会’)，目的是为哈尔

---

① 哈尔滨特别市公署行政处社会科，《哈尔滨特别市社会事业团体调查》，32。

② 《东省铁路哈尔滨自动电话簿》[The Harbin Telephone Book of Chinese Eastern Railway](哈尔滨[Harbin]：东省铁路印刷所印[Chinese Eastern Railway Press]，1928)，216。

③ 东省特别区警察管理处 The Police Department of Colonies Attached Dongqing Railway，《东省特别区哈尔滨街市全图》[A Map of Colonies Attached Dongqing Railway](哈尔滨[Harbin]：东省特别区平民总工厂印刷[Colonies Attached Dongqing Railway Pingmin General Factory]，1932)，1、2。

滨郊区和铁路沿线贫苦犹太新移民提供免费医疗服务，并在必要时给予物质援助。其发起人是 7 名犹太医生，建立地点在埠头区东商市街(今哈尔滨道里区西五道街 34 号)。1921 年 1 月 8 日，救济会召开第一次会议，通过《章程》，并选举 M.И.布尼莫维奇、Ю.Е.艾里雅松、考夫曼、С.М.维赫杰尔、И.А.拉比诺维奇、И.С.弗利杰、古特曼等 7 人为理事会成员。1921 年 5 月 8 日，救济会在埠头区炮队街(今道里区通江街 5 号) 的犹太免费食堂楼内开办一施诊所，由考夫曼医生主持工作。不久，又开办了牙医诊所。从此，创办一所哈尔滨犹太医院的蓝图也在酝酿，救济会开始在哈尔滨犹太社区中通过募捐活动为建立医院筹措资金。1932 年 9 月 4 日，由一位名为 Е.С.纳芙塔琳娜-约菲的犹太人将她在东商市街(今西五道街 34 号) 的一块地皮捐给救济会。1933 年 6 月 4 日，犹太医院破土动工，1933 年 11 月 5 日门诊部正式开业。”①

此段叙述有几点需要澄清。其一，是犹太贫病救济会，而不是“犹太贫病患者救济会”。其二，救济会刚建立时的地址并不是后来犹太医院的地址“埠头区东商市街(今哈尔滨道里区西五道街 34 号)”。其三，1921 年，救济会并不是在“埠头区炮队街(今道里区通江街 5 号) 的犹太免费食堂楼内开办一施诊所”，“不久，又开办了牙医诊所”；而是，“迨至一九二〇年时始，在炮队街犹太教会所属之楼房内开设诊疗所，以施诊贫病。于一九二一年起，并在诊疗所附设牙医室”。②

据记载，犹太医院“1934 年扩建二层楼房，10 月 29 日犹太医院(含住院部)全部启用。1936 年始建三层。因经费不足，只建一半。1939 年建完三层楼房，并开办了药房。1941 年增设了 X 光透视室。医院门诊的全部设备是由已故中央大药房老板科夫曼的夫人和继承人捐献的，牙科设备是由 A.A.巴辛出资购置的，而医院的正门是 A.A.奥昆捐献 1800 美元装修的”③。

(三)哈尔滨犹太养老院

犹太养老院地址在道里炮队街五号，设立时间为 1921 年 1 月，设立者是拉宾诺维赤夫妇。有会员 429 名，经营主体是民营。代表者为古列维赤，职业是商人。该院设立的目的是收养犹太残老，事业种别为救护事业。哈尔滨犹太养老

① 杨威 Yang wei、马学博 Ma Xuebo、李志平 Li Zhiping，〈哈尔滨犹太医院的历史与成因〉[The History and Cause of Harbin Jewish Hospital]，于《中国科技史杂志》[The Chinese Journal for the History of Science and Technology]，2013 年第 1 期[2013, Issue 1]，60—61。

② 哈尔滨特别市公署行政处社会科，《哈尔滨特别市社会事业团体调查》，32。

③ Kasteov 卡斯特罗夫，〈俄籍犹太人在哈尔滨的历史回顾〉[A Historical Review of Russian Jews in Harbin]，收录于《俄罗斯人看哈尔滨》[The Harbin in Russian Eyes]，李宏君 Li Hongjun、夏焕新 Xia Huanxin 主编(哈尔滨[Harbin]：哈尔滨出版社[The Harbin Publishing House]，2007)，46。

院的沿革和历年成绩是，“本院系经犹太慈善家拉宾诺维赤夫妇创办，并自行出资建筑房舍，其建筑用地系经犹太教会捐助。自开办迄今，每年收养犹太残老均约二十五名，支出经费(除每日午膳由犹太免费食堂提供给，及有病时送往犹太医院免费医疗外)，平均约六千元”。哈尔滨犹太养老院的事务组织为“收容犹太残老，供给衣食，并聘有医生一名，以便随时诊治，应需药品亦由本院购买，如患病较重时，则送往犹太医院疗治；至残老每日午膳系由犹太食堂免费供给。此外，残老衣服之浆洗及沐浴等费亦由本院负担。本院内设残老寝室一间，此外浴室、厕所均属齐备。该院人员组织是理事会置理事长一名，管理财政一名，庶务一名，秘书一名，理事十二名，监事三名；院内设管理员一名，医生一名，夫役两名。有薪职员数四人；无薪职员数十九人”。哈尔滨犹太养老院是“砖质二阶楼房九间，九一〇、四五方米；地基方丈为一三六五、六七方米；房屋属免费占用(所占屋子九间系上开楼房内之一部)”。[①]

哈尔滨犹太养老院设立监护会，其宗旨是“为居住在东部三个省份男女两个性别的犹太老人提供帮助。监护会全部使用自有资金，为收养在拉比诺维奇夫妇用自己的资金专门修建的养老院的人员提供居住衣食等各种生活之必需”。资金来源有：“(1)位于哈尔滨炮队街 20 号，由拉比诺维奇夫妇于 1917 年为成立犹太养老院而捐赠的一处房产。(2)会员费。(3)由部门和个人实施的捐赠、遗赠、以证书形式的赠予等等。(4)由财产产生的资金、讲学收入、音乐会收入、签名单捐款以及教堂里手持碟子募集的捐款等等。”[②]1921 年 4 月，“在 C.M.与 И.A.拉比诺维奇养老院赡养着 25 位老人。养老院经营有方，管理和顺。这里有一个小犹太祈祷所，有些附近的居民也来这里做礼拜”[③]。

(四)哈尔滨犹太妇女慈善会

犹太妇女慈善会地址在道里炮队街五号，设立于 1907 年 12 月，设立者是沙木桑诺维赤太太等。有会员 289 名，经营主体为民营(在哈犹太妇女公立)。代表者是齐特林太太，职业经商。设立该会的目的是发给犹太侨民救济金及燃料、衣物以济贫苦，事业种别为救济事业。哈尔滨犹太妇女慈善会的沿革和历年成绩是，“本会于一九〇七年冬经沙木桑诺维赤太太等有志妇女创设以来，每年由会员缴纳相当会费，另募集捐款，并组织跳舞、音乐晚会，以其收入系数作为救济

---

① 哈尔滨特别市公署行政处社会科，《哈尔滨特别市社会事业团体调查》，33。

② 郭秋萍 Guo Qiuping，《哈尔滨犹太人档案文献汇编》(甲编第 2 册)[A Compilation of Jewish Files and Documents in Harbin (Jia 2)](北京[Beijing]：社会科学文献出版社[Social Sciences Academic Press]，2021)。

③ 亚伯拉罕・约瑟弗维奇・考夫曼，《我在哈尔滨的岁月：亚伯拉罕・约瑟弗维奇・考夫曼回忆录》，201。

贫苦之需。一九二一年本会曾添设缝纫传习所,以提倡女子职业,旋以经费支绌。逐于一九二九年停办。自本会成立日期,每年受本会经常救济者由五十户之一百户(每户平均约三人,受本会临时救济者平均约一百余人,每年支出救济费由五千元至七千余元)"。哈尔滨妇女慈善会的事务组织是,"发给孤苦衰老、患病失业等贫苦人民之生活费或衣服食品;冬季则发给燃料。此外,并依人民之申请,发给学费、路费、护照费、医疗费或贷予资金,以便贫苦人民经营事业,以资糊口。分每月救济、临时救济两种。在上开地址设有办公处两间,为办理此项救济事业。人员组织为,理事会置理事长一名,副理事长一名,管理财政者一名,秘书一名,理事十四名,名誉理事八名;监事会置理事长一名,监事二名;办事处置会计一名,夫役一名,送信者一名;有薪职员三人;无薪职员数二十九人。"该会房屋"为砖质二阶楼房二间,九一〇、四五方米;地基方丈为一三六五、六七方米;房屋免费占用,办事处所占用屋子二间系上开楼房之一部分"[①]。

犹太妇女慈善会亦称为"犹太妇女慈善救济会",最初称"犹太妇女小组"。"1914—1915 年,慈善小组改编为犹太妇女慈善救济会。1916 年,救济会章程为地方当局批准,救济会的慈善活动规模日益扩大,特别是 1915—1916 年开始对犹太妇女进行职业培训后,规模更大。"该小组"几乎是与犹太人定居初年同时成立的,是犹太祈祷所宗教理事会下属的,被称为犹太妇女委员会的组织。其成员到医院去探望、帮助犹太伤病士兵,为伤员和当地驻防中的犹太士兵缝补衣裳,提供食物。妇女委员会还参加了为基什尼奥夫(今名基希讷乌)、戈梅利、比亚韦斯托克大屠杀中蒙难的犹太人捐助的活动"。日俄战争后,"妇女委员会为滞留在哈尔滨的贫苦犹太士兵提供帮助,给他们解决离开哈尔滨的费用;帮助留在哈尔滨的手工业者解决作坊设备、机器部件、使用工具等。委员会帮助有意愿做奶制品生意的人买牛奶,给想从事马车运输行业的人买马,还有其他各式各样的帮助——租买房屋和解决吃饭、取暖的费用"。[②]

此外,还有一个"亚斯里"孤儿院。据哈尔滨犹太宗教公会主席亚伯拉罕·考夫曼回忆,"我被吸收参加了保护儿童协会。该协会开办了'亚斯里'孤儿院。该院虽然仅具备养护 30 个儿童的能力,但却同时收养了 45 个"。保护儿童协会为"亚斯里"收养的"孩子们提供住所、饮食和教育。所有的孩子都一贫如洗,曾住在肮脏、昏暗得令人窒息的破屋里。我们就这样进行了与儿童饥饿、贫病,乃至死亡的斗争"。需要指出的是,"在常年住在这里的 45—50 个孩子中,没有一

---

① 哈尔滨特别市公署行政处社会科,《哈尔滨特别市社会事业团体调查》,34。

② 亚伯拉罕·约瑟弗维奇·考夫曼,《我在哈尔滨的岁月:亚伯拉罕·约瑟弗维奇·考夫曼回忆录》,19、18—19、19。

个犹太小孩。这并不是说犹太人没有贫困,而是因为犹太社团给予他们关怀,为他们提供了所有必需的条件——饮食、住所、衣物和入学费用"。[①]

慈善机构的建立与慈善事业的开展,离不开作出特殊贡献的慈善人物的基础贡献,哈尔滨犹太宗教公会以及主席亚伯拉罕·考夫曼的整体思考,斯基德尔斯基、格里高里·克罗尔、索斯金、拉宾诺维奇等商人的乐善好施。

三、犹太人在哈尔滨的慈善人物与特殊贡献

慈善事业伴随着犹太人的流散史。犹太人的慈善概念中最具影响力的一个方面是"公义"的概念,犹太教的公义理念塑造了他们特有的慈善观。《约伯记》29:14 提到,"以公义为衣服,以公平为外袍和冠冕"。犹太人认为,慈善是达成社会公义的重要方式。利用慈善事业关心和保护社会上的弱势群体是社会各界的责任,尤其是富人的责任。从犹太人的角度来看,借助慈善来伸张正义不再是一种选择,而是上帝的旨意,是每个人义不容辞的责任。富人得到的是上帝的供应,捐赠也是上帝供应的再分配,个人必须无条件地服从。简而言之,行善是施予者的责任,也是接受者的权利。

哈尔滨犹太宗教公会主席 A.И.考夫曼的儿子、以色列原居中国人犹太人协会主席、以色列—中国友好协会会长、原居哈尔滨犹太人西奥多(特迪)·考夫曼[②]指出:"在没有国际组织援助的情况下,哈尔滨犹太人社区接纳了大量犹太难民,这是伟大的善举。为了帮助难民,在社区领袖们的组织下,富裕商人被动员起来慷慨解囊,生活并非殷实的社区成员也都力所能及地献上了一份爱心。"[③]如斯基德尔斯基(Skidelsky)家族是哈尔滨犹太社区最慷慨的捐赠者之一[④];格里高里·克罗尔(Gregory Kroll)向犹太会堂和福利组织慷慨捐献[⑤];索斯金(Soskin)兄弟向社区捐赠慷慨,I.H.索斯金的妻子曾被选为"妇女慈善会"的主席,她"每年都在马迭尔宾馆召开一次舞会,人们冠之为'索斯金舞会',因

① 亚伯拉罕·约瑟弗维奇·考夫曼,《我在哈尔滨的岁月:亚伯拉罕·约瑟弗维奇·考夫曼回忆录》,34、34—35、35。

② 参见曲伟 Qu Wei、李述笑 Li Shuxiao,《哈尔滨犹太简明辞书》[The Concise Harbin Jewish Dictionary](北京[Beijing]:社会科学文献出版社[Social Sciences Academic Press],2013),251—252、253—254。

③ Theodore (Teddy) Kaufman 西奥多(特迪)·考夫曼,《我心中的哈尔滨犹太人》[The Jews of Harbin Live on in My Heart],刘全顺 Liu Quanshun 译(哈尔滨[Harbin]:黑龙江人民出版社[Heilongjiang People's Publishing House],2011),68。

④ 参见曲伟、李述笑,《哈尔滨犹太简明辞书》,349。

⑤ 同上,269—270。

为,所有来自舞会的收入全部捐给社区福利机构”[①]。纳芙塔琳娜-约菲(Naftaly-Yaffe)夫人捐地建立了犹太医院,并捐了大量的金钱;明德列维奇(Mindalevitch)捐助建立了犹太中学;承包商约瑟夫·拉比诺维奇(Yosef Rabinovitch)[②]捐献出了大楼,养老院、病弱者及慢性病人住所和免费食堂都在这所大楼之内。[③]

1918年,“当地富有的犹太М.Л.萨姆萨诺维奇[④]捐献给犹太妇女慈善救济会5万卢布,用于建设救济会监护犹太孤儿院或者犹太医院。救济会还积极地帮助贫穷的学生到犹太社会学校就学。1917年,随着新的难民和移民潮到来,救济会更扩大了自己的活动力度。这一年,救助会为帮助贫穷的学生就学便支出了8500卢布,为学生提供早餐、给贫穷的学生买衣服鞋帽花费1500卢布。救济会为保障学生身体健康,开辟了儿童体操广场,为孩子们举办假日游戏和上午庆祝表演会。1917年,救济会年度支出19000卢布,设立手工业职业传习基金6000卢布。后来,当地一个殷实的犹太人M.通过该救济会捐献了200000卢布建设了手工业者学校”[⑤]。在20世纪20年代的艰难时期,“哈尔滨的犹太社会生活无论怎么说都是相当有活力的。免费食堂漂亮的大楼落成了,它的二楼是犹太养老院,地下室是硬面饼面包房。免费食堂开幕当天就为衣食无着的犹太人募集了哈大洋25000元伙食费”[⑥]。

1921年,“在哈尔滨建立了犹太贫病救济会(密施梅里斯—霍利姆,为犹太居民提供保健),它在卫生保健事业中发挥了重要的作用。它的创始人是银行经理布尼莫维奇[⑦]。他的父亲就是维尔诺犹太贫病救济会的组织者,于是他决定在哈尔滨成立一个类似的组织。这一想法得到了群众,特别是犹太知识界广泛的响应”。从一开始,“贫病救济会就为贫困阶层的病人提供医疗救助。1921年2月,共发出了434张免费就医券。仅2月一个月,就为医生诊疗、出诊和化验、购买药品和包扎材料等花销了825元。它还为犹太养老院(莫沙夫—兹凯伊尼姆)的老人、施诊所的难民和穷人、犹太中学的贫困学生提供帮助,发放了355瓶牛奶、黄油、鱼肝油、酒等,投款20元购置浴疗池、药瓶和冰袋,提供各种医疗救

---

① 参见曲伟、李述笑,《哈尔滨犹太简明辞书》,356—357。

② 拉比诺维奇即拉宾诺维奇。参见曲伟、李述笑,《哈尔滨犹太简明辞书》,273。

③ 参见西奥多(特迪)·考夫曼,《我心中的哈尔滨犹太人》,69、72、73。

④ 参见曲伟、李述笑,《哈尔滨犹太简明辞书》,373。

⑤ 亚伯拉罕·约瑟弗维奇·考夫曼,《我在哈尔滨的岁月:亚伯拉罕·约瑟弗维奇·考夫曼回忆录》,100。

⑥ 同上,151。

⑦ 参见曲伟、李述笑,《哈尔滨犹太简明辞书》,153。

助共计 1200 元”。1921 年 4 月，“犹太贫病救济会为 500 人次提供了医疗救助，其中 133 人是到医生家里就医的，为犹太居民提供医疗救助共花费了 1612 元”。[1]

在犹太医院的建设中，“E.C.纳芙塔琳娜-约菲[2]女士出人意料的慷慨捐赠解决了犹太医院的问题。纳芙塔琳娜-约菲女士看到实现方案既无钱又无地段的全部困境，决定帮助犹太社会。她给‘犹太贫病救济会’理事会写了份书面声明，表示愿意将自己在商市街(今红霞街)与中央大街交角处的 130 平方沙绳(1 沙绳等于 2.134 米)、估值为 1 万元的地段捐献给犹太医院”。借此，“‘犹太贫病救济会’理事会十分感激地接受了她的捐赠，同意了赠予人提出的四个条件：该地段与将落成的建筑物属于‘犹太贫病救济会’的财产；地段只能用于建设犹太医院；地段不得抵押或转让；本地段将建起来的医院要冠名其已故丈夫 **M.A.**纳芙塔林和她本人的名字”。此后，“哈尔滨犹太宗教公会理事会决定将出售哥萨克街(今高谊街)地段收入的 8000 元交付‘犹太贫病救济会’。建设犹太施诊所和医院的基金总额达到了 13000 元”。1933 年 7 月，“犹太医院奠基。奠基当天和此前募集的资金达到了 15000 元。这样，建设医院的基金已近 30000 元”。[3]

哈尔滨犹太人开展的相关慈善事业是哈尔滨犹太社区活动的重要组成部分，也是哈尔滨犹太社区持续发展的重要条件。这不仅体现了犹太人的慈善传统，而且表现了犹太人的慈善理念。哈尔滨犹太人慈善事业具有以下几个特点。一是从问题缘起来看，哈尔滨犹太人慈善事业具有特殊性。哈尔滨犹太人主要是俄籍阿什肯纳兹犹太人，在俄国境内受到俄国政府迫害的犹太人，凭借中东铁路修建与俄国革命等契机来到作为中东铁路枢纽的哈尔滨，此后来到哈尔滨的部分犹太人又前往天津、上海、青岛等地。而上海大量犹太人的出现是因为纳粹的犹太大屠杀，上海犹太慈善事业亦集中体现在这批犹太人身上。因为人数较少和社区建设等问题，天津、青岛等地犹太人慈善事业并不充分。二是从机构建设而言，哈尔滨犹太人慈善事业具有针对性。哈尔滨犹太人慈善机构设置比较全面，有犹太免费食堂、犹太贫病救济会、犹太养老院、犹太妇女慈善会与“亚斯里”孤儿院等，涉及不同层面的人群，覆盖面比较广。三是从慈善方式来讲，哈尔滨犹太人慈善事业具有代表性。拉宾诺维奇、斯基德尔斯基与索斯金等哈尔滨

① 亚伯拉罕·约瑟弗维奇·考夫曼，《我在哈尔滨的岁月：亚伯拉罕·约瑟弗维奇·考夫曼回忆录》，198、199。

② 参见曲伟、李述笑，《哈尔滨犹太简明辞书》，322。

③ 亚伯拉罕·约瑟弗维奇·考夫曼，《我在哈尔滨的岁月：亚伯拉罕·约瑟弗维奇·考夫曼回忆录》，333—334。

犹太慈善家，不仅是哈尔滨著名的犹太商人，而且是犹太慈善活动的发起者与践行者，通过舞会等方式募捐善款，用来支持哈尔滨犹太人慈善事业的发展。四是从实际作用来谈，哈尔滨犹太人慈善事业具有实效性。相关慈善活动不仅救助了在哈尔滨犹太社区的困难犹太人，而且救助了因第一次世界大战与纳粹屠杀犹太人而来到哈尔滨的犹太难民。五是从中犹交往来说，哈尔滨犹太人慈善事业具有样板性，为其他城市的犹太人慈善事业提供了参考。随着犹太民族与中华民族交往的加深，哈尔滨犹太慈善机构也为一些中国特殊人群提供服务，这为当下两个民族的友好交往打下了深厚的历史根基。“让历史告诉未来”，以色列原居哈尔滨犹太人协会的相关活动就是有力的证据。六是从具体成因来论，哈尔滨犹太人慈善事业具有差异性。哈尔滨犹太社区的慈善活动是在当时的中东铁路附属地，而不是其他城市的租界与租借地。

近几年，随着一些日文、俄文与英文等资料的挖掘，以及《哈尔滨犹太人档案文献汇编》的整理出版，哈尔滨犹太人慈善事业研究已经具备一定的条件。该专题的研究，不仅有益于犹太思想文化特别是慈善思想与犹太人来华史的研究，亦可为犹太民族与中华民族两大民族慈善观比较研究开拓一个学术领域。

A Study of Philanthropy in the Harbin Jewish Community

GAO Longbin

Abstract: The Harbin Jews, mainly Ashkenazi from Russia, were closely related to changes in the international situation in the late 19th century. Major historical events, such as the construction of the Chinese Eastern Railway, brought about 25,000 Jews to Harbin, the hub of the railway, forming the Harbin Jewish community as the largest Jewish settlement in the Far East. The living conditions of Jews in Russia and Harbin, as well as special circumstances such as wars and disasters, are the main causes for the Harbin Jews to carry out philanthropy. They accordingly established the Jewish Poor Relief Society. The generous donations of famous philanthropists such as Skidelsky, laid the foundation for the sustainable development of the Harbin Jewish community.

Key Words: Jews, Harbin, Philanthropy, Idea

JEWISH STUDIES
犹太研究
第22辑

巴以和平进程的失败:平衡与不平衡因素*

乌利亚·沙维特**
陈艳艳*** 译

【摘要】本文分析了巴以和平进程屡次失败的原因。基于对巴勒斯坦历史背景的分析和人口结构因素影响的思考,本文认为战略框架下的平衡与不平衡的独特局势是造成巴以问题持续僵局的主要原因。虽然在巴以冲突中巴勒斯坦居于人口弱势地位,但约旦河西岸犹太人与阿拉伯人的人口均势以及中东地区阿拉伯人和犹太人人口的巨大差距,让巴勒斯坦确信以色列的战略处境将会恶化,因此不愿意放弃在巴以问题上的教条式议程。在此基础上,本文进一步针对此问题提出相应的政策建议,并结合《亚伯拉罕协议》的签订分析巴以问题的前景。

【关键词】巴以冲突;《奥斯陆协议》;巴勒斯坦权力机构;哈马斯;中东人口统计数据

针对唐纳德·特朗普承认耶路撒冷为以色列首都一事,马来西亚总理纳吉布·拉扎克(Najib Razaq)对聚集在马来西亚政府所在地布城(Putrajaya)一座清真寺外的数千名穆斯林说:

穆斯林有16亿,犹太人只有1300万。16亿穆斯林输给犹太人是没理

* 本文最初发表于 *The Journal for Interdisciplinary Middle Eastern Studies* (Spring 2018);《亚伯拉罕协议》签订后,作者在原文基础上进行补充并形成此文,补充内容主要在文章的"结论与相关的策略建议"部分;感谢 Amir Oneli 和 Carl Yonker 对本文撰写的协助。

** 乌利亚·沙维特(Uriya Shavit),以色列特拉维夫大学以色列与阿拉伯研究系教授,阿拉伯—伊斯兰研究系和宗教研究研究生项目负责人,代表著作有 *Islamism and the West* (Routledge, 2014)、*Shari'a and Muslim Minorities* (Oxford University Press, 2015)、*Zionism in Arab Discourses* (Manchester University Press, 2016)、*Scientific and Political Freedom in Islam* (Routledge, 2017)。

*** 陈艳艳,山东大学犹太教与跨宗教研究中心暨哲学与社会发展学院教师。

由的。如果我们不团结起来,就会被瞧不起。①

虽然拉扎克没有具体说明这样的团结应为如何,也没有言明全世界的穆斯林应该怎么做才能重建伊斯兰对耶路撒冷的主权,但他却揭示了一个问题的深层真相,那就是为何解决巴以冲突问题的数次努力都以失败告终。

20 世纪 90 年代初以来,美国和其他旨在结束世界上最顽固冲突之一的倡导者们在解决巴以冲突问题上提出了类似的方案。作为实现以色列和巴勒斯坦之间持久和平、安全和繁荣的唯一现实途径,这一方案要求以色列撤出其在 1967 年占领的大部分领土,并建立一个非军事化的、对东耶路撒冷拥有某种形式主权的巴勒斯坦国。作为回报,巴勒斯坦领导人将承认大约 500 万名巴勒斯坦难民的"回归权",并且其他阿拉伯国家将实现与以色列的关系正常化。

巴以和平努力的屡次失败并没有引起对长久以来关于这一问题的历史阐释的反思。这一历史阐释试图说明为何世界上诸多杰出的政治家和谈判代表都不能让巴以双方达成最终的和平协议。一些曾参与其中并为缔造巴以和平而努力的人感叹"错失良机",认为曾经巴以双方确实建立起了彼此认可的、解决问题的框架,并在大部分问题上达成妥协与共识;但遗憾的是,政治环境和相关因素的欠缺阻碍了最终和平协议的达成。② 事实上,这种被广为接受的历史阐释却忽视了在巴以问题上失败的重复性。在过去 25 年的时间里,不同的谈判团队在不同的政治环境下致力于解决这一问题,最终却都陷入了相似的僵局,这就说明问题的症结不在于个人或环境因素。

另一种阐释将失败的原因归咎于双方阵营中的极端势力。简而言之,该理论认为一方面哈马斯崛起并发起伊斯兰抵抗运动,其将整个巴勒斯坦都视为穆斯林的土地,并公开宣称以消灭以色列为终极目标;另一方面,以色列宗教右翼中的弥赛亚思想使妥协成为不可能,因为根据这一派的思想,他们是以上帝之名

---

① Hannah Beech, "Malaysian Leader Says Muslims Should Not 'Lose to the Jews,'" *New York Times* (December 22, 2017).

② 这方面的一个例子是有人认为 1995 年 11 月 4 日以色列总理伊扎克·拉宾遇刺在很大程度上是奥斯陆和平进程失败的原因,参考以色列中东研究学者、前驻美大使和首席谈判代表伊塔玛·拉比诺维奇(Itamar Rabinovich)的观点:Aluf Ben, "Arafat Is Guilty — But Only He Can Do It," *Haaretz* (March 30, 2004);另见巴勒斯坦首席谈判代表萨义伯·埃雷卡特(Saeb Erekat)在以色列媒体专栏上的观点:"If Rabin Had Not Been Assassinated, There Would Have Already Been Peace," *Walla* (October 17, 2002) [Hebrew]。另一个例子是巴勒斯坦权力机构主席马哈茂德·阿巴斯(Mahmoud Abbas)的声明,他说如果以色列总理埃胡德·奥尔默特再执政两个月,和平就可能实现(奥尔默特在 2008 年 9 月因腐败丑闻辞职),参见"Abbas: Palestinians, Israel Were Two Months Away from Inking Peace Deal," *Haaretz* English Edition (October 14, 2012);对这一观点的批判评论参见 Elie Podeh, *Chances for Peace: Missed Opportunities in the Arab-Israeli Conflict* (Austin: University of Texas Press, 2015), 356。

说话、作为上帝的载体行事并遵守上帝旨意的人是不太可能在这一问题上作出让步的[①]。然而，这种理论存在三点缺陷。第一，穆斯林兄弟会及包括哈马斯在内的派系，并没有宣扬要对所有占领穆斯林土地的非穆斯林“侵略者”发动无限期的战争。如果他们有此宣称，就应该也在西班牙和塞尔维亚发起圣战。第二，犹太人的弥赛亚政治观虽然在整个以色列社会中具有广泛的吸引力和影响力，但就支持这种观点的以色列议会议员而言，其人数仍较少。即使在以色列历史上最右翼的第 20 届议会中，也只有不到 10%的议员公开认可这一观点，即认为出于宗教信仰的原因，以色列政府绝不能让出其于 1967 年占领土地的分毫。第三，这是最重要的一点，自 1993 年以来，始终是中间派、中左翼和中右翼的以色列政府(而非极端派系)和在巴勒斯坦占主导地位的民族解放运动组织在努力实现最终协议，并且不断失败。正式和非正式的会谈都已经表明，以色列中左翼愿意让与巴勒斯坦的利益上限远低于巴解组织愿意接受的利益下限。

2000 年 7 月举行的戴维营会谈曾被视为很有望实现巴以间的最终和平协议。以色列的一名曾参与会议的谈判代表指出了此次谈判破裂的原因。这位不愿透露姓名的代表表示，埃胡德·巴拉克(Ehud Barak)领导的鸽派政府的策略是利用约旦河西岸和加沙地带的大部分犹太人定居点来换取巴勒斯坦在“回归权”上的让步，并将耶路撒冷作为一个单独问题来解决。但是让以色列代表团震惊的是，巴勒斯坦在“回归权”问题上十分坚持己见。巴勒斯坦代表团的一名谈判代表哈桑·阿斯夫(Hasan Asfur)回应称上述的构想纯属虚构，巴勒斯坦在任何情况下都不会在“回归权”问题上让步，他们也从来没有让步过。[②]

实际上，在过去的 25 年里，巴解组织领导人对难民问题不是提出模棱两可的办法，就是重复阿斯夫的教条主义立场。[③] 民主选举的以色列政府不可能同意这一要求抑或类似的折中要求来造成巴勒斯坦人大规模返回以色列，并威胁到以色列犹太人国家的主体性。

巴以和平问题上的僵局不仅引起了普遍的失望，也赋予了双方尚武、善变、

---

① 例如，“双方的极端势力”让“温和的多数派”希望落空的观点支撑了以色列工党和反对派领袖艾萨克·赫佐格(Isaac Hertzog)在 2016 年提出的和平计划，参见 Isaac Hertzog, “Only Separation Can Lead to a Two State Solution,” *New York Times* (February 28, 2016)。

② 参见 Uriya Shavit and Jalal Banna, “Everything You Wanted to Know about the Right of Return and Were Afraid to Ask,” *Haaretz Magazine* (July 6, 2001)。

③ 这种模棱两可的做法致力于“在联合国第 194 号决议的基础上达成公正和商定的解决办法”，并且符合 2002 年的阿拉伯联盟和平计划。教条主义的立场认为“回归权”是难民的一项个人权利，他们选出的领导人不能让步。近年来，巴勒斯坦权力机构主席马哈茂德·阿巴斯曾明确表达过这两种观点。参见 Elhanan Miller, “Abbas Hardens His Stance on Palestinian ‘Right of Return,’” *The Jerusalem Post* (January 13, 2014)。

欺骗和妄想等色彩。具体而言,在当代以色列政治中,关于不切实际的巴勒斯坦教条主义的要求,特别是关于"回归权"的看法问题,最流行的一种表述就是巴勒斯坦从不错过任何"错失机会"的机会。这一引自以色列前外交部部长阿巴·埃班(Abba Eban)的知名言论,反映出了以色列人对冲突中的显著弱势方却提出阻碍实现巴勒斯坦独立的要求的费解。这种困惑不一定关涉历史正义、政治合法性和人权的具体层面,而是反映出一种期望,即希望明显弱势方的巴勒斯坦人能够少一些教条主义,并着眼于更可实现的现实目标。

关于巴勒斯坦教条主义和战略盲目性的本质主义看法其实是有误导性的,因为以色列和巴勒斯坦之间的力量对抗比看起来的要复杂得多。巴勒斯坦主流的教条主义做法也比表面上看起来的更理性,虽然这有损于他们眼前的国家利益,也可能有损于他们的长期利益。

下文将分析巴以冲突中存在着平衡与不平衡因素的特殊现象,并认为这种现象是解决巴以冲突的主要障碍。在此基础上,还将探讨本文对巴以未来和谈的可能性影响。

一、巴以冲突中的平衡与不平衡因素

从广义上讲,有两种情况能够促进国家间暴力冲突的解决(达成涉及领土或其他争端的双方协定)或不被挑战的现状的继续存在(虽然冲突尚未解决,但敌对双方都不使用暴力或其他举措来挑战现状)。一种情况是有关各方出现持续的力量平衡,使战斗或继续战斗成为徒劳。也就是说,敌对双方都没有可以改变平衡以有利于自身的现实途径,而如果战斗继续则双方又都将冒巨大风险,在这种情况下,力量平衡就成为双方妥协的强大动力。1988 年两伊战争的结果就是这样的一个实例。促使冲突解决的另一种情况是有关各方的力量存在明确且显著的不平衡。在这种情况下,较强一方有能力将其条件施加于较弱一方,而后者在无力进行有效对抗的情况下选择投降。1945 年,在广岛和长崎遭到原子弹轰炸后,日本向美国投降就是一个典型事例。

要让平衡和不平衡的现象有助于解决冲突,其关键是至少冲突的一方承认该现象。这种现象本身并不能保证冲突的结束,因为政治家和军事家们的判断并非始终都是理性的。为什么非自由主义政权比自由民主政权更容易卷入侵略战争?为什么在整个现代史上后者几乎赢得了所有与非自由主义国家间的战争?原因之一就是自由主义制度为反对变化无常、毫无根据的判断提供了更好的保障。

正确评估冲突中各方力量间的平衡既是一项挑战,也是一项复杂的工作,因为哪怕是精细的、无情绪的计算机程序也无法准确评估决定一个国家实力的所有因素。国家的军事实力通常是基于战斗机、坦克和潜艇的数量及性能等可衡量的因素，但隐性层面的因素，诸如特定情况下某个将军或排长的敏锐度、步兵的积极性等也是重要方面。军队的武装实力是任何战争中至关重要的因素，但它只是影响冲突进程及结果的一个方面。工业、金融、外交、技术、人口以及环境等资源与条件也是至关重要且直接相关的。让评估变得更为复杂的是，不同的权力变量是相互联系的并有可能在冲突中发展变化。例如，不直接参与冲突的第三国的政治发展可能造成对冲突一方的外交及经济制裁，而这反过来又可能对其军工产出或士兵的积极性产生影响。同样，在某种气候条件下无关紧要的科技装备可能在另一种气候条件中变得至关重要。①

我们很容易把巴以冲突的现状看成一个典型案例，即对力量平衡的非理性的、情绪化的评估导致其中一方(巴勒斯坦人)未能采取更加理性和务实的行动方案。换言之，在冲突的最初形成阶段，对双方实力和弱点的误判导致了巴勒斯坦的悲剧。如今巴以双方的实力差距已经变得十分明显且没有争议。以色列军队有 718250 名士兵(包括预备役士兵)、2620 辆坦克和 652 架战斗机。据推测，以色列还拥有数十枚原子弹，并发展了从海上进行“二次打击”的能力。② 约旦河西岸的巴勒斯坦当局指挥着一个几千人的安全机构，其主要装备为小型武器和轻武器；而加沙地带的哈马斯军事武装则由几千名民兵组成，其主要战略武器是自产和走私的火箭弹。③ 在经济层面，以色列的人均 GDP 为 34800 美元，而约旦河西岸和加沙的人均 GDP 仅为 4300 美元。④

在外交上，以色列的合法性地位及其外交政策(并非所有政策) 得到了世界大国美国而且是两党层面的大力支持，也得到了欧洲最大的经济和政治国家德国的坚定支持。这两个国家对以色列的支持都有历史和文化渊源，不会轻易消失。除此之外，近年来以色列还与崛起中的大国中国及印度建立了密切关系。相反，无论是约旦河西岸还是加沙地区的巴勒斯坦人都没能得到任何大国类似

---

① 关于这一点的经典讨论，参见 Hans J. Morgenthau, *Politics among Nations* (Boston: MacGraw-Hill, 2006), 163-175。

② 参见 Hans M. Kristensen and Robert S. Norris, “Israeli Nuclear Weapons, 2014,” *Bulletin of the Atomic Scientists* 70 (2014): 102, 108。

③ 参见 Eado Hecht and Eitan Shamir, *Medium-Intensity Threat: The Case for Beefed-Up IDF Ground Forces* (Ramat Gan: The Begin-Sadat Center for Strategic Studies, 2016), 24; Yiftah S. Shapir, “Rocket Warfare in Operation Protective Edge,” in *The Lessons of Operation Protective Edge*, eds. Anat Kurtz and Shlomo Brom (Tel Aviv: The Institute for National Security Studies, INSS, 2014), 43。

④ 参见“The World Factbook 2017-GDP Per Capita,” *Central Intelligence Agency*, https://www.cia.gov/library/publications/the-world-factbook/rankorder/2004rank.html。

的支持。在以色列建国的前 30 年中，巴勒斯坦曾寄希望于阿拉伯国家能联合起来为它的利益发声并采取实际行动，如今这一希望几乎破灭了。这些事实清晰地表明，在目前以及可预见的将来，巴勒斯坦都没有任何可能的机会来通过军事冲突消灭以色列，或者采取有力的措施来改变以色列国的犹太属性。

尽管如此，在综合国力方面确实存在着一个因素——也是唯一因素——使巴勒斯坦的教条主义成为合乎理性的做法，那就是人口因素。巴以冲突的人口统计数据有两层战略上的含义：第一，它意味着尽管以色列有实力，能让全面的暴力升级以其决定性的胜利而告终，但却并不符合以色列的国家利益。第二，它提供了一个理性基础，可证明未来的力量平衡现象将向有利于巴勒斯坦的方向转变。

二、人口统计数据对巴勒斯坦教条主义的影响

在 19、20 世纪之交，世界上大约有 1600 万犹太人，这一人数不比埃及和整个新月沃土上的居民少多少，而且比巴勒斯坦地区的阿拉伯人要多很多。当时，以《巴塞尔纲领》为代表的犹太复国主义梦想体现了一种使巴勒斯坦地区阿拉伯人变为少数派的人口结构转型的潜在性。1898 年，伊斯兰现代主义运动的喉舌《光塔》(*al-Manar*)的编辑拉希德·里达(Rashid Rida)就已经意识到犹太复国主义者对巴勒斯坦地区的占领将使当地居民屈从于犹太人的统治。里达后来成为穆斯林兄弟会(Muslim Brothers)创始人哈桑·班纳(Hasan al-Banna)的导师。然而，就连里达也没有预见到犹太人向巴勒斯坦地区的大规模移民潮。①

虽然 1917 年 11 月 2 日的《贝尔福宣言》遭到了巴勒斯坦和阿拉伯世界的强烈谴责，但在 20 世纪 20 年代对犹太复国主义计划的抵制仍相对温和。不过，这种不抵抗并不代表彻底的盲目。在英国委任统治当局大力支持犹太复国主义的那些年里，只有一小部分犹太人迁移到了他们祖先生活过的土地，甚至在 1924 年美国的大门对犹太移民关闭时，情况也是如此。② 尤其在 1927 年，离开巴勒斯坦地区的犹太人比进入该地的犹太人多 2000 人，这让犹太复国主义运动的领袖们对运动的前景产生了怀疑。③ 犹太复国主义者悲伤地认为，赫茨尔(Herzl)

---

① 参见"Khabar waI'tibar," *al-Manar* 1 (April 1898): 105-108。

② 参见 Joseph Nevo, "The Palestine Arabs' Attitude towards the Yishuv and the Zionist Movement," in *Zionism and the Arabs*, ed. Shmuel Almog (Jerusalem: The Historical Society of Israel and the Zalman Shazar Center, 1983), 154。

③ 参见 Benny Morris, *Righteous Victims* (London: J. Murray, 1999), 107。

关于犹太人有组织地、大规模地迁徙到以色列地的设想看来不太可能实现了。

始于1936年的阿拉伯起义源于一系列事态发展的影响，包括在整个阿拉伯世界中普遍兴起的反帝国主义和民族主义情绪。但是，这场起义首要还是对大规模的犹太移民潮（第四次和第五次移民）的回应，这几次移民潮使巴勒斯坦地区的犹太人在20世纪30年代中期增加到近50万人，并且让建立一个犹太人国家的梦想成为可能。[①] 虽然英国通过武力平息了这场起义，但随之而来的反纳粹的世界大战让阿拉伯世界取得了决定性的成就。1939年5月，英国发布文件要求将五年内的犹太移民限制在75000人以内，以避免数百万欧洲犹太难民迁居巴勒斯坦地区使当地阿拉伯人成为少数派。阿拉伯世界的这一举措导致了犹太人的双重悲剧。于是，在受迫害的犹太人比以往任何时候都更需要避难所的历史时刻，避难所却不存在；在犹太人有很大可能在巴勒斯坦地区建立起民族主体性地位的历史时机，他们的努力却遭到了阻挠。

1947年11月30日，在联合国大会批准巴以分治决议后不久爆发的那场战争中，依据所有可衡量的参数，特别是人口统计学数据，双方的力量博弈似乎都有利于阿拉伯一方。首先，60万犹太人要面对两倍多的巴勒斯坦人。其次，1948年5月英国从巴勒斯坦地区撤军后，犹太人要面对七支装备精良的阿拉伯国家军队，这些国家的人口加起来约为4000万人，其中包括约有2000万人口的埃及。[②] 这种人口数量上的不平衡被视为阿拉伯国家能轻松制胜的决定因素，甚至导致美国一度收回了对犹太民族独立事业的支持。[③] 简而言之，传统的观点认为战略装备更好、人口是对方60多倍的一方是不太可能战败的。然而，1948年中东战争的结果证明评估一个国家的整体实力是十分复杂的，但我们不能据此就说阿拉伯人对其能够轻松制胜的前景是基于毫无根据或天真分析的误判。

1967年第二次阿以战争的结果再次证明人口数量的差异不一定能决定冲突的结果。在这场六日战争中，以色列取得了惊人的军事胜利，并将实际控制的领土扩大三倍多，但具有讽刺意味的是这场战争也产生了消极影响。站在犹太复国主义者的角度，不论谁该为这一进展负责，1948年中东战争的一个重要获

---

① 参见 Benny Morris, *Righteous Victims*, 121-122; Baruch Kimmerling and Joel S. Migdal, *Palestinians*: *The Making of a People* (Cambridge: Harvard University Press, 1998), 94-116。

② 参见 Ami Ayalon, "Demography, Politics, and Tradition in Mubarak's Egypt," in *Demography and Politics in the Arab States*, eds. Ami Ayalon and Gadi Gilbar (Tel Aviv: Moshe Dayan Institute, Tel Aviv University, and Hakibbutz Hameuchad, 1995), 30 [Hebrew]。

③ 例如，杜鲁门的顾问克拉克·克利福德(Clark Clifford)引用的对杜鲁门国防部长詹姆斯·福里斯特(James Forester)的评价，参见"A Nation Reborn," *Pillar of Fire*, Episode 7, minute 15:40。

益是在犹太复国主义者最终占领的土地上，巴勒斯坦人口数量仅为犹太人口的25%。[①] 随着此后三年的犹太移民潮，这一比例降至10%左右。如果阿拉伯方面当初接受了联合国的巴以分治计划，就可能不会出现这种局面，因为根据该计划，在最初要建立的犹太国家中巴勒斯坦阿拉伯人和犹太人的数量几乎是相等的。[②]

然而在1967年，这一人口比例发生了巨大变化，此时280万名以色列公民(其中约40万名是巴勒斯坦阿拉伯人)直接控制着约旦河西岸和加沙地带的110万名巴勒斯坦居民。虽然在20世纪70年代有15万名犹太人从苏联移民至以色列，但直至1980年，这一人口差距仍较为稳定。约旦河西岸和加沙地带约有140万名巴勒斯坦人，以色列人口近390万名(其中约60万名是巴勒斯坦阿拉伯人)。到1985年，约旦河西岸约有157万名巴勒斯坦人，以色列人口约为430万名(其中约75万为巴勒斯坦阿拉伯人)。[③]

在约旦河西岸被以色列占领的20年后，西岸的阿拉伯人和犹太人的比例差异并没有发生根本改变。20世纪80年代中期，巴勒斯坦领导人对巴勒斯坦在军事和外交方面的徒劳努力感到沮丧，并认识到以色列对西岸和加沙的控制实际上是无法挑战的，于是转而认可另一条道路，即巴勒斯坦人口的增长可能是削弱甚至击败以色列的关键因素，虽然他们并不确切清楚人口数量结构将如何导致战略局势的改变。例如，在1987年第一次阿拉伯大起义开始前不久，巴解组织领导人亚西尔·阿拉法特(Yasser Arafat)曾宣布巴勒斯坦妇女是“生物炸弹”，她们将从内部引爆并摧毁以色列社会，因为到2000年“巴勒斯坦人口数量将超过以色列境内的犹太人”[④]。

对约旦河西岸和加沙地带的控制于以色列而言是一种战略风险，因为有可

---

① 参见Benny Morris, *Israel's Border Wars 1949-1956: Arab Infiltration, Israeli Retaliation, and the Countdown to the Suez War* (Oxford: Clarendon Press, 1993), 2-5。

② 参见Benny Morris, *Righteous Victims*, 184。

③ 参见以色列中央统计局数据：*Statistical Abstract of Israel 2016* (Jerusalem: Central Bureau of Statistics, 2016), 34 and chart 1 [Hebrew]; "International Data Base Gaza Strip and the West Bank," *United States Census Bureau*, https://www.census.gov/data-tools/demo/idb/region.php?N=%20Results%20&T=13&A=both&RT=0&Y=1967,19 80,1985,2000,2010,2018&R=-1&C=GZ,WE。

④ Wajih abuDhikraa, "al-Qunbula al-Biulujiyya al-Filastinyya," *al-Akhbar* (July 3, 1987): 16; Uri Sadot, "The Politics of Demography and Partition in Israel and Palestine," *Georgetown Journal of International Affairs* (March 20, 2016), https://www.georgetownjournalofinternationalaffairs.org/online-edition/the-politics-of-demography-and-partition-in-israel-and-palestine?rq=The%20Politics%20of%20Demography%20and%20Partition%20in%20Israel%20and%20Palestine.

能导致更严重的人口均势问题。这一观点来源于阿拉伯人[①]、美国人[②],特别是以色列领导人的类似评估。20 世纪 80 年代中期,以色列中左翼已持有这样的观点,即以色列对整个约旦河西岸和加沙地带的长期控制正在造成"人口威胁",并将这个问题作为战略关切的重点。他们认为,这种现象将最终迫使以色列在两个恶果间做选择:要么给予巴勒斯坦人充分的公民权利而失去国家的犹太特性;要么剥夺他们的这一权利,但这不仅会损害以色列国家的民主特性,也会损害其国际合法性地位。[③]

1993 年 9 月,左倾的以色列政府与巴解组织签署的《奥斯陆协议》的提案为以色列提供了一条道路,使其可以在避免人口数量结构影响的同时不需要作出多少让步。该协议设想在约旦河西岸和加沙地带这些人口稠密的巴勒斯坦地区建立一个自治的、准选举的巴勒斯坦权力机构,而非独立的巴勒斯坦国;不强制以色列撤出犹太定居点和东耶路撒冷,也不承认巴勒斯坦难民的"回归权"。但是这项协议的签署并未使巴勒斯坦在人口数量结构方面有任何让步。而且,从协议内容可以看出,这条以色列的"逃生路线"只是暂时的,因为以色列和巴勒斯坦将在五年内通过谈判解决冲突的核心问题并达成最终协议。[④] 因此,奥斯陆进程为巴勒斯坦继续提出要求打开了大门,这些要求于他们而言有助于消除犹太人民族家园的以色列国;同时,也为巴勒斯坦民族解放运动提供了更有效的外交和暴力手段来促进这些要求的实现。事实上,在签署协议之后,巴勒斯坦领导层立即澄清说他们并不认为《奥斯陆协议》是实现持久和平的关键步骤,而只是

---

① 例如,埃及外交部长马吉德(Ismat Abd al-Majid)指出,人口问题是以色列无法维持对约旦河西岸和加沙地带控制的原因,参见"Majid Ended His Visit in Israel in a Meeting with Palestinian Personalities," *Haaretz* (July 16, 1987): 9 [Hebrew]。

② 例如,时任美国国务卿的乔治 · 舒尔茨(George Schultz)的评论,参见"Time Bomb," *Haaretz* (July 16, 1987): 9 [Hebrew]。

③ 参见 1988 年第 12 届议会选举中工党领导的议会成员名单(Ma'arach)纲领,第 7—8 页;另见时任工党领袖西蒙 · 佩雷斯(Shimon Peres)的话:"'领土'意味着我们属于它,它也属于我们的土地。他人定居的土地不能被视为'领土'……我赞成让步——我认可阿拉伯人在以色列国成为多数派的情况。" Amos Ben-Vered, "Peres: 'I Am Conceding the Scenario of an Arab Majority in Eretz-Israel,'" *Haaretz* (July 16, 1987): 3 [Hebrew].

④ 参见 *Declaration of Principles on Interim Self-Government Arrangements* (Jerusalem: Ministry of Foreign Affairs, 1993), 21-23。

将其视为最终击败犹太复国主义的手段。[①]

随着和平进程的动摇，可以清楚地看到，尽管在 20 世纪 80 年代末和 90 年代初有苏联和埃塞俄比亚的大批犹太移民进入以色列，但是约旦河西岸的犹太人和阿拉伯人正在迅速地进入人口均衡的局面。到 2000 年，约旦河西岸和加沙地带共有 310 万名巴勒斯坦人，以色列人口为 640 万(其中 100 多万是巴勒斯坦阿拉伯人)；到 2010 年，巴勒斯坦人口数量为 390 万，以色列人口为 770 万(其中近 150 万是巴勒斯坦阿拉伯人)。[②] 虽然学界对约旦河西岸实际居住的巴勒斯坦人口数据的可靠性有所质疑，但其他的人口统计数据并不违背在巴勒斯坦地区曾经存在着两个几乎均等的种族这一事实。[③] 与此同时，该地区犹太人和阿拉伯人数量之间的人口差距也迅速扩大。1967 年，世界上有 1.12 亿阿拉伯人，犹太人约为 1300 万人，其中以色列犹太人不足 250 万人。到 2015 年，全世界的阿拉伯人口增长到 4 亿人左右，与之相比，犹太人只有 1600 万人，其中 600 多万人生活在以色列。[④]

如果说 1948 年和 1967 年的两次战争的战略启示是人口不一定决定冲突的结果(这也是国际关系中的一条普遍原则)，那么约旦河西岸的犹太人和阿拉伯人间的人口均势以及中东地区阿拉伯人和犹太人数量的巨大差距又如何为巴勒斯坦的教条主义提供合理性依据？为什么巴勒斯坦人如此确信一旦和平的努力失败，以色列的损失会比他们更大？

首先，目前的人口统计数据让巴勒斯坦人相信安全形势的恶化将导致以色列对约旦河西岸和加沙地区的直接且全面的控制，这将再次迫使以色列不得不在它于 1993 年通过签署《奥斯陆协议》而摆脱的“两个恶果”之间作出战略抉择。

---

① 例如，亚西尔·阿拉法特在 1994 年 5 月的约翰内斯堡演讲中，将《奥斯陆协议》与 628 年的《侯代比亚和约》(*Hudaybiyya Treaty*)作比较。《侯代比亚和约》是先知穆罕默德和麦加的古莱氏部落(Quraysh tribe)之间的一项为期 10 年的停火协议，该协议在签署两年后破裂并导致穆斯林占领麦加。参见 Ofira Seliktar, *Doomed to Failure? The Politics and Intelligence of the Oslo Peace Process* (California: Praeger Security International, 2009), 55; PalMediaWatch, “Arafat Publicly Denounces and Rejects the Oslo Accords in Speech in Johannesburg,” on YouTube (September 19, 2010), https://www.youtube.com/watch? v=ToXdm6mGS2U。

② 参见 *Statistical Abstract of Israel 2016* (Jerusalem: Central Bureau of Statistics, 2016), 34; “International Data Base Gaza Strip and the West Bank,” *United States Census Bureau*, https://www.census.gov/data-tools/demo/idb/region.php? N=%20Results%20&T=13&A=both&RT=0&Y=1967,1980,1985,2000,2010,2018 &R=-1&C=GZ,WE。

③ 例如，Bennet Zimmerman, Roberta Seid, and Michael L. Wise, “Voodoo Demographics,” *Azure* No. 2 (Summer 2006): 61-78。

④ 参见世界银行数据: https://data. worldbank. org/region/arab-world7view = chart; Itamar Ichner, “Jewish Worldwide Population in 2015 is Nearly 16 Million,” *Ynet* (June 25, 2015)。

其次,直接控制数百万与之对抗的巴勒斯坦人将会耗尽以色列的人力资源。

自 2000 年戴维营和谈失败以来,巴勒斯坦温和派领导人的传统认知是如果以色列再次直接对约旦河西岸与加沙地带进行控制,国内外压力将迫使它接受在约旦河西岸一个民主国家的出现,该国家须为所有公民提供充分和平等的权利,并最终拥有一个阿拉伯人占显著多数和阿拉伯人领导的政府。因此,以色列如果动用军事手段或其他力量将事实上导致这一局面。举例来说,巴勒斯坦谈判代表兼耶路撒冷事务部长费萨尔·侯赛尼(Faisal al-Husseini)就表达过这样的观点,他于 2001 年去世前不久说:

> 我担心的是今天,而以色列人应该担心的是未来。今天,大多数巴勒斯坦人愿意放弃他们在巴勒斯坦地区 80%的土地,以换取以色列承认其在余下的 20%土地上的全部权利。十年后,以色列和被占领土上的两个民族将出现人口数量上的均等。30 年后,巴勒斯坦人将成为多数。到那时,他们可能会既想要权利也想要土地——在西耶路撒冷、海法、阿卡和雅法。[①]

巴勒斯坦前谈判代表哈南·阿什拉维(Hanan Ashrawi)在 2013 年表示:

> 如果局势继续这样发展下去,最终我们将成为多数,但我们要给以色列人一个机会,让他们明白巴勒斯坦人可以拥有自己的民主国家,并且这个国家与以色列为邻。[②]

以色列议会成员、阿拉法特的前顾问艾哈迈德·提比(Ahmad Tibi)甚至宣称结束两国解决方案将导致一国解决方案并会让他获选总理。[③]

以色列只有两种选择——巴以两国方案或结束其作为犹太国家的存在,自

---

① Graham Usher, "Mourning the 'Son of Jerusalem': Faisal al-Husseini," *Jerusalem Quarterly File* 11-12 (Winter 2001): 13.

② Abd al-Qadir Fares, "Ashrawilil-'Okaz: al-Hukuma al-Iisrailliyya al-Muqbila Istitaniya Mutatarifa, wal-Inqisam al-Filastiniilaa Zawal," *Okaz* (January 21, 2013).

③ 参见 Carolina Landsman, "The Arab Lawmaker Vying to Be Prime Minister of a Utopian Israeli-Palestinian State," *Haaretz* (March 2, 2017); Ahmad Tibi's interview for Amanpour, "Arab Israeli MP Warns of Dangerous Regression," *CNN*, http://edition. cnn. com/videos/world/2017/02/15/intv-amanpour-ahmad-tibi-israel.cnn。

从2000年戴维营和谈破裂以来，阿拉伯温和派领导人[1]、以色列政治家[2]、亲以色列的欧洲领导人如安格拉·默克尔(Angela Merkel)[3]、包括总统巴拉克·奥巴马(Barak Obama)[4]和国务卿约翰·克里(John Kerry)[5]在内的美国领导人都认为这是一个不可否认的事实。从巴勒斯坦的立场出发来看待这一复杂局面的影响常常被忽视。如果如巴勒斯坦温和派领导人和世界其他国家的领导人所认为的那样，以色列只能在两国方案和国家消亡之间做选择，那么巴勒斯坦就可以在两国方案上强加条件，并且无须在以色列接受这些条件之前急于行动。

2010年，巴勒斯坦民族权力机构主席马哈茂德·阿巴斯(Mahmud Abbas)警告说，如果和平谈判失败，他将告诉美国人和以色列人来结束这一切。[6]

阿巴斯的话暗含了这样一层意思，虽然通常在战争中独立的完全丧失意味着终极失败，但以色列比巴勒斯坦更需要担心巴勒斯坦自治的瓦解。事实上，以色列的政策已经表明，不论巴勒斯坦挑衅的性质和程度如何，以色列都认为符合其国家利益的做法是不计代价地避免以色列对人口稠密的巴勒斯坦地区永久的、直接的统治。在2014年夏天针对加沙的“护刃行动”中，以色列明确的战略目标是在哈马斯继续掌权并完全控制加沙地区的情况下结束行动。[7] 究其原因，以色列不仅担忧重新占领和控制加沙可能引起的人员伤亡，而且也考虑到要维持对该地区的控制所涉及的财政费用以及外交方面的影响。

还有另一种算计，尽管不那么明显，那就是对巴勒斯坦基于人口因素的教条主义的合理解释。阿拉伯国家可能联合起来对以色列采取军事行动是以色列建

---

① 例如，对联合国前秘书长布特鲁斯·加利(Boutrus Ghali)的采访，参见 Volkhard Windfuhr, “Israel Has a Habit of Closing Its Eyes to Hard Facts,” *Der Spiegel* (January 5, 2009)。

② 参见 Zehava Galon, “Israel Will not Become a Bi-national State,” December 7, 2015, https://www.facebook.com/zehavagalon/photos/a.115819311841766.24622.115028251920872/1023127444444277/? type = 1&theater (Accessed on January 23, 2018); Aviel Magnezi and Gilad Mora, “Jewish State Law: ‘Netanyahu Is Leading to a Bi-national State,’” *Ynet* (January 5, 2014)。

③ 参见“Germany: Illegal Israeli Settlements ‘Violation of International Law’- Merkel,” on YouTube (March 24, 2017), https://www.youtube.com/watch? v=9dUnQNF-tAE。

④ 参见 PBS, “Watch President Obama’s Full Speech in Jerusalem,” on YouTube (March 23, 2013), https://www.youtube.com/watch? v=9dUnQNF-tAE。

⑤ 参见 U.S Department of State, “Secretary Kerry Delivers Remarks at the American Jewish Community Global Forum,” on YouTube (June 4, 2013), https://www.youtube.com/watch? v = 9dUnQNF-tAE。

⑥ 参见 AP, “Abbas Threatens to Dissolve PA, Let Israel Take Over West Bank,” *Haaretz* (December 4, 2010)。

⑦ 参见 Anat Kurtz, “Changing Course and Discourse: The Intra-Palestinian Balance of Power and the Political Process,” in *The Lessons of Operation Protective Edge*, eds. Anat Kurtz and Shlomo Brom (Tel Aviv: The Institute for National Security Studies, INSS, 2014), 101-107。

国前30年中巴以冲突的主要内容，但这种计划似乎从当代巴勒斯坦和阿拉伯世界的政治话语体系中消失了。目前，中东地区犹太人和阿拉伯人数量之间形成的巨大差异尚未对巴勒斯坦有任何助益。由于诸多原因，包括社会内部因素和政治动荡等，没有一个阿拉伯国家能够抑或愿意对巴勒斯坦的斗争作出除了言论和财政支持之外的承诺。即便情况并非如此，目前也没有一个阿拉伯国家能够与以色列的战略实力相抗衡。因此，穆斯林兄弟会于2012年在埃及掌权时，尽管他们认为以色列和《埃以和平条约》同样都是不合法的存在，尽管他们原则上承诺要消除犹太人对巴勒斯坦地区的统治，但却表示不会发动战争或废除和平条约，因为埃及尚未强大到去做这些。①

不过，长期的发展变化能够让某个地区人口统计数据的差距变得有价值，这一点并非不可能。冲突开始的100多年后，阿拉伯世界的大多数人仍然不接受以色列存在的现实，有一些人即使接受了也只是出于实际情况的考虑。② 虽然以色列与其阿拉伯邻国在军事、外交和技术等方面的不平衡现象在未来不太可能缩小，但从理论上讲，这种情况确有可能在未来的某个时间发生。一个或多个阿拉伯国家拥有核能力的可能性不大，但仍有可能。美国重新考虑与以色列的联盟关系不太可能，但亦有可能，毕竟美国政治中曾经发生过更不太可能的事。阿拉伯世界再次出现大规模团结和对巴勒斯坦事业的投入也不太可能，但可能性也是存在的。在阿以冲突问题上，唯一一个即使在理论层面尚也不会改变的不平衡因素就是人口统计数据。即使世界上散居的犹太人都返回故土，抑或以

---

① 2011年6月，穆斯林兄弟会运动成立了自由与正义党作为其政治分支。该党派沿用了四年前起草的《纲领》，声称致力于"维护呼吁人民之间进行合作、造福人类的国际条约和协定"。在同一份文件中还有一条警告，为取消与以色列的和平条约铺平了道路："两国之间的协议和条约必须为人民所接受，如果这些协议和条约不是基于正义，服务于（签署协议的）双方的利益，并得到认真和诚实的执行，就不可能为人民所接受。"国际法允许当事各方根据这些条件重新审查协定和条约，这是国际关系中公认的程序。因此，该党认为有必要重新审查在前政权下批准的各领域的诸多协定。参见 *BarnamajHizb al-Ikhwan al-Muslimin*, IslamOnline.net, 8, 22。

作为这场运动的总指挥，穆罕默德·巴迪奇(Muhammad Baddic)认为与以色列的和平不符合伊斯兰教令，呼吁埃及为来自以色列的军事威胁做好准备，并表现出毅力和克制。他同时指出为捍卫伊斯兰教而反对以"虚假和平"为借口策划的阴谋，是发动战争的充分理由。他还声称，废除和平协议"并不一定意味着对以色列宣战"。参见 Muhammad Badi', "Faridat al-Salam fi al-Islam," www.ikhwanonline.com/article? ArtId=63089SecID=210。

② 令人惊讶的是，在2007年4月发表的一项关于阿拉伯和平倡议的泛阿拉伯调查中，67%的摩洛哥人、54%的科威特人、74%的巴勒斯坦人、76%的约旦人和74%的阿尔及利亚人回应称，即使巴勒斯坦人承认以色列是一个犹太国家，阿拉伯世界也不应该承认以色列是中东的一个犹太国家。这项民调由"Mashru' Miqyas al-Ray al-Amm al-Arabi"组织，抽样调查了1431名约旦人、1270名巴勒斯坦人、1300名阿尔及利亚人、1277名摩洛哥人和750名科威特人。参见 *al-Majalla* No. 1,416 (July 4, 2007): 26。

色列犹太人家庭的平均子女数量扩大三倍，以色列周边的阿拉伯人仍远远多于以色列的犹太人。在以色列在其他方面明显强盛的情况下，这种差距不甚重要；但若双方在其他各项实力方面都更加平衡，这种差距可能就变得很有意义。于是，巴勒斯坦认为 4 亿多阿拉伯人碾压不到 1000 万以色列犹太人的那一天定会到来就似乎是常识了。也正是在这个意义上，巴勒斯坦认为随着时间的推移，局势会向有益于他们的方向发展的信念也是合理的。

三、结论与相关的策略建议

综上所述，巴以冲突涉及的是权力平衡方面的一种特殊现象。一方面，除了一个关键因素，以色列在所有其他方面都是较强的一方。自巴以冲突开始以来，以色列在军事力量、科技发展和外交联盟等方面的力量一直在稳步增强。另一方面，人口数量的均势（约旦河西岸）与差距（整个中东地区）削弱了以色列的优势，并为巴勒斯坦的观念提供了可依据的基础，这一观念任何巴以之间认为现状的改变都不符合以色列的利益，而且随着时间的推移以色列的实力可能会被进一步削弱。

由此，上述分析具有哪些政策方面的价值？首先，应揭开导致巴以和平的努力屡次失败的神秘面纱。以色列和巴勒斯坦没有达成和平协议的原因并非巴勒斯坦不清楚何为最佳利益，抑或妄想、缺乏谈判技巧，也不是特殊的政治环境因素。相反，未能实现和平的原因植根于巴勒斯坦人理性的（可悲的）计算，这种计算让他们相信虽然现下是冲突中弱势的一方，但他们在未来地位会提高——即使是他们中的持温和政见者也坚信这一点。这可能就解释了为什么在过去的 20 年里血腥暴力事件都发生在和平倡议有望实现之时，而在僵持阶段的双方关系却相对平和。

如果这种平衡和不平衡的复杂现象是实现巴以和平的主要障碍，那么就需要作出可以突破这一瓶颈的改变。为了质疑上述计算的有效性，即以色列可能参与的任何全面暴力升级的结果都将损害以色列的国家利益，美国和其他世界大国应该以政策向巴勒斯坦表明，任何因巴勒斯坦教条主义引起的敌对行动都不利于巴勒斯坦外交诉求的实现，即使它会导致以色列重新占领巴勒斯坦的土地。巴勒斯坦领导人需要明白的是期望作为犹太人民族家园的以色列国灭亡的目标是不现实的，现如今是说服他们采取更切实可行的议程的时候了。

为了尽量降低人口差距造成的心理层面的影响，应该让以色列加入北约和欧盟这些代表数亿人口的国际联盟。虽然成为这些西方联盟的正式成员本身并不能确保以色列的安全，但它能降低人们以人口统计数据为依据，将人口相对较少的以色列视为一个脆弱之国的观念。虽然这一提议听起来有些牵强,但相信美国在不要求以色列作出让步的情况下就将其大使馆迁往耶路撒冷,或美国这一做法不会引起约旦河西岸的大规模抗议亦是如此。

如果这些步骤确实破坏了巴勒斯坦的教条主义,那么国际社会就有了更好的身份来对以色列政府强有力地施加压力,迫使其作出深远的让步,接受关于巴勒斯坦独立的、可行的、有意义的形式。与此同时,无论其他国家做什么,以色列都应避免采取那些不可挽回的损害今后解决巴以冲突前景的政策。

四、《亚伯拉罕协议》签订后的反思

上述文章的主体部分包括其中的政策建议,首次发表的时间比《亚伯拉罕协议》的签订要早两年半。该协议在美国的斡旋之下于 2020 年 9 月 15 日签署,主要涉及以色列和阿拉伯联合酋长国、巴林、摩洛哥、苏丹这四个阿拉伯国家间关系正常化的问题(在不同层面)。有读者对本文表示赞赏,认为它预测了《亚伯拉罕协议》签署的可能性,或者说《亚伯拉罕协议》反映了本文中策略建议的主体思想。令人遗憾的是,这只说对了一部分。《亚伯拉罕协议》提出的是一个简单的交换方案。当时,以色列的右翼政府为政治生存而苦苦挣扎,因此放弃了吞并约旦河西岸部分地区的计划,以换取与阿拉伯联合酋长国的全面外交关系,并认为其他阿拉伯国家将效仿并跟进。

《亚伯拉罕协议》的双方都没有作出多少让步。尽管有特朗普政府的支持,且特朗普政府是美国历史上前所未有的亲犹太复国主义政府(甚至支持犹太定居点),但以色列政府当时已经意识到,单方面的吞并对以色列而言好处不多,损失却大。以色列民众对单方面的吞并也毫无兴趣,但此举可能造成以色列与整个国际社会的冲突,以挽救特朗普混乱而不得人心的团队。

在阿拉伯国家方面,除苏丹外,《亚伯拉罕协议》只不过是将其与以色列之间已存在多年的、牢固的、半隐蔽的关系(特别是在安全事务方面)正式化而已。签署协议的好处是显而易见的:特朗普向加入协议的阿拉伯国家承诺将给予其外交或军事方面的回报,此举同时向伊朗释放了一个强烈信号,即受到它威胁的逊尼派国家比它想象的更神通广大。

尽管突破巴以冲突的瓶颈并非协议签署者和调解方的主要动机,但一个看起来合乎逻辑的假设是,《亚伯拉罕协议》的签订将有助于改变停滞不前的"双重不平衡"困局。首先也是最重要的一点是,协议的签订让巴勒斯坦人大为震惊并意识到,阿拉伯世界已经厌倦了他们的痴心妄想和说三道四,不愿再将以色列视为该地区的临时定居者。但是,实际情况并非如此。虽然现在作出最终评判为时尚早，但很显然，《亚伯拉罕协议》迄今未能促成巴勒斯坦或以色列方面的转变。如今，结束巴以冲突的最终协议的达成仍然与三年前的情况一样遥不可及；甚至从目前的情形来看，重启巴以双方的直接谈判都不现实。原因在于，虽然《亚伯拉罕协议》是朝着正确方向迈出的一步，但并不是一个足够大胆和实质性的步骤。事实上，在签署协议时，几个阿拉伯国家就明确表示，它们不再为巴勒斯坦一厢情愿的想法买账。这传达了一个强烈的信号，那就是巴勒斯坦任何一条雄心勃勃、构思拙劣的政策背后都再没有“阿拉伯世界”的支持。然而，这一信号还没有达到临界量的最重要原因是支持《亚伯拉罕协议》的沙特阿拉伯并没有正式加入这一协议。

其次，许多以色列人接收到了错误的信息。去新国家的旅行与访问让他们眼花缭乱，以至于认为巴勒斯坦问题已成过去，即使不解决这个问题也依旧能实现以色列持久的和平与繁荣。这可能并非美国政府中某些人的意图，但特朗普的言论几乎没有让他们往反方向想的潜台词。

然而，巴以冲突的基本因素并没有改变，在未来也不太可能改变。它的双重不平衡现象仍然是解决冲突的主要障碍。因此，在巴勒斯坦完全放弃要彻底消灭犹太人民族家园的目标之前，情况都不会有所改变，而以色列人却深信他们已经这样做了。届时，以色列就需要作出必要的，甚至痛苦的让步以便巴勒斯坦实现真正意义的独立。《亚伯拉罕协议》虽然没有导致这一结果，但却为如何实现这一目标提供了新思路。

JEWISH STUDIES
犹太研究
第22辑

The Failures of the Israeli-Palestinian Peace Process: Balance and Imbalance

Uriya Shavit Tr. CHEN Yanyan

Abstract: The article presents a thesis about the reasons for the repeated failures to resolve the Israeli-Palestinian conflict. Drawing on a contextualized analysis of Palestinian and other reflections on the implications of demographics, it suggests that a unique situation of strategic imbalance and balance is the main reason for the continued impasse. While the Palestinians are the weaker side in the conflict, the parity between the Jewish and Arab populations west of the Jordan River and a huge disparity between the Arab and Jewish populations in the broader Middle East, has led to a Palestinian belief that Israel's strategic situation can only worsen and this consequently discourages the abandonment of dogmatic agendas. The article concludes with policy recommendations based on this analysis.

Key Words: Israeli-Palestinian Conflict, *Oslo Accords*, Palestinian Authority, Hamas, Demographics in the Middle East

犹太教极端正统派中的被性侵男性群体的调查*

——一项学术研究：反思与看法

萨拉·扎尔克伯格**

陈艳艳***译

【摘要】本文阐述了作为一位女性研究学者，笔者是如何在禁止女性进入的领域——犹太教极端正统派社会——开展研究的，而且研究主题是性侵男童——这一在该社会中为“有意识的沉默”所笼罩的禁忌话题。犹太教极端正统派社会及这一议题的情况都十分复杂，尽管如此，笔者仍然找到并设法采访了40份极端正统派中遭受性侵害的男性样本。本文记录了笔者在寻找潜在受访对象的过程中采用的多种方法，介绍了如何创建一个满足受访对象个人和文化需求的访谈模式。通过所采取的策略，笔者的调查研究争取到了受访对象最大限度的合作。

【关键词】极端正统派；男性；性侵

一、前言

研究数据的收集常常意味着对个人或群体隐私的某种程度的侵犯，因此潜在的受访对象可能会因为担心暴露隐私而退缩。这种疑虑在面对社区之外的研究者时会更严重，他们担心被以无法接受的形式呈现，抑或他们的习俗和文化被

---

* Sara Zalcberg, "'They Won't Speak to Me, but They Will Talk to You': On the Challenges Facing a Woman Researcher Doing Fieldwork among Male Ultra-Orthodox Victims of Sexual Abuse," *Nashim: A Journal of Jewish Women's Studies & Gender Issues* 29 (2015): 108-132.

** 萨拉·扎尔克伯格(Sara Zalcberg)，以色列哈达沙学院(Hadassah Academic College)教师，山东大学—特拉维夫大学犹太与以色列联合研究所兼职研究员。

*** 陈艳艳，山东大学犹太教与跨宗教研究中心暨哲学与社会发展学院教师。

曲解或歪曲。[①] 如果被研究群体天生就对外人持怀疑态度,而研究主题又是该群体企图隐瞒的信息[②],那么这种疑虑就会更加强烈。因此,沟通对于争取目标群体的合作是很有必要的。[③]

当研究以深度访谈为基础时,采访者和被采访者之间关系的发展是不可避免的。踏入该领域进行研究的过程[④]、采访者和被采访者之间不断发展的关系会影响采访进程以及研究人员能够从中获得的信息[⑤]。这就是为什么定性方法论的文献如此重视研究者进入研究领域的过程,研究者和她/他的对象之间的关系,还有研究者的个人动机、性格、文化特征和性别因素等对研究成果的影响。[⑥]

---

① 参见 Bryan R. Wilson, *The Social Dimensions of Sectarianism: Sects and New Religious Movements in Contemporary Society* (Oxford: Clarendon Press, 1990), 1-22。

② 参见 Sima Zalcberg, "The World of the Hasidic Women of 'Toldot Aharon': Their Status as Individuals and as a Group" (Ph.D. Dissertation, Bar-Ilan University, 2006), 57 [Hebrew]; Gary T. Marx, "Notes on the Discovery, Collection and Assessment of Hidden and Dirty Data," in *Studies in the Sociology of Social Problems*, eds. Joseph W. Schneider and John I. Kitsuse (Norwood, NJ: Ablex, 1980), 78-113。

③ 参见 Robert G. Burgess, "Sponsors, Gatekeepers, Members, and Friends: Access in Educational Settings," in *Experiencing Fieldwork: An Inside View of Qualitative Research*, eds. William Shaffir and Robert Alan Stebbins (Thousand Oaks, CA: Sage Publications, 1991), 43-52; Daniel R. Wolf, "High Risk Methodology: Reflections on Leaving an Outlaw Society," in *Experiencing Fieldwork: An Inside View of Qualitative Research*, eds. William Shaffir and Robert Alan Stebbins (Thousand Oaks, CA: Sage Publications, 1991), 207-210。

④ 参见 Ruthellen Josselson, *Interviewing for Qualitative Inquiry: A Relational Approach* (New York-London: Guilford Publications, 2013), 24-27; Consuello Corradi, "Text, Context and Individual Meaning: Rethinking Life Stories in a Hermeneutic Frame," *Discourse and Society* 2 (1991): 105-118。

⑤ 参见 Martyn Hammersley and Paul Atkinson, *Ethnography: Principles in Practice* (New York: Taylor & Francis, 2007), 41-96; Daniel R. Wolf, "High Risk Methodology: Reflections on Leaving an Outlaw Society"; Charles P. Gallmeier, "Leaving, Revisiting, and Staying in Touch: Neglected Issues in Field Research," in *Experiencing Fieldwork: An Inside View of Qualitative Research*, eds. William Shaffir and Robert Alan Stebbins (Thousand Oaks, CA: Sage Publications, 1991), 62-71。

⑥ 参见 Marybeth F. Ayella, "'They Must Be Crazy': Some of the Difficulties in Researching 'Cults,'" in *Researching Sensitive Topics*, eds. Claire M. Renzetti and Raymond M. Lee (Thousand Oaks, CA: Sage Publications, 1993), 108-124; Yoram Bilu, "Studying Folk Culture in the Postmodern Era: A Personal Story," *Theory and Criticism* 10 (1997): 37-54; William Shaffir, "Managing a Convincing Self-Presentation: Some Personal Aspects of Entering the Field," in *Experiencing Fieldwork: An Inside View of Qualitative Research*, eds. William Shaffir and Robert Alan Stebbins (Thousand Oaks, CA: Sage Publications, 1991), 72-82; Daniel R. Wolf, "High Risk Methodology: Reflections on Leaving an Outlaw Society"; Soraya Altorki and Camillia Fawzi El-Solh, "Introduction," in *Arab Women in the Field: Studying Your Own Society*, eds. Soraya Altorki and Camillia Fawzi El-Solh (New York: Syracuse University Press, 1988), 1-24; Edna Lomsky-Feder, "A Woman Studies War: Stranger in a Man's World," *The Narrative Study of Lives* 4 (1996):232-242; Mun L.Wong, "The Ethics of Rapport: Institutional Safeguards, Resistance, and Betrayal," *Qualitative Inquiry* 4 (1988):178-199。

当作为研究对象的群体实行严格的性别隔离时，性别就具有特别重要的意义，就像许多宗教社会一样，它至少“官方”上限制研究者与异性人群的接触。出于这一原因，大多数关于实行性别隔离的宗教团体的研究都是由与研究对象性别相同的研究人员进行的。例如，尤西·卡茨(Yossi Katz)和约翰·莱尔(John Lehr)对哈特派社区(Hutterite)的研究，他们只采访了男性，而无法直接接触该社区的女性①；而南希·安默曼(Nancy Ammerman)、布伦达·布拉舍(Brenda Brasher)、克里斯特尔·曼宁(Christel Manning)、玛丽·乔·奈茨(Mary Jo Neitz)和苏珊·D.罗斯(Susan D. Rose)②在研究各种基督教宗教团体时采访的主要是女性。对犹太人极端正统派(haredim)的研究也存在类似的模式，这一群体实行严格的性别隔离做法。因此，耶胡达·古德曼(Yehuda Goodman)、塞缪尔·海尔曼(Samuel Heilman)和约海·哈卡克(Yohai Hakak)的研究着眼于男性群体③，而塔玛尔·埃洛(Tamar Elor)、朱迪思·鲍梅尔·施瓦茨(Judith Baumel Schwartz)、纳瓦·沃瑟曼(Nava Wasserman)和西玛·扎尔伯格·布洛克(Sima Zalcberg Block)的研究侧重于女性群体④。

与此相对，女性学者索瑞亚·奥托奇(Soraya Altorki)和卡米拉·法伍茨·埃尔索(Camillia Fawzi El-Solh)则对男性群体展开研究。⑤ 两位学者指出，促使

---

① 参见 Yossi Katz and John Lehr, *Inside the Ark: The Hutterites in North America* (Regina, SK: Canadian Plains Research Centre Press, 2012)。

② 参见 Nancy T. Ammerman, *Bible Believers* (New Brunswick, NJ: Rutgers University Press, 1987); Brenda Brasher, *Godly Women: Fundamentalism and Female Power* (New Brunswick, NJ: Rutgers University Press, 1998); Christel Manning, *God Gave Us the Right: Conservative Catholic, Evangelical Protestant, and Orthodox Jewish Women Grapple with Feminism* (New Brunswick, NJ: Rutgers University Press, 1999); Mary Jo Neitz, *Charisma and Community* (New Brunswick, NJ: Transaction, 1987); Susan D. Rose, "Women Warriors: The Negotiation of Gender in a Charismatic Community," *Sociological Analysis* 49 (1987): 245-258。

③ 参见 Goodman, *Exile of the Broken Vessels*; Samuel Heilman, *Defenders of The Faith: Inside Ultra-Orthodox Jewry* (New York: Schocken, 1992); Yohai Hakak, *Young Men in Israeli Haredi Yeshiva Education: The Scholars' Enclave in Unrest* (Leiden: Brill Academic Publishers, 2012)。

④ 参见 Tamar Elor, *Educated and Ignorant: Ultra-Orthodox Jewish Women and Their World*, trans. Haim Watzman (Boulder, CO: Lynne Rienner, 1994); Judy Baumel Schwartz, "'It Is Our Custom from Der alter Heim': The Role of Orthodox Jewish Women's Internet Forums in Reinventing and Transmitting Historical and Religious Tradition," *Journal of Jewish Identities* 6 (2013): 23-56; Nava Vasserman, "The Abstinent Society: The Process of Setting up a Home in Gur Hassidism: A Chapter in the Life of a Hassidic Court in Israel" (Ph.D. Dissertation, Bar-Ilan University, 2011)[Hebrew]; Sima Zalcberg Block, "Shouldering the Burden of the Redemption: How the 'Fashion' of Wearing Capes Developed in Ultra-Orthodox Society," *Nashim* 22 (2011): 32-55。

⑤ 参见 Soraya Altorki and Camillia Fawzi El-Solh, "Introduction"。

她们进入该研究领域的重要因素之一是其局外人的身份，并认为这有利于她们与研究对象接触，鼓励他们参与合作。奥托奇和埃尔索就此解释道，在以严格的性别隔离为特征的社会中，性别变量与其他变量的相互作用可能会降低性别在争取社区成员合作中的负面影响。在她们的案例中，其他变量指的是她们的“外来者”身份。在她们看来，一个实行严格性别隔离的社会允许社区外的女性比社区内的女性有更多的灵活性和流动性。努利特·施塔德勒（Nurit Stadler）关于一个完全属于男性的领域——以色列犹太教极端正统派经学院（*yeshivas*）的研究就证明了这一点。犹太经学院的学生都尽量避免与主要家庭成员以外的女性接触，而且大部分时间都待在极端正统派的领域中，这使得女性研究人员很难接触到他们，甚至很难有初次接触的机会。[①] 施塔德勒和奥托奇、埃尔索一样，认为性别排斥和她的局外人身份实际上使她能够进入男性化的犹太经学院的世界，而且还可以参与到“犹太经学院的经典和学习方法”中——以传统的海沃塔（*ḥevruta*）方法和伙伴们一起学习，并就经学院世界中“通常不与女性讨论的问题”进行提问。[②]

在关于犹太教极端正统派男性性侵受害者的研究中，我遇到了与施塔德勒类似的挑战，即如何与一个相对孤立的群体打交道，这些人避免与非一级亲属之外的女性接触，也不愿与外人接触[③]，并且与我——一个研究人员所代表的学术界相去甚远。极端正统派认为学术界——其男女同校的模式，其探究的方法和研究的内容——与他们的意识形态和价值观不一致。他们将其视为一种世俗化的工具，并认为它代表的是被曲解了的犹太教，因此他们对与学术研究者的合作

---

① 参见 Nurit Stadler, “Ethnography of Exclusion: Initiating a Dialogue with Fundamentalist Men,” *Nashim* 14 (2007): 185-208; Nurit Stadler, *Yeshiva Fundamentalism: Piety, Gender, and Resistance in the Ultra-Orthodox World* (New York: New York University Press, 2009)。

② 参见 Nurit Stadler, “Ethnography of Exclusion: Initiating a Dialogue with Fundamentalist Men,” 187, 199。

③ 参见 Lee Cahaner, “Processes of Spread of the Haredi Population in Haifa,” in *Region to Environment: Forty Years of Geographic Research at Haifa University*, eds. Yoram Bar Gal and Moshe Enbar (Haifa: Department of Geography and Reuven Chaikin Chair in Geostrategy, Haifa University, 2005), 138-155 [Hebrew]; Menachem Friedman, *Ultra-Orthodox Society: Sources, Trends and Processes* (Jerusalem: Jerusalem Institute for Israel Studies, 1991) [Hebrew]; Yosef Shilhav and Menachem Friedman, *Expansion within Seclusion: The Ḥaredi Community in Jerusalem* (Jerusalem: Jerusalem Institute for Israel Studies, 1985) [Hebrew]; Sima Zalcberg, “The World of the Hasidic Women of ‘Toldot Aharon’: Their Status as Individuals and as a Group”。

持消极或否定的态度。①

另一大挑战是研究课题本身，这一话题在该群体中是禁忌，并且一直被笼罩在“有意识的沉默”之中。本课题想研究那些被性侵的男子是如何看待和应对此事的。② 要进行这一研究，就不得不收集那些“隐匿的和肮脏的”信息。正如加里·马克思(Gary T. Marx)所说，这涉及的是要跟研究对象谈论对他们而言属于“禁区”的话题。③ 既是出于对田野调查过程以及研究者与研究对象之间关系的重视，也是考虑到研究中遇到的特殊挑战，本文将重点介绍笔者是如何展开田野调查并应对此类挑战的。④ 在开展论述之前，下文将首先简单介绍下以色列犹太教极端正统派的背景以及本文的总体研究框架。

(一)以色列的极端正统派

以色列的极端正统派犹太人有几个主要派别，包括以立陶宛式的经学院(*Litvak*-“*yeshivish*”)为中心的派别、不同类型的哈西德派(*hasidim*)、塞法迪哈瑞迪派(*Sephardi ḥaredim*)和新守望者(*ba'alei teshuvah*)以及许多分支。⑤ 他们都致力于学习《托拉》和从严解释犹太律法(*halakhah*)。许多人对犹太复国

① 参见 Kimmy Caplan, “Reactions of Five Orthodox Rabbis to the Founding and Opening of the Hebrew University of Jerusalem,” *Yahadut zemanenu* 10 (1996): 139-164 [Hebrew]; Nurit Stadler, “Ethnography of Exclusion: Initiating a Dialogue with Fundamentalist Men,” 185-208。

② 参见 Sara Zalcberg, “Characteristics of Harmful Sexual Behavior among Young Ḥaredi Men,” *Israel Criminology*, forthcoming [Hebrew]。

③ 参见 Gary T. Marx, “Notes on the Discovery, Collection and Assessment of Hidden and Dirty Data”; Sara Zalcberg, “Characteristics of Harmful Sexual Behavior among Young Ḥaredi Men”; Sara Zalcberg and Sima Zalcberg, “Body and Sexuality Constructs among Youth of the Ultra-Orthodox Jewish Community,” in *Religion, Gender and Sexuality in Everyday Life*, eds. Andrew Kam-Tuck Yip and Peter Nynäs (Burlington: Ashgate, 2012), 124-140。

④ 本文重点讨论与我的实地调查有关的问题。关于被性侵的男子是如何看待和应对此事的调查结果，参见 Sara Zalcberg, “Characteristics of Harmful Sexual Behavior among Young Ḥaredi Men”; Sara Zalcberg, “The Silence of Males: Reporting and Under-Reporting of Ultra-Orthodox (Ḥaredi) Males Who Have Been Sexually Abused,” in *Silent Violence: Men as Victims*, eds. Yael Aviad-Wilchek and Yoav Maze (Ariel: Ariel University Press, 2014), 175-205 [Hebrew]; Sara Zalcberg and Sima Zalcberg, “Body and Sexuality Constructs among Youth of the Ultra-Orthodox Jewish Community”。

⑤ 关于前两个派别，参见 Menachem Friedman, *Ultra-Orthodox Society: Sources, Trends and Processes*。关于塞法迪哈瑞迪派，参见 Nissim Leon, *Soft Ultra-Orthodoxy: Religious Renewal in Oriental Jewry in Israel* (Jerusalem: Yad Ben-Zvi, 2010) [Hebrew]; Nissim Leon, “The Mizrahi Situation in Ultra-Orthodox Society in Israel and Reactions to It,” *Tarbut demokratit* 15 (2013): 161-192 [Hebrew]。关于新守望者，参见 Shlomi Doron, *Shuttling Between Two Worlds* (Tel Aviv: Hakibbutz Hameuchad, 2013) [Hebrew]; Sara Zalcberg, “The Process of Adopting a Religious Jewish Lifestyle among Criminals,” in *In Pursuit of Justice: Crime and Law Enforcement in Israel*, eds. Eden Levi, Erella Shadmi and Israel Kim (Tel-Aviv: Cherikover, 2004), 487-510 [Hebrew]。

主义持反对态度,或者至少试图与现存的以色列国撇清关系。[①] 这些群体大多属于"学习者社会",这一概念是由梅纳赫姆·弗里德曼(Menachem Friedman)提出的,用来表达极端正统派男子对《托拉》学习的奉献,而他们的妻子则主要负责养家糊口。多年来,极端正统派倾向于与现代社会和世俗世界隔绝,选择居住在独立的社区或城镇,从而形成了极端正统派的"隔都"(*Ghettos*)。[②] 然而近年来,主流的极端正统派成员对现代性和世俗性社会持越来越开放的态度。[③] 这种开放性集中体现在极端正统派越来越多地融入主流生活,特别是在就业、教育、媒体和政治领域。[④]

大多数极端正统派在处理与宗教律法及日常生活相关的事务上依赖拉比的权威,其中包括性侵问题以及如何应对这些问题。[⑤] 极端正统派有自己独立的教育系统和机构,其中男孩和女孩的学校是分开的。大多数女孩的学校属于"雅各之家"(Beit Yaakov)系统[⑥],而男孩大多进入"塔木德—托拉"(Talmud Torah)初级学校,其次是犹太经学院。犹太经学院是极端正统派男孩和男子在结婚前进行学习和社交生活的主要场所。在犹太经学院中以海沃塔式的《塔木德》学习为主。[⑦] 结婚以后,极端正统派男子通常会加入科勒尔(*kollel*),继续他们的《塔木德》研习,并且每月会收到一笔津贴。极端正统派认为他们的界限和

---

① 参见 Menachem Friedman, *Ultra-Orthodox Society*: *Sources*, *Trends and Processes*。

② 参见 Menachem Friedman, *Ultra-Orthodox Society*: *Sources*, *Trends and Processes*; Menachem Friedman, "Haredi (Ultra-Orthodox) Women," in *A View into the Lives of Women in Jewish Societies*, ed. Yael Azmon (Jerusalem: Zalman Shazar Center, 1995), 273-290 [Hebrew]。

③ 参见 *Israeli Haredim*: *Integration without Assimilation?*, eds. Emanuel Sivan and Kimmy Caplan (Tel Aviv-Jerusalem: Hakibbutz Hameuchad-Van Leer Institute, 2003) [Hebrew]; *From Survival to Consolidation*: *Changes in Israeli Haredi Society and Its Scholarly Study*, eds. Kimmy Caplan and Nurit Stadler (Tel Aviv-Jerusalem: Hakibbutz Hameuchad-Van Leer Institute, 2012) [Hebrew]。

④ Gilad Malach and Lee Cahaner, *Statistical Report on Orthodox Society in Israel 2019* (Center for Religion, Nation and State, The Jerusalem Institute for Policy Research, 2020)

⑤ 参见 Samuel Heilman, *Defenders of The Faith*: *Inside Ultra-Orthodox Jewry*; *Leadership and Authority in Israeli Haredi Society*, eds. Kimmy Caplan and Stadler Nurit (Tel Aviv-Jerusalem: Hakibbutz Hameuchad-Van Leer Institute, 2009) [Hebrew]; 关于应对性侵问题,参见 Talia Etgar and Roei Sabari, "Treating Children with Offensive Sexual Behavior in Ultra-Orthodox Jewish Society," *Psycho'aktualiya* (April 2013): 38-51。

⑥ 参见 Menachem Friedman, "Haredi (Ultra-Orthodox) Women"。

⑦ 参见 Shlomo Tikochinski, "Trapped in Intellectual Abstraction: What Exactly is Learned in the Yeshivot?" *Eretz Acheret* 14 (2007): 74-79 [Hebrew]; Yoel Finkelman, "Ultra-Orthodox/Haredi Education," in *International Handbook of Jewish Education*, eds. Helena Miller, Lisa D. Grant and Alex Pomson (Dordrecht: Springer, 2011), 1063-1080。

标准正在不断地受到威胁。[①] 它具有规范私人和社区生活所有方面的一套机制,以防止任何偏离其规范,特别是性规范的现象出现。[②]

(二)极端正统派社会中的性与性行为

像大多数其他正统派犹太人一样,极端正统派犹太人依靠拉比的权威来规范他们的性生活,并认为根据犹太法律,性关系应该仅限于已婚夫妇。犹太教的家庭洁净律法(*nidah*)[③]和禁止乱伦律法(*isurei-arayot*)强调禁止犹太男子在女性经期的特定时间内与之发生性关系,禁止同性关系以及"徒劳撒种"——卡巴拉主义尤为谴责这一点。同性关系是被明确谴责的,并被视为一种罪恶的行为。[④] 为了防止违反这些禁令,极端正统派的相关做法包括严格的性别隔离、对身体的诸多限制和禁令、关于谦卑的严格规范以及媒妁之言下的早婚。[⑤] 极端正统派社会中处理与性有关问题的主要方式之一是避免讨论此类问题,尤其是在年轻人当中。性被视为禁忌话题,被一种强烈的"有意识的沉默"包围。[⑥] 这种沉默在关于极端正统派男孩的性暴力问题上尤其明显,因为它所涉及的侵犯

---

① 参见 Menachem Friedman, "Haredi Violence in Contemporary Israeli Society," *Studies in Contemporary Jewry* 18 (2002): 186-197; Emmanuel Sivan, "The Enclave Culture," in *Fundamentalism Comprehended*, eds. Martin E. Marty and Scott R. Appleby (Chicago: University of Chicago Press, 1995), 90-115。

② 参见 Efrat Shoham, *Glimpse Behind the Wall: Domestic Violence in Closed Communities* (Beer Sheva: Ben Gurion University of the Negev Press, 2012), 61-102 [Hebrew]; Gidon Aran, "The Haredi's Body: Chapters of an Ethnography in Process," in *Israeli Haredim: Integration without Assimilation?*, eds. Emanuel Sivan and Kimmy Caplan, 99-133; Sara Zalcberg and Sima Zalcberg, "Body and Sexuality Constructs among Youth of the Ultra-Orthodox Jewish Community"。

③ 参见 Elyashiv Knohl, *The Marriage Covenant* (Jerusalem: Leshon Limmudim, 2008)。

④ 参见 Avraham Steinberg, "Miniyut," in Elyashiv Knohl, *Entzyklopediya hilkhatit refu'it* (Jerusalem: Schlesinger Institute, 1994), IV, 70-82; Shilo Pachter, *Shemirat haberit: History of the Prohibition of Wasting Seed* (Ph. D. dissertation, The Hebrew University of Jerusalem, 2006) [Hebrew]。

⑤ 参见 Gidon Aran, "The Haredi's Body: Chapters of an Ethnography in Process"; Nava Vasserman, "The Abstinent Society: The Process of Setting up a Home in Gur Hassidism: A Chapter in the Life of a Hassidic Court in Israel"; Sima Zalcberg Block, "Shouldering the Burden of the Redemption: How the 'Fashion' of Wearing Capes Developed in Ultra-Orthodox Society"; Sima Zalcberg Block, "'The Art of the Deal': Preferences in Spouse Selection among Parents in a Hasidic Community," *Israeli Studies Review* 28 (2013): 61-82。

⑥ 参见 Gidon Aran, "The Haredi's Body: Chapters of an Ethnography in Process"; Sara Zalcberg and Sima Zalcberg, "Body and Sexuality Constructs among Youth of the Ultra-Orthodox Jewish Community"; Sima Zalcberg, "Channels of Knowledge and Information about Menstruation and Sexuality among Hasidic Adolescent Girls," *Nashim* 17 (2009): 60-88。

即同性关系被视为十分恶劣的行为。[①] 极端正统派社会倾向于遮掩这种被他们视为离经叛道的行为,避免"家丑外扬",以保持社会凝聚力,维护极端正统派社会的良好声誉及其作为道德高尚社会的形象。[②] 这种有意识的沉默造成了笔者在寻找研究对象和争取他们合作方面的困难。

(三)总体的研究方法论框架

本文的研究对象是极端正统派里的阿什肯纳兹犹太人中经历过性侵害的男性群体,包括经历过不同程度的性骚扰以及强奸行为的男性。[③] 阿什肯纳兹犹太人是具有中欧和东欧背景的犹太人,立陶宛经学院派和哈西德极端正统派都是在 18 世纪和 19 世纪从他们中发展出来的。笔者将研究重点聚焦于极端正统派中的阿什肯纳兹犹太人是基于这样一个假设:因为他们是"正统的哈瑞迪",他们应该在身体和性方面都保持着最严格的传统。与他们相比,极端正统派中的塞法迪犹太人(来自南欧、中东和北非的犹太人)受到不同的社会和文化规范的影响,在遵守这些传统包括与性有关的问题上都没有那么严格。[④] 本文的研究对象也不包括新守望者,因为他们也有不同的行为准则。[⑤]

由于研究主题的敏感性以及道德和法律等因素的局限,参与这项研究的受访对象最低年龄设置为18岁。本研究基于定性范式,采用"方便取样"

---

① 参见 Sara Zalcberg, "The Place of Culture and Religion in Patterns of Disclosure and Reporting Sexual Abuse of Males: A Case Study of Ultra Orthodox Male Victims," *Journal of Child Sexual Abuse* 26 (2017): 590-607。

② 参见 Sara Zalcberg, "Characteristics of Harmful Sexual Behavior among Young Ḥaredi Men"; *Tempest in the Temple: Jewish Communities & Child Sex Scandals*, ed. Amy Neustein (Boston: Brandeis University Press/University Press of New England, 2009); Amy Neustein and Michael M. Lesher, "What Went Wrong at Ohel Children's Home and What Can Be Done about Its Failure to Protect Jewish Children from Abuse?" in *Sexual Abuse: Breaking the Silence*, eds. Ersi Abacı Kalfoğlu and Rehat Faikoglu (London: IntechOpen, 2012), 183-200; Efrat Shoham, *Glimpse Behind the Wall: Domestic Violence in Closed Communities*。

③ 1977 年的《以色列刑法典》将性骚扰定义为"以性刺激、性满足或性羞辱为目的的行为"(§348:6)。强奸被定义为对女性所做的行为(§345:1),但关于鸡奸的定义并没有性别限制,其处罚也相同(§347)。

④ 参见 Nissim Leon, *Soft Ultra-Orthodoxy: Religious Renewal in Oriental Jewry in Israel*; Nissim Leon, "The Mizrahi Situation in Ultra-Orthodox Society in Israel and Reactions to It"; Lotem Perry-Hazan, *Ultra-Orthodox Education in Israel: Law, Culture and Politics* (Jerusalem: Harry and Michael Sacher Institute for Legislative Research and Comparative Law, The Hebrew University of Jerusalem, 2013), 90-150 [Hebrew]。

⑤ 参见 Shlomi Doron, *Shuttling Between Two Worlds: Coming to and Defecting from Ultra-Orthodox Judaism in Israeli Society* (Tel Aviv: Hakibbbutz Hameuchad, 2013), 249-271[Hebrew]; Sara Zalcberg, "The Process of Adopting a Religious Jewish Lifestyle among Criminals"。

(convenience sampling)的方法[①],即以最可行的方式接近潜在受访者。选择这种方法是因为它适用于所研究群体的特殊性与所调查问题的敏感性。通过下文提到的寻找受访对象的各种渠道,得到了一个调查样本,包括 40 名年龄在 18 岁至 44 岁之间的曾遭受过性侵害的男性,他们具备不同的阿什肯纳兹极端正统派背景。其中的 36 人将自己视为哈瑞迪派,另外 4 人则声称他们已经不再是哈瑞迪了。之所以把后者也包括在样本中,是因为笔者希望探讨这样一些人的观点,他们在遭受宗教权威的性侵害后,不再认同其所属宗教体系的价值并放弃了这一信仰体系。[②] 这些人大多数 20 多岁或 30 岁出头,其中一半的人已经结婚成家。一半以上的人在教育、市场销售、商业、犹太教规监管(kashrut supervision)等领域或担任仪式抄写员(ritual scribes),其他人则在犹太经学院或科勒尔学习。

本研究的数据都是经由深度访谈而获得的。深度访谈这种方式有利于从受访者的角度出发深入了解他们的经历、他们对性侵害的看法以及赋予它的意义。[③] 在访谈过程中,受访者需要描述他们所经历过的伤害、所涉及的人物以及他们是如何应对这一事件的。同时,通过他们讲述在被伤害之前、期间和之后的生活历程,来讨论性侵害对情感、功能、家庭、社会和宗教的影响。在研究中,笔者遵守美国心理学会(American Psychological Association)制定的道德标准[④],明确告诉受访者他们可以随时终止研究,并会小心保护他们的隐私。本文和基于本研究的其他文章中所提到的所有受访者姓名均为假名。在研究之初,笔者会向受访者解释参与这项研究的可能性后果,并让他们有机会就研究的目的等

① 关于定性范式参见 Norman K. Denzin and Yvonna S. Lincoln, "Introduction: The Discipline and Practice of Qualitative Research," in *Handbook of Qualitative Research*, eds. Norman K. Denzin and Yvonna S. Lincoln (Thousand Oaks, CA: Sage Publications, 2000), 1-29;关于方便取样参见 Eleanor Wint, Ian Boxill and Claudia Chambers, *Introduction to Social Research: With Applications to the Caribbean* (Jamaica: University of the West Indies Press, 2000), 36。

② 参见 Michael J. Bland, "The Psychological and Spiritual Effects of Child Sexual Abuse When the Perpetrator is a Catholic Priest" (Ph.D. Dissertation, Chicago School of Professional Psychology, 2002)。有学者认为那些已经离开宗教团体的研究对象的报告有倾向性,也有学者认为这些报告也值得关注,因为它们提供了一种有别于宗教团体成员的新视角,参见 Sima Zalcberg, "The World of the Hasidic Women of 'Toldot Aharon': Their Status as Individuals and as a Group"。在进行分析时,笔者牢记那些离开哈瑞迪教团的受访对象的陈述可能有偏见。

③ 参见 Michael Q. Patton, *Qualitative Evaluation Research Methods* (Thousand Oaks, CA: Sage Publications, 1990), 277-369; Irving E. Seidman, *Interviewing as Qualitative Research* (New York: Teachers College Press, 1991)。

④ 参见 *Ethical Principles of Psychologists and Code of Conduct* (American Psychological Association, 2003), 6-7。

进行提问。在访谈过程中,笔者尽量以支持和同情的态度面对受访者,避免进行评判。当受访者希望避免回答某些问题时,笔者会尊重他们的要求。在发现某些受访者需要专业干预,或者某受访者要求得到医疗或心理方面的帮助时,笔者会把他推荐给合适的专业人士。如下文所述,大多数访谈都是在耶路撒冷一个位置便利的酒店大堂进行的。在受访者同意的情况下,笔者对前 20 次访谈进行了录音和转述。然而酒店大堂的钢琴音乐干扰了录音,所以后来由笔者实时记录采访内容。这一点也同样得到了受访者的同意。

二、寻找合适的访谈对象

鉴于研究课题的挑战性及其目标人群的复杂性,笔者采用了各种不同的方法来降低寻找合适的访谈对象的困难。这一过程包括三个阶段,从 2006 年到 2010 年历时大约三年半。

(一)第一阶段:预测试

在第一阶段,笔者通过认识的另一个研究人员找到了四个年轻人进行了预测试。这四个年轻人毫不犹豫地同意接受采访。他们告诉笔者,尽管这个话题很敏感,但他们相信能找到很多其他访谈对象,因为根据他们的评估,极端正统派男性中的性侵现象很普遍。他们还补充说会尽量推荐其他适合这项研究的人给笔者。基于这些有希望的信息,接下来的研究取得了出乎意料的进展。

(二)第二阶段:招募问题

第二阶段持续了大约两个月,这一阶段主要是竭尽全力寻找受访对象,但都没有成功,主要采用的方法如下。

1.接触线人(informants)和关键人物(key figure)

在关于宗教团体的研究中,线人被认为是一种重要的资源[①],所以我们在这一阶段的努力集中在接近这样的人。起初,笔者向那些认识的极端正统派男子,包括在预测试阶段访谈过的年轻人寻求帮助,以锁定受访目标——那些受过性侵害且愿意与笔者谈论的极端正统派男子。但是预测试阶段的那几位受访者却一直无法确定与本研究相关的人。后来,通过电子邮件、电话或预约见面等方式,笔者接触到与极端正统派群体打交道的医疗界专业人士,包括极端正统派社会内部和外部的社会工作者及心理学家等;笔者还与极端正统派社区内的其他

---

① 参见 Bryan R. Wilson, *The Social Dimensions of Sectarianism: Sects and New Religious Movements in Contemporary Society* (Oxford: Clarendon Press, 1990), 1-22。

工作人员进行沟通，如家庭或精神事务方面的咨询顾问、拉比和社区领袖等关键人物。[①]

大部分专业人士以他们所认为的道德原因拒绝合作，经常以这样或那样的方式告知："我推荐别人来找你有悖于我的职业道德。"还有人则以一些技术性的原因拒绝，主要是"我没时间"。一些人表示愿意合作并试图推荐潜在的受访者，但他们的努力也无济于事。至于极端正统派社区中的工作人员和关键人物，他们中的一些人明显拒绝合作，但却没有解释原因。这种拒绝可能与他们对本文所研究主题的保留态度有关，因为任何关于这个话题的讨论都明显违背了"有意识的沉默"。在他们看来，这可能会破坏极端正统派社区中的社会秩序，而且会涉及"家丑外扬"。另一些人，尽管公开地与笔者谈论这一现象，甚至表示愿意帮忙寻找合适的研究对象，但最终还是说他们不认识任何合适的对象。

线人和关键人物拒绝合作，表明他们实际上在这个话语环境中充当了"守门人"的角色。守门人可能会阻止研究人员进入该研究领域，因为担心被研究的人群，或其公众形象，或他们在其控制区域的个人地位可能会受到损害[②]，在本研究案例中的情况就是如此。虽然笔者针对极端正统派中的线人和关键人物所采取的方法对当前的研究而言无效，但它表明极端正统派社会中的拉比、社区领袖和其他非正式的顾问是如何对待本文所研究的这一问题的。对此的不同回答表明，在本研究的主题、一般性的"敏感"问题、与外界合作的意愿以及男性是否愿意与女性交谈等方面，极端正统派内部缺乏共识。至少其中的一些人似乎具备一定程度的开放性，并愿意承认性侵男童现象的存在。

2.在线广告

我们采用的第二种方法是在几个极端正统派的网站上发布广告，包括"Behadrei Ḥaredim Bnei Brak""Agudah Aḥat""Bobover"。广告是这样写的：

> 我正在进行一项关于极端正统派男性中性侵现象的研究。这项研究是为我在希伯来大学的博士论文而进行的。如果你是一个极端正统派的阿什肯纳兹青年或成年男性，或具有极端正统派背景，在你生命中经历过任何形式的性侵害，并且准备好谈论它，请通过以下电子邮件地址与我联系，我将

① 参见 *Leadership and Authority in Israeli Ḥaredi Society*, eds. Kimmy Caplan and Stadler Nurit; Ernie Lightman and Ron Shor, "Askanim: Informal Helpers and Cultural Brokers as a Bridge to Secular Helpers for the Ultra-Orthodox Jewish Communities of Israel and Canada," *Families in Society* 83 (2002): 315-325。

② 参见 Martyn Hammersley and Paul Atkinson, *Ethnography: Principles in Practice*, 41-96; Sima Zalcberg, "The World of the Hasidic Women of 'Toldot Aharon': Their Status as Individuals and as a Group"。

非常感激：××××@××××××。保证保密。

这些广告没有帮助笔者找到任何受访对象，因为通常刚一发布就被网站管理员删除了，他们给出的解释是“我们有我们的理由”（但却没有详细说明什么理由）。

（三）第三阶段：最大化回应

这一阶段历时两年多，主要分为四个层面，每一层面都取得了不同程度的进展，也让本研究发掘到了足够多的、适合的受访者。

1.直接方法

“枯季”过后，笔者决定改变寻找受访者的策略，转而采用一种更直接、更积极的方法，就像金赛（Alfred C. Kinsey）在研究人类性行为时所采用的方法一样。金赛在酒吧等性活跃人群较多的地方随机遇到一些人，并对他们进行采访。[①] 笔者在家乡耶路撒冷的极端正统派社区和其他地方偶遇阿什肯纳兹犹太人中有着哈瑞迪外表的年轻或年长男性[②]，并询问他们参与这项研究的可能性。

许多研究人员强调理解研究目标群体的准则和规范以及使研究人员的行为适应它们的重要性。[③] 这和直接方法的探讨有关，因为在极端正统派中，在街上接近一个人并寻求帮助——例如，请求施舍——被认为是规范和合法的，甚至可能是积极的，因为它可以让被接近的人履行宗教规定的善行。然而，以这种方式接近某人来寻求研究性的合作却可能会被视为侵入性和威胁性的。因此，笔者的“直接接触”的方法开始于简单地请求帮助：“打扰一下，你能帮帮我吗？”主要的目标群体是那些没有妻儿陪伴的、独行的路人，很少接近那些与朋友一起或成群结伴而行的男子，因为在这种情况下人们会不愿意合作，但笔者有几次也询问了结伴而行的人。在这些接触的人中，大约有四分之一的人没有理会笔者或表示没时间。然而，其他人则停下来让笔者描述研究的性质，并询问他们是否遇到过性侵害。得到的回答大体可以分为三类。

第一类代表了大约五分之一的受访者，他们给出了抗拒性的回答，否认极端

① 参见 Alfred C. Kinsey, *Sexual Behavior in the Human Male* (Bloomington, IN: Indiana University Press, 1948), 5-59。

② 参见 Amnon Levy, *The Ultra-Orthodox* (Jerusalem: Keter, 1988), 31-46 [Hebrew]; Yohai Hakak, *Young Men in Israeli Haredi Yeshiva Education: The Scholars' Enclave in Unrest* (Leiden: Brill Academic Publishers, 2012), 103-142。耶路撒冷是大量哈瑞迪教徒的聚集地。

③ 参见 Nurit Stadler, "Ethnography of Exclusion: Initiating a Dialogue with Fundamentalist Men"; Daniel R. Wolf, "High Risk Methodology: Reflections on Leaving an Outlaw Society"; Soraya Altorki and Camillia Fawzi El-Solh, "Introduction"; Sima Zalcberg, "The World of the Hasidic Women of 'Toldot Aharon': Their Status as Individuals and as a Group"。

正统派中存在性侵男童的现象，并拒绝参与这项研究。例如，笔者曾多次收到如下答复：“这种（性侵）现象在这些地方并不常见。”“这种事情不会发生在我们身上。”“你所做的是反犹太主义的！”甚至，一个极端正统派社区的年轻男子以威胁的口吻警告道：“我建议你立即离开这里，以免有人向你扔石头。”

第二类约占回应者的三分之一，表达了支持和帮助的意愿。一些回应者尽管有意愿帮助，但却宣称他们自己没有遇到过性侵害。例如，一位回应者回答道：“我没有听说过这样的事件”，并以好奇的语气继续说道：“如果我可以问，有没有人跟你提过？”另一位则断言：“我本人没有遇到过这种情况，但我知道这种情况在哈西德人中发生得更多，因为他们整日聚在一起、闭门不出。”同样，也有这样的答复：“我不知道这件事，但我肯定它发生过，因为在所有的全部都是年轻人的地方都会发生这种情况。”还有人回答说：“我没有时间（见面），我真的很抱歉，但是你所做的事情非常重要，一定有很多人愿意帮助你。”或者“给他打电话……但不要告诉他你是从我这里得到了他的电话号码”。

第三类同样代表了大约五分之一的回应者①，主要包括那些同意接受采访的人的回答。在这些人中，只有少数人当场承认自己曾遭到性侵。其余的人没有明确地说出来，只是说“也许确实发生了什么”之类的话；或者没有直接回答笔者的问题，而只是表示愿意接受采访。特别有意思的一个回答来自在耶路撒冷的一家超市遇到的拉菲（Rafi）。当被问到是否遭受过性侵时，他回答说：“我想每个人都有这样的经历，不是吗？”约西是笔者在市中心偶然遇到的，当被问到是否遭遇过性侵时，他立即坚定而自信地回答说：“我没有被性侵。但即使有人经历过他们也不会告诉你。”然而过了一会儿，他眼睛里闪着光，改变了语气：“我被性侵了！现在我想起来了！”他确定地补充说：“我有一些事情要告诉你。”

当回应者表示愿意参与研究时，笔者会检查其他相关的细节以确认他们符合研究对象的基本标准，然后向他们要电话号码。在某些情况下，回应者更愿意记下笔者的电话号码进行联系。随着时间的推移，笔者发现大多数敌意的回应来自在极端正统派社区地带找到的回应者，而那些表示愿意合作的人则主要是在这些地区以外的地方遇到的，比如超市、车库、医生办公室、公共汽车上，尤其是在市中心。这一发现并不令人惊讶。在极端正统派地区，回应者会感到不舒服，甚至害怕被看到与非极端正统派的“局外人”接触，而且从他们的角度来说，与女性有接触就更糟了。在这些区域之外，他们就不那么担心被熟人看到和一个女性“局外人”说话了。在意识到这种模式后，笔者开始专注于在非极端正统派区域的地方发掘受访对象。例如，有一天笔者开车到修理厂进行年检时就颇

① 本文所提及的所有定量数据皆为描述性的，而非统计性的，因此并不追求统计性表达。

有成效:在交年检费的邮局确定了一个研究对象,在汽车检验站确定了另一个对象,在换轮胎的修理厂确定了第三个对象。

事实证明,“直接方法”十分有效,通过这一方法找到了超过一半的受访者(共 21 名男性)。除此之外,它还让研究者能够与一系列极端正统派人士进行直接对话,包括那些拒绝合作的人。在“直接方法”期间进行的研究揭示了在性侵这一问题上已公开的看法和被压制的看法之间存在差距。尽管被采访过的男性有许多否认极端正统派中存在性侵男童的现象并竭力掩盖,但也有相当一部分人承认这种现象的存在,谴责这一现象并呼吁将其曝光。此外,与极端正统派人士的直接对话,或者更确切地说,笔者与他们进行对话这一事实本身就反映了极端正统派社会所宣称的价值观与实际做法之间的差异。原则上,极端正统派社会的男性禁止与社区外的女性交谈,也禁止谈论与身体和性有关的话题。实际上他们愿意与女性学者交谈,这也就违反了教派的规定。这种差距在访谈中表现得更加明显:所有受访者都公开地与笔者这个女性谈论禁忌话题,有些人甚至愿意与异性处于一个封闭的空间中,而这是违反了不得与核心家庭之外的异性共处于一个封闭空间的规定(*yichud*)。

2.在网上发布“升级版”广告

在“直接方法”取得成功的同时,笔者决定再次尝试在网上发布广告。这一次的广告中省略了研究的主题,只指出它是关于极端正统派男性的研究:

> 如果你是一位阿什肯纳兹极端正统派的青年或成年男子,并准备参加一项与极端正统派青年及成年男子有关的独特学术研究,请通过××××@××××××联系我。保证保密。

笔者将这些广告发布到所有向公众开放的极端正统派网站上,包括哈西德派、慈善组织、政党和各种商业领域的网站,并且每隔几周就重新发布一遍帖子,每次发帖后都会收到回复的电子邮件。最初的回复包括询问关于这项研究的更多细节和参与研究的报酬:“我在极端正统派的利库德论坛上看到了你的请求。我想了解更多(从表面上看,我似乎符合你所寻找的)。”“你们付钱给参与者吗?”“我能从中得到什么?”这些回应者中,也有些人对广告只针对阿什肯纳兹派提出抗议。“这算什么种族主义,阿什肯纳兹人……为什么塞法迪人就不行?”“对不起,我是摩洛哥人。我很好奇这个研究的主题是什么……民族歧视?”这些回应反映了塞法迪或米兹拉希(中东或北非)血统的哈瑞迪犹太人种族主义的敏感,他们的这些反应并非毫无根据。阿什肯纳兹极端正统派社会对成员仍被称为“东方社区”(Edot Hamizrah)的人有一种优越感,并且基本上不把他们纳入阿

什肯纳兹极端正统派的世界及其各种机构中。[①]

潜在受访者通过电子邮件与笔者联系后会被要求留下电话号码，有些人在留下电话之前会要求笔者提供更多细节。通常，笔者会与留下电话号码的人进行交谈，并在这些交谈中解释研究的目的。如果回应者表示愿意参加并符合研究的标准，笔者就会安排会面。其他回应广告的人没有留下电话号码，而是要笔者的电话号码或通过电子邮件以获得更多信息。与这些回应者的通信产生了一系列不同的答复。一些人出于意识形态的原因表达了对立情绪："我以为这将是更为严肃的事，而不只是试图让极端正统派的家丑外扬。""这项研究是不恰当的，是扭曲的。我建议对作者进行审查。"也有些人表明了个人对性的保留态度："我小时候是性侵受害者，但是我对成为这样一项研究的对象不感兴趣。"还有人对这项研究的可信度表示怀疑："为什么特别针对阿什肯纳兹人？你一定是个变态……"也有一些实际性的回应，例如："这项研究有什么帮助？我们能从中得到什么呢？"

笔者也收到了一些支持和鼓励性的答复，例如："感谢上帝，我没有经历任何形式的性侵害。我只能祝你工作顺利，为社会作出贡献。非常感谢！"还有一些人表示有兴趣并愿意参与这项研究。以利亚(Eliyahu)写道："哇！这在哈瑞迪人中是一个非常敏感的话题！我不知道发生在我身上的事情是否完全算是性侵。我可以解释。如果我可以提供帮助，我将很乐意去做。"约尔(Yoel)回应说："我不介意和你说。我只想知道你是一个极端正统派的还是一个世俗的女人。"施穆利克(Shmulik)有些犹豫："如果能帮助别人我不介意，但是只有我一个人和你联系，还是有其他人？"纳坦(Natan)强调说："这样的事情确实有。我将参与其中，这样你就不会从其他渠道得出错误的结论。"这些答复和其他类似的答复成就了包括深入访谈在内的一系列会面。也有一些人表示对研究感兴趣，但只同意通过电子邮件参与，因为害怕被曝光："我对这个问题有话要说，但我从来没有说过这个问题，我可以写下来。""我很乐意帮助和回应，但只能通过电子邮件。"我还收到了身居国外的男子的回复，表示希望通过电子邮件参与。然而，考虑到话题的敏感性和通信的可信度，笔者只选择了能够见面的研究对象。

电子邮件的回复比直接接触线人和关键人物获得的答复更多，这表明极端正统派社会中有多种声音，没有统一的语径，而且该社会关于自己的宣称和实际发生的情况之间存在差异。很少有受访者赞成限制关于性侵的讨论或避免"家

① 参见 Nissim Leon, "The Mizrahi Situation in Israel's Ultra-Orthodox Society and Reactions to It," *Democratic Culture* 15 (2013): 161-192; Lotem Perry-Hazan, *Ultra-Orthodox Education in Israel: Law, Culture and Politics*, 80-150。

丑外扬”。绝大多数人承认这一现象的存在、它的范围和所造成的严重伤害。然而这些回复更多地表明,那些曾被性侵的受害者非常需要与他人分享他们的经历,还有他们在这样做时的巨大困难。此外,笔者与受访者建立了丰富的通信联系,这一事实揭示了极端正统派中互联网的使用程度,这也与当前该教派的大拉比所教导的规定是相违背的。①

3.在布告栏上刊登广告

基于经常去图书馆看世俗书的极端正统派男子可能比其他人更愿意参与这项研究的假设,笔者在耶路撒冷的几个此类地点的公告牌上张贴了广告,措辞与发布在网站上的相同,例如国家图书馆和杰拉德·贝哈尔文化中心(Gerard Behar Cultural center)的图书馆。笔者选择不去极端正统派的社区张贴这些广告,因为认为它们会被揭除。通过这种方法,又找到了另外三个受访者。

4.雪球抽样法

通过滚雪球式的抽样调查,又有三名受访者由其他受访者和另一位与哈瑞迪人有联系的研究人员介绍给了笔者。

综上所述,通过使用各种不同的方法寻找研究对象,笔者得到了一个由 40 名遭受性侵并愿意接受采访的男子组成的样本。

三、访谈的地点

访谈地点的选择是另一项挑战。不能在极端正统派地区进行采访,因为受访者不希望被别人看到与笔者交谈,但非极端正统派地区也可能让他们感到不适。此外,一些受访者遵守与家庭外的异性相隔离的规定,这使地点的选择变得更加复杂。

为了给他们舒适和安全的感觉,笔者决定让受访者自己选择访谈地点。然而,这些人中大多数没有特定地方的推荐,因此研究者通常将采访地点建议在耶路撒冷中心的一家普通酒店的大堂,这里可以被视为中性空间——既不是极端正统派地区,也不是非极端正统派地区。此外,酒店大堂属于开放空间,因此与规定也不冲突。许多年轻的极端正统派男子就是在酒店大堂会见媒人安排的相

① 参见 Oren Livio and Keren Tenenboim-Weinblatt, “Discursive Legitimation of a Controversial Technology: Ultra-Orthodox Jewish Women in Israel and the Internet,” *Communication Review* 10 (2007): 29-56。

亲对象的[1]，所以这些地方被视为合法的会面场所。大多数受访者都接受了这一建议。

然而，仍然有五位受访者担心他们在酒店大堂会被熟人看到。平哈斯(Pinhas)要求在笔者的家里接受访谈。还有两个人愿意在耶路撒冷的一个研究机构接受采访，并对与研究者单独相处没有意见。另外两位受访者门迪(Mendy)和希米(Shimmi)的会面地点的选择则更为复杂。在门迪断然拒绝了笔者提议的所有地点之后，最终笔者建议在斯科普斯山(Mt. Scopus)上的希伯来大学校园中的一间教室里进行采访。他从未去过该大学，既担心在那里会遇到熟人，又担心自己会引人注目——考虑到他的长黑大衣、宽边黑帽和侧发，这种担心是有道理的。笔者再三向他保证遇到熟人的机会非常渺茫，因为很少有哈瑞迪人会去校园；而且即使遇到了，那个人也会同样处于违反教规的尴尬境地。在笔者强调说不能保证他不会遇到熟人，所以决定权在他后，最终门迪同意在主图书馆的门口见面。当笔者在约定的时间到达指定地点时，一个穿着极端正统派服装的年轻人站在离图书馆几米远的地方，正在打电话。恰在此时，笔者的电话响了，门迪说："我看到你了，但我不希望人们看到我们在一起。"他也不希望被人看到与笔者走在一起，这让事情变得很困难，因为他对校园一点也不熟悉，而且不知道在哪里能找到一个空教室。在考虑了这个问题后，笔者建议他保持几米的距离跟着走，直到找到空教室。就这样，经过一段短暂而复杂的旅程后，终于找到了一间空教室。

对希米的采访任务同样很微妙。他不能在工作时间到研究所来，并且拒绝了我建议的其他地方，还反复问："你知道如果被人看到会怎么样吗？"他也很多疑，担心我会和其他人一起来采访。他规定会面必须于天黑后在市中心的一个公园里进行，并补充说："我要先看到你。我希望你先到达指定地点，当我确定你是一个人时，我就来找你。"我在约定的时间到达了会面地点，但没有看到任何人。等了几分钟后，我接到了一个电话："是我。我看到你了。向公园里走。"我犹豫了，因为公园里很黑，这让我觉得很不安全。走了几步，我又接到一个电话："我看到你了，继续走。"走了几米后，突然出现了一个留着浓密胡子的黑衣人，让我吓了一跳，但我马上又恢复了镇静，接着，我看到一个紧张不安的男子站在面前。希米非常抱歉地说："对不起，但你要理解，不能让人看见我！"我试图让他冷静下来，并建议他和我一起去公园里一个光线更好的地方，但他拒绝了，所以我

[1] 参见 Sima Zalcberg Block, "Gender Differences in the Involvement of Young People in the Matchmaking Process in an Extreme Ultra-Orthodox Community," *Journal of Jewish Identities* 5 (2012): 32。

就在我们站着的地方开始了访谈。然而,希米仍然很不安,不断地停下来环顾四周,以确保没有人注意到他。当我意识到他的焦虑并没有缓和时,我建议继续用电话采访。希米松了一口气,并为给我造成的麻烦道歉,然后就离开了公园,消失在附近的一辆车里。对他的采访改为在电话中继续进行。

四、访谈中的合作

(一)访谈是对受访者需求的回应

正如与门迪和希米的会面所揭示的那样,参与这项研究涉及巨大的对受访者的情感努力与精神坚持。除了害怕被人看到和访谈者在一起,他们中的大多数人都很难谈论性侵一事,尽管在很多案例中这一事件发生在十多年前。[①] 这给研究带来了另一项挑战:该如何在访谈中获得最大限度的合作,并尽可能获得更多的信息? 正如马克思所指出的那样,讲述困难事件的细节可能对人们有一定的作用。[②] 赖特(Richard Wright)、德克尔(Scott H. Decker)、雷德芬(Allison K.S. Redfern)和史密斯(Dietrich L. Smith)在关于街头犯罪的研究中,将成功获得受访者合作的原因归结于访谈为受访者提供了一种机会,让他们可以分享并为自己的犯罪成就感到自豪,提出问题并得到诚实的回答或在不同领域获得帮助。[③] 同样,笔者认为进行的访谈满足了三个主要方面的需求,即思想方面的需求、治疗方面的需求和信息方面的需求。

1.思想方面的需求

一些受访者宣称,他们愿意参与这项研究是因为他们认识到这项研究的重要性。例如,大卫(David)解释说:"对我来说让人们知道这事是很重要的,对我来说不把它扫到地毯下是很重要的,这就是事实。"梅纳赫姆(Menahem)强调说:"我认为你所做的事情非常重要。"而埃尔耶(Aryeh)赞扬了我的"神圣工作",并补充说:"这触及了对我非常重要的东西……我这样做是上天的旨意。"影响性侵受害者揭露发生在他们身上的事情的因素之一是他们对可能成为这种受

---

① 参见 Sara Zalcberg, "Characteristics of Harmful Sexual Behavior among Young Haredi Men"; Sara Zalcberg, "The Silence of Males: Reporting and Under-Reporting of Ultra-Orthodox (Haredi) Males Who Have Been Sexually Abused"。

② 参见 Gary T. Marx, "Notes on the Discovery, Collection and Assessment of Hidden and Dirty Data".

③ 参见 Richard Wright, Scott H. Decker, Allison K. S. Redfern and Dietrich L. Smith, "A Snowball's Chance in Hell: Doing Fieldwork with Active Residential Burglars," *Journal of Research in Crime and Delinquency* 29 (1996): 148-161。

害者的其他人的责任感和关注。[①] 本研究的一些受访者就有这种感觉。例如，扫罗(Shaul)解释说："说极端正统派社区没有性问题是一个谎言，这是对上帝之名的亵渎(*hilul hashem*)……如果我知道我说的话会有帮助，我就很乐意讲述。"许多潜在的受访者要求了解研究的目的，而向他们介绍研究的方式，强调其在对抗针对男孩的性暴力方面的潜在贡献，对获得他们的合作非常重要。一些最初拒绝参与的受访者在得到关于该研究可能产生的贡献方面的令人信服的解释后，最终同意参与。

2.治疗方面的需求

许多性侵受害者不讨论或报告这一事件。他们有一种孤立感，因为他们不知道自己并不是唯一遭受这种伤害的人，还有许多人也有同样的经历。性侵也会留下深刻的伤痕，并对许多方面产生实际性的影响。[②] 访谈是被采访者与一个非评判性的、情感上支持的倾听者分享并验证他们经历的一种方式。这对于那些从未向任何人透露自己遭受侵害的受访者而言尤其重要。例如，在访谈结束时，阿哈龙(Aharon)表示："我已经感觉好多了。"伊莱(Eli)告诉笔者，从八九岁开始他就饱受性心理问题的折磨，"直到今天，这个问题占据了我的整个生活。我家里没人知道这件事。我对交谈过的专业人士也感到失望"。伊莱很苦恼，告诉笔者他想变得"正常"，他希望在专业人士失败的地方，也许笔者能有所帮助。以斯拉(Ezra)毫不吝啬地向笔者讲述他淫乱的生活方式，他把这种生活方式部分归因于所经历的性侵害。他似乎在为这种生活方式寻求支持和合法性。以斯拉试图说服自己，而不是笔者——研究员，他的习惯是合法的和"洁净"的。许多受访者还希望知道他们所经历的侵害是"正常的"还是例外的。例如，海姆(Haim)问道："我经历的四年侵害是不寻常的吗？这是否比其他人的经历更糟糕？"

---

① 参见 Sharona Szwarcberg and Eli Somer, "Disclosure of the Secret: Facilitating and Inhibiting Variables in the Disclosure of Child Sexual Abuse," in *Critical and Clinical Perspectives on Incest*, eds. Zivya Seligman and Zehava Solomon (Tel Aviv: Hakibbutz Hameuchad-Adler Center-Tel Aviv University, 2004), 82-103 [Hebrew]。

② 参见 Sharona Szwarcberg and Eli Somer, "Disclosure of the Secret: Facilitating and Inhibiting Variables in the Disclosure of Child Sexual Abuse"; Nancy V. Raine, *After Silence: Rape & My Journey Back* (New York: Three Rivers Press, 1998); Sara Zalcberg, "The Silence of Males: Reporting and Under-Reporting of Ultra-Orthodox (Haredi) Males Who Have Been Sexually Abused"; Clayton M. Bullock and Mace Beckson, "Male Victims of Sexual Assault: Phenomenology, Psychology, Physiology," *Journal of the Academy of Psychiatry and the Law* 39 (2011): 197-205; Adrian W. Coxell and Michael B. King, "Male Victim of Rape and Sexual Abuse," *Sexual and Relationship Therapy* 25 (2010): 380-391; Sara Zalcberg, "Characteristics of Harmful Sexual Behavior among Young Ḥaredi Men"。

3.信息方面的需求

许多受访者,像其他没有遭受性侵害的极端正统派年轻男性一样,对性表现出完全的无知。[1] 这种无知不仅使他们好奇,而且使他们焦虑。他们对各种现象以及自己经历的感受和情绪都有疑问,希望利用这种访谈来填补性教育方面的缺失。例如,费舍尔(Fishel)在"徒劳撒种"后表达了对自己生育能力的极大担忧:"这对我有什么影响吗?它会引起什么吗?"另一些人则寻求有关他们的性模式和性癖好的基本生理学知识与解释。摩西(Moses)在特定的情况下表现出对同性的偏好,他希望能"解释为什么,这是怎么发生的"。对于不同的受访者来说,参与研究似乎实现了不同的目的,有时还同时实现了几种目的,这有助于他们参与合作。

(二)受访者在访谈中的行为

受访者可以分为四种主要类型:"言语型"(verbal)、"歌手型"(singer)、"采访型"(interviewing interviewee)和"沉默型"(reticent interviewee)。在访谈过程中,笔者试图根据对方所表现出的模式和需求,将其性质与具体的受访者相匹配。

第一种类型是"言语型",是"容易采访"的受访者。受访者是开放的,能够清楚地表达自己的感受和看法。第二种类型是"歌手型",当被问到正确的问题时,他们会开始一段长长的、无拘无束的独白。通常情况下,这种受访者对研究以及研究者的兴趣不感兴趣,而是完全沉浸在自己的独白中。这样的受访者很容易提供信息,然而在滔滔不绝的话语中,他很可能提供许多无关的信息,访谈者必须经常引导他专注于主题。扬克尔(Yankel)就是这样一位受访者,他长篇大论地谈到了与所研究的主题无关的个人事务。同样,亚西尔(Yehiel)并不满足于一次漫长的访谈,还希望进行更多的会面。当笔者明确表示没有必要后,他仍然坚持打电话表示希望再见面:"如果你愿意,我现在就可以帮你做研究,然后和你见面。"

第三种类型即"采访型"受访者,是"歌手型"的对立面。他用关于研究、研究目的以及采访者的动机等问题来轰炸采访者。有时这些问题只是好奇心的产物,但在大多数情况下它们体现的是恐惧和怀疑。"采访型"受访者可能试图在会面前挖掘研究者的个人细节,并与他从研究者本人那里得到的信息进行核对。例如,希罗姆(Shlomo)告诉笔者他曾试图在网上查询笔者的身份。这种类型的

---

① 参见 Talia Etgar and Roei Sabari, "Treating Children with Offensive Sexual Behavior in Ultra-Orthodox Jewish Society"; Sara Zalcberg and Sima Zalcberg, "Body and Sexuality Constructs among Youth of the Ultra-Orthodox Jewish Community"。

采访特别具有挑战性，在跟他们的访谈中需要耐心、同理心和一种特别的支持性氛围。第四种类型即“沉默型”受访者，是“语言型”受访者的对立面。这一类人的言语不流畅，语调低沉，难以表达自己的感受。这可能是因为他们不善言辞，词汇量少，或者因为他们性格内敛，或者两者兼而有之。对于这样的受访者，就不得不投入更多的精力来引起他们的回应。

一些受访者非常符合其中一种或另一种类型的定义，而另一些人则结合了不同类型的特征。因此，有几个“采访型”受访者也非常“沉默寡言”，而一些“歌手型”则有“言语型”受访者的特征。根据受访者在访谈开始时的行为，笔者对他们进行分类，并试图构建一个适合其个性和需求的访谈。此外，笔者还试图创造一个支持和接受的氛围，让受访者觉得完全有资格谈论其所经历的事情。叶科特(Yekutiel)的案例很好地证明了这种氛围的重要性，他在讲述了所遭受的性侵害之后，补充说：“还有一些东西，一个对我来说有点难讲的故事……我一直在犹豫是否要讲出来，但我想，如果我已经告诉了你这么多，就让我告诉你整个事情吧。”他随后分享的事件是一种非常高的自我披露。

五、讨论及结论

本文探讨了笔者作为一名女性研究人员，在对极端正统派男性性侵受害者进行调查的过程中所遇到的挑战，以及应对这些挑战的做法。这项研究涉及的是一个避免与妇女接触的宗教群体，而研究者是这一群体的局外人，所研究的问题又是这一群体有意识沉默的禁忌话题。[①] 尽管如此，笔者还是发掘到了受访对象并争取到了他们的合作。其中，找到最多受访者的方法是“直接方法”。然而这项工作是漫长而艰难的，并且它让笔者为此遭到了反对此项研究的人的攻击和威胁。

在线方法——在网站上投放广告——也找到了大量的受访者，这一方法在确定那些难以接近的人群中的研究对象时有较大潜力，只需要敲击一下键盘，就可以获得潜在的研究对象。在线方法的最大优势在于它允许潜在的受访者，至

① 参见 Sara Zalcberg, “The Silence of Males: Reporting and Under-Reporting of Ultra-Orthodox (Haredi) Males Who Have Been Sexually Abused”。

少在初始阶段,参与匿名的、不受限制的社会互动。[①] 匿名的可能性让潜在的受访者可以放心地问任何他们想问的问题,而不担心有暴露的风险。然而,这种方法的缺点是其自然选择的对象的局限性:只有那些使用互联网的人可以回应,而许多其他可能对该主题有不同看法的人则被排除在外。在公告栏上张贴广告能够将受访者的范围扩大到一些不上网的人。但是与在网上发布广告不同,重新张贴这些广告非常耗时。至于滚雪球抽样法,它对本研究的最大好处是帮助笔者获得了通过这种方式找到的受访者的信任。受访者是由朋友介绍的,这就减轻了他对研究目的的担心,特别是对保密性的担心。因此,伊萨尔(Yissachar)说:"如果埃尔耶告诉我可以和你说话,那就没问题了。"然而,虽然文献中描述了雪球抽样法的众所周知的优点[②],这种方法产生的受访者数量却相对较少。大多数受到性侵害的极端正统派男子不会向他们的朋友或家人提及[③],这就将"雪球滚动"的可能性降到了最低。这种研究方法似乎不太适合那些报告不足的问题的研究。

唯一没有收获的方法是接触线人和关键人物,尽管文献中讨论了这种方法的优点,但实际上他们充当了"看门人"的角色,试图阻止研究者的进入。[④] 由于话题的敏感性以及担心损害他们的地位和控制范围,他们对合作持保留态度。虽然滚雪球抽样法、接近线人和关键人物的方法被认为是识别受访者的有效方法,但在本研究中它们被证明不如其他方法有效。相比之下,在文献中不太被认可的方法,如直接方法和在线方法,虽然它们的潜在有效性甚至适宜性似乎是矛盾的,但却在很大程度上被证明是有效的。本研究体现了非传统方法在研究有争议的、非常规的问题上的潜在作用。

---

① 参见 Joseph B. Walther, "Computer-Mediated Communication: Impersonal, Interpersonal, and Hyperpersonal Interaction," *Communication Research* 23 (1996): 3-43; Joseph B. Walther, "Selective Self-Presentation in Computer-Mediated Communication: Hyperpersonal Dimensions of Technology, Language, and Cognition," *Computers in Human Behavior* 23 (2007): 2538-2557。

② 参见 Robert O. Keel, "Ethnomethodological Perspective (on Crime and Deviance)," in *Encyclopedia of Criminology and Deviant Behavior*, ed. Clifton D. Bryant (London: Taylor and Francis, 2000), 148-153; Laurie Taylor, *In the Underworld* (London: Allen & Unwin, 1985); Richard Wright, Scott H. Decker, Allison K. S. Redfern and Dietrich L. Smith, "A Snowball's Chance in Hell: Doing Fieldwork with Active Residential Burglars"。

③ 参见 Sara Zalcberg, "The Silence of Males: Reporting and Under-Reporting of Ultra-Orthodox (Haredi) Males Who Have Been Sexually Abused"。

④ 参见 Robert G. Burgess, "Sponsors, Gatekeepers, Members, and Friends: Access in Educational Settings"; Martyn Hammersley and Paul Atkinson, *Ethnography: Principles in Practice*, 41-96; Sima Zalcberg, "The World of the Hasidic Women of 'Toldot Aharon': Their Status as Individuals and as a Group"。

与许多文献中出现的观点相反，笔者发现调查者和研究对象之间的性别差异以及调查者的局外人身份并不一定是进行实地调查的障碍。在一个所研究的问题被掩盖的地区，它们实际上可能促进研究进程，哪怕该社区的性别隔离程度很高。一位被笔者请求介绍潜在采访对象的极端正统派男子说："他们不会和我说，但他们会和你说。"奥托奇、埃尔索以及斯塔德勒解释了这一明显的悖论，指出在以性别隔离为特征的实地研究中，局外人身份为女性提供了流动性和灵活性。[①] 此外，从受访者的角度来看，局外人和女性身份的额外优势是调查者不太可能与他们的任何熟人有联系。例如，在一次电话交谈中，一位受访者在听说笔者不是极端正统派教徒后松了一口气："这样的话，你就没有机会认识那些熟悉我的人，并跟他们提起我。"笔者的性别和局外人身份也可能增加受访者的冒险意识，因为被禁止的事情总是更有趣、更刺激。

在地方层面上，为这项研究寻找对象的独特过程实现了接触用其他方法无法接触到的受访群体。在更广泛的层面上，笔者所阐述的实地工作过程中的各个层面表明，将特定的抽样方法与所研究的群体相匹配以及对这一群体的文化敏感性的重要性。[②] 多渠道方法带来的高水平的受访者回应表明了综合方法在扩大受访者范围方面的作用。此外，笔者在访谈过程中得到的合作程度表明，对一个敏感话题的深入访谈可以满足受访者的不同需求，而根据受访者的特点和个人需求来设计访谈可以推动研究进程。

除了本文提出的田野调查的方法论贡献之外，上述讨论还体现了人口和所研究的问题方面的特殊见解：男性极端正统派社会以及发生在其中的性侵现象。首先，传闻中的性侵现象与实际发生的情况之间似乎有出入。这一发现与早期对极端正统派社会，特别是对男性极端正统派社会的研究一致。[③] 其次，在极端正统派社会中，对于性侵男童这一现象似乎有不同的声音。除了试图掩盖或否认这一现象的官方声音之外，还有一些人承认它的存在，并希望曝光和谴责它。这与哈瑞迪派在其他"敏感"问题上的不同意见是不一样的，他们认为对这些问

---

① 参见 Soraya Altorki and Camillia Fawzi El-Solh, "Introduction"; Nurit Stadler, "Ethnography of Exclusion: Initiating a Dialogue with Fundamentalist Men"。

② 参见 Pranee Liamputtong, *Performing Qualitative Cross-Cultural Research* (Cambridge: Cambridge University Press, 2010); Linda C. Tillman, "Culturally Sensitive Research Approaches: An African-American Perspective," *Education & Educational Research* 31 (2002): 3-12。

③ 参见 Yohai Hakak, *Young Men in Israeli Haredi Yeshiva Education: The Scholars' Enclave in Unrest*, 103-142。

题的任何讨论都可能破坏现有的社会秩序。[①] 受访者对性侵男童问题的坦诚和意愿反映出一个更广泛的趋势:外部的现代性思想和观点正在渗透极端正统派社会。[②] 一场极端正统派内部有关身体和性方面谈论的态度革命正在发生。[③] 这场革命由于哈伊姆·瓦尔德(Chaim Walder)的丑闻而达到高潮。瓦尔德是最受极端正统派儿童欢迎的作家,是教育领域的超级权威。他成功地找到了将现代西方精神引入极端正统派儿童文学的法宝——以一种"符合犹太教规"的包装,从而缔造了一个人的帝国,相当于极端正统派少年中的J.K.罗琳。在他最成功时期,即 2021 年,越来越多的证据表明瓦尔德多年来一直在性侵极端正统派少年。在证据被披露后,瓦尔德就自杀了。自那以后,极端正统派社区对性侵男童的讨论以前所未有的速度发展,许多性侵案件都开始被披露。

在这项研究完成的大约十年后,文中所阐述的"不可接受"的方法似乎特别有意义,主要原因有如下几点。第一,关于"直接方法"。今天,鉴于极端正统派人口在主流社会的日益融入[④]以及"现代极端正统派"——那些接受了现代西方观念的极端正统派——人口比率的增加,极端正统派对会见哈雷迪社区以外的人兴趣更大。对许多人来说,这种见面的威胁比以前小得多,哪怕是与"学术界的人"会面。[⑤] 此外,由于申请高等教育的极端正统派教徒的比例增加[⑥],对许多人而言学术界不再是一种威胁。相反,许多极端正统派教徒实际上有兴趣与学者接触。第二,关于在图书馆投放广告。今天,极端正统派教徒比以往任何时候

---

① 参见 Yohai Hakak, *Men in Black: A Journey to the Wellsprings of Israeli Politics —Ḥaredi Men in the Likud* (Jerusalem: Israel Institute for Democracy), 19-49 [Hebrew]; Yohai Hakak, *Young Men in Israeli Ḥaredi Yeshiva Education: The Scholars' Enclave in Unrest*, 103-142; Sima Zalcberg, "Channels of Knowledge and Information about Menstruation and Sexuality among Hasidic Adolescent Girls," 60-88。

② 参见 Emanuel Sivan and Kimmy Caplan, "Prologue," in *Israeli Ḥaredim: Integration without Assimilation ?* , eds. Emanuel Sivan and Kimmy Caplan, 7-10; Kimmy Caplan and Nurit Stadler, "Introduction: Changes in the Ḥaredi Leadership in Israel and Its Sources of Authority," in *Leadership and Authority in Israeli Ḥaredi Society*, eds. Kimmy Caplan and Stadler Nurit, 9-29。

③ 参见 Sara Zalcberg, "Changes in Coping Patterns of Ultra-Orthodox Society in Israel Regarding Sexual Abuse," in *Sexual Delinquency: Trends in Legislation. Enforcement, Assessment and Treatment*, eds. M. Shhory-Bitton, Y. Aboulafia and L. Tvi (Jerusalem: Carmel Publishing House), 23-58。

④ 参见 Benjamin Brown, *The Haredim. A Guide to their Beliefs and Sectors* (Jerusalem, Israel: The Israeli Democracy Institute, 2017) [Hebrew]。

⑤ 参见 Orna Braun-Lewensohn and Tehila Kalagy, "Between the Inside and the Outside World: Coping of Ultra-Orthodox Individuals with Their Work Environment after Academic Studies," *Community Mental Health Journal* 55 (2019): 894-905。

⑥ 参见 Gilad Malach and Lee Cahaner, *Statistical Report on Orthodox Society in Israel 2019*。

都更喜欢去图书馆，所以通过这种渠道可以更容易地接触到他们。第三，关于通过在线广告定位。极端正统派人口中的互联网用户比例正在显著增加。[①] 所有这些，加上瓦尔德的丑闻及其影响，都增加了极端正统派教徒揭露社区内部性侵案件的意愿。可以预想在将来，通过上述提到的以及其他渠道寻找性侵受害者进行研究的局面将会更加友好，并将能够获得更多的合作。

① 参见 Sabina Lissitsa and Osnat Roth Cohen, "The Decade of Online Shopping in the Jewish Ultra-Orthodox Community," *Journal of Media and Religion* 17 (2018): 74-89。

Recuittment of Ultra-Orthodox Male Survivuls of Sexual Abuse for Academic Study: Reflections and Insights

Sara Zalcberg Tr. CHEN Yanyan

Abstract: This article discusses how I, as a female researcher, was able to do research in a field normally off limits to women — male ultra-Orthodox society — in which, moreover, the specific topic, the sexual abuse of boys, is taboo and surrounded by a strong "conspiracy of silence". Despite the complexity of both the field and the topic, I was able to find and interview a sample of forty ultra-Orthodox victims of sexual abuse. The article describes the multi-channel approach I used to locate potential interviewees. It also introduces that modular typology I developed to facilitate the creation of an interview format appropriate to both the personal and the cultural needs of the interviewees. By using these two strategies, I was able to obtain maximum cooperation.

Key Words: Ultra-Orthodox, Male, Sexual Abuse

从“对抗”到共同的“盟约使命”：犹太教正统派与天主教对话的态度转变

王喆慧[*]

【摘要】梵蒂冈第二次大公会议以来，以色列和美国的犹太教正统派对与天主教神学对话的态度一直是消极和对抗的。这主要受到拉比索洛维奇克的思想的影响。这种消极态度直到2015年《我们的时代》宣言（第4号）发布50周年之际才彻底转变。犹太教正统派发布的两份文件《遵行我们天父的意志》和《耶路撒冷与罗马之间》标志着犹太教正统派改变了之前消极的态度，准备积极投身与天主教的神学对话，是天主教和犹太教关系进步的又一标志。

【关键词】犹太教正统派；天主教；对话

梵蒂冈第二次大公会议（以下简称“梵二会议”）于1965年10月28日发表《教会对非基督宗教态度宣言》，又称《我们的时代》宣言，是天主教与犹太教关系史上的一个分水岭，标志着两教关系和解与对话的开始。面对天主教发出的对话邀请，以色列和美国的正统派犹太人反应冷淡，直到2000年之后，他们才对与基督教对话有了更积极的反应。2015年和2017年犹太教正统派分别发布的《遵行我们天父的意志》和《耶路撒冷与罗马之间》两份文件标志着犹太教和天主教对话进入了一个新的阶段。本文试图分析和梳理以色列和美国正统派犹太人反应冷淡的原因以及从“对抗”到建立共同的“盟约使命”的态度转变的过程，并对《我们的时代》发表以来犹太教正统派与天主教对话所取得的进展做一个总结。

* 王喆慧，山东大学犹太教与跨宗教研究中心博士。

一、以色列正统派犹太人的态度

首先,以色列犹太人对梵二会议和《我们的时代》文件的反应受到当时政治环境的影响。梵二会议召开时,以色列国建立仅15年。虽然以色列在1948年赢得了"独立战争",但是直到梵二会议之前,战争的阴影仍然笼罩在巴勒斯坦地区,此时的以色列需要大规模的移民和资金来支持国防和国家建设,以确保国家在未来可能发生的战争中生存下来。所以,对于一个刚刚经历了两次战争的年轻国家来说,国防和国家建设在犹太人心中占有优先权,与梵蒂冈和天主教的接触在国家日程上并不占据主要位置。[①] 而梵二会议召开前,对阿道夫·艾希曼(Adolf Eichmann)的审判则占据了以色列犹太人的全部注意力。审判同时加强了犹太人是受害人,基督徒是压迫者的心理,因此以色列犹太人并不关心天主教正在发生的变化。

《我们的时代》宣言发布以后,希伯来语期刊 *Prozdar* 刊印了宣言全文,期刊中的一篇文章评价道:天主教会态度的改变使犹太教面临一种真正的危险,因为"抵御一个怀有敌意和带来迫害的教会的影响比抵御一个友善的教会的影响要容易得多"[②]。教授莱波维奇(Leibovitch)的文章表达了更加消极的看法:"一个健康的基督徒的良心必然会渴求犹太教的完全毁灭,而同样,一个好的犹太人的良心也会憎恶一切与基督教有关的事物。基督徒和犹太人在意识形态上的共存是不可想象的,犹太人和基督徒对话毫无用处。如今天主教会认为减轻对犹太人的'弑神罪'的指控是一个高明的手段……以此来恢复在犹太人中的传教活动。"[③]莱波维奇的看法在一定程度上反映了以色列正统派犹太人对与天主教进行对话反应冷淡,甚至反对这种接触的原因。因为《我们的时代》的发表距纳粹大屠杀只有25年,大屠杀带来的恐惧和阴影还没有消散,由于天主教传统上的"蔑视教导"合理化了纳粹暴行,所以犹太人对天主教还存有不信任,认为天主教寻求对话背后的真正目的是劝导犹太人皈依基督教。尽管如此,1965年在以色列成立了一个宗教对话组织——"耶路撒冷彩虹组织"(Jerusalem Rainbow Group),这个组织在耶路撒冷定期举办活动(一个学年的七个月,每月一次),为犹太教和基督教学者和宗教领袖提供对话的平台。但是这个对话只停留在学术层面,在两教的精英学者之间进行,影响力有限。

---

① 戴维·本-古里安(David Ben-Gurion)在1950年7月第一届以色列大使会议上作出了解释:"当国家建立时,我们面临三个问题:边境、难民和耶路撒冷。所有这些问题现在和将来都不能通过外交力量和事实力量得到解决……应假定造成既定事实来解决这些问题优先于寻求外交途径……我们正在建设我们的国家,此事高于一切。"

② SIDIC, Service International de Documentation Judeo-Chretienne, No.1 (February 1967): 16.

③ 同上。

1991年马德里的中东和会开启了中东和平进程，1993年以色列和巴勒斯坦签署《奥斯陆协议》，以此为契机，梵蒂冈和以色列也正式建交。在以色列的政治家、外交官和律师们致力于促进和平进程的同时，他们的努力也给民间团体的对话活动带来了新的刺激，拉比、伊玛目、神父们开始引领人们进入一个对话的关系，旨在帮助其思考如何和平相处并采取具体行动。两国的建交可以被看作以色列犹太人对天主教态度转变的开始。2000年3月21日，教宗若望·保禄二世(John Paul Ⅱ)对以色列进行了为期五天的历史性访问，这是天主教历史上第一位正式访问以色列的教宗。在教宗的访问中，有两件事给以色列人留下了深刻的印象。3月23日，教宗访问以色列犹太大屠杀纪念馆并接见了来自他家乡波兰瓦多维采的大屠杀幸存者。在演讲中，教宗向以色列人保证天主教会"对基督徒无论何时何地针对犹太的仇恨、迫害行为以及反犹主义措施感到万分痛心。教会痛斥任何形式的种族主义"①。3月26日，教宗独自站在西墙祈祷，并按照犹太人的习俗将写有祈祷词的纸条塞进了墙缝里。因为以色列是以犹太人为主体的国家，自然少有机会接触同时代的天主教徒，教宗访问之前，大部分以色列犹太人对天主教的印象还停留在过去的悲剧中。教宗的访问彻底改变了以色列犹太人对天主教的印象，他们发现天主教会不但不敌视犹太人，而且还寻求与犹太人建立更积极和尊重的关系。教宗的访问是以色列犹太人和天主教关系的重要转折，打消了犹太人的疑虑，扫清了两教对话的障碍。

2002年6月5日，以色列和梵蒂冈正式开启了官方层面的宗教间对话，双方商定由圣座"与犹太人宗教关系委员会"和以色列的两位首席拉比自2002年开始每年举办一次会议，在罗马和耶路撒冷两城交替进行。2004年1月16日，历史上教宗第一次接见了以色列的两位首席拉比，在会谈中教宗回顾了对以色列的访问并评价天主教会与以色列首席拉比建立的官方对话是"伟大希望的象征"②。以色列正统派犹太教自此有了更强烈的意愿与天主教进行对话，面对以前对话中不愿触及的宗教和神学问题，也有了更加开放的态度。创立圣座"与犹太人宗教关系委员会"和以色列两位首席拉比的对话机制也是犹太教和基督教对话历史上的里程碑事件。以色列的第一个对话中心，即"犹太教与基督教理解与合作中心"于2008年由埃弗拉特的首席拉比什洛莫·里斯金(Shlomo Riskin)创立，并于2011年发布了一份题为《犹太人对基督徒和基督教的理解》的关于基督教的正统派宣言。③ 在民间层面，2004年被誉

① *The Saint for Shalom: How Pope John Paul II Transformed Catholic-Jewish Relations the Complete Texts 1979-2005*, eds. Eugene J. Fisher and Leon Klenicki (New York: Crossroad Herder, 2011), 331.

② *L'Osservatore Romano* (January 17, 2004): 5.

③ https://www.cjcuc.org/2011/05/24/cjcuc-statement-on-a-jewish-understanding-of-christians-and-christianity/.

为以色列犹太教—基督教关系领域的真正先驱的丹尼尔·罗辛(Daniel Rossing)创立了耶路撒冷犹太—基督教关系中心(Jerusalem Center for Jewish-Christian Relations),为应对圣地的犹太多数人口和阿拉伯基督徒少数人口之间复杂而特殊的相遇所带来的挑战,通过课程、会议和研讨会致力于对以色列普通民众的教育工作。例如,2013年该中心开办了一个面向普通以色列人的教育活动,主题是梵二会议。[①] 通过官方层面和民间层面的进展,越来越多的以色列犹太人认识到了《我们的时代》宣言所带来的影响,以色列的犹太教和天主教对话也朝着更积极的方向发展。

二、美国正统派犹太人的态度

梵二会议召开时,圣座就邀请犹太人的宗教代表加入对话与和解的进程。面对来自罗马的邀请,美国正统派犹太人采取两种截然不同的立场。

第一种是极端正统派的立场,认为与天主教的对话和互动会对犹太人的生存产生威胁而予以拒绝,犹太人只需要与非犹太人进行最低限度的接触,以防外来思想与价值观对犹太教的侵蚀,因为《希伯来圣经》里教导道:"这是独居的民,不列在万民中。"(《民数记》23:9)美国极端正统派律法权威拉比摩西·范斯坦(Moshe Finstein)为这种立场奠定了律法基础。

在拉比范斯坦写给美国现代正统派权威拉比索罗维奇克(Joseph B. Soloveitchik)的信中,他明确表示反对犹太教与天主教的对话,指责天主教会寻求与犹太教对话的背后隐藏着一个阴谋——说服犹太人放弃自己的信仰并皈依基督教。改革派和保守派拉比以及一些年轻正统派拉比致力于与天主教的对话,无论其动机如何,最后都会导致犹太人的叛教行为。在他看来,为了保障犹太人的生存,与天主教徒及其代表进行隔离非常必要,宗教对话只会使犹太人改变信仰。不仅如此,拉比范斯坦将基督教视为偶像崇拜的一种形式,与基督教的对话会导致基督徒向"偶像崇拜的神"发誓,这是违反犹太律法的一种行为,因为犹太人是导致基督徒实施这种犯罪行为的近因。所以,尽管与基督徒进行关于世俗问题的对话,这种参与也构成了对禁止偶像崇拜附属品的严重违反。[②]

---

① 之所以组织这样的一个活动是因为大多数以色列人认为天主教对犹太教的态度没有任何变化;不仅如此,以色列还兴起了反基督徒的情绪,一小撮犹太极端分子对穆斯林和基督徒的建筑搞破坏、涂鸦,向独行的基督徒吐口水。

② 参见 David Ellenson, translated and annotated, "A Jewish Legal Authority Addresses Jewish-Christian-Dialogue: Two Responsa of Rabbi Moshe Feinstein," *American Jewish Archives Journal* 52 (2000): 118-122。

第二种是现代正统派的立场，拒绝神学对话的同时，允许就社会和政治问题与天主教进行接触。美国拉比理事会(Rabbinical Council of America)和犹太教正统派联盟(Union of Orthodox Jewish Congregations)代表了现代正统派的会众，这两个组织同时是美国犹太会堂委员会(Synagogue Council of America)的成员，美国犹太会堂委员会又是国际犹太宗教间协商委员会(The International Jewish Committee on Interreligious Consultations)的成员，现代正统派在这些机构里具有相当大的影响力。因此，拒绝神学对话也成为国际犹太宗教间协商委员会的官方立场。索罗维奇克拉比作为现代正统派的领袖及精神导师，为这种立场提供了律法基础。

1964 年，作为美国现代正统派权威的拉比索罗维奇克发布了文章《对抗》。该文章划定了正统派与其他宗教，特别是罗马天主教的对话方式和范围。许多正统派人士将这篇文章中的观点视作一个律法决定，是对一个特定宗教问题的权威回应。[①] 拉比诺曼 · 所罗门(Norman Solomon)称之为“索罗维奇克线”(Soloveitchik Line)。文章分为两个部分：第一个部分描述了《创世纪》中人的三个层次，第二个部分论述了犹太教与基督教的关系及与天主教对话的前提条件。

在文章的第一部分，索罗维奇克将《创世纪》第一章、第二章上帝造人的记载解读为人存在的两个维度和三个层次。

在第一个层次，人的形象是自然的人，与周围的存在是“非对抗”的关系；人与自然是连续的，受制于享乐主义而追求美和快乐；人没有意识到自己可以从不可改变的自然秩序中赢得自由的巨大能力，并将这种自由作为伟大的牺牲献给上帝。上帝希望人是自由的，以便他可以毫无保留地投入自己，放弃自己的自由。这个层次的人表现出两方面的匮乏：没有认识到自己与自然的区别以及对“神圣的规范性召唤”的不敏感。这代表着那些未能将自己与外部环境区分开来的宗教团体，其成员觉得“不需要过规范的生活，不需要向更高的道德意志屈服来寻求救赎”，而是渴求“无限的审美体验”并且淹没在“事物和事件的一般秩序中”，过着一种既无尊严也无救赎的“非对抗”的生活。[②]

在第二个层次，人处于“对抗”或“规范”的状态下。他把自己从自然中分离出来，“发现了一个令人敬畏的和神秘的事物和事件的领域，这是独立于他和不服从于他的领域……在这种发现之后，他发现了自己。由于这种自我发现与‘外

① 参见 David Hartman, *Love and Terror in the God Encounter*: *The Theological Legacy of Rabbi Joseph B. Soloveitchik* (Woodstock: Jewish Lights, 2001), 132。

② Joseph B. Soloveitchik, “Confrontation,” *Tradition*: *A Journal of Orthodox Thought* 6.2 (Spring-Summer, 1964): 5-9.

在的非我'的对立,神圣的规范就诞生了"①。这个层次的人发现自己要同时"对抗"自然和上帝。人与自然的关系是技术工具性的,他的存在是为了完成造物主在创世第六天交给他的使命,"遍满地面,治理这地"②。人是按照上帝的形象被造的,所以模仿上帝的创造力来创建文化和社会是人的任务。这是人(第一亚当)存在的第一个维度,代表的是"自然群体",由于对成功和胜利的强烈渴望而聚集在一起,目标是通过合作以获取更大的利益。③ 而与现实的神秘性相遇,最终发现自己正在面对上帝,这是人(第二亚当)存在的第二个维度。"第二亚当与上帝紧密结合"④,代表的是"契约团体",上帝是这个团体的"领导者、教师和牧羊人"⑤。

在第三个层次,"主体"与"主体"之间平等地"对抗"。两个主体之间都因他者性和独特性而感到孤独,都被客观秩序所反对和排斥,都渴望得到同伴。这种面对是相互的,不是单方面的。这一次,两个面对者并肩而立,各自承认他者的存在。一个疏远的存在被转化为一个共同的存在。这是亚当和夏娃的"对抗"。

在勾勒出人的两个维度和三个层次之后,索罗维奇克在文章的第二部分论述了犹太人与基督教特别是与天主教关系的问题。

索罗维奇克认为,犹太人同时属于人的两个维度,即第一亚当和第二亚所当代表的"自然群体"和"契约群体",也就是人类和犹太人这两个共同体。面对第一个维度的挑战,犹太人有义务"与文明社会并肩站在一起,对抗一个藐视我们所有人的秩序……我们是人,致力于人类的普遍福利和进步,我们对防治疾病、减轻人类痛苦、保护人的权利、帮助有需要的人等事业有兴趣"⑥。而在第二个维度,每个信仰者的团体都是独一无二的,"信仰之语言反映了个人对其造物主的亲密、私密和矛盾地无法表法的渴望,以及他与造物主之间的联系。这反映了一个特定群体的信仰行为的神秘性和陌生性,这对不同信仰群体的人来说是完全无法理解的。因此,宗教或神学的'逻各斯'不应该被用来作为两个信仰群体之间沟通的媒介"。不仅如此,作为多数派宗教(基督教)与少数派(犹太教)之间的"对抗"不可能做到第三层次的"主体"与"主体"之间平等的对话,而是多数派凌驾于少数派之上的争论。据此,基督教和犹太教之间的交往应该限定在第二

---

① Joseph B. Soloveitchik, "Confrontation," 9.

② Joseph B. Soloveitchik, "The Lonely Man of Faith," *Tradition: A Journal of Orthodox Thought* (Spring-Summer, 1964): 16.

③ 参见 Joseph B. Soloveitchik, *The Lonely Man of Faith* (New York: Doubleday, 2006), 41。

④ Joseph B. Soloveitchik, "The Lonely Man of Faith," 22.

⑤ Joseph B. Soloveitchik, *The Lonely Man of Faith*, 43.

⑥ Joseph B. Soloveitchik, "Confrontation," 20-21.

层次，共同处理双方所面临的世俗问题，因为“在世俗领域，我们可以讨论要采取的立场、要发展的思想和要制订的计划。在这些问题上，宗教团体可以共同建议要制定的行动，也可以把握主动权，以后由一般社会来实施”。[①]

最后，索罗维奇克规定了犹太教与天主教对话的四个前提条件。

(1)必须承认犹太民族是一个独立的信仰群体，被赋予了内在的价值，必须在其自身的元历史背景下看待，而不与另一个信仰群体(天主教)的框架相联系。

(2)与天主教的共同利益不在信仰领域，而是在世俗秩序领域。犹太人对上帝的唯一承诺以及对生存的希望和不屈不挠的意志，是不可商量的，也是不容辩论和争论的。

(3)犹太人应该避免天主教改变其教义，因为这种建议会导致天主教对犹太教的信仰提出相同的要求。改变应该依据天主教自己的信念行事。不干涉是良好意愿和相互尊重的必要条件。

(4)我们的历史肯定没有授权我们向另一个信仰团体(天主教)暗示，我们在精神上已经准备好修改历史态度，对基本的信仰问题进行利益交换，并调和“一些”分歧。[②]

美国现代正统派拉比委员会(Modern Orthodox Rabbinical Council of America)在 1964 年发布的《关于普世教会合一运动与跨宗教对话的政策声明》中重申了索罗维奇克设定的“拒绝神学对话，允许在世俗问题与天主教进行接触”的立场，也标志着这个立场成为现代正统派的官方政策。不仅如此，索罗维奇克立场的影响力超出了现代正统派的范围，对整个犹太教正统派都有一定的约束力。正因为如此，正统派犹太人与天主教的接触非常有限。

三、犹太教正统派关于对话的反思和转向

梵二会议发布的《我们的时代》宣言肯定了基督教的历史渊源是犹太教，隐含地提到上帝和犹太人的约是永远的和连续的，强调宗教教育和正确解释《圣经》的重要性以及否定了对犹太人的“弑神罪”指控。以此为开端，天主教开启了与犹太教和解之路，两教的对话与合作也逐渐增多。

面对梵二会议以来天主教会的转变，犹太教正统派也逐渐开始反思“索罗维奇克线”的适用性。1974 年，以色列正统派教授兹维·亚龙(Zvi Yaron)就批评了索罗维奇克的立场，认为其没有认识到基督教世界地位的变化以及在现代世

① Joseph B. Soloveitchik, “Confrontation,” 24.

② 同上，21—25。

俗社会中所有宗教都是“少数派”的事实。而且犹太教的地位在以色列国建立之后也发生了变化。[①] 而在美国，一些参与宗教间对话的正统派拉比正是拉比索罗维奇克的学生。比如，拉比大卫·哈特曼(David Hartman)作为索罗维奇克的学生就对其立场提出了异议，声称历史上的启示总是零碎的、不完整的。因此，不同信仰间的对话是当务之急，可以帮助人们认识到自己的信仰承诺并没有穷尽所有的精神选择，没有人能够超越人类的有限性，理解上帝的无限现实。[②]

在这种背景下，有两个事件标志着正统派犹太教关于对话态度的转变。

第一，2000 年 9 月 10 日，《纽约时报》刊发了一份犹太教声明《述真言——一个关于基督徒和基督教的犹太教声明》(*Dabru Emet—A Jewish Statement on Christians and Christianity*)。[③] 这份声明是由一群自称为“基督教问题研究犹太学者组织”(Jewish Scholars Group on Christianity)的犹太学者起草并发布的。他们认为应该就如何对待基督教的问题进行深刻和严肃的重新评估。不仅如此，此声明的发布更是为了重申自《教会对非基督宗教态度宣言》发表以来两教对话业已取得的进展，因为这种进展似乎正逐步被侵蚀。

犹太人对《述真言——一个关于基督徒和基督教的犹太教声明》声明的回应非常迅速，并且呈现两极分化的状态，一些拉比和学者持高度赞扬的态度，而另一些拉比和学者却尖锐地批评该声明。虽然有着不少批评的声音，还是有超过 300 位拉比和学者在声明上签字表示支持，其中就包括许多美国犹太教正统派重要的领导人。该声明是自梵二会议以来犹太教第一次就与基督教对话发布的相关神学声明，这表明犹太教内部已经开始反思“索罗维奇克线”的权威性。改革宗神学家莫尔特曼(J. Moltmann)在其所著的《俗世中的上帝》一书中一针见

---

① 参见 Zvi Yaron, “An Orthodox Jewish Israeli Views Interfaith,” *Face to Face* 2 (1977)。

② 参见 David Hartman, “On the Possibility of Religious Pluralism from a Jewish viewpoint,” *Immanuel* 16 (Summer 1983)。

③ Dabru Emet (speak the truth)来自《圣经·撒迦利亚书》第 8 章 16 节的经文：“你们所当行的是这样，各人与邻舍说话诚实，在城门口按至理判断，使人和睦。”声明全文如下：

(1)犹太人与基督徒同尊一位神。

(2)犹太人与基督徒同奉一本书——《圣经》(犹太人称作《塔纳赫》，而基督徒称为《旧约》)。

(3)基督徒能够尊重犹太人民对于以色列地所作出的宣告。

(4)犹太人和基督徒都接受《托拉》的道德准则。

(5)纳粹主义并非基督教现象。

(6)犹太人与基督徒之间的以人力不可调和的差异将如《圣经》中所许诺的，在上帝拯救全世界时得到解决。

(7)犹太人和基督徒之间的新型关系不会弱化(我们)对于犹太教义的遵行。

(8)犹太人和基督徒定要为正义与和平而携手。

血地指出犹太教与基督教对话的单向性,即“犹太人从未问过任何问题”。[①]《述真言》声明的发布意味着犹太教回避与基督教对话的态度有了转向。

第二,2003 年 11 月 23 日,波士顿学院“基督教与犹太教学习中心”举办了题为“拉比约瑟夫·索罗维奇克关于跨宗教对话:40 年之后”的会议,目的是讨论“在天主教会作出改变之后,正统派如何解读和应用拉比索罗维奇克的文章《对抗》中提出的立场”。

与会学者的意见分为两派:一种意见以阿里耶·克拉伯(Aryeh Klapper)为代表,认为天主教对话的意图值得怀疑,而且这种改变也不会持久[②];另一种是以尤金·科恩(Eugene Korn)的发言为主的态度,认为索罗维奇克的立场只在当时特定的历史条件下有效,在天主教已经作出改变的情况下,与天主教的对话并不违反索罗维奇克拉比规定的四个前提条件。[③] 从对“索罗维奇克线”的争论可以看出,正统派内部已经开始反思自己传统上“不与天主教进行神学对话”的立场。但是,从这场争论也可以得出,仍然有三个“不平衡”阻碍着犹太教正统派与天主教展开对话。

第一个不平衡之处是双方的历史地位不同。犹太人是“受害者”,同时在某种程度上将天主教的“蔑视教导”视为自己遭到迫害的根源,因此,天主教一方是“施害者”。犹太人对于过去的迫害和痛苦还记忆犹新,这种悲惨的记忆依然对当代的拉比和学者产生深远的影响,致使他们不信任天主教的转变。拉比阿里耶·克拉伯对天主教的不信任就是这种态度的典型例子,这也是阻碍犹太教和天主教对话的主要挑战之一。而消除这种不信任的唯一途径只能是与天主教进行对话,正如犹太教与天主教对话领域的领军人物拉比里昂·克兰尼基(Leon Klenicki)所倡导的“犹太人的正确态度需要自我反省与和解精神……这需要承认对话伙伴是信仰的主体,是上帝的孩子。还要求认识到基督教在将上帝的盟约带给人类方面的作用,即《圣经》中象征人类的诺亚的义务。通过对话,基督教必须克服‘权力的胜利主义’,犹太教必须克服‘痛苦的胜利主义’”[④]。

---

① 参见 Moltmann 莫尔特曼,《俗世中的上帝》[Gott im Projekt der modernen Weit],曾念粤 Zeng Nianyue 译(北京[Beijing]:中国人民大学出版社[China Renmin University Press],2003),246。

② 参见 Aryeh Klapper, “Revisiting ‘Confrontation’ After Forty Years A Response to Rabbi Eugene Korn,” https://www.academia.edu/24781589/Revisiting_Confrontation_After_Forty_Years_A_Response_to_Rabbi_Eugene_Korn。

③ 参见 Eugene Korn, “The Man of Faith and Religious Dialogue: Revisiting ‘Confrontation,’” *Modern Judaism* 25 (2005): 306-309。

④ Rabbi Leon Klenicki, “Nostra Aetate: A Jewish View ‘From Disputation to Dialogue,’” in *Transforming the Catholic-Jewish Relationship*, ed. Eric J. Greenberg (Anti-Defamation League, 2005), 15.

第二个不平衡之处是基督教承认犹太教是其自我理解的源泉，而犹太教正统派的自我理解并不需要基督教的参与，甚至认为对天主教的神学回应是"对信仰问题进行的利益交换"。所以，对基督教的理解、学习以及与其对话都是毫无意义的。而事实上，有越来越多的犹太人在了解早期基督教和中世纪基督教与犹太教互动的过程中，对犹太教有了更多的了解。希伯来大学的以色列·雅各·尤瓦尔(Israel Jacob Yuval)教授甚至作出了一个大胆的假设：当发现犹太教和基督教之间有相似之处，而又没有理由认为是两教的共同遗产时，可以认为这表明了基督教环境对犹太人的影响，而不是相反。[①] 虽然这个假设具有争议性，但是也说明了犹太教内部已经认识到，对基督教的学习和与其对话有助于更多地学习和了解自己。

第三个不平衡之处是犹太教不像天主教一样有一个中央权威机构，可以与天主教进行官方对话，并且发布对所有犹太人都有约束力的权威文件。"索罗维奇克线"是否还具有权威性和适用性就是这种情况的一种体现。因此，犹太教正统派一直未能发布一份类似于《我们的时代》宣言那样的犹太教关于天主教的官方声明。

四、正统派犹太教与天主教关系的新阶段：《遵行我们天父的意志》和《耶路撒冷与罗马之间》

2015 年是《我们的时代》宣言颁布 50 周年，约书亚·阿伦斯(Jehoschua Ahrens)、伊茨·格林伯格(Irving Greenberg)和大卫·罗森(David Rosen)三位正统派拉比提议撰写一份正统派犹太人宣言，理由主要有四点：一是必须对《我们的时代》50 周年作出犹太教的明确而强烈的反应；二是在过去几年，两教关系有了进一步的改善，部分原因是天主教发生了根本性的转变，比如严格拒绝了对犹太人所谓的传教；三是对以色列的一些反基督教行动作出反应，明确指出少数极端分子的行为不符合犹太价值观；四是想在对话中更进一步，并且重申犹太教的立场，特别是关于基督教的神学状况。[②]

---

① 参见 Israel Jacob Yuval, *Two Nations in Your Womb* (Oakland, CA: University of California Press, 2006), 21。

② 参见 *From Confrontation to Covenantal Partnership: Jews and Christians Reflect on the Orthodox Rabbinic Statement of "To Do the Will of Our Father in Heaven,"* eds. Jehoschua Ahrens, Irving Greenberg and Eugene Korn (Jerusalem: Urim Publications, 2021), 46-47。

2015 年 12 月 3 日,正统派犹太教第一份关于犹太教和天主教关系的声明《遵行我们天父的意志》发布在“犹太教与基督教理解与合作中心”的官网上。这个声明的发布,标志着犹太教和天主教的关系进入了一个新的阶段,是一个两教关系历史性的基准,因为该声明是第一个由“领导以色列、美国和欧洲的社区、机构和神学院的正统派拉比撰写和认可的声明”[①]。而且,102 位来自欧洲(其中有 7 位是现任或前任首席拉比)、美国和以色列的正统派拉比在该声明上署名,涵盖了从开放的正统派到极端正统派的全部范围。这份声明迅速传播并且影响力巨大。

2017 年 8 月 30 日,发生了一件对现代犹太教和天主教关系产生重大影响的事件:来自欧洲拉比会议、美国拉比委员会和以色列首席拉比这三个犹太教正统派官方机构的代表向教宗方济各递交了《耶路撒冷与罗马之间》的宣言。这个宣言虽然在《我们的时代》50 周年纪念之后两年才发布,但也是对两教关系 50 周年的一个回应。这个宣言可以被视为两教关系的新的里程碑,因为这是正统派犹太教的官方机构第一次正式对天主教以及两教关系作出的宣言。

这两份文件对上述阻碍两教对话的三个不平衡之处作出了权威的改变。

第一,两份文件在开始提及了不堪回首的过去,指出“纳粹大屠杀使犹太人与非犹太邻居之间的关系降至历史最低谷”,这是犹太人对与天主教对话反应冷淡的历史原因。[②] 接下来,两份文件都肯定了《我们的时代》发布以来,“天主教关于犹太教的官方教导有了根本的和不可逆转的变化”,而且随着时间的推移,“人们已经清楚地看到,教会的态度和教义的转变不仅是真诚的,而且是越来越深刻的”。[③] 因此,犹太教和天主教“正在进入一个各自信仰的成员之间日益宽容、相互尊重和团结的时代”[④]。这表明犹太教正统派已经承认和信任天主教会的转变,犹太教已经克服了“痛苦的胜利主义”。

第二,犹太教正统派声称“既然天主教会已经承认了上帝与以色列之间的永恒之约,犹太人就可以承认基督教作为我们伙伴在世界的救赎中持续的、具有建

---

① 参见 *From Confrontation to Covenantal Partnership: Jews and Christians Reflect on the Orthodox Rabbinic Statement of "To Do the Will of Our Father in Heaven,"* eds. Jehoschua Ahrens, Irving Greenberg and Eugene Korn (Jerusalem: Urim Publications, 2021), 129。

② 参见“Between Jerusalem and Rome: Reflections on 50 Years of Nostra Aetate,” https://www.cjcuc.org/2017/08/31/between-jerusalem-and-rome/。

③ *From Confrontation to Covenantal Partnership: Jews and Christians Reflect on the Orthodox Rabbinic Statement of "To Do the Will of Our Father in Heaven,"* 11.

④ “Between Jerusalem and Rome: Reflections on 50 Years of Nostra Aetate,” https://www.cjcuc.org/2017/08/31/between-jerusalem-and-rome/.

设性的合法性,而不必担心这被用于传教”。这句话就消除了第二个不平衡之处,犹太教神学给基督教分配了一个更加积极和平等的位置。二者之间的对话在犹太教眼中不可能再是“对信仰问题进行的利益交换”,而是为了“阐明人类生存和福祉的基本道德价值观”,并且完成一个共同的盟约使命,即“在全能者的主权下完善世界,使全人类都呼求他的名,并将可憎的事物从地上抹去”。① 二者无法单独完成这一上帝的盟约使命,对话与合作是“遵行天父的意志”的唯一道路。

从塔木德时代开始,犹太教为了处理外邦人与以色列的神之间的关系问题,发展出“双重盟约神学”的理论:犹太人需要遵守“西奈盟约”以及 613 条律法;而外邦人仅需要遵守“诺亚七律”就可以成为义人,在来世占有一份。对于犹太人来说,基督徒没有参与“西奈盟约”的资格,但是由于其与上帝的特殊关系,基督徒又不仅仅是遵守“诺亚七律”的外邦人。所以,犹太传统中,基督教的地位在犹太教神学里是介于“西奈盟约”与“诺亚七律”②之间。在进入 20 世纪之后,虽然拉比们对基督教的评价比之前更为积极,但对于基督教在“盟约关系”中的地位问题并没有明确的定义。因此,《遵行我们天父的意志》里所称的犹太教和基督教有一个“共同的盟约使命”是犹太教正统派的一个神学突破,基督教在犹太教与上帝的盟约关系中占有了特殊的地位,不仅包括了道德行动,即在全能者的主权下完善世界,还包括了宗教行动,即使全人类都呼求上帝的名。这标志着犹太教对基督教的态度进入了一个新的阶段③,两教关系也有了一个新的起点,进入

① *From Confrontation to Covenantal Partnership*: *Jews and Christians Reflect on the Orthodox Rabbinic Statement of* “*To Do the Will of Our Father in Heaven*,” 13.

② Abraham Cohen 亚伯拉罕·柯恩,《大众塔木德》[Everyman's Talmud],盖逊 Gai Xun 译(济南[Jinan]:山东大学出版社[Shandong University Press],2004),76。“诺亚七律”:做事公道,不得亵渎圣名,禁止偶像崇拜,禁止不道德行为,不得杀人,不得抢劫,不得从活的动物身上撕下肢翼。

③ 参见 Eugene Korn, “The People Israel, Christianity, and the Covenantal Responsibility,” in *Covenant and Hope*: *Christian and Jewish Reflections*, eds. Robert W. Jenson and Eugene Korn (Cambridge: William B. Eerdmans Publishing Company, 2012), 157-158。拉比尤金·科恩将犹太教对基督教的态度分为四个阶段:(1)在 1、2 世纪,犹太基督徒在犹太社区里的存在是被容忍的,之后就被视为犹太教的异端或变节者。对耶稣是弥赛亚和“新约”的信仰被视为非法,是偶像崇拜。(2)在中世纪,因为基督教三位一体和复活的教义,许多拉比权威仍旧视基督教为敬拜上帝的一种非法形式。在这个概念下,基督徒被视为遵守“诺亚七律”,所以在技术层面上基督徒并没有违反禁止偶像崇拜的律法。(3)中世纪晚期和现代早期,生活在基督教欧洲的大多数拉比不再视基督教为偶像崇拜。他们规定,犹太人有义务相信绝对的一神教,外邦人并无绝对义务遵守“诺亚七律”的所有条款。因此,基督教成为外邦人信仰的一种有效系统。(4)从 17 世纪到整个 20 世纪,当基督教对犹太人的容忍度逐渐提高,一些拉比权威开始夸赞基督教是一种积极的历史现象和对外邦人而言不能拒绝的神学系统,因为基督教传播了犹太教的许多核心原则。

了索罗维奇克所称的“第三个层次”。

第三,《遵行我们天父的意志》和《耶路撒冷与罗马之间》的发布使犹太教正统派有了权威性的官方文件作为指导。如《遵行我们天父的意志》起草人之一伊茨·格林伯格所称,希望这两份文件对正统派犹太人的作用就像《我们的时代》宣言对天主教徒的作用。

结　语

在梵二会议之后,犹太教保守派、自由派、改革派和许多世俗犹太人是与天主教对话的先驱和倡导者。正统派犹太教对于与天主教对话的态度一直受到过去的反犹主义创伤的影响。所以,正统派的转变说明,犹太教与天主教的关系进入了一个新的阶段。在犹太教正统派的眼里,天主教不再是那个指控犹太人犯有“弑神罪”的敌人,而是为了完成“共同的盟约使命”的伙伴,进入了索罗维奇克拉比所希望的“主体”与“主体”之间的平等对话关系。这并不代表从此之后天主教与犹太教的对话已经没有任何挑战,而是说两教对话中最主要的障碍已经被消除,双方可以就影响两教关系的神学问题进行更深入的对话。

From Confrontation to Joint Covenantal Mission: A Shift in Attitudes between Orthodox Judaism and Catholicism in Dialogue

WANG Zhehui

Abstract: Since Vatican II, Jewish Orthodox communities in Israel and the United States have been passive and confrontational in their theological dialogue with Catholic. This was largely influenced by the ideas of Rabbi Soloveitchik. This negative attitude did not completely change until the 50th anniversary of the declaration of *Nostra Aetate* in 2015. The two documents issued by Orthodox Judaism, "To Do the Will of Our Father in Heaven" and "Between Jerusalem and Rome", indicate that Orthodox Judaism has changed its previous passive attitude and is ready to actively participate in the theological dialogue with Catholicism. It is another sign of progress in the relationship between Catholicism and Judaism.

Key Words: Orthodox Judaism, Catholicism, Dialogue

论马丁·布伯的社区社会主义与基布兹*

李　勇**

【摘要】在对主客二分的二元论哲学以及资本主义工具性社区的批评前提下，马丁·布伯提出了基于"我和你"关系的新社区概念，并形成了社区社会主义理论。当这种理论与基布兹实践相遇时，理论与实践之间的一般性矛盾也就暴露出来了，实践的历史性、具体性与多样性使得原本的理论得到修正和发展，从而形成了基布兹社会主义思想。布伯也成了为基布兹社区建设提供最有力理论支撑的哲学家。发展后的社区社会主义理论虽然在一定程度上适应了基布兹社区建设，但理论与实践始终没能统一起来，布伯理想中的社区与现实中的基布兹始终不是一回事。从现今以色列基布兹发展轨迹来看，布伯社区社会主义理论的实验实际上是失败的。

【关键词】社区社会主义；犹太教；基布兹

马丁·布伯(Martin Buber)是20世纪最负盛名的犹太哲学家之一，其对话哲学为国内学界所熟知，其代表性专著《我与你》的中译本亦于2002年出版。同时，布伯还是社会主义犹太复国主义理论的主要奠基人，他曾积极参与了犹太复国主义运动和哈西德思想复兴运动，并因此活跃于以色列政治、社会、宗教与文化界。布伯理想中的犹太人的国家是一个基于社区社会主义的联合体，而这种社会主义与彼时国际社会中占主流的社会民主主义和国家社会主义非常不同。

* 本文系教育部人文社会科学重点研究基地重大项目"以色列宗教与政治、社会研究"(22JJD730004)阶段性成果，教育部人文社会科学研究青年基金项目"以色列基布兹社会主义的实践与理论研究"(21YJC710014)阶段性成果。

** 李勇，山东大学犹太教与跨宗教研究中心暨哲学与社会发展学院副研究员。

一、新社区的概念与基本特征

1900 年，布伯在一场以“新社区”为主题的研讨会上宣读了他的《新旧社区》一文，首次提出了“新社区”的概念。① “新社区”是布伯社区理论与社区社会主义的起点，它不仅在布伯思想中占有持续性的重要地位，而且在现代社会学中也占有非常重要的地位，因为《新旧社区》“是一篇开创性的社会学论文，也是一份引人注目的政治宣言，提出了一个全新的、实际上是革命性的概念——新社区。如果布伯在 1900 年后没有写任何东西，单是这篇开创性的论文就能保证他在 20 世纪的社会学、政治学和乌托邦思想史上的地位”②。自此，布伯对新社区的关注就从未中断过，“虽然布伯思想在随后几年里发生了彻底转变，但这种将社区经验精神化解读以及从人内在生活的角度来理解社会政治问题的倾向却反复重现”③。那么，对布伯而言，新社区的内涵有哪些？

第一，新社区并不是对古代理想社区的回归。在人与人之间自然联系松散的个人主义时代之后，我们不可能找到回到古代理想社区的路，并且古代理想社区并非完美的社区。布伯对此说道：“从美丽而粗糙的原始社会走出来的人类，在经历了社会的日益奴役之后，将到达一个新的社会，它将不再基于血缘关系，而是基于选择性亲和力。”④“原始人本能的基于生命的团结关系一直是支离破碎的和分裂的，新社区只是在一个更高的水平上以新的形式回归这种团结关系。”⑤

第二，就新社区的本质要求而言，新社区必须基于“完整的人的活生生的相互作用”形成。新社区以创造性原则取代了功利性原则，允许个人发挥其作为人的全部潜能。新社区最本质的要求是克服现代社区与社会的弊端，并且吸收现

① 马丁·布伯在 1900 年的一场以“新社区”(neueGemeinschaft)为讨论主题的会议上宣读了题为《新旧社区》(“Alte und neueGemeinschaft”)的论文，但是布伯的这次发言在他生前从未发表过，直到 1976 年才得以发表，参见 Paul R. Mendes-Flohr and Bernhard Susser, “Alte und neueGemeinschaft: An Unpublished Buber Manuscript,” *AJS Review* 1 (1976): 41-56。布伯发言的手稿现今保存在耶路撒冷的犹太民族和大学图书馆(Jewish National and University Library)的马丁·布伯档案(Martin Buber Archive)中，文件编号为 47/b.

② Michael Löwy, “Martin Buber's Socialism,” *Journal of Jewish Thought & Philosophy* 25 (2017): 96.

③ Paul R. Mendes-Flohr and Bernhard Susser, “Alte und neueGemeinschaft: An Unpublished Buber Manuscript,” 45.

④ 布伯在《新旧社区》中使用了“选择性亲和力”(Wahlverwandtschaft)概念来描述一系列社会和文化关系，这是社会学上一项出色的创新；马克斯·韦伯在 6 年后的 1906 年采用了同样的概念来描述新教伦理和资本主义精神之间的复杂关系。

⑤ Michael Löwy, “Martin Buber's Socialism,” 97.

代社区所取得的成就，如个人自由原则。新社区反对功利主义的压迫性力量和狭隘的专业分工，因为这使得现代社区成为一个奴役性的世界。它不像古老社区那样被某种观点束缚，如部落、宗族、宗教教派，因为此类束缚会形成教条和僵化的律令。新社区是被一种以自由和创造力为特征的共同生活束缚，一种由自由个体的相互吸引所约束。

第三，新社区最大的特征在于其有机性。新社区的力量并非来自原始增长，而是来自有意识的行动，这种行动的目的是通过自治性公社(Gemeinden)的联合来建构一种社会主义的生活形式。① 换言之，社会主义的任务是建立一个伟大的人类联合体，这个联合体由公社性的社区组成。社会主义在新的生活方式中成长，在同志般的友谊中成长，在与教堂里信仰不同的博爱中成长。② 要理解这种有机性的共同体，我们需要借助布伯哲学中的几组概念。一是“关系”的概念。“关系是存在的范畴，它是准备好的(面对存在的完美存在)……它是与自身有关的‘先天的你’。一个人对先天的你的认识是关系的先验，但同时‘先天的你’在我们遇到的你中被实现。”③也就是说，“与生俱来”的“你”是在我们生活的关系中实现的。因此，关系(不是任何关系)是一种媒介，通过这种媒介，人可以了解他内心世界最真实的部分。“先天的你”，即那个与存在有关的不变的自我，只在与永恒的你的直接关系中才能达到完美，也因此“你”不能被分解成任何细分部分。“永恒的你”是“唯一真理的世界”。二是在这种基本关系范畴下，又会产生两组重要的关系，即“我和它”的关系与“我和你”的关系。“我和它”的关系来源于一个支离破碎的自我中产生的对关系的一种态度。在这种状态下，一个人将自己与他人拉开距离，在人际关系中创造一种以强调差异为特征的关系质量。与此相反，当人处在先天的“你”中时，这种人际关系就构成了“我和你”的存在模式。这种关系运动就能在人际空间中建立一种布伯所说的“之间”的品质，换言之，“之间”属于“我和你”的关系。但是“我和你”的关系又不是稳定的，因为“我”不能在长时间内维持内在的统一性，“我”会反复分裂成独立的“我”；因此“人总是处在存在状态之间，在内在的统一性和分裂性之间不断交替”④。可以这样说，“我和它”与“我和你”分别对应的是“以自我为导向的我”和 “以人为导向的我”。前者在与他人的隔离中实现一个特殊的“你”，后者则在与他人的相遇

---

① 参见 Michael Löwy, “Martin Buber’s Socialism,” 99。

② 参见 Martin Buber, *Gemeinschaft*, *vol. 2 of Worte an die Zeit* (Munich: Dreiländerverlag, 1919), 18-19。

③ Martin Buber, *I and Thou*, trans. Walter Kaufmann (New York: Scribner, 1970), 78.

④ Dan Avnon, “The ‘Living Center’ of Martin Buber’s Political Theory,” *Political Theory* 21 (February 1993): 58.

和关系中实现存在状态"永恒的""先天的""完美的""你"。只有在"我和你"的关系中,我们才可能建立一个生活共同体。

第四,真正的社区是在"我"的存在完全敞开的状态下,在"我和你"的关系中通过对话实现的互惠关系之间的共同体联盟。"社区是建立在活生生的互惠关系之上的,建设者是活生生的、活跃的中心"[①],对话关系不仅涉及横向的"我和你",还涉及纵向的"我和你(社区的建立者)"。单靠特殊感情维持的社区不是真正的社区。在布伯那里,真正的社区建立者是那些"典范人物",他们是"那些与存在相遇,并在相遇后留下对存在持有包容性态度文化的人,而且他们证明了他们的经验具有真实性;这些人站在伟大社区的开端,站在人类转折点上强大启示的背后。这些人主要不是政治领袖……而是那些建立了人类可以更充分认识自己的生活方式的人,他们导致了人们对关系之意义和重要性的彻底重估"[②]。如佛陀和苏格拉底就是这样的建立者。一言以蔽之,布伯那里的真正的社区是基于伟大文明的创始人所建立的行为范式。

第五,至于如何在现代社会实现真正的社区,布伯认为有两点是极其重要的。其一,人的认识的转变。布伯认为,一个真正的社区始于"对现实的元心理特征的发现,并建立在对这种现实的信仰之上……在像我们这样的时代,共同体只能在突破中发生,在转折中发生"[③]。也就是说,新形式的共同体社区起源于一个人(或一群人)对存在的本质的新认识。其二,作为手段的政治革命是必要的。但在布伯那里,政治革命的任务只是把社会从阻碍其按照公共主义精神重建的经济和政治障碍中解放出来。推翻既定政权的政治革命只是作为社会主义道路上的一种必要手段出现:一旦社会主义发展出它的组织力量,一旦它自己的社会目标出现,它就会摆脱它的"政治包装"。根据布伯的说法,马克思与乌托邦社会主义者一样,都希望政治原则被社会原则所取代,并且社会主义离开了政治革命是没有生命力的。[④]

第六,真正的社区只在社会主义那里才有可能,而且社会主义只有作为真正的社区才有意义。社会主义拒绝所有僵化的制度。因为"社会主义永远不会是绝对的事物,社会主义是人类共同体持续地向人们走来",社会主义是"精神的颠覆……永久性的"。[⑤] 真正的社区也正是代表着这样一种理念,它不是一个僵硬

① Martin Buber, *I and Thou*, 94.

② Dan Avnon, "The 'Living Center' of Martin Buber's Political Theory," 62.

③ Martin Buber, *A Believing Humanism* (New York: Simon & Schuster, 1967), 151.

④ 参见 Martin Buber, *Paths in Utopia*, trans. R. F. C. Hull (Boston: Beacon Press, 1958), 82。

⑤ 同上, 51、56—57。

的原则，也不是一个抽象的概念，而是一个活生生的形式。社区的实现就像任何想法的实现一样，不可能一劳永逸，它必须始终是当下问题的答案。[①]

布伯新社区或真正社区概念的提出有如下四个基本前提。其一，19 世纪末 20 世纪初的德国新浪漫主义。这种浪漫主义融合了文学乌托邦主义和神秘主义，其目标是“实现最高的理想，带来王国的繁荣”，浪漫主义者坚信“我们所有最崇高的观点和愿望都可以转化为事实和生活”。[②] 其二，“我”与世界内在统一的哲学。这种哲学反对将“我”与世界主客二分的二元论哲学及对事物背后不可捉摸的“物自体”的寻找，转而认为“你就是事物本事，你就是上帝……是实体”[③]；一旦理解了物质与“我”的辩证统一性，“我和世界之间的深渊就被弥合了……旧的二元论因此被克服，因为一个人总也是另一个人……整个世界不过是我的‘我’，而我的‘我’就是对我而言的外部世界”[④]。因此，作为物自体的我们不需要去寻找真理，因为我们就是真理，在我们最深层的主观意识中，我们与存在、人和物之间存在着普遍的具有共同体性质的一致性。其三，对资本主义及其社会形式的批判。布伯认为随着资本主义的兴起，旧的社会结构解体了，原有的多元性的复杂社区被一种单一形式的资本主义社区所取代。“资本主义形式……使社会原子化。资本主义控制着机器，并在机器的帮助下控制着整个社会，它只想和个人打交道；而现代国家通过逐步剥夺群体的自主权来帮助和支持它。”[⑤]即使资本主义国家强制建立的各种社区，也改变不了现代社区的单一性，而社区与社区之间、人与人之间的隔绝状态也就不会改变。其四，资本主义现代社区与欧洲传统社区的比较研究。现代意义上的社区是近代资本主义和工业文明的产物。随着近代欧洲资本主义生产方式的兴起，大量人口开始迁往城市并依附于工业生产体系和新型的农业生产体系，于是有了以空间划分为基础的社区。传统社会逐渐解体，传统社会中由家庭、村庄、前现代城镇共同组成的社区有机体也解体了，传统社区“受习俗、习惯和仪式的制约；家务、农业、手工业等领域劳动的动机是快乐与生产的喜悦；其社会关系也是基于互助和信任，并且社区的精神生活受到宗教、艺术、伦理和哲学等因素影响。相比之下，以城市、工厂和官僚机构为特征的现代社区是人为的和机械的，它的运行由合同、计算、投机和利润来调节。赚钱是劳动的唯一目的，在现代商业和工业中，劳动被降级为纯粹的工

---

① 参见 Martin Buber, *Paths in Utopia*, 137。

② Paul R. Men des-Flohr and Bernard Susser, “Alte und neueGemeinschaft: An Unpublished Buber Manuscript,” 42.

③ 同上，43。

④ 同上。

⑤ Martin Buber, *Paths in Utopia*, 139.

具;社会生活……以技术和工业进步来衡量……被利己主义和霍布斯式的所有人对所有人的战争所规范”①。正是基于这些条件,在19世纪末20世纪初欧洲文明转型的评判潮流中,很多批判家基于对现实的不满,希望回归过去的社区传统。

二、新社区与基布兹社会主义

在布伯那里,新社区是对所有旧社区的超越;这种社区包含所有的现代自由,并且远远超出了资产阶级社会和它的规范。新社区也是一个关于现代社会的乌托邦替代方案和政治宣言。② 新社区是社会关系中原始社区类型和现代自由社区类型之外的第三种“理想的社会主义类型”;并且新社区与社会主义在本质上是高度同一的,新社区只有在社会主义中才能实现,而新社区也是彰显社会主义真正意义的最佳手段。从布伯的社会生活与学术轨迹来看,他一直试图促进这种理想的共同体生活中心的出现。

在布伯首次阐释新社区概念的19年后,第一个基布兹于1920年在巴勒斯坦地区正式建成。以色列基布兹联合会给基布兹的定义是这样的:基布兹是以色列的独特产物,是一种集体和合作的社区生活方式,内部实行民主管理,基布兹承担所有成员及其家庭的福利责任,基布兹的生产资料与产品由基布兹人共有。③ 第一个基布兹的建立与布伯的新社区之间是否存在某种实践与理论的关系,我们现在无从得知。但是布伯的社区社会主义思想与以色列的基布兹建设运动产生了共鸣是可以肯定的。布伯是唯一从事基布兹哲学研究的哲学家,也是为基布兹社区建设提供最有力的理论支撑的哲学家。④ 布伯在1938年移居巴勒斯坦后就一直以基布兹理论家的身份活跃于基布兹舞台上。

早在1928年,布伯在德国的以色列工人同盟会的会议上就以“为什么以色列国的建立必须是社会主义?”(Why the Building of the Land of Lsrael Must Be Socialistic?)为题作了发言,该发言不仅在以色列基布兹中广泛传阅,而且也奠定了布伯的基布兹社会主义理论的基础。布伯在发言的最后说道:“我看到了

① Michael Löwy, “Martin Buber's Socialism,” 96.

② 同上。

③ http://www.kia.co.il/infoeng/kibbutz.htm.

④ 参见 Henry Near, “I-Thou-We: Buber's Theory of Community and the Kibbutz,” *Economic and Industrial Democracy* 7 (1986): 247。

以色列最伟大的价值以及以色列工人阶级的伟大能力。”[①]而《通往乌托邦的途中》[②]一书是布伯的社会主义犹太复国主义思想的核心文本，这本小书有两个目标：一是勾勒社会主义乌托邦形式的历史；二是展示更美好的世界图景，不同于传统的、通过暴力革命实现的共产主义模式。布伯在书中详细梳理了乌托邦思想从蒲鲁东、克鲁泡特金、兰道尔、马克思到列宁的发展历程，最后布伯认为：我们可以通过更新社会的细胞组织来更新社会，从而进入共产主义；基布兹社会主义则是解决犹太人问题的可选方案，并被誉为现代人危机的解决与走向社会主义的可行模式之一。布伯思想在基布兹中的地位总体上来讲也得益于这本书中所描述的乌托邦社会主义；同时，这本书也代表着布伯对基布兹最为有力的支持，对基布兹内外都有着不可小觑的影响。在布伯那里，基布兹不仅是人类走向共产主义的“不曾失败的实验”[③]，而且“如果莫斯科代表着社会主义的两极之一，那么它的另一极则是耶路撒冷”[④]。布伯认为，人类历史上出现过很多次建立乌托邦社会主义（真正的社区社会主义）的尝试，其中最重要的模式有两个：一个是俄国革命模式，另一个则是巴勒斯坦地区的基布兹模式（当然，布伯在 1947 年完成了《通往乌托邦的途中》一书，此后的社会主义建设模式，如中国的社会主义模式，并没有进入布伯的考察视野）。在布伯看来，前者的尝试是失败的，因为革命政治的中心主义从一开始就支配着社会的重建，也就是说政治革命成功之后，政治原则没有被社会原则取代；俄国的苏维埃一直只是政治权力的工具，而不是作为社会再生的细胞和作为生产者自主管理的基础。而基布兹虽然有其局限性，即使不能称之为成功的社会主义，至少也能称之为“还没有失败的实验”。因为在基布兹那里，真正的社会主义社区被建立起来了，他们能够在彼此“之间”建立“联系”，并对整个社会产生组织性和结构性的影响。最后，布伯断言，基布兹模式不仅是苏联模式的一种可能性的替代模式，也是战后欧洲社会的榜样，欧洲社会可以通过走社会主义道路来重建其经济生活。

如果说布伯社区社会主义的理论承载体是其新社区理论和对话哲学，那么

---

① Shalom Lilker, “Martin Buber and the Kibbutz,” in *Kibbutz: An Alternative Lifestyle*, eds. Divid Leichman and Idit Paz (Ramat Efal: Yad Tabenkin, 1997), 77.

② Martin Buber, *Paths in Utopia*, 1958.该书最早在 1947 年以希伯来语出版(דרכימבאוטופיה, Tel Aviv: Am Oved, 1947),1950 年首次翻译成德文出版，书名为 *Pfade in Utopia*；但在 1967 年的德文第二版出版时，书名改为 *Der utopische Sozialismus*。该书的英文版由 R. F. C. Hull 翻译，并于 1958 年首次在美国出版，而法译本直到 1977 年才得以出版(Martin Buber, *Utopieet Socialism*, Paris: Aubier, 1977)。

③ Martin Buber, *Paths in Utopia*, 139.

④ 同上，149。

基布兹则是他社区社会主义的实验场所与实践基地。布伯将其社区社会主义理论运用到对基布兹实践的分析与指导时,同其他理论与实践结合时所表现出来的问题是一样的,实践的历史性、具体性与多样性使得原本理论得到修正和发展。总的来说,基布兹很大程度上符合布伯描述的纯粹社会。真实的基布兹大体上符合布伯对真正社区的描述,但是与其理想的基布兹有着一定差异;布伯理论中的"相互依赖、相互之间的责任、劳动、联盟、统一、民主、平等等要素都存在于真实基布兹中的方方面面。但是基布兹的纯粹主义本身就是一种混合,多样性同样存在于这些要素中"①。由此,我们可以说,布伯的社区社会主义与现实的基布兹有着重要的联系,但是二者之间的差异也很明显。在布伯用其理论观察、分析与支持现实中的基布兹运动时,其社区社会主义表现出了新的内容与特征,这种新内容与新特征又构成了布伯基布兹社会主义理论的主要内容。

首先,基布兹是犹太复国的一个可选的有效模式,"我们对神一无所知,但我们知道他将显现的地点,这个地点就是社区"②。虽然布伯并不认为基布兹是未来唯一的真正社区,但基布兹能够解释神的存在;并不只有律法才能解释神的存在,社区生活的方方面面都是神意的体现。"真正的宗教不是特殊的指引,而是生活的部分。"③犹太教的本质在于通过敦促犹太人承认世界神性的前提下,将其生活整体放于神旨之下。"犹太人历代遵守犹太教613条戒律,意图实现律条更高的控制最终却落空了。民族生活绝不会成为正义与公正的一部分。只有整体性地尝试去除那些限制的条件——一个具体的社会,一个友好的社会……现在,我们可以在我们自己的国家生活。我们拥有多种多样的公共定居点,定居点对人类新社区的发展具有重要意义。"④布伯从犹太传统以及对犹太教应对犹太人困境不力的分析中判定了基布兹对犹太人来说是一个崭新起航,不管是从社会层面还是从犹太传统层面来讲。犹太传统的衰落促使了基布兹自我开放,并作出了必要的改变。

其次,对话哲学视域下的集体观。布伯认为作为集体的基布兹是个体间"面对面""心连心"的交互关系。由此,基布兹内部矛盾的解决之道在于健全成员之间的"心连心"联系,理想社区应该体现在个人与个人之间以及个人与社区之间的精神默契。"人们应对另一个人真心地说出你,和其他人真心地说出我们。"⑤

① Henry Near, "I-Thou-We: Buber's Theory of Community and the Kibbutz," 269.
② Shalom Lilker, "Martin Buber and the Kibbutz," 73.
③ 同上,74。
④ 同上,75。
⑤ Martin Buber, *Between Man and Man* (London: Routledge and Kegan, 1947), 176.

相应地，社区对个人拥有完全责任。社区的责任是其成员的福利，是对个体之间的相互关怀和对所有人的关怀。从某种意义上来说，基布兹被认为是“终极福利国家”。布伯反对集体对个人自由与个性的剥夺，认为这样的集体“不是将你我连接在一起，而是捆绑在一起”[①]；在这样的集体中，“人的被孤立状态并没有得到克服，相反却被极度权力麻痹……个人归属集体也就直接放弃了个人决定与责任的权力”[②]；集体与个人的关系将不再是“我们”与“我”的关系，而变成了“我们”与“他们”的关系。从某种意义上，布伯对社区和个人关系的这种表述是他对个人与个人关系的一种理想化的延伸。总的来说，布伯社区社会主义中的“我和你”在基布兹中表现为基布兹成员之间双向的紧密联系，“人与人之间”的关系表现为成员之间的相互责任，“我和我们”之间的关系表现为一种建立在自愿基础上的联盟，而布伯的“对话”则表现为基布兹中实行的直接民主和完全平等制度；在这些核心原则之下，基布兹形成了一种以个体间紧密连接为主要特征的社会主义集体观。

再次，劳动的精神价值。在布伯看来，劳动并不仅仅为基布兹未来提供可持续性的物质条件，更重要的是它是一种共同价值的表述。“一个有共同信念的集体只能在集体劳动中才能真正存在。”[③]在基布兹成员心中，基布兹事实上是劳动的合作，是所有创造形式的结合。尽管在基布兹内部，大家对劳动的理解会有所差异，但毫无疑问的是，各样的身体劳动都是基布兹思想的核心要素。只有合作的劳动才是实现最终目标的途径，合作的劳动不仅能够为社区带来肉眼可见的物质利益、更高的生产力、更先进的文化科学水平，更重要的是，劳动是一个能够保持社会稳定的有效工具，为基布兹理念的延续提供源源不断的精神动力。布伯对劳动作为一个核心概念与价值维持基布兹成员间关系的纽带作用大加赞赏，但同时也认为不应过度地强调具体劳动而忽略了普遍劳动的意义，因为对具体劳动过度的强调会相应地带来对个体权益与自由的剥夺。

最后，基布兹内部民主的缺陷。基布兹的民主也被称为“圆桌民主”。基布兹产生的初期，社区解决所有问题与贯彻民主都通过“圆桌会议”的方式来进行。“成员间基本的忠诚和信任与形式上的不信任构成了一个系统，日常生活的审理与错误就在这种模式中得以解决……圆桌晚餐与谈论在最初的基布兹中有着无

① Martin Buber, *Between Man and Man*, 31.

② 同上，201—202。

③ Martin Buber, *Paths in Utopia*, 135.

上的权力……成员在晚饭前后交换意见与讨论成了解决问题的基本形式。”[①]后来,人们将这种民主称为“圆桌民主”,它是社区最为重要的社会价值之一。但是,这种在小范围内实行的民主天然地具有某种可操控性。在基布兹的发展历程中,我们能看到这种民主实行过程中掺杂着各种利益、冷漠、欺压、愚昧与暗箱操作等情况。布伯将这种失败归于基布兹的封闭与教条化,后来更是将基布兹民主与外界的联系视为其成功与否的标准。“这个新的集体公社从他们联盟开始,联盟本身又成了他们的内部原则。”[②]另外,布伯也意识到了基布兹未来发展的一个严重的威胁与挑战,并警告说:全球社会不仅会越来越少地受到社会主义农村公社的影响,而且会反过来对它们产生决定性的影响并试图同化它们。[③]70 多年后的今天,人们只能承认,这个警告非常具有预见性。

三、世俗基布兹还是宗教基布兹?

在布伯那里,基布兹是“真正的社区”的一个“不曾失败的实验”。换言之,基布兹是人类实现真正社区社会的一种有效手段,也是那时最接近理想社区的一种社区模式。然而,从类型学上来讲,基布兹又可以划分为世俗基布兹和宗教基布兹。那么,世俗基布兹与宗教基布兹谁更接近布伯理想的社区模式?布伯给出的答案无疑是宗教基布兹。

巴勒斯坦地区的宗教基布兹运动发端于 1929 年,第一个实体性的宗教基布兹社区建成于 1937 年。总的来说,宗教基布兹是在共有社会理念的框架下糅合犹太教信仰、犹太民族主义和社会主义思想的集体生活的社区模式。[④] 宗教基布兹与世俗基布兹最本质的差别在于社区是否坚守正统犹太教信仰,而在其他方面并没有表现出太多的差异。所以,要厘清布伯更认同宗教基布兹作为真正社区模式的原因,就需要考察宗教与犹太教在布伯社区社会主义思想中的位置。

首先可以肯定的是,布伯的社区社会主义为宗教保留了很重要的位置。布伯于 1928 年撰写了《关于宗教社会主义的三个论题》一文,从文中可以看出,宗教与社会主义的结合能走向他理想的真正社区(或社会)。可以把布伯给出的三

---

① Muki Tsur, "The Intimate Kibbutz," in *Kibbutz: An Alternative Lifestyle*, eds. Divid Leichman and Idit Paz (Ramat Efal: Yad Tabenkin, 1997), 11.

② Martin Buber, *Paths in Utopia*, 141.

③ 参见 Michael Löwy, "Martin Buber's Socialism," 104。

④ 参见 Aryei Fishman, "The Religious Kibbutz: Religion, Nationalism and Socialism in a Communal Framework," in *Studies of Israel Society*, ed. E. Krausz (New Brunswick: Transaction Books, 1983), 115-123。

个论题归纳如下：其一，宗教社会主义是宗教和社会主义在本质上相互指导，它们需要对方来实现其自身的本质①；其二，真正的宗教和真正的社会主义必然会相遇②；其三，宗教和社会主义在真理中的相遇点就是具体的个人生活③。通过布伯关于宗教社会主义的三命题可以看出，在布伯那里，真正的宗教和真正的社会主义是一致的或者说是一回事。而现在的宗教和社会主义之所以表现得相互对立，其原因在于布伯时代的宗教与社会主义都偏离了各自真正的方向。

那么，为什么以正统犹太教信仰为基础的宗教基布兹会是理想的模式？布伯认为，一个理想社区的建立必须要有建立者，而这个建立者往往不是政治领袖，而是那些“站在伟大社会的开端，站在人类转折点上强大启示的背后”④的

① 参见 Martin Buber, *Pointing the Way: Collected Essays*, ed. Maurice Friedman (New York: Harper & Brothers, 1957), 112。原文为：“论题一：宗教社会主义并不意味着宗教和社会主义二者简单的结合，即二者都能在离开对方的情况下独立地实现其目标。宗教社会主义也不是二者契约式的结合，即将它们的自主性结合在一个共同的存在体和工作之中。宗教社会主义只能意味着宗教和社会主义在本质上是相互指导的，它们中的每一个都需要对方来实现其自身的本质。宗教是人类自身与上帝的捆绑，只有在人类共同体的意愿中才能达到其充分的现实，只有上帝才能在其中着手他的王国。人类是一个整体，人与人为伴，除了与神圣中心的共同关系外，不可能有其他发展，即使这又是一个仍然无名的中心。与上帝的统一和受造物之间的共同体是一致的。没有社会主义的宗教是没有实体的精神，因此不是真正的精神；没有宗教的社会主义是抽空了精神的身体，因此也不是真正的身体。没有宗教的社会主义听不到神圣的召唤，它不以回应为目的，即使它还是会作出某些回应；同样，没有社会主义的宗教听到了召唤，但不会作出回应。”

② 参见 Martin Buber, *Pointing the Way: Collected Essays*, 113。原文为：“论题二：要判定某种‘宗教’形式、机构和社团是真实的还是虚构的，这取决于它们是作为真正的宗教的表达、形状和承载者，即人类对上帝的真正的自我约束，还是仅仅与之并存，甚至是为了掩盖其对实际宗教的追求，这包括人类在此时此地的具体回应和责任。同样，要判定某种“社会主义”倾向、方案和政党是真实的还是虚构的，这也取决于它们是不是作为人类真正成为一个团体的力量、方向和工具，还是仅仅存在于其发展的边缘，甚至掩盖了其真正的社会性，而这种社会性包括了在此时此地人与人之间的直接生活。目前，流行的宗教形式、机构和社团已经进入了虚构的领域；而当下流行的社会主义倾向、方案和政党还没有出现在虚构中。就目前来看，宗教的表象和社会主义的表象还是相对立的；但在未来的隐秘的领域内，它们的相遇是必然的。”

③ 参见 Martin Buber, *Pointing the Way: Collected Essays*, 114。原文为：“论题三：宗教和社会主义在真理中的相遇点就是具体的个人生活。正如宗教的真理不是由教条或规定的仪式组成，而是指在与上帝的奥秘的真正互惠关系的深渊中站立和承受，所以社会主义的真理不是教义和策略，而是在与人的奥秘的真正互惠关系的深渊中站立和承受。正如‘相信’某种东西而不充分地生活在自己所相信的东西中，那么这种相信就只是一种推测；同样，希望‘完成’某种东西而不充分地生活在自己想要完成的东西中也会沦为一种推测。当我们在‘这里’不致力于实现它时，那么在‘那里’它就会拒绝把自己交给我们；所以，当‘现在’不承认和实现它，‘那时’它必须拒绝我们。宗教必须知道，政治、社区与和平是让奉献神圣化或被亵渎的日常。而社会主义也必须知道，决定所达到的目的与以前所珍视的目的有多大的相似或不同，取决于追求该目的的手段与既定目标有多大的相似或不同。总而言之，宗教社会主义意味着个人在其个人生活的具体性中认真对待这种生活的基本要素；他这个人是站在上帝面前和世界中的。”

④ Dan Avnon, “The ‘Living Center’ of Martin Buber's Political Theory,” 62.

人,他们建立了人类可以充分认识自己的生活方式,例如佛陀就找到了"不分彼此地面对不分彼此的神秘"的方法,并由此推动了一场运动,将"我和你"的关系转化为一种实质性的"之间"的关系。真正的社区和真正的领袖是不可分的,社区的延续代表着"之间"关系实质性地持存下去。摩西无疑也是这样的一位领袖:摩西是一个将人、社区、社会复兴与启示结合在一起的中间纽带;摩西想要建立一个社会框架让以色列人成为圣洁的人民,成为神圣教义的承载者;摩西建立的盟约把以色列各族团结为一个民族,并将他们与上帝连接在一起,不仅仅是宗教上的连接,而且也是生活实质上的连接(守律法)。这种盟约就在人际关系上创造了"之间"的状态。盟约既是以色列人与耶和华之间的,也是以色列各支派之间的。只有他们成为耶和华之约的伙伴时,他们才是以色列人;与此同时,他们又都活在单独的关系之中。也就是说,摩西创造了社会条件使得以色列人与上帝联系起来,上帝是神圣的中心,没有摩西创造的条件,以色列人无法与上帝联系或彼此结合。摩西就成了这种社区(社会)生活方式的关节,将精神引入了日常生活的实质,由此将"我与上帝的关系"和"我与同胞的关系"从本质上关联起来。对布伯来说,上帝的国度不是"彼岸世界的安慰",也不是"天上的神圣",而是"人类的完整的共同生活",是"真正的社区",同时也是"上帝的直接主权"与在地上的王国。

综上所述,布伯在其新社区概念的基础上形成了社区社会主义理论,而当这种理论与实践中的基布兹运动相遇时便产生了共鸣;当布伯用这种理论来分析和指导现实中的基布兹建设时,实践的历史性、多样性与复杂性迫使布伯不得不不断地调试自己的理论,继而产生了其基布兹社会主义思想。毫无疑问的是,布伯的社区社会主义在面对基布兹实践时表现出了强大的理论影响力,基布兹内部思想受布伯哲学的影响也非常大。但是在这样一幅理论与实践相交织的历史画卷中,理论与实践始终没有办法统一。从某种程度来看,布伯的这场理论实验无疑是失败的。其一,从布伯理论的原点来看,他的理想社区必然无法接受不可避免的制度化进程;因为制度化将使人际关系失去个性,同时进入"我和它"的关系中,这就意味着基布兹的现实走向了他所批判的对立面了。布伯也很清楚地意识到这一点,这也是后来他对基布兹中的民主制度化表示出担忧的原因。其二,现实中的基布兹社区要想在竞争性的社会环境中生存下来,追求效率与管理制度化成为基布兹领导层不得不作出的选择。这种基布兹实践与布伯理论之间的普遍与明显的矛盾一直存在着,这也解释了为什么早期受到布伯思想影响的基布兹领导人与布伯的关系事实上并不亲密。布伯的基布兹是人类最理想的社区,但并不是基布兹人想要的社区。除非这种理想社区能被证明可以在基布兹存在,否则这个设想只是一个智力创造品,而不能被称为基布兹。其三,从基布

兹历史发展的角度来看，在过去100多年的时间里，基布兹经历了创建、建设、繁荣、危机与改革的过程，基布兹内部的思想、价值体系等方面都发生了多次演变。然而，并没有一个现实中的基布兹与布伯所描述的理想社区是一样的。尤其是布伯身后的基布兹改革与重建过程中，大部分基布兹都选择了一条与布伯所设计的基布兹图景相左的路线。

On Martin Buber's Community Socialism and the Kibbutz

LI Yong

Abstract: On the premise of a critique of the dualistic philosophy of subject-object dichotomy as well as the instrumental community of capitalism, Martin Buber put forward a concept of new community based on the relationship between "I-you" and developed a theory of community socialism. When this theory met with kibbutz practice, the general contradiction between theory and practice was exposed, and the historical, specific and diverse nature of practice led to the revision and development of the original theory, which led to the formation of kibbutz socialist thought. Buber also became the philosopher who provided the strongest theoretical support for kibbutz community. Although the developed community socialist theory was adapted to a certain extent to kibbutz community, theory and practice were never unified, and Buber's ideal community and the reality of the kibbutz were never the same thing. Judging from the trajectory of kibbutz development in present-day Israel, the experiment of Buber's community socialist theory was actually a failure.

Key Words: Community Socialism, Judaism, Kibbutz

基督教《圣经》的博爱信仰与美国民众的慈善意识

骆　城*

【摘要】美国成熟、发达的慈善事业与其民众较高的慈善意识水平密不可分。其中，基督教文化对美国民众慈善意识的形成具有重要影响。基督教的博爱信仰培养了美国民众的爱心与同情心，塑造了民众尊重、宽恕与平等的慈善意识。在现代价值观的引导下，美国民众继承并发扬了罪富观念，形成了具有基督教特色的慈善观和财富观，并在这些观念的引导下创办慈善组织机构，投入消除贫困的慈善事业与活动。

【关键词】慈善意识；民众；博爱；罪富

美国宗教史学家安德鲁斯(Charles McLean Andrews)曾经说过："宗教是慈善之母。"①世界上大多数宗教教义中都有乐善好施的传统，其中一些宗教思想成为现代慈善意识的本源。从第一批移民踏上北美大陆，基督教文明便随之在这片新大陆上生根发芽。现如今，基督教文化深入美国社会的方方面面，绝大多数美国民众信仰上帝，基督教信仰不仅成为他们精神上的依托，也成为他们生活中不可或缺的一部分，美国文化可以说是一种基督教文化。而开始于殖民地时期的美国慈善事业，更是深受基督教文化的影响。也正是这种宗教文化孕育了美国民众的慈善意识理念。

一、博爱信念

博爱是基督教学说的灵魂，可以说基督教是一种爱的宗教，其文化是一种爱

* 骆城，中国人民大学历史学院2016级博士研究生。

① 刘澎 Liu Peng，《当代美国宗教》[Contemporary American Religion](北京[Beijing]：社会科学文献出版社[Social Sciences Academic Press]，2001)，320。

的文化。基督教神学与哲学也是围绕爱的观念建立起来的,爱是基督徒行为合理性的重要根据。在爱的思想方面,基督教使其他宗教望尘莫及。正如约翰·麦奎利(John Macquarrie)指出:"基督教学者对于爱的探索与解释所达到的深度远远超过了任何其他宗教或世俗哲学。"[①]由此可见爱在基督教信仰中的重要性。

(一)基督教教义中"爱"的含义

基督教的爱是一种建立在宗教信仰上的爱,它是连接人与上帝的桥梁,也是人与人之间爱的媒介。基督教学说中的爱的关系具体概括为:神爱(Agape)。神爱是一种自我主动给予的爱,既可以是上帝对人之爱或人对上帝之爱,也可以是人对自己同胞之爱。无论这种爱的表现形式如何,它都必须是一种发自内心、出自灵魂的、具有主动给予且不需要任何东西作为条件的爱。[②] 神爱作为基督教学说的原则,与人们一般意义上的个人私生活的爱,抑或是某种特殊的社会关系等普通形式的爱是有区别的。其首要意义来源于人与上帝的关系,人与人的关系是以前者为基础的,并由此获得神爱的属性。

在早期的原始教义中,基督教之爱可分为三个方面来理解:第一,是上帝对人的超越性怜悯;第二,是人对于上帝的宗教虔诚;第三,是人对于自己同类的伦理关怀。[③] 这三个方面是紧密联系、不可分割。这一观点奠定了基督教博爱思想的主要内容。

(二)博爱信念的主要内容

1.上帝之爱

上帝对人的爱是基督教博爱精神的首要原则。基督教认为,假如没有上帝至高无上的恩赐,就没有人与人之间的爱。上帝之爱是爱的本质和根源。上帝对人的爱具体表现在三种形式上:首先是创世之爱。《圣经》开篇便对上帝的创世过程进行了描述。凭着自己无限的能力和善的意志,上帝在七天之内创造了世界,赋予其秩序和规律,并按照自己的形象创造了人。这样,人类在被创造伊始就被上帝恩赐以善和爱。上帝的这些行动表明,上帝创造的行为本身,就是神爱的表达与实现。第二是盟约之爱。通过与选民们立下盟约,上帝充分展现了自己的爱和仁慈。例如,虽然以色列人屡次背离上帝的旨意,但上帝仍没有撕毁

---

① 刘澎,《当代美国宗教》,101。

② 参见姚新中 Yao Xinzhong,《儒教与基督教——仁与爱的比较研究》[Confucianism and Christianity — A Comparative Study of Benevolence and Love](北京[Beijing]:中国社会科学出版社[China Social Sciences Press],2002),102。

③ 同上,103。

盟约,而是屡次指引他们走出困境,这种诚信成为盟约之爱的基础。第三是拯救之爱。在《新约》中,上帝通过自己的儿子耶稣与人立下新的誓约,用耶稣之爱消除世人的罪,这样人类将能够重新返回到上帝身边。上帝通过自己的独子——耶稣之死将人世间的罪恶与不义完全暴露于众,又以圣子自感受难之态促使人们惊醒、悔悟,帮助人们达到灵性上的超越与升华。而耶稣的这种拯救也处处表现出谦卑、顺从、忍让和自我奉献,这种替世人在危难之际主动承担背负十字架的苦行,和在十字架上受难的拯救精神,给世人带来了强大的震撼和精神感染。所以说上帝的爱最富有说服力地体现在他的独生子耶稣造成肉身这一事件之中。这也是基督教信仰经久不衰重要原因之一。

2.爱上帝

在基督教中,爱被看成是人类获得拯救的唯一希望。基督教的爱在本质上是属于神的,爱不可能仅凭人的力量产生。爱必须由神性灌注到人心,人再回应这种灌注,通过这种回应,爱才能在人那里获得自己的表现形式。人之爱的具体表现形式有两种:一是爱上帝,一是爱他人。这两种形式既相互区别,又不能相互割裂。因为两者都是人之爱的内容,其实质都是对上帝命令的回应。[①]

耶稣对他的门徒说:"你要尽心尽性尽意爱主你的神,这是诫命中的第一,且是最大的,其次也相仿,就是要爱人如己。这两条诫命,是律法和先知一切道理的总纲。"(《马太福音》22:37—40)"人对上帝的爱不仅仅是表现在遵守一项法律义务,也不是单纯的存在于宗教仪式之中,这种爱占据了一个人的全部,它必须来自'人的整个心灵',并且必须导向对天主的'依靠',这种依靠关系是活生生的、富有动力的。"[②]真诚的爱首先要发自内在的精神,表达以情感和言语,更要有爱的行动。

3.爱邻人

爱邻人是基督教传统的两大诫命之一,也是基督徒表现对上帝的爱的一种形式。那么首先,我们要了解何谓"邻人"。按伦理学上的通常说法,"邻人"指的是个体之间以及群体之间的一种开放式关系。但是在基督教信仰中,"邻人"的范围与我们通常用法有很大差异。不仅如此,即使在基督教的原典《圣经》中,"旧约"与"新约"中对"邻人"的规定也不完全相同。在《旧约》中,只有盟约的成员们才能相互成为伙伴关系,否则就是外人和陌生人,这是"邻人"原始的特定意义。这样爱邻人就有了一定的对象限制。

---

① 参见姚新中,《儒教与基督教——仁与爱的比较研究》,197。

② Karl H. Peschke 卡尔·白舍客,《基督宗教伦理学》(下)[Christliche Ethik],静也 Jing Ye 译(上海[Shanghai]:上海三联书店[Shanghai SDX Joint Publishing Company],2002),107。

而《新约》中“邻人”的范围就更加广泛、复杂。其一，遵照《旧约》的传统，邻人首先包括同有基督教信仰的兄弟姐妹。其二，《新约》要求将兄弟之爱和邻人之爱同等看待，即爱兄弟和爱邻人是等同的，任何追随基督的人都是兄弟姐妹。其三，从更宽泛的意义上讲，所有与我们相遇的人都是我们的邻人。经过扩展邻人这个词，基督教为人类确立了一种包括所有人的人类共同体的普遍性的爱。

那么爱邻人又有何定义呢？基督教理论家根据《圣经》总结得出：爱邻人，即对他人的物质和精神财富的真诚尊重以及按照上帝的召唤而保护和促进这些财富。根据这个定义，爱邻人的目标有两点：第一，是对他人（或对一个群体）已经获得和实现的全部利益的真诚尊重。第二，是按照上帝的召唤和旨意，对他人的物质和精神利益的积极的保护、恢复和促进。依照这些目标，我们可以看出：首先，对他人的爱应当是发自内心并积极付诸行动的。因为只有爱是发自内心的真诚且纯正，人才会毫无嫉妒、毫无贬损地肯定和接受他人的价值及能力，也只有这样才能，在日常生活中保持对他人的爱。其次，对他人的爱还需要有谦虚的态度。在基督教信仰中，每一个人，无论身份高低、贵贱都是神创造的，都有其独一无二的价值，所以每个爱者对他人的人格都要怀有尊重之心，这才是形成和维持真正的爱与关怀的先决条件。最重要的是这种谦逊源自上帝对人的宽容和无私，所以人更应该以这种态度去爱人。

（三）博爱信念对美国民众慈善意识形成的影响

基督教作为一种宗教信仰之所以能够久盛不衰，原因之一是其教义始终体现了社会所需要的共同价值观，博爱思想便是其中重要的价值观。它体现了人与上帝以及人与人之间的关系，通过上帝的至高权威性决定了人与人之间道德规范的绝对性。当今美国社会结构异常庞大、复杂，这就需要更普遍的价值规范，基督教博爱思想在如何理顺人际关系、树立道德规范方面能够引起人们的共鸣，因而对美国民众的慈善意识产生深刻影响。

1.培养人的爱心和同情心，提升民众慈善意识水平

首先，基督教博爱思想中“爱上帝”“爱人如己”的道德律以及牺牲精神，有利于培养人们的爱心和同情心。在如今的美国，基督教不再只是原来意义上的宗教，它强调的是个人的自我体验，人们不再局限于布道和烦琐的宗教仪式，而是从其教义中汲取精神养料来丰富自己的价值理念。博爱思想使民众充分地领会到爱心和同情心的重要性，这也成为民众慈善意识存在的基础。

其次，基督教博爱思想促使人们以高尚的道德准则约束自己的行为。博爱是一种信仰、一种无私的爱，它所倡导的勤勉守信、严于律己、宽以待人等精神，潜移默化地影响着民众的慈善意识，成为提升民众慈善意识水平的强大持久的内在推动力和精神源泉，进而指导和约束着人们外在的行为。这种发乎于内心

的约束力，比法律、权力等外在力量更深刻、持久，使得人们在日常生活中时刻怀有一颗爱心，在遇到需要帮助的人时，无私地伸出自己的援手，奉献自己的一分力量。另一方面，人们通过爱心的释放，也丰富了自己的人生价值，满足了高度的情感需要。

2.树立民众尊重、宽恕与平等的慈善意识

第一，尊重每一个被帮助的人。尊重是构成爱的基本要素，如果没有尊重，爱将会变成简单的施舍或居高临下的怜悯。尊重不是害怕和畏惧，它是通过一个人的本来面目，认识其独特性，理解这个人顺应自身规律成长和发展的意愿。基督教博爱使得民众在慈善行为中表现的不只是情绪化的爱，而是尊重被帮助者人格价值的具有真正力量的爱。这样才能唤醒被帮助者重新去重视自己个性人格发展的可能，给予他们精神的鼓舞，使他们凭借自己的力量真正地走出困境。同时，也在他们心中种下了爱心和尊重的种子，令他们将来也能为他人、为社会贡献自己的一分力量。

第二，以宽恕精神对待他人。宽恕不仅仅是要求我们去原谅他人的过错，它宣扬的更是一种积极为善的精神。它告诉我们在与他人相处的过程中要保持积极友善的态度，努力营造和谐的人际关系。这一精神教育民众在慈善行为中，不要计较被帮助者是因何陷入困境的，而是要帮助他们解决目前面临的问题，考虑怎样改变他们的心灵，使之更加美善，并恢复他们对生活的信心以及同他人的友爱。这才是宽恕的真正含义。基督教的博爱思想给美国社会输送以美善的精神血液，对其民众所探寻的价值理想和精神归宿具有不可忽视的意义。

第三，平等对待每一个人。在当今美国社会，种族歧视政策虽然早已消失，但带有种族歧视色彩的行为还是时有发生。基督教博爱思想要求民众的爱超越民族、种族、性别、阶级、地域、国家，积极塑造人们的平等意识。另一方面，在美国社会中，贫富差距问题也不容忽视，博爱思想也影响着富人和中产阶级的财富观，使他们积极地进行慈善捐助，进而促进社会公平。

据调查，美国的志愿者中有 85%是教会的会众，由于深受博爱精神的影响，他们积极为美国的慈善事业贡献力量，创造不可估量的价值。更有统计表明，教徒比非教徒更热忱于慈善事业，教徒中有 80%积极向慈善事业捐赠，而非教徒中仅有 50%。[①] 其中原因，不言而喻。总而言之，基督教文化传统主导着美国社会的价值观和道德标准，其博爱思想更是美国民众慈善意识形成的源头之一。它以一种普世之爱的精神塑造了人们的爱心，给弱者以抚慰和鼓励，为美国社会

① 参见陆镜生 Lu Jingsheng,《慈善面面观》[Aspects of Charity](北京[Beijing]:中国社会出版社[China Social Sciences Press],2007),178。

创造了大众积极参与慈善的良好氛围。

二、罪富观念

罪富思想是基督教慈善思想的重要组成部分,它所阐述的是财富观的问题,这是慈善事业在发展过程中所不能须臾离之的实际问题。因此,它是直接影响着美国民众对于慈善捐助的态度的重要思想。

(一)罪富观念的来源

要了解罪富思想,必须先要讨论财富问题。《旧约》中记载,世间的财富都是上帝给予的。“各种美善的恩赐,和各样全备的赏赐,都是从上头来的。从众光之父那里降下来的。”(《雅各书》1:17)《旧约》肯定财富,认为财富是上帝对选民的恩赐,例如以色列人祖先亚伯拉罕、亚伦和所罗门都是家财万贯的大富翁。

而《新约》中关于财富看法发生了变化。一方面,它认可上帝给予世间财富的观点。耶稣告诫信徒们说:“你们需用的这一切东西,你们的天父是知道的。你们要先求他的国和他的义。这些东西都要加给你们了。”(《马太福音》6:32—33)另一方面,它开始向信徒强调信仰与财富的对立:“你们不能又侍奉神,又侍奉玛门(玛门是财利的意思)。”(《马太福音》6:24)。《新约》中提到了世福与永福的概念,并认为两者是对立的。它大力提倡安贫乐道,认为这是获得永福的重要途径,相反地,作为世福重要形式的世间财富被鄙视。《路加福音》中讲述了天天奢华享乐的财主死后在阴间受苦,而在他门口讨饭的拉撒路死后被天使带去放在亚伯拉罕的怀里的事,以此反映逐财者得不到永生,而信耶稣的穷人进天堂的观念。在《雅各书》中,耶稣的使徒雅各也反问信徒们:“神岂不是拣选了世上的贫穷人,叫他们在信上富足,并承受他所应许给那些爱他之人的国吗?……那富足人岂不是欺压你们,拉你们到公堂去吗?他们不是亵渎你们所敬奉的尊名吗?”(《雅各书》2:5—7)可见在雅各眼中,穷人是被神拣选的,将来进天国的人,而富人则是亵渎神明的人。

由以上观点,我们可以看出,罪富观念来源于《新约》中对世间财富及富人的批判,它认为世俗人们贪财、拜物是一种罪。但是拥有财富真的是一种罪吗?历史告诉我们,罪富观念不可能仅停留于此等的内容,它肯定具有深刻的含义。

(二)罪富观念的含义

《马可福音》记载了这样一则故事。耶稣出来行路的时候,有一个人跑来,跪在他面前,问他说:“良善的夫子,我应当做什么事,才能承受永生?”耶稣对他说:“诫命你是晓得的:不可杀人,不可奸淫,不可偷盗,不可做假见证,不可亏负人,当孝敬父母。”他对耶稣说:“夫子,这一切我从小都遵守了。”耶稣看着他说:“你

还缺少一件,去变卖你所有的分给穷人,就必有财宝在天上,你还要来跟从我。"他听见这话,脸上就变了色,忧忧愁愁地走了,因为他的产业很多。于是,耶稣环顾四周,对门徒说:"有钱财的人进神的国是何等地难哪!"门徒不明白他的话。耶稣又对他们说:"小子,倚靠钱财的人进神的国是何等地难哪!骆驼穿过针眼,比财主进神国还容易呢。"从这则故事中,我们可以得出那句熟悉的话:富人要进天堂比骆驼穿针眼还难。但是如果我们从这则故事中仅仅得出这句话,那么我们就没有理解耶稣基督的意图。首先,这位富人拥有很多产业,而且他也严格地遵守诫命,算是一个忠诚的信徒。这显然不能成为他不得进天堂的原因。然后,他向耶稣请教如何能得永生,回答是他需要分财产给穷人,还要随着耶稣潜心修行。但他没有按耶稣指点的去做。这说明了他贪恋世间的财富,不愿与他人分享,这才是他不能进天堂以得永生的原因。从以上我们可以看出,罪富思想深刻反映了基督教的财富观。因此它应当有以下两种含义。

其一,世间的财富来源于上帝的恩赐,依靠劳动才能获得,有产者只是上帝财富的保管者。虽然《圣经》指出上帝赐予世间财富,但其同样也强调应依靠劳动来获得所需,劳动是上帝赋予人类的使命。例如,上帝将亚当安置在伊甸园,使他修理看守,又吩咐他说,园中各样树上的果子,你可以随意吃。这说明神圣的上帝是在亚当工作之后,才赐予其食物。[①] 这是因为工作是上帝为人类所定下的人生中非常重要的组成部分。耶稣的使徒保罗、希拉和提摩太等人也号召信徒们积极劳动,靠自己的双手养活自己。《圣经》中多处都强调辛勤劳动的好处,以劝诫世人不要懒惰。它认为勤劳者是上帝耶和华眼中的义人,而"耶和华不使义人受饥饿。……手懒的要受贫穷,手勤的却要富足。夏天聚敛的,是智慧之子,收割时沉睡的,是殆羞之子"(《箴言》10:3—5)。这说明勤劳是可以致富的。

而对于已经致富的人,基督教主张富人的万贯家财都是上帝的财产,有产的人们只是上帝财富的保管者。这告诫富人不可任意挥霍钱财。这一观点是区别人拥有财富是否是罪过的前提。例如一个人信奉上帝、遵守诫命并通过勤劳致富,如果他在拥有财富后,沾沾自喜、肆意享乐,那么他就是有罪的。反之,如果他潜心修行、节制欲望,将财富与众人分享,那他就无罪。

其二,济贫济世是富人的义务。《旧约》中有上帝要求民众承担济贫义务的记载。而《新约》中更是直接指出,济贫是信徒,尤其是富人应尽的义务。耶稣劝诫世人道,要积累财富在天上,不要积累财宝在人间。因为积累在天上的财宝已

① Abraham Cohen 亚伯拉罕·柯恩,《大众塔木德》[Everyman's Talmud],盖逊 Gai Xun 译(济南[Jinan]:山东大学出版社[Shandong University Press],2004),218。

不是物质的财宝，而是精神的财宝，是信仰的功德。富人想进天堂的唯一办法就是将财富施舍给穷人，并潜心追随上帝。另外，《新约》中也提到了上帝将会对捐赠的人施以恩惠，"因为捐得乐意的人，是神所喜爱的。神能将各样的恩惠，多多地加给你们，使你们凡事常常充足，能多行各样善事"（《哥林多后书》9:7—8）。当然，《圣经》也考虑到，要求每个基督徒都把自己多余的财产赠予他人是过于苛刻的，也是不可能实现的。因此它指出，在他人陷入生活困境时，信徒们应把钱粮无息地借给他们。在这种情况下，放贷者几乎不会获得任何经济利益，有时可能连本钱都失去，但是他们这种善行会受到上帝的喜爱和恩赐，这就是基督教提倡的"以义为利"的精神。相应的，对与借贷方，《圣经》中也指出他们应在恢复一定经济能力时，将所借的钱粮还清，否则上帝不会喜爱。

（三）罪富观念对美国民众慈善意识形成的影响

随着时代的发展，基督教罪富观念中的一些强制性或比较苛刻的观点已经不符合现代社会的价值观，其过度追求平均的理念也不利于时代的发展，为当今人们所抛弃。但是其基本的济贫济世的思想还是始终影响着它的信徒们，如在美国民众慈善意识中就可以找到其思想的影子。

1.深刻影响着美国民众的慈善观和财富观

首先，基督教罪富观念深刻影响着美国富豪的财富观。如首批将慈善当作一种事业的美国大资本家安德鲁·卡内基（Andrew Carnegie），他于 1889 年 6 月在著名杂志《北美评论》（*The North American Review*）上发表了《论财富》（"Wealth"）一文。从文章中就可窥见卡内基在一定程度上接受了基督教的财富观。他写道："富人的责任可归结如下：第一，他应成为生活简朴无华的典范，杜绝招摇与奢侈。他只对亲属提供保证其合理需求的适当费用，并将此外的多余收入视为由他管理的信托基金。他应当精心筹谋，是这些钱对社会产生最佳效果——这样，富人就只是他的穷兄弟的代理者和信托人，用他管理上的超人智慧、经验和能力来为他们服务。"①后来，卡内基更是全力向社会推行他的财富思想，并开创了美国现代慈善基金会的模式。在他的财富理念及慈善行为的带领下，其同时代的约翰·洛克菲勒（John Davison Rockefeller）、20 世纪中期的福特（Henry Ford）甚至当今的比尔·盖茨（Bill Gates）等富豪们都积极参与慈善事业，美国的富豪慈善享誉全球。

其次，基督教罪富观念对美国普通民众财富观的影响也很深远。人们在丰富自己物质生活的同时，也积极进行慈善捐助。基督教徒中更是有 80%积极向慈善事业捐赠，其平均捐款额度也相对非教徒高出许多，有统计显示，平均收入

① Andrew Carnegie, "Wealth," *The North American Review* 148 (June 1889): 661.

较低的教徒家庭较同等收入的非教徒家庭在捐赠的百分比上要高一倍甚至两倍。普通民众的慈善捐赠奠定了美国慈善事业的经济基础。

2.使美国民众更加关注贫困问题,并为消除贫困贡献自己的力量

美国自20世纪80年代以来,社会经济结构发生变化,贫富差距愈加悬殊。尤其是在经历次贷危机之后,美国社会的穷人和无家可归者人数增多,贫困率居高不下。美国的贫困线标准是四口之家年收入在23500美元以下即为贫困,据美国人口普查局统计,2012年美国有15%的人口生活在贫困线以下。在这种情况下,深受基督教文化影响的美国民众更加关注本国的贫困问题。他们通过各种途径帮助穷人摆脱贫困,如通过向慈善机构捐赠,参与志愿服务予以直接帮助以及推动社会保障体制改革等。相对于基督教传统中直接救济贫困者的传统,当代美国民众更重视从根本上消除贫困,他们更加致力于帮助贫困者争取工作机会,为贫困者子女提供教育,从而是贫困者最终能够凭借自己的力量走出贫困。此外,在民众意识的推动下,美国政府及慈善基金会也致力于帮助世界其他国家和地区的人们摆脱贫困,进而推动世界范围的消除贫困的浪潮。

3.促进了美国公益基金会及慈善减免税政策的兴起和发展

美国南北战争之后的几十年,随着工业革命浪潮的推动,加之大量的自由劳动力被解放出来,工业化和技术突飞猛进,社会财富空前增长,亿万富豪开始出现,他们是公益基金会最初的赞助人。例如约翰·洛克菲勒,他是20世纪前10年的首富,1900年的资产为2亿美元,到1913年已达9亿美元,而且还在滚雪球般增长。他的好友兼顾问费雷德里克·盖茨(Frederick Taylor Gates)告诉他,如不在生前以高于聚财的速度散财,他的财产将发生雪崩,祸及子孙,殃及社会。[①] 正是这样的罪富观念促进了基金会这种新型慈善组织形式的出现,它能够科学、高效地运用这些巨额的财富,极大地降低了这些富豪捐赠人的负担,使其更乐于同全社会分享财富。对于普通民众来说,基金会的出现也为其提高了一种方便有效的捐赠途径,不仅提高了民众的捐赠热情和积极性,也为他们慈善意识的形成和培养提供了一个优秀的场所。随着基金会组织体系的发展和完善,越来越多的人能够亲身投入到慈善活动中,在这种深入心灵的经历的影响下,民众慈善意识的水平得以提高和升华,基督教的慈善理念也得以传承和发扬。

另外,由于公益基金会在发展文化教育、医疗卫生等社会福利领域产生了巨

① Zi Zhongyun 资中筠,《财富的归宿:美国现代公益基金会述评》[The Destination of Wealth: Review of American Modern Philanthropy Foundation](上海[Shanghai]:上海人民出版社[Shanghai Renmin Chubanshe],2006),22—23。

大的作用，在相当程度上缓解了社会矛盾。因此得到美国各级政府的大力支持，它们大都制定了相应的慈善捐赠减免税政策。美国政府从 1913 年开始征收个人所得税，仅仅 4 年后，美国国会就通过法案，规定捐款或实物捐赠可用来抵税，所得税可抵税部分最高达 15%，借此来鼓励民众捐赠行善。1935 年，美国政府允许公司可用捐款抵税。美国公益性捐赠税收优惠程度主要取决于捐赠对象的社会组织性质。[①] 时至今日，美国关于慈善捐赠的减免税政策已经较为成熟，这些政策一方面对基金会等慈善机构进行减免税，促进了整个公益行业的发展，使其能将充分的资金充分地运用于慈善活动中；另一方面是对基金会进行捐赠的个人实行抵税，使捐赠者本身也受益，不仅能够提高其捐赠积极性，更是使其慈善意识得到了正向的反馈，进而强化了民众对基督教博爱信仰和罪富观念的理解和印象。

综上所述，在时代及社会的变迁下，基督教罪富观念仍然发挥着其影响作用，美国民众更是在现代价值观的引导下，对其进行扬弃，充分吸收了其有意义的部分，并结合本国国情，形成具有特色的慈善意识。

慈善意识是推动慈善事业发展的重要动力，培养民众健康良好的慈善意识至关重要。美国慈善事业能发展至如此庞大的规模，其民众良好的慈善意识发挥着极大的推动作用。这充分证明了慈善意识在慈善事业发展中的作用。而民众慈善意识的养成并非一朝一夕即可完成，它需要慈善文化的滋养，需要完善教育体系的支持，需要社会各界的共同努力。其中宗教文化因素始终贯穿美国慈善事业发展的过程，是美国民众慈善意识的主要来源，影响着一代又一代美国民众，不仅推动了美国慈善事业的进步，也极大地丰富了民众的精神世界。因此我们应当从中吸取些经验和教训，以有助于我国民众慈善意识的培养和慈善事业的发展。

① 参见张文春 Zhang Wenchun，〈国外公益捐赠的税收政策：效应及启示〉[Tax Policies for Foreign Public Charitable Donations: Effects and Implications]，《中国税务》[China Taxation]，2011 年第 6 期 [2011, Issue 6]，18。

The Fraternity Beliefs of the Christian *Bible* and the Charity Consciousness of the American People

LUO Cheng

Abstract: The mature and developed philanthropy in the United States is inseparable from the high level of philanthropic awareness among its people. Among them, Christian culture has an important influence on the formation of American people's charity consciousness. The Christian fraternity beliefs have cultivated the love and compassion of the American people, and shaped their charitable consciousness of respect, forgiveness and equality. Under the guidance of modern values, the American people inherited and carried forward the concept of sinful wealth and formed a Christian concept of charity and wealth. Under the guidance of these concepts, they established charitable organizations and invested in charity and activities to eliminate poverty.

Key Words: Philanthropic Awareness, People, Fraternity, Sinful Wealth

B

思想与人物

Thought and People

论苏赫拉瓦尔迪的照明主义计划与照明哲学的本质

张天一[*]

【摘要】国际学界关于如何解读苏赫拉瓦尔迪的照明哲学一直存在争议:一派视其为神秘主义“东方神智学”;一派视其为“照明伊本·西那主义”;还有一派视其为一种原创的哲学建构,既非神秘主义亦非伊本·西那主义。本文旨在通过解析和重构苏赫拉瓦尔迪的照明主义计划,论证第三种立场。通过系统考察苏赫拉瓦尔迪的四本逍遥学派风格著作和《照明哲学》的阿拉伯语原本,本文论证这些著作共同构成一个完整的照明主义计划。其中,四本逍遥学派风格著作仅采用纯理性的“研究”路径,批判、修正和重构伊本·西那主义,其成果可看作一种初级照明哲学,与伊本·西那主义在诸多关键哲学问题上存在根本分歧。《照明哲学》则基于超理性的“神化”路径,即“在场认知”,并结合理性的“研究”路径来构建完全意义上的照明哲学,而完全的照明哲学是神化与研究两条路径的完美融合(而非神秘主义或伊本·西那主义)。因此,照明主义计划本身即可确证照明哲学的哲学性和原创性。苏赫拉瓦尔迪的照明哲学对阿拉伯哲学史影响深远。

【关键词】苏赫拉瓦尔迪;照明主义;《照明哲学》;伊本·西那

照明学派创始人“照明长老”(Shaykh al-Ishrāq)希哈卜·丁·苏赫拉瓦尔迪(Shihāb al-Dīn al-Suhrawardī)是继伊本·西那(Ibn Sīnā,拉丁名“阿维森纳”Avicenna,中世纪阿拉伯逍遥学派/亚里士多德学派集大成者)之后中世纪阿拉伯哲学传统中最重要的哲学家之一。苏赫拉瓦尔迪并不为中世纪拉丁传统所知;直至法国哲学家亨利·科尔宾(Henry Corbin)编校出版了苏赫拉瓦尔迪的哲学全集,西方学界才正式开始研究苏赫拉瓦尔迪及其照明哲学。但国际学界

* 张天一,中国社会科学院哲学研究所助理研究员。

关于如何解读苏赫拉瓦尔迪的照明哲学一直存在诸多争议。

科尔宾将照明哲学重构为"东方神智学"(oriental theosophy),一种基于"内在揭示(*kashf*)和神秘直观(*mushāhada*)"[①]的智慧,其源头是古波斯圣贤,尤其是琐罗亚斯德/查拉图斯特拉(Zoroaster/Zarathustra)。这条"东方神智学路径"(Oriental Theosophy Approach),被赛义德·侯赛因·纳斯尔(Seyyed Hossein Nasr)和迈赫迪·艾敏拉扎维(Mehdi Aminrazavi)等学者采纳。[②] 科尔宾后来据此发展出一条重构整个阿拉伯哲学史的"照明主义路径"(Illuminationist Approach)。科尔宾的照明主义路径后来受到迪米特里·古塔斯(Dimitri Gutas)的猛烈抨击。[③] 古塔斯评论道:科尔宾使得"阿拉伯哲学等同于伊斯兰神秘主义和神学"[④]。然而,古塔斯在批判科尔宾的同时,却走向了另一个极端立场:鉴于伊本·西那在阿拉伯哲学史上的中心地位[⑤],他认为照明哲学是一种"柏拉图主义版本的阿维森纳主义"[⑥],"考虑到无可争议且广受认可的苏赫拉瓦尔迪哲学全面欠给阿维森纳的债务"[⑦]。尽管古塔斯本人并未系统研究过苏赫拉瓦尔迪,但他的上述立场却非常吸引学者。很多国际学者,都在不同程度上采纳这样一条"照明伊本·西那主义路径"(Illuminationist Avicennism Approach)来解读照明哲学,将其视为伊本·西那主义的发展和完善,并将苏赫拉瓦尔迪视作伊本·西那的追随者。

以约翰·沃布里奇(John Walbridge)和侯赛因·齐亚伊(Hossein Ziai)为代表的第三派学者,则尝试将照明哲学重构为一种原创的哲学建构,它既非神秘主义的东方神智学,亦非伊本·西那主义的发展和完善;而苏赫拉瓦尔迪是一位严肃的、原创性的哲学家,他既非一位苏非神秘主义者,亦非伊本·西那的追随者。比如,沃布里奇写道:"尽管苏赫拉瓦尔迪本人尝试神秘化他的计划,但他却是一

① Henry Corbin, *History of Islamic Philosophy*, trans. Liadain Sherrard and Philip Sherrard (London and New York: Kegan Paul International, 1993), 206, 209.

② 参见 Seyyed H. Nasr, *Three Muslim Sages: Avicenna-Suhrawardī-Ibn 'Arabī* (Delmar, New York: Caravan Books, 1997), 52-82; Mehdi Aminrazavi, *Suhrawardi and the School of Illumination* (London: Curzon Press, 1997)。

③ 参见 Dimitri Gutas, "The Study of Arabic Philosophy in the Twentieth Century: An Essay on the Historiography of Arabic Philosophy," *British Journal of Middle Eastern Studies* 29 (2002): 16-19。

④ 同上,18。

⑤ 古塔斯将 9—18 世纪的阿拉伯哲学史总结为一张图表,以伊本·西那为中心划分,前后各包括约三个分支。同上,7。

⑥ 同上,17。

⑦ Dimitri Gutas, "Essay-Review: Suhrawardī and Greek Philosophy," *Arabic Sciences and Philosophy* 13 (2003): 309.

位头脑冷静的哲学批判者和创造性的思想家，他为后来的伊斯兰哲学设下了议程……苏赫拉瓦尔迪对阿维森纳存在论和亚里士多德主义认识论的批判，以及他对这些难题的解答，是后人的起点。现代将他的哲学描述为'神智学'(theosophy)对于其思想的严谨性和哲学影响是不公平的。"[1]沃布里奇还指出："我的个人观点是，苏赫拉瓦尔迪主要是一位哲学家，尽管他对于如何把神秘主义用作哲学探究的工具有着浓厚的兴趣。"[2]然而，确证第三种立场绝非易事，因为这要求系统重构照明哲学以揭示其深厚博大的哲学本质，并在各个领域逐一考察苏赫拉瓦尔迪的哲学创见、贡献和影响，唯有如此才能全面展现照明哲学的哲学性及原创性。

本文旨在通过解析和重构苏赫拉瓦尔迪的照明主义计划，论证上述第三种立场。通过系统考察苏赫拉瓦尔迪的四本逍遥学派风格著作和《照明哲学》的阿拉伯语原本，分析这些著作的内容和彼此关系，本文将论证这些著作共同构成一个完整的照明主义计划，进而确证照明哲学的哲学性和原创性，并提供一种对于照明哲学的全景解读。最终，本文希望能够为今后对于照明哲学的更全面研究提供一个基础和大致方向。

一、四本逍遥学派风格著作的内容

国际学界一致认为，苏赫拉瓦尔迪的成熟哲学著作包括唯一一本照明主义集大成著作《照明哲学》(*Ḥikmat al-Ishrāq*)，以及至少三本逍遥学派风格著作《天牌与王座之指示》(*Al-Talwīḥāt al-Lawḥiyya wa-l-ʻArshiyya*)、《源头与论

[1] John Walbridge, "Suhrawardī and Illuminationism," in *The Cambridge Companion to Arabic Philosophy*, eds. Peter Adamson and Richard C. Taylor (Cambridge: Cambridge University Press, 2005), 201; cf. Hossein Ziai, "Shihāb al-Dīn Suhrawardī: Founder of the Illuminationist School," in *History of Islamic Philosophy*, eds. Seyyed Hossein Nasr and Oliver Leaman (London and New York: Routledge, 1996), 438.

[2] John Walbridge, "Suhrawardī's (d. 1191) *Intimations of the Tablet and the Throne*: The Relationship of Illuminationism and the Peripatetic Philosophy," in *The Oxford Handbook of Islamic Philosophy*, eds. Khaled El-Rouayheb and Sabine Schmidtke (Oxford: Oxford University Press, 2017), 258.

辩》(*Al-Mashāri' wa-l-Muṭāraḥāt*)和《反对》(*Al-Muqāwamāt*)。[①] 至于另外一本逍遥学派风格著作《简视》(*Al-Lamaḥāt*)[②]是否也属于成熟著作,学者持有不同观点;但本文稍后会论证《简视》也属于成熟著作。然而,如何解读这些逍遥学派风格著作,国际学界一直存在分歧。

尽管科尔宾最先编校出版了除《简视》之外的其他三本逍遥学派风格著作的形上学部分,但他主张通过"东方神智学路径"来解读照明哲学。科尔宾认为这些著作仅仅是"预备学科,因为一个希望踏上精神旅途的人需要坚实的哲学训练",但"真正的神智学必须从所有徒劳的争论中解放出来,而逍遥学派和穆塔卡里姆(Mutakallimūn,伊斯兰经院神学家)的争论则阻碍了神智学"[③]。因此,科尔宾等学者在很大程度上忽视这些逍遥学派风格著作,而是仅聚焦《照明哲学》,并将《照明哲学》与苏赫拉瓦尔迪的神秘主义寓言一并研究。[④] 与之相对,支持"照明伊本·西那主义路径"的学者,则主张这些逍遥学派风格著作仅在诠释和发展伊本·西那主义,而《照明哲学》仅在使用基于光与暗的照明主义术语体系

---

① 科尔宾首先编校了三本逍遥学派风格著作的形上学部分:Suhrawardī, *Kitāb al-Talwīḥāt al-Lawḥiyya wa-l-'Arshiyya* (*al-'Ilm al-Thālith*), *Kitāb al-Muqāwamāt* (*al-'Ilm al-Thālith*), *Kitābal-Mashāri' wa-l-Muṭāraḥāt* (*al-'Ilm al-Thālith*), in *Œuvres Philosophiques et Mystiques* (*Tome I*), ed. Henry Corbin (Tehran: Institut d'Etudes et des Recherches Culturelles, 1993);以及《照明哲学》全书:Suhrawardī, *Kitāb Ḥikmatal-Ishrāq*, in *Œuvres Philosophiques et Mystiques* (*Tome II*), ed. Henry Corbin (Tehran: Institut d'Etudes et des Recherches Culturelles, 1993)。哈比比(N. Ḥabībī)后来编校了《天牌与王座之指示》全书:Suhrawardī, *Al-Talwīḥāt al-Lawḥiyya wa-l-'Arshiyya*, ed. Najafqulī Ḥabībī (Tehran: Iranian Institute of Philosophy, 2009)。奇汉(A. K. Cihan)和亚林(S. Yalın)编校了《反对》全书并译为土耳其语:Suhrawardī, *Kitâbü'l-Mukâvemât*, eds. Ahmet Kamil Cihan and Salih Yalın (Istanbul: Türkiye Yazma Eserler Kurumu Başkanlığı, 2020)。穆罕迈迪(M. Muḥammadī)和阿里普尔(A. 'Ālīpūr)编校了《源头与论辩》的逻辑学部分:Suhrawardī, *Al-Mashāri'wa-l-Muṭāraḥāt* (*al-Manṭiq*), eds. Maqṣūd Muḥammadī and Ashraf 'Ālīpūr (Tehran: Ḥaqq-i Yāwarān, 2006);而哈比比编校了该书的物理学(自然哲学)部分:Suhrawardī, *Al-Mashāri' wa-l-Muṭāraḥāt* (*al-Ṭabī'iyyāt*), ed. Najafqulī Ḥabībī (Tehran: Kitābkhāna, Mūza va Markaz-i Asnād-i Majlis-i Shūrā-yi Islāmī, 2014)。沃布里奇和齐亚伊将《照明哲学》译为英文:Suhrawardī, *The Philosophy of Illumination*, eds. and trans. John Walbridge and Hossein Ziai (Provo, Utah: Brigham Young University Press, 1999);而三本逍遥学派风格著作暂无英译本。

② 《简视》的阿拉伯语文本参见 Suhrawardī, *Al-Lamaḥāt*, in *Al-Mu'allafāt al-Falsafiyya wa-l-Ṣūfiyya*, ed. Najafqulī Ḥabībī (Beirut: Manshūrāt al-Jamal, 2014)。

③ Henry Corbin, *History of Islamic Philosophy*, 208.

④ 参见 Henry Corbin, *En Islam Iranien: Aspects Spirituels et Philosophiques* (*Tome II*): *Sohrawardî et les Platoniciens de Perse* (Paris: Gallimard, 1971);Henry Corbin, *Inside Iranian Islam-Spiritual and Philosophical Aspects* (*Volume II*): *Suhrawardî and the Persian Platonists*, trans. Hugo M. van Woerkom (2003)。

来重新包装伊本·西那主义，其原创性有限。[①]

接下来，通过详细考察上述五本著作的前言部分，本文将试图解答“是什么”和“为什么”两个难题：(1)四本逍遥学派风格著作和《照明哲学》的内容是什么？(2)苏赫拉瓦尔迪为什么要编写多达四本逍遥学派风格著作，而仅创作一本成熟的照明主义著作《照明哲学》？基于充足的文本证据，本文将证明：四本逍遥学派风格著作皆是苏赫拉瓦尔迪的成熟哲学著作，它们是对伊本·西那主义的批判、修正和重构(而并非诠释、发展和完善)，其成果可看作仅采用逍遥学派纯理性的“研究”(*baḥth*)路径而获得的一种初级照明哲学，与伊本·西那主义在诸多关键哲学问题上存在根本分歧(因此本文将始终强调“逍遥学派‘风格’著作”，而不是“逍遥学派著作”)；而这四本著作与基于超理性的“神化”(*ta'alluh*)路径所创作的《照明哲学》，共同构成苏赫拉瓦尔迪完整的照明主义计划。

不妨从《照明哲学》的前言开始考察，苏赫拉瓦尔迪写道：

> (引文一)在这本书(《照明哲学》)之前以及期间，当诸种中断妨碍它时，我已经按照逍遥学派的方法(*ṭarīqat al-mashshā'īn*)为你们编排了一些书，我在其中概括了他们(逍遥学派)的诸多原则(*qawā'id*)。其中，包括一本名为《天牌与王座之指示》的概要(*al-mukhtaṣar*)，它包括很多原则；尽管它篇幅不大，我还是在其中概括了那些原则。此外还有一本《简视》。我还编写了其他书，其中包括我在少年时期所编排的。[②]

根据引文一，可以推测出苏赫拉瓦尔迪著作编写的大致时间顺序。首先在少年时期，他著述过一些书，其中可能包括他的大部分神秘主义寓言。[③] 随后他开始编写逍遥学派风格著作，其中至少包括《天牌与王座之指示》和《简视》。前者的文体是 *mukhtaṣar*，可译作“概要”“手册”“指南”，苏赫拉瓦尔迪在其中总结概括了逍遥学派的很多原则。随后他开始创作《照明哲学》。逍遥学派风格著作

---

① 仅举三例：Heidrun Eichner, "'Knowledge by Presence', Apperception and the Mind-Body Relationship: Fakhr al-Dīn al-Rāzī and al-Suhrawardī as Representatives and Precursors of a Thirteenth-Century Discussion," in *In the Age of Averroes: Arabic Philosophy in the Sixth/Twelfth Century*, ed. Peter Adamson (London: The Warburg Institute, 2011); Jari Kaukua, "I in the Light of God: Selfhood and Self-Awareness in Suhrawardī's *Ḥikmat al-Ishrāq*," in *In the Age of Averroes: Arabic Philosophy in the Sixth/Twelfth Century*; Jari Kaukua, "Suhrawardī's Knowledge as Presence in Context," *Studia Orientalia* 114 (2013).

② Suhrawardī, *Kitāb Ḥikmat al-Ishrāq*, 10.4-7, §3.

③ 参见 John Walbridge, "Illuminationist Manuscripts: The Rediscovery of Suhrawardī and Its Reception," in *Illuminationist Texts and Textual Studies: Essays in Memory of Hossein Ziai*, eds. Ali Gheissari, John Walbridge, and Ahmed Alwishah (Leiden: Brill, 2018), 34-36。

有的在《照明哲学》之前已完成，有的则在期间完成（有的也可能在之后完成）。

接下来考察《天牌与王座之指示》和《简视》的内容。苏赫拉瓦尔迪在《天牌与王座之指示》的前言中写道：

（引文二）我的朋友们，这些是对哲学（*al-ḥikma*，或智慧）的诸种根源的指示（*talwīḥāt*）。（这些指示）会依次涉及三个学科（逻辑学、物理学/自然哲学、形上学），它们非常简要。①

《天牌与王座之指示》是苏赫拉瓦尔迪的第一本系统性逍遥学派风格著作，言简意赅但意涵颇丰，后来被伊本·凯姆那（Ibn Kammūna）长篇评注②。该著作本身及伊本·凯姆那的评注均影响深远。

相似地，在《简视》的前言中，苏赫拉瓦尔迪写道：

（引文三）这些是对诸种真相的简视（*lamaḥāt*），按照极度简要的方式。我在其中没有提及在三个学科中不重要的东西。③

比较引文二和引文三可以得出，《简视》比《天牌与王座之指示》更为简要，前者的篇幅大约是后者的一半。本文认为《简视》像是《天牌与王座之指示》一书的总结。因为《简视》中多次提及《天牌与王座之指示》，指引读者到后者中去查阅详细的相关讨论。由此可以推测，苏赫拉瓦尔迪可能是在完成《天牌与王座之指示》之后（或期间）开始创作《简视》的。

尽管《简视》一书"极度简要"，是四本逍遥学派风格著作中最基础的，但这并不意味着它不重要。首先，苏赫拉瓦尔迪的哲学创见在《简视》中仍然可见；其次，《简视》像是《天牌与王座之指示》的总结，对于梳理和把握后者在各个哲学问题上的主要观点很有效。然而，齐亚伊和沃布里奇均忽视《简视》的重要性，齐亚伊甚至认为它仅是对伊本·西那哲学的概述④，这种做法和观点是站不住脚的。

下面考察《反对》和《源头与论辩》的内容。苏赫拉瓦尔迪在《反对》的前言中写道：

（引文四）这是一本概要（*mukhtaṣar*），作为我的名为《指示》一书的附

① Suhrawardī, *Al-Talwīḥāt*, 3.6-7.

② 评注包括逻辑学、物理学和形上学三卷，参见 Ibn Kammūna, *Sharḥ al-Talwīḥāt al-Lawḥiyya wa-l-ʿArshiyya*, ed. Najafqulī Ḥabībī (Tehran: Mīrāth-i Maktūb, 2012).

③ Suhrawardī, *Al-Lamaḥāt*, 175.5-6.

④ 参见 Hossein Ziai, *Knowledge and Illumination: A Study of Suhrawardī's Ḥikmat al-Ishrāq* (Atlanta, Georgia: Scholars Press, 1990), 12; John Walbridge, "Suhrawardī's (d. 1191) *Intimations of the Tablet and the Throne*," 257。

注(*al-lawāḥiq*),其中包括对于前人所疏忽之处的必要修正。这些修正难以引入《指示》中,鉴于它非常简要,因此仅需一笔带过的东西不适合(引入)《指示》;而在不同地方简要弥补前人在重要问题上的疏忽,(对于《指示》)也没有裨益。所以我们在这里提及这些修正,并添加一些广为人知的要点(*nukat*)。我将此书命名为《反对》。①

由此可见,《反对》是《天牌与王座之指示》的附注,苏赫拉瓦尔迪在其中修正前人在不同哲学问题上的疏忽和错误。因此,沃布里奇认为《反对》是对《天牌与王座之指示》的修正②,这是错误的。此外,本文主张《反对》像是《源头与论辩》一书的总结。

《源头与论辩》的前言至关重要,能够解答国际学界关于苏赫拉瓦尔迪哲学著作的很多争议。苏赫拉瓦尔迪写道:

(引文五)(5a)这是一本包括三个学科的书。我的同志们,我按照你们对我的建议编写了它。我在其中引入了诸多不存在于其他书中的研究和规则,它们大有裨益,提取自我的悉心安排。尽管如此,我并没有离开逍遥学派的方法(*ma'khadh al-mashshā'īn*)很远;但我在其中留存了一些要点(*nukat*)和精妙之处(*laṭā'if*),它们指向诸种高贵的原则(*qawā'id sharīfa*),增加在逍遥学派所提及的东西之上。

(5b)任何在深思过大众之书(*kutub al-qawm*)以后就半途而废、满足于他人所不满足之处者,以及任何尚未精通诸研究性学科(*al-ʻulūm al-baḥthiyya*)者,都无法到达我的名为《照明哲学》的一书。这本书应该在《照明哲学》之前,并在考察过名为《指示》的概要之后阅读。

(5c)这里,我们不关注顺序,在有些地方我们不遵循学科的主题。而是,我们在书中的目的就是"研究"(*al-baḥth*),尽管这会涉及诸多分散学科的诸种原则。③

《源头与论辩》是苏赫拉瓦尔迪篇幅最长的系统性逍遥学派风格著作。根据引文(5a),该书的特点是包含很多不存在于其他书中的"研究和规则",同时添加一些照明主义的"要点和精妙之处"。苏赫拉瓦尔迪大致但不完全遵照"逍遥学派的方法";事实上,在《源头与论辩》中能找到很多照明主义的讨论。根据引文(5c),该书的目的仅在于"研究"("研究"的具体所指,详见下节),不会严格遵循

① Suhrawardī, *Kitāb al-Muqāwamāt*, 124.1-5.

② 参见 John Walbridge, "Suhrawardī's (d. 1191) *Intimations of the Tablet and the Throne*," 259。

③ Suhrawardī, *Kitāb al-Mashāri' wa-l-Muṭāraḥāt*, 194.1-10.

学科的顺序,会有一些跨学科的讨论。由此可见,《源头与论辩》的对象不再是初学者,而是已有一定哲学基础的中级学者。

引文(5b)至关重要。首先,引文(5b)足以确证《天牌与王座之指示》《源头与论辩》《照明哲学》三本著作共同构成苏赫拉瓦尔迪的照明主义计划。鉴于《简视》屡次提及《天牌与王座之指示》,像是对后者的总结;而《反对》是《天牌与王座之指示》的附注,并且像是对《源头与论辩》的总结;因此,完整的照明主义计划共包括如下五本书:《天牌与王座之指示》《简视》《源头与论辩》《反对》《照明哲学》。而既然已经确证四本逍遥学派风格著作均是照明主义计划的组成部分,那么它们必是苏赫拉瓦尔迪的成熟哲学著作,阐述其成熟的哲学思想。

其次,引文(5b)明确规定了解读《照明哲学》的正确方式:《照明哲学》必须在系统研读过苏赫拉瓦尔迪的逍遥学派风格著作之后研读,而并非与其神秘主义寓言一并解读。这也解释了为何《照明哲学》中的很多讨论都极度简要,甚至一笔带过;这是因为相关的详细讨论早已呈现在了四本逍遥学派风格著作中,而苏赫拉瓦尔迪默认《照明哲学》的读者已经精通这些著作。由此可见,科尔宾等学者采用"东方神智学路径",仅聚焦《照明哲学》并将其与苏赫拉瓦尔迪的神秘主义寓言一并研究,同时忽视逍遥学派风格著作,这种做法显然与苏赫拉瓦尔迪本人的明确规定不符。此外,下文还会证明通过"照明伊本·西那主义路径"来解读照明哲学也是不合理的。

现已明确苏赫拉瓦尔迪的四本逍遥学派风格著作的内容,并且已经确证它们与《照明哲学》共同构成整个照明主义计划;下文将会解答另一个关于"为什么"的难题:苏赫拉瓦尔迪为什么要编写多达四本逍遥学派风格著作?它们在照明主义计划中究竟起到什么作用?

二、《照明哲学》的内容

在《照明哲学》的前言中,紧接前面的引文一,苏赫拉瓦尔迪写道:

> (引文六)这是另一条途径和路径,比那种(逍遥学派的)方法更简短、更有序、更精确,且更容易获得。它起初并不是通过思考(*al-fikr*)而发生于我的,而是通过其他方式。随后,我寻求对它的证明(*al-ḥujja*),直到即便我停止对于证明的考察,也无人能令我怀疑它。①

① Suhrawardī, *Kitāb Ḥikmat al-Ishrāq*, 10.8-10, § 3.

这段引文指出了《照明哲学》与其他逍遥学派风格著作的根本不同。《照明哲学》采用不同于逍遥学派方法的另一种路径，它更简短、有序、精确、容易获得，并且无须论证，又不可置疑。随后，苏赫拉瓦尔迪在前言中称该路径为“神化”，同时称逍遥学派的方法为“研究”。但他为何使用“神化”一词？首先，“神化”一词可能出自柏拉图，苏赫拉瓦尔迪称神化路径的最伟大代表是柏拉图，而柏拉图在多篇对话中都强调过，人应该努力变得像神[①]。其次，阿拉伯传统对“哲学”(*falsafa*)的定义也与“神化”一词尤为相关：“哲学，即是根据人类的能力模仿神(*al-tashabbuh bi-l-ilāh*)，以便获得永恒的幸福。”[②]在《照明哲学》前言中，还能找到其他三个与“神化”同义的苏非主义术语：“品尝”(*dhawq*)、“揭示”(*mukāshafa*)和“直观”(*mushāhada*)。

事实上，“神化”与“研究”分别指代两种不同认识论：照明主义“在场认知”(*ʻilm ḥuḍūrī*，presential knowledge)和逍遥学派“形式认知”(*ʻilm ṣūrī*，formal knowledge)。本文此处仅简要介绍这两种认识论。苏赫拉瓦尔迪首次明确区分这两种路径和认识论，是在一段著名的关于“亚里士多德”[③]的“故事和梦境”(*ḥikāya wa-manām*)中，出现在《天牌与王座之指示》形上学 III.1“论认知与非物质性”[④]。

在《天牌与王座之指示》中，苏赫拉瓦尔迪写到自己曾被“知识(*al-ʻilm*)的难题”困扰许久，但在书本中始终无法找到答案，直到亚里士多德某日出现在他的梦境中，指引他“回到你自己”(*irjiʻilā nafsika*)，逐步引导他通过分析人的“自我认知”(*al-idrāk lil-dhāt*，self-apprehension)，最终得出“知识”(*ʻilm*)或“理解”(*taʻaqqul*)的真正本质：“理解，就是事物对非物质性的自我(*al-dhāt*，self)的在场(*ḥuḍūr*，presence)。”[⑤]苏赫拉瓦尔迪所遇到的“知识的难题”，具体是指他对逍遥学派“形式认知”理论的困惑和怀疑。伊本・西那在《拯救书》(*Al-Najāt*)

---

① 参见 John M. Armstrong, “After the Ascent: Plato on Becoming Like God,” *Oxford Studies in Ancient Philosophy* 26 (2004)。

② Quṭb al-Dīn al-Shīrāzī, *Sharḥ Ḥikmat al-Ishrāq of Suhrawardī: Commentary on Illuminating Wisdom*, eds. ʻAbdallāh Nūrānī and Mahdī Muḥaqqiq (Tehran: Society for the Appreciation of Cultural Works and Dignitaries, 2005), 3.10-11.

③ 国际学界关于出现在苏赫拉瓦尔迪梦境中的“亚里士多德”的身份存在争议。一说此“亚里士多德”可能是《亚里士多德神学》中的“亚里士多德”，即普罗提诺；一说此“亚里士多德”可能是亚里士多德本人，尽管已被阿拉伯传统改造，带有明确的新柏拉图主义特质。《亚里士多德神学》出自 8～10 世纪的阿拉伯翻译运动时期，是对普罗提诺《九章集》IV 和 V 的节选和改写，参见 Peter Adamson, “The Theology of Aristotle,” *The Stanford Encyclopedia of Philosophy* (Fall 2021)。

④ Suhrawardī, *Kitāb al-Talwīḥāt*, 70-74, §55.

⑤ Suhrawardī, *Kitāb al-Talwīḥāt*, 72.1-2, §55.

中主张,知识即是“对认知对象的形式(*ṣūra*,form)的获取”[①]。但鉴于我们的心智所获取的每个形式都是共相性的(*kullī*,universal),而每个在现实中存在的事物却都是殊相性的(*juz'ī*,particular),苏赫拉瓦尔迪于是怀疑我们如何能够通过共相形式来精确地认知殊相事物?共相和殊相之间,显然存在着一道难以逾越的鸿沟。不仅如此,伊本·西那本人在后期提出了一个非常重要的“(原初)自我意识”(*al-shu'ūr bi-l-dhāt*,primitive self-awareness)理论,并论证自我意识不通过任何形式。可见,伊本·西那的自我意识理论,显然与其形式认知理论的整体认识论框架难以相容。[②] 而人的自我意识,正是苏赫拉瓦尔迪构建在场认知理论的起点。通过详细分析自我意识,苏赫拉瓦尔迪论证到,人可以直接地、如其所是地、不通过任何共相形式地认知现实殊相事物,只要事物在场;而只有当认识对象缺席时(由于人的认知能力的局限),我们才需要诉诸事物的形式来认知它们。人人皆有的自我意识,即是在场认知的最佳范例:我无时无刻不在认知我的殊相的自我,而我仅仅因为自我的“在场”而直接地、如其所是地认知自我,我不需要通过任何形式(概念、定义、命题、论证)来认知自我;并且自我意识是每个人所拥有的最真实、最精确的认知。此外,我对自己身体的直接认知以及我对在场外物的各种直接感觉,也都属于在场认知,无须通过任何形式。因此,人无疑拥有对于殊相事物的直接的、不通过任何形式的在场认知。

基于人现有的通常意义上的在场认知,苏赫拉瓦尔迪自然会考虑更高等的在场认知的可能性,亦即对于超越这个物质世界的、非物质性殊相事物的在场认知——神和分离理智。如果人能够通过某些方式突破自身认知的局限,使得神和分离理智对自己在场,那么我们理应也能够直接地、如其所是地、不通过任何形式地认知它们。这种更高等的在场认知,就如同对于天体的天文学观测,而这里是对于神和分离理智的“精神性观测”(*al-arṣād al-rūḥāniyya*)[③]。显然,这种对于神和分离理智的在场认知,会比逍遥学派的形式认知“更简短、更有序、更精确,且更容易获得”,因为后者需要借助繁多且复杂的概念、定义、命题和论证。不仅如此,这种在场认知“不通过思考”,无须证明,但却不可置疑(见引文六)。这种高等在场认知,即是苏非主义所谓的“品尝”“揭示”“直观”。由此可见,苏赫拉瓦尔迪的出发点不是神秘主义,而是深刻的哲学反思和考量。通过构建在场

---

① Avicenna, *Al-Najāt min al-Gharaq fī Baḥr al-Ḍalālāt*, ed. Muḥammad Taqī Dānishpazhūh (Tehran: University of Tehran Press, 1985), 344.3.

② 参见 Deborah L. Black, “Avicenna on Self-Awareness and Knowing That One Knows,” in *The Unity of Science in the Arabic Tradition*, eds. Shahid Rahman, Tony Street, and Hassan Tahiri (Dordrecht: Springer, 2008)。

③ Suhrawardī, *Kitāb Ḥikmat al-Ishrāq*, 156.8, §165.

认知理论，苏赫拉瓦尔迪不但将苏非主义认识论去神秘化，为其提供了合理的哲学诠释，而且使其成为哲学探究的合法工具。

在《天牌与王座之指示》相关讨论的结尾，亚里士多德盛赞自己的老师柏拉图。苏赫拉瓦尔迪问道：

(引文七)我说："在伊斯兰哲学家中，是否有任何人达到了柏拉图(的等级)？"

亚里士多德说："没有，甚至没有达到其等级的千分之一。"

随后我列举了一些最知名的哲学家，但亚里士多德没有注意他们。我回到了艾布·叶齐德·巴斯塔米(Abū Yazīd al-Basṭāmī)和艾布·穆罕默德·萨赫勒·伊本·阿卜杜拉·图斯塔里(Abū Muḥammad Sahl Ibn ʻAbdallāh al-Tustarī)以及其他(苏非)[1]，他显得很欣喜并说："那些人才是真正意义上的哲学家(*al-falāsifa*)和智者(*al-ḥukamāʼ*)。他们没有停留在'描述性认知'(*al-ʻilm al-rasmī*，即形式认知)，而是到达了'连接性、直观性的在场认知'(*al-ʻilm al-ḥuḍūrī al-ittiṣālī al-shuhūdī*)。"[2]

这段引文与《照明哲学》前言的密切关系不言而喻。首先，这里同样确立了柏拉图的崇高地位。其次，可以确证《照明哲学》前言中提到的"神化"和"研究"路径，分别指照明主义在场认知和逍遥学派形式认知(或称"描述性认知")。最后，苏赫拉瓦尔迪在此处提及哲学家的等级：苏非是真正的哲学家，其等级远高于逍遥学派；而这个哲学家等级排序的完整版本，恰好也出现在《照明哲学》前言中。基于神化和研究的区分，苏赫拉瓦尔迪写道：

(引文八)(8a)(哲学家的)等级(*al-marātib*)众多，他们的层次(*ṭabaqāt*)如下：(3)神圣哲学家(*ḥakīm ilāhī*)，精通神化但缺失研究；(5)研究型哲学家(*ḥakīm baḥḥāth*)，缺失神化；(1)神圣哲学家，同时精通神化和研究；(2)神圣哲学家，精通神化但在研究方面中等或较弱；(4)精通研究的哲学家，但在神化方面中等或较弱；(6)神化和研究的求学者(*ṭālib*)；(7)仅神化的求学者；(8)仅研究的求学者。

(8b)如果在一个时代恰好出现(1)同时精通神化和研究的哲学家，那么他拥有领导权并且是安拉的代治者(*khalīfat Allah*)。如果没有出现，

① 苏赫拉瓦尔迪主张真正的哲学源自"哲学之父"(*wālid al-ḥikma*)赫尔墨斯(Hirmis, i. e., Hermes)，随后通过东西两线进行传播：东线经由古波斯圣贤传给巴斯塔米等苏非，而西线经由古希腊圣贤传给图斯塔里等苏非。参见 Henry Corbin, *Inside Iranian Islam*, 15-26。

② Suhrawardī, *Kitābal-Talwīḥāt*, 74.1-6, §55.

则(2)精通神化但在研究方面中等的哲学家(拥有领导权)。如果仍没有出现,则(3)精通神化但缺失研究的哲学家(拥有领导权),而他是安拉的代治者。大地上永远不会没有精通神化者。而在安拉的大地上,精通研究而不精通神化的研究者(*al-bāḥith*),不会拥有领导权。[①]

根据引文(8a),基于哲学家精通神化和研究的程度,可分为如下八个等级:

(1)神圣哲学家,同时精通神化和研究;

(2)神圣哲学家,精通神化但在研究方面中等或较弱;

(3)神圣哲学家,精通神化但缺失研究(特指苏非);

(4)精通研究的哲学家,但在神化方面中等或较弱;

(5)研究型哲学家,缺失神化(特指逍遥学派);

(6)神化和研究的求学者;

(7)仅神化的求学者;

(8)仅研究的求学者。

由此可见,苏赫拉瓦尔迪关于哲学家等级排序的首要标准是神化,而次要标准是研究。他为前三等哲学家冠以"神圣"(*ilāhī*)之名,因为他们均精通神化。"神圣哲学家"再以精通研究的程度,细分为三等。其中第一等是照明学派的理想,而苏赫拉瓦尔迪本人无疑属于第一等;第三等则特指苏非。由此可见,苏赫拉瓦尔迪的理想要高于苏非,因为对于一位哲学家而言,研究亦是关键,必须将神化与研究相结合。仅精通研究而不精通神化的哲学家,均位列神圣哲学家之下;而完全缺失神化的逍遥学派,仅位列第五等。最后三等在严格意义上应称为"求学者"或"学生",而非"哲学家"。

根据引文(8b),只有位列前三等的神圣哲学家,才有权顺次在大地上拥有"领导权",成为"安拉的代治者"。苏赫拉瓦尔迪随后指出这里的"领导权"不是政治意义上的。即便一位神圣哲学家地位卑微,他依然拥有领导权。而如果他同时掌握着政权,则是光明的时代,否则就是黑暗的时代。此处,读者可以略见柏拉图在《理想国》中提出的"哲王"(Philosopher-King)理想[②],以及什叶派的相似观点[③]。

苏赫拉瓦尔迪在《照明哲学》前言的结尾写道:

(引文九)(9a)我们的这本书,是写给(6)神化和研究的求学者的;

---

① Suhrawardī, *Kitāb Ḥikmat al-Ishrāq*, 11.12-12.8, §5.

② 参见 Rosamond K. Sprague, *Plato's Philosopher-King* (Columbia, South Carolina: University of South Carolina Press, 1976)。

③ 参见 Henry Corbin, *Inside Iranian Islam*, 43-51。

(5＋8)缺失神化或不追求神化的研究者，在其中没有任何份额。我们在此书及其字里行间，只与(4)神化的努力者或(6)神化的求学者探讨。……(5＋8)任何寻求单纯研究的人，则应该依照逍遥学派的方法，因为它对于单纯的研究才是适宜的、精确的。我们不与他们言说和探讨诸种照明主义原则(*al-qawā ʻid al-ishrāqiyya*)。

(9b)正如我们直观到感觉对象，就会确信它们的某些状态(*aḥwāl*)，而后我们基于那些状态构建一些正确的学科，比如天文学等；同样地，我们也从"诸精神性者"(*al-rūḥāniyyāt*，或非物质性者，指神和分离理智)中直观到一些事物，而后我们基于那些事物构建(学科)。①

承接上文的哲学家等级，苏赫拉瓦尔迪在前言结尾引文(9a)中，指明了《照明哲学》的受众。其首要受众是(6)神化和研究的求学者，同时也包括(4)神化的努力者，亦即精通研究但在神化方面中等或较弱的哲学家。至于(5)缺失神化的研究型哲学家，也就是不追求甚至排斥神化的逍遥学派，以及(8)仅研究的求学者，则不应研读《照明哲学》；而是应依照单纯的逍遥学派路径，局限于苏赫拉瓦尔迪的四本逍遥学派风格著作。苏赫拉瓦尔迪提到，《照明哲学》对于(5＋8)缺失且不追求神化的哲学家和求学者，不仅毫无裨益，甚至还会引起他们的怀疑。鉴于前三等的"神圣哲学家"已经精通神化，那么《照明哲学》对于他们的益处也有限。至于(7)仅神化的求学者，或许应跟随单纯的苏非主义路径。

引文(9b)指出，《照明哲学》旨在基于对"精神性者"的直观，也就是对于神和分离理智的在场认知或称"精神性观测"，来构建"诸高贵学科"②(*al-ʻulūm al-sharīfa*，尤指《照明哲学》中的光之形上学)，正如天文学基于对天体的观测。因此，《照明哲学》事实上是神化和研究的综合成果。苏赫拉瓦尔迪是在通过理性的"研究"方法(即借助概念、定义、命题、论证)来呈现和阐述仅能通过超理性的"神化"路径而获得的一种更高等智慧。因此，《照明哲学》与苏非神秘主义著作的最大区别在于其中充斥着严格的哲学概念和论证，逻辑严密、环环相扣；因为其目的是构建"诸高贵学科"，而为了构建学科，就必须诉诸理性的"研究"方法。

在苏赫拉瓦尔迪之前，苏非仅关注神化但缺失研究，而以伊本·西那为首的逍遥学派则仅关注研究但不知神化。苏赫拉瓦尔迪创立照明学派的重大意义在于，他在阿拉伯哲学史上首次真正做到了将神化与研究路径完美融合。正因如此，井筒俊彦(Toshihiko Izutsu)主张苏赫拉瓦尔迪开创了伊斯兰哲学的新纪

① Suhrawardī, *Kitāb Ḥikmat al-Ishrāq*, 12.15-13.7, §6.

② Suhrawardī, *Kitāb al-Mashāri'wa-l-Muṭāraḥāt*, 505.11, §225.

元，真正意义上的伊斯兰哲学（井筒俊彦称之为“Ḥikmat philosophy”），正是“神秘主义经验与分析性思辨的完美融合”[①]。之后的伊斯兰存在主义哲学家，如穆拉·萨德拉（Mullā Ṣadrā）和哈迪·萨卜泽瓦里（Hādī Sabzawārī），均跟随苏赫拉瓦尔迪的步伐，致力于融合超理性的神化与理性的研究两条路径。

三、四本逍遥学派风格著作的作用

至此，本文可以详尽解答第二个关于“为什么”的难题了：苏赫拉瓦尔迪为什么要编写多达四本逍遥学派风格著作？它们在照明主义计划中究竟起到什么作用？

回答一：重构最优版本的逍遥学派风格哲学。这也是四本逍遥学派风格著作的真正价值和重要性之所在。本文始终强调“逍遥学派‘风格’著作”而非“逍遥学派著作”，正是因为这四本著作中所呈现的哲学并非伊本·西那主义逍遥学派哲学，而是对其的批判、修正和重构。无疑，苏赫拉瓦尔迪接受逍遥学派路径，即纯理性的“研究”，并且承认伊本·西那的巨大贡献；但这并不意味着伊本·西那主义中不存在根本谬误。事实上，苏赫拉瓦尔迪主张如果没有“神化”路径作为根基，而单纯采用“研究”路径、单纯依靠人的理智来构建哲学，不免会犯下各种谬误。鉴于苏赫拉瓦尔迪已经精通超理性的“神化”路径，故而能以更高的视角来检验伊本·西那主义，从而深知其中哪些部分应予以保留，哪些部分应去除或修正，而哪些部分是缺失的应予以补充。这是一个去粗取精、去伪存真、添砖加瓦、重新构建的过程；而这一过程的最终成果，本质上是一种初级照明哲学，它仅凭借逍遥学派纯理性的“研究”路径而获得（不借助“神化”），与完全的照明哲学在本质上是一致的。完全的照明哲学则要求综合神化与研究两条路径，仅在《照明哲学》一书中呈现。

回答二：哲学普及。通过编写四本长度和深度各异的逍遥学派风格著作，亦即“大众之书”（见引文五），苏赫拉瓦尔迪旨在针对不同的读者群体，详尽阐释经其重构的、最优版本的“所有研究者的大众哲学”（*al-ḥikma al-ʿāmma li-jamīʿ al-bāḥithīn*）[②]，从而取代当时占据主流的伊本·西那主义。无论理智水平如何，所有人都能从中找到最适合自己的著作，从最基础和简要的《简视》到最深入而精细的《源头与论辩》，以便每个人都能根据自身能力探求哲学真理。仅基于逍遥

① Toshihiko Izutsu, *The Concept and Reality of Existence* (Tokyo: The Keio Institute of Cultural and Linguistic Studies, 1971), 59-62.

② Suhrawardī, *Kitāb al-Mashāriʿ wa-l-Muṭāraḥāt*, 195, footnote.

学派纯理性“研究”路径的哲学没有门槛，因而适合所有“研究”的求学者。由此可见，苏赫拉瓦尔迪一直心系大众，追求哲学的普及与繁荣。

回答三：潜在照明主义者的邀请函。通过在四本逍遥学派风格著作中特意留存“指向诸种高贵原则”的“要点和精妙之处”（见引文五），苏赫拉瓦尔迪意在指引尽可能多的“研究者”和“求学者”逐步意识到伊本·西那主义中存在的各处根本谬误，以及逍遥学派纯理性的“研究”路径的根本局限性。通过这种方式，苏赫拉瓦尔迪旨在帮助潜在照明主义者达到《照明哲学》的门槛，并邀请他们追求《照明哲学》中基于超理性“神化”路径的更高等智慧。

JEWISH STUDIES
犹太研究
第22辑

On Suhrawardī's Illuminationist Project and the Nature of Illuminationism

ZHANG Tianyi

Abstract: Modern scholars hold very different views about how to interpret Suhrawardī's Illuminationism: some read it as oriental theosophy, some as Illuminationist Avicennism, and others as a novel philosophical construction that is neither mysticism nor Avicennism. This article aims to establish the third position by analyzing and reconstructing Suhrawardī's Illuminationist project. By examining Suhrawardī's four Peripatetic-style works and *Ḥikmat al-Ishrāq* (*The Philosophy of Illumination*), this article argues that these works together form one single Illuminationist project. The four Peripatetic-style works criticize, correct, and reconstruct Avicennism by merely using the rational "investigation" (*baḥth*) approach, of which the result is entry-level Illuminationism, differing fundamentally from Avicennism on many significant philosophical issues. *Ḥikmat al-Ishrāq* presents the full-blown Illuminationism based on the supra-rational "deification" (*ta'alluh*) approach, namely, "presential knowledge" (*'ilm ḥuḍūrī*), and also by resorting to the rational "investigation" approach. Thus, the resulting Illuminationism is a perfect fusion of "deification" and "investigation" (rather than mysticism or Avicennism). Therefore, the Illuminationist project itself is sufficient to establish the third position, showing that Illuminationism is a rigorous and original philosophy. Suhrawardī's Illuminationism is highly impactful in the history of Arabic philosophy.

Key Words: Suhrawardī, Illuminationism, *Ḥikmat al-Ishrāq*, Ibn Sīnā (Avicenna)

走向“雅典与耶路撒冷”之耶路撒冷

——论犹太政治神学

张　旭*

【摘要】为了深入理解犹太政治神学的起源，本文从德国旧约神学家冯拉德的“传承史”的《旧约》神学范式入手，分析了摩西五经的第五经《申命记》中的犹太政治神学思想。申命派在约西亚时代最终确立了犹太教的“摩西传统”“独一神论”“申命派历史观”及《托拉圣经》，强化了犹太人在亚述统治下取宗教整合舍王国政治的族群认同方式，开启了犹太教的先知传统及其对上帝的应许的盼望的弥赛亚之维。冯拉德对《申命记》的历史神学分析打开了一个《希伯来圣经》的陌生的新世界，展示了犹太的独一神论信仰、先知精神和弥赛亚观念的政治神学在西方思想史上和世界历史中充满活力的根源。

【关键词】政治神学；传承史；上帝的应许；摩西传统；一神论

一、探究犹太政治神学的意义与途径

“雅典与耶路撒冷”是一个恒久长青的思想主题。① 20 世纪最伟大的政治哲

* 张旭，中国人民大学哲学院教授。

① 关于“雅典与耶路撒冷”最有名的表述是帕斯卡 1654 年 11 月 23 日夜里的顿悟：“亚伯拉罕的上帝，以撒的上帝，雅各的上帝，不是哲学家和学者的上帝！”参见 Matthew Arnold 马修·阿诺德，《文化与无政府状态》[Culture and Anarchy]，韩敏中 Han Minzhong 译（北京［Beijing］：生活·读书·新知三联书店［SDX Joint Publishing Company］，2008）；Lev Shestov 舍斯托夫，《雅典与耶路撒冷》[Athens and Jerusalem]，徐凤林 Xu Fenglin 译（杭州［Hangzhou］：浙江人民出版社［Zhejiang People's Publishing House］，1998）；Lev Shestov 舍斯托夫，《雅典与耶路撒冷》[Athens and Jerusalem]，张冰 Zhang Bing 译（北京［Beijing］：商务印书馆［The Commercial Press］，2020）；Jaroslav Pelikan, *What Has Athens to Do with Jerusalem? Timaeus and Genesis in Counterpoint* (Ann Arbor: University of Michigan Press, 1998)。

学家之一犹太人施特劳斯(Leo Strauss)的"雅典与耶路撒冷"命题在其哲学中占有不下于他的"古今之争""哲学与诗之争"等命题的重要性。然而,虽然施特劳斯有《为什么我们仍然是犹太人?》(1962)这样的讲演足以表明其作为犹太人的坚定立场,但在他的"柏拉图式政治哲学"(Platonic political philosophy)中,雅典及其哲学无可置疑地处于中心地位,而耶路撒冷看起来不过是雅典的陪衬。①

施特劳斯在《耶路撒冷与雅典》(1967)的讲座中认为,在抵挡现代进步主义文化、历史主义、实证主义上雅典与耶路撒冷是一对盟友,但在古典思想内部顺从启示的生活方式与追求智慧的生活方式之间相互冲突。② 迈尔(Heinrich Meier)对施特劳斯的"雅典与耶路撒冷"命题进一步的解释是,政治神学在生活方式和文明(何为正义、何为正当的生活方式、何为善好的政制)上对政治哲学构成了的真正挑战,即生活方式遵循神的权威与人的自然的权威之间的冲突。他所说的政治神学指的是施米特(Carl Schmitt)的政治神学,而施米特的政治神学只不过是批判"去主权政治化"(包括神学的去政治化)的一种分析工具,并不是

---

① 参见 Leo Strauss, "Why We Remain Jews: Can Jewish Faith and History Still Speak to Us?" in *Jewish Philosophy and the Crisis of Modernity: Essays and Lectures in Modern Jewish Thought* (Albany: State University of New York Press, 1997), 311-356; *Leo Strauss: Political Philosopher and Jewish Thinker*, eds. Kenneth L. Deutsch and Walter Nicgorski (Lanham, Md.: Rowman & Littlefield, 1994); Eugene Sheppard, *Leo Strauss and the Politics of Exile: The Making of a Political Philosopher* (Waltham, MA: Brandeis University Press, 2006); Steven B. Smith, *Reading Leo Strauss: Politics, Philosophy, Judaism* (Chicago: University of Chicago Press, 2007); George Anastaplo, "Leo Strauss and Judaism Revisted," in *The Bible: Respectful Readings* (Lanham: Lexington Books, 2008), 225-232。

② 参见 Leo Strauss, "Jerusalem and Athens: Some Introductory Reflections," in *Studies in Platonic Political Philosophy* (Chicago: University of Chicago Press, 1983), 147-173; Leo Strauss, "Progress or Return?" in *The Rebirth of Classical Political Rationalism*, ed. Thomas Pangle (Chicago: University of Chicago Press, 1989), 227-270; *Leo Strauss and the Theologico-Political Problem*, ed. Heinrich Meier, trans. Marcus Brainard (Cambridge: Cambridge University Press, 2006); *Leo Strauss, Jewish Philosophy and the Crisis of Modernity: Essays and Lectures in Modern Jewish Thought*, ed. Kenneth Hart Green (Albany: State University of New York, 1997); Kenneth Hart Green, *Leo Strauss and the Rediscovery of Maimonides* (Chicago and London: University of Chicago Press, 2013); Susan Orr, *Jerusalem and Athens: Reason and Revelation in the Work of Leo Strauss* (Lanham, Md: Rowman & Littlefield Publishers, 1995); *Leo Strauss and Judaism: Jerusalem and Athens Critically Revisited*, ed. David Novak (Lanham, Md: Rowman & Littlefield Publishers, 1996)。

真正的生活方式和文明上的政治神学,即耶路撒冷之名所代表的传统犹太教。[①]真正的"政治神学"不应奉施米特的现代定义为圭臬,也不该以施米特的政治神学概念来阐释犹太政治神学——要么将犹太教的独一神论视为世俗的君主或主权原则的对等物,要么将犹太教的独一神论视为表达以色列真实的政治生存意识的虚假神学外衣。[②] 与此相反,我们尝试将犹太教定义为在生活方式和文明上与希腊政治哲学相对应的真正意义上的"政治神学"。摩西第五经《申命记》首创了上帝与以色列立约的神学话语:"以色列信仰独一的神雅威,上帝出于爱而独一拣选了以色列。"从此,以色列各支派在观念上(而非历史事实上)统一为犹太人,而以色列各族群的先祖信仰和多神信仰统一为对独一神雅威的信仰。这种《希伯来圣经》中的犹太教独一神论信仰,即以色列当敬拜独一的神雅威且以色列是被独一的神雅威所独一拣选的民族,深刻地表达了对上帝的信仰与对以色列共同体的认同二者之间不可分割的同一性,这才是原初意义上的"政治神学"。[③] 在古代对神的信仰与对政治共同体的认同之间的象征性关系十分常见,但以独一神论和以色列救赎史的明确形式在民族的神圣经典中表达得如此深刻的绝无仅有。这就是犹太政治神学在西方思想史上和世界历史中的影响和地位

① 参见 Heinrich Meier, *Die Lehre Carl Schmitts: Vier Kapitelzur Unterscheidung Politischer Theologie und Politischer Philosophie* (Stuttgart/Weimar: J.B. Metzler, 1994); Thomas L. Pangle, *Political Philosophy and the God of Abraham* (Baltimore: The Johns Hopkins University Press, 2003); Marc D. Guerra, "Leo Strauss and the Recovery of the Theologico-Political Problem," *The Political Science Reviewer* 36 (2007): 47-80; Leora Batnitzky, "Leo Strauss and the 'Theologico-Political Predicament,'" in *The Cambridge Companion to Leo Strauss*, ed. Steven B. Smith (Cambridge: Cambridge University Press, 2009), 41-62。

② 参见 Carl Schmitt, *Politische Theologie: Vier Kapitelzur Lehre von der Souveränität* (1922) (Berlin: Duncker &Humblot, 2015) ; Carl Schmitt, *Politische Theologie II: Die Legende von der Erledigung jeder Politischen Theologie* (Berlin: Duncker &Humblot, 1970); Miguel Vatter, "The Political Theology of Carl Schmitt," in *The Oxford Handbook of Carl Schmitt*, eds. Jens Meierhenrich and Oliver Simons (Oxford: Oxford University Press, 2016), 245-268。

③ 参见 Rudolf Smend, *Die Mitte des Alten Testaments: Exegetische Aufsätze* (Tübingen: Mohr Siebeck, 2002) 。

足以与希腊的政治哲学相抗衡的特殊性之所在。①

施特劳斯的"雅典与耶路撒冷"命题无疑是对上述观念的充分肯定。在施特劳斯的政治哲学中,重新发现以哲学方式重述犹太律法与神学的犹太哲人迈蒙尼德(Moses Maimonides)是其思想发展的一个重要路标。但令人困惑的是,施特劳斯所发现的迈蒙尼德及其中世纪理性主义恰恰是犹太教与柏拉图的政治哲学以及亚里士多德的认识论的调和,就像是黑格尔调和古今一样,迈蒙尼德调和了两种难以相容的思想方式和生活方式。施特劳斯所发现的迈蒙尼德的先知论很难说是犹太教的,毋宁说是柏拉图的政治哲学式的;施特劳斯发现迈蒙尼德的目的也不是复兴犹太教的政治神学传统,而是复兴柏拉图的政治哲学。② 如果不是隔着一层隐微的写作艺术的保护,迈蒙尼德的理性主义与斯宾诺莎的现代理性主义之间的连续性问题看起来难以回避,尽管施特劳斯认为他们二人的著作都是以各自的方式在为犹太人辩护。

施特劳斯早年所做的讲座《理性与启示》(1948)表明,不仅论迈蒙尼德与斯

---

① 这种原初意义上的政治神学超出了阿斯曼(Jan Assmann)所说的出埃及神话中的"摩西区分"(Die Mosaische Unterscheidung),亦即独一神论的真假宗教、一神论信仰与多神论的偶像崇拜、正统与异端之间的排斥性区分。看起来阿斯曼是将施米特的"敌友之分"的政治概念挪用于一神论之上,其不可避免的结论竟然是,不宽容的独一神论是基督教仇恨犹太教以及现代反犹主义的起源!他的后现代多元主义立场错误地预设多神教一定具有宽容与和平的性质。参见 Jan Assmann, *Moses der Ägypter: Entzifferungeiner Gedächtnisspur* (München: Carl Hanser, 1998); Jan Assmann, *Herrschaft und Heil: PolitischeTheologie in Ägypten, Israel und Europa* (München: Carl Hanser, 2000); Jan Assmann, *Die Mosaische Unterscheidungoder der Preis des Monotheismus* (München: Carl Hanser, 2003); Jan Assmann, *Exodus: Die Revolution der Alten Welt* (München: C. H. Beck Verlag, 2019); Jan Assmann, "Political Theology: Religion as Legitimizing Fiction in Antique and Early Modern Critique," in *Religion and Politics: Cultural Perspectives*, eds. Bernhard Giesen and Daniel Šuber (London: Leiden), 193-203。要理解原初意义上的"政治神学",亦即传统的犹太教,毋宁是在它与现代犹太民族主义和犹太复国主义(Zionism)(以及犹太社会主义)的对立和张力中,也就是在"犹太教的古今之争"或"犹太教的宗教性与民族性之争"(The Classical Tension Between the Ethnic and the Religious in Judaism)中。参见 Jacob Neusner 纽斯纳,《犹太教》[Judaism],周伟驰 Zhou Wechi 译(上海[Shanghai]:上海古籍出版社[Shanghai Classics Publishing House],2008),15—24。

② 参见 Leo Strauss, *Philosophy and Law: Contributions to the Understanding of Maimonides and His Predecessors*, trans. Eve Adler (Albany, NY: State University of New York Press, 1995); Leo Stauss 施特劳斯,《哲学与律法:论迈蒙尼德及其先驱》[Philosophy and Law: Contributions to the Understanding of Maimonides and His Predecessors],黄瑞成 Huang Ruicheng 译(北京[Beijing]:华夏出版社[Huaxia Press],2012);林志猛 Lin Zhimeng,《柏拉图〈法义〉研究翻译和笺注》[A Commentary to Plato's *Law*] (上海[Shanghai]:华东师范大学出版社[East China Normal University Press],2019);刘振 Liu Zhen,《哲人与历史:现代政治思想中的历史意识》[Philosopher and History: Essays on the Modern Intellectual History] (上海[Shanghai]:华东师范大学出版社[East China Normal University Press],2021)。

宾诺莎都处于他的“理性与启示”的问题域中，这个问题域一度也涵盖了“雅典与耶路撒冷”的命题。施特劳斯的问题意识非常不同于马丁·布伯（Martin Buber）对犹太教和哈西德主义的研究、肖勒姆（Gershom Scholem）对犹太神秘主义卡巴拉的研究或者赫舍尔（Abraham Joshua Heschel）对先知神学的研究，也不同于布洛赫（Ernst Bloch）的乌托邦精神和本雅明（Walter Benjamin）的弥赛亚主义，不同于约纳斯（Hans Jonas）、鲁本斯坦（Richard Rubenstein）、法肯海姆（Emil Fackenheim）对奥斯维辛的反思，也不同于列维纳斯（Emmanuel Levinas）对《塔木德》的解释。① 施特劳斯更倾向于在“理性与启示”的思辨论证上回应斯宾诺莎的《圣经》批判、宗教批判和犹太人同化问题以及韦伯的诸神之争等问题的挑战，并经由“中世纪理性主义”返回“柏拉图的理性主义”以回应“理性主义危机”，但他并没有在生活方式（ways of life）和文明上充分显明或论证“雅典与耶路撒冷之争”中“启示”或“耶路撒冷”所面临的困境以及复兴或回归犹太教的可能性。②

施特劳斯声明自己并非一个正统犹太教徒，亦非犹太复国主义者，他“仍然是一个犹太人”，但他在“雅典与耶路撒冷”之间表现出极度倾向于雅典的政治哲学立场的确令人有些困惑。为什么施特劳斯从没有建立一条“经过雅典回归耶

① 参见 Leo Strauss, “Reason and Revelation,” in *Leo Strauss and the Theological-Political Problem*, ed. Heinrich Meier (Cambridge: Cambridge University Press, 2006), 141-180; Martin Buber 马丁·布伯，《论犹太教》[On Judaism]，刘杰 Liu Jie 译（济南[Jinan]：山东大学出版社[Shandong University Press]，2002）；Scholem 索伦，《犹太教神秘主义主流》[The Mainstreams of Jewish Mysticism]，涂笑非 Tu Xiaofei 译（成都[Chengdu]：四川人民出版社[Sichuan People's Press]，2000）；Heschel 赫舍尔，《先知神学：赫舍尔论旧约中上帝的悲悯》[The Prophets]，邓元尉 Deng Yuanwei、邱其玉 Qiu Qiyu、徐成德 Xu Chengde 等译（台北[Taipei]：校园书房[Campus Bookstores]，2020）；Bloch 布洛赫：《希望的原理》[Das Prinzip der Hoffnung]，梦海 Menghai 译（上海[Shanghai]：上海译文出版社[Shanghai Translation Publishing House]，2013，2020）；Walter Benjamin 本雅明，〈历史哲学论纲〉[On the Concept of History]，收录于《启迪：本雅明文选》[Selected Writings of Benjamin]，张旭东 Zhang Xudong、王斑 Wang Ban 译（北京[Beijing]：生活·读书·新知三联书店[SDX Joint Publishing Company]，2008）；Hans Jonas 约纳斯，《奥斯威辛之后的上帝观念》[Der Gottesbegriff nach Auschwiz]，张荣 Zhang Rong 译（北京[Beijing]：华夏出版社[Huaxia Press]，2003）；Leo Baeck, *Dieses Volk: Jüdische Existenz* (Frankfurt am Main: Europäische Verlagsanstalt, 1955/1957); Richard L. Rubenstein, *After Auschwitz: Radical Theology and Contemporary Judaism* (Indianapolis: Bobbs-Merrill, 1966); Emil L. Fackenheim, *The Jewish Return Into History: Reflections in the Age of Auschwitz and a New Jerusalem* (New York: Schocken Books, 1978); *To Mend the World: Foundations of Post-Holocaust Jewish Thought* (Bloomington: Indiana University Press, 1994); Levinas 勒维纳斯，《塔木德四讲》[Quatre Lectures Talmudiques]，关宝艳 Guan Baoyan 译（北京[Beijing]：商务印书馆[The Commercial Press]，2002）。

② 参见 Philipp Von Wussow, *Leo Strauss and the Theopolitics of Culture* (Albany, NY: SUNY Press, 2020), 255-283。

路撒冷"之路？为什么他很少有"复兴或回归摩西犹太教"的姿态？如果要像施特劳斯所说的那样深入理解西方文明的内在张力(尤其是"希腊政治哲学与犹太政治神学")所带来的文明活力，难道最有必要的不是走向"雅典与耶路撒冷"中的耶路撒冷吗？

在西方文明源头上，犹太政治神学当然要比希腊政治哲学要古老一些。我们经常忽视了一件事情，那就是，柏拉图和亚里士多德的政治哲学建立在其他文明不可复制的希腊城邦的政治经验以及希腊哲学的独特思想之上。[①] 或许，我们儒家传统及其所身处的现代困境在很多方面更接近于犹太政治神学而非柏拉图和亚里士多德的政治哲学。这也是有必要深入探讨犹太政治神学的另一个重要原因。

从生活方式和文明的层面上探究"摩西五经的犹太教"及其犹太政治神学的源流的任务，也在很大程度上设定了解释《希伯来圣经》的"经学研究"的方式。[②] 这种研究方式在犹太教那里是延续双重《托拉》(摩西五经和包括《密释纳》、以色列《塔木德》和巴比伦《塔木德》在内的口传《托拉》)的研究，在基督教那里则是有

---

① 按马南在《城邦变形记》(2010)中的讲法，城邦、帝国、教会和民族这四种政治体形式实际上都是西方所特有的，是其他文明或国家的政治形式难以类比的。参见 Pierre Manent 马南，《城邦变形记》[Les Metamorphosesdela Cite]，曹明 Cao Ming、苏婉儿 Su Waner 译(桂林[Guilin]：广西师范大学出版社[Guangxi Normal University Press]，2019)；Pierre Manent, *Les métamorphoses de la cité: Essai sur la dynamique de l'Occident* (Paris: Flammarion, 2010)。

② 现代学者称之为《希伯来圣经》的，基督教称之为《旧约》，但这是一个带有歧视性色彩的名称，而犹太教传统自己则将其称为《塔纳赫》(*Tanakh*，包括律法书、先知书和圣卷三部分)，其核心部分即被称作律法书(《托拉》，*Torah*)的摩西五经。从犹太教的摩西五经传统中产生了先知传统，先知传统中有个重要的概念"弥赛亚"("受膏的救世主"之义)，即基督教的"基督"的起源：基督(Christ)就是弥赛亚(Messiah)。国内《希伯来圣经》研究参见游斌 You Bin，《希伯来圣经的文本、历史与思想世界》[The Literary, Historical and Thought World of the Hebrew *Bible*](北京[Beijing]：宗教文化出版社[Religion and Culture Publishing House]，2016)；游斌 You Bin，《希伯来圣经导论》[An Introduction to the Hebrew Bible] (上海[Shanghai]：上海三联书店[Shanghai SDX Joint Publishing Company]，2015)；陈贻绎 Chen Yiyi，《希伯来语圣经》[The Hebrew Bible] (北京[Beijing]：昆仑出版社[Kunlun Press]，2006)；陈贻绎 Chen Yiyi，《希伯来语〈圣经〉导论》[Introduction to the Hebrew *Bible*](北京[Beijing]：北京大学出版社[Peking University Press]，2011)；钟志清 Zhong Zhiqing，《希伯来经典学术史研究》[The History of Studies of Hebrew Classics](南京[Nanjing]：译林出版社[Yilin Press]，2019)。比较文明史视角的犹太研究，参见 Eisenstadt 艾森斯塔特，《犹太文明：比较视野下的犹太历史》[Jewish Civilization]，胡浩 Hu Hao、刘丽娟 Liu Lijuan、张瑞 Zhang Rui 译(北京[Beijing]：中信出版社[CITIC Press]，2019)。另参见 Max Weber 马克斯·韦伯，《古犹太教》[Das antike Judentum]，康乐 Kang Le、简惠美 Jian Huimei 译(上海[Shanghai]：上海三联书店[Shanghai SDX Joint Publishing Company]，2022)。

态度有深度的旧约神学研究。[1] 犹太教的双重《托拉》研究在国内目前尚缺乏学术积累和深入研究的条件，犹太教的经学研究目前只能多求助于所谓的“旧约神学”，尤其是 20 世纪最伟大的旧约神学家冯拉德（Gerhard von Rad）的旧约神学。[2]

当年笔者在莫尔特曼（Jürgen Moltmann）的指导下研究巴特（Karl Barth）

---

① 所谓《希伯来圣经》的“经学研究”仍然坚持它首先是作为神圣经典被犹太教和基督教传承下来的“经”，而不是一般意义上的“文本”。后现代主义的“去经典化”（decanonization）实际上从三四百年前斯宾诺莎的《圣经》批判和宗教批判就开始了，斯宾诺莎之后的基督教的《圣经》历史批判直到今天各种形式的解构主义研究，在其研究的问题意识和学科限定上就已或明或暗地拒斥了任何政治神学以及文明论的学术话语形式。通过窄化问题域和思想视野，古以色列史、比较宗教学以及文化研究等学科在阐释《希伯来圣经》上获得了稳固而实证的基础。然而，作为一部写给以色列人并被犹太教世代传承的经书，它的写作对象、成书意图、解释方式、接受与传承的受众，首先并不是“普通读者”或一般学者，因而在如何定位这部“经”的性质时，这些也是必须予以首先考虑的事项。研究《希伯来圣经》及其犹太政治神学从一开始就需要有一个切合犹太教自己的经典解释传统的政治哲学立场和视角。比如，门登霍尔（George E. Mendenhall）和哥特瓦尔德（Norman Gottwald）的社会学批判，或者沃尔泽（Michael Walzer）对“出埃及”的社会政治解释，侧重于揭示古以色列社会的经济不平等、阶级斗争和对政治解放的追求，这种做法更像是嫌人们“过于天真朴素地阅读《圣经》”而将某种现代政治理念强加于古以色列史。参见 George E. Mendenhall, *The Tenth Generation*: *The Origins of the Biblical Tradition* (Baltimore: The Johns Hopkins Press, 1973); George E. Mendenhall, *Ancient Israel's Faith and History*: *An Introduction to the Bible in Context* (Louisville, KY: Westminster John Knox Press, 2001); Norman K. Gottwald, *The Tribes of Yahweh*: *A Sociology of Religion of Liberated Israel 1250-1050 B.C.E* (Maryknoll. NY: Orbis Books, 1979); Norman K. Gottwald, *The Hebrew Bible*: *A Socio-Literary Introduction* (Philadelphia: Fortress, 1985); Michael Walzer, *Exodus and Revolution* (New York: Basic Books, 1985); Michael Walzer, *In God's Shadow*: *Politics in the Hebrew Bible* (New Haven: Yale University Press, 2012); Mark G. Brett, *Locations of God*: *Political Theology in the Hebrew Bible* (New York: Oxford University Press, 2019)。另外，像阿斯曼将犹太的神学观念视为以色列在近东各国的敌意中保持民族自我同一性的“政治的神学化”，追随了陶伯斯（Jacob Taubes）翻转施米特的政治神学的论题。阿斯曼将犹太教摩西传统一直追溯到公元前 14 世纪埃及阿肯那顿的一神教宗教革命，摩西将埃及一神教引入以色列是出自区隔宗教敌人对抗近东各国的多神教的深谋远虑。参见 Jacob Taubes, *Die politische Theologie des Paulus* (München: Wilhelm Fink, 1993); Jacob Taubes, "Seminar Notes on Walter Benjamin's 'Theses on the Philosophy of History,'" in *Walter Benjamin and Theology*, ed. Colby Dickinson (New York: Fordham University Press, 2016), 179-216。

② 参见 Jacob Neusner, *The Theology of the Oral Torah*: *Revealing the Justice of God* (Montreal: McGill-Queen's University Press, 1999)。口传《托拉》文献的汉译版，参见《密释纳·第一部：种子；第二部：节期》[Mishnah(1-2)]，张平 Zhang Ping 译（北京[Beijing]：商务印书馆[The Commercial Press]，2022）；Adin Steinsaltz 阿丁·施坦泽兹，《阿伯特：犹太智慧书》[Commentaryto Avot]，张平 Zhang Ping 译（北京[Beijing]：中国社会科学出版社[China Social Sciences Press]，1996）；Adin Steinsaltz 亚丁·史坦萨兹，《塔木德精要》[The Essence of Talmud]，朱怡康 Zhu Yikang 译（台北[Taipei]：启示出版社[Apocalypse Press]，2015）；A. Cohen 亚伯拉罕·柯恩，《大众塔木德》[Everyman's Talmud]，盖逊 Gai Xun 译（济南[jinan]：山东大学出版社[Shandong University Press]，2004）。

和朋霍费尔(Dietrich Bonhoeffer)神学时他曾谈到,德国二战后一代神学家与巴特和布尔特曼(Rudolf Bultmann)那一代之间的一个重要区别就在于,他与潘能伯格(Wolfhart Pannenberg)等人都深受冯拉德的历史神学的影响。① 莫尔特曼建议笔者研究一下冯拉德,笔者发现他的以色列"传承史"[die Überlieferungsgeschichte,有时他也写作"传统史"(die Traditionsgeschichte)]神学范式既突破了盛行欧洲300多年的《圣经》历史批判的现代教条,又将《圣经》历史批判法的文史考据成果重新融汇于"传承史"的神学观念之中,最大限度地将《希伯来圣经》中的摩西传统、先知传统和弥赛亚主义的意义展示出来,对于把握《希伯来圣经》及其犹太政治神学具有无可替代的价值。

本文尝试以冯拉德的旧约神学范式来阐释犹太政治神学的含义,因此,介绍冯拉德的旧约神学(尽管他无疑是20世纪最伟大的旧约神学家)并非本文的目标,本文旨在通过冯拉德的历史神学观念和旧约神学的研究范式,探究《希伯来圣经》(集中于《旧约》中最具神学性的摩西五经第五经《申命记》)所表达的犹太政治神学的基本要义。

二、冯拉德的以色列传承史神学

冯拉德在20世纪旧约神学领域中的地位堪与布尔特曼在新约神学领域的

① 莫尔特曼的《盼望神学:基督教终末论的基础与意涵》(1964)中的"复活的基督"的末世论范式,就建立在冯拉德的"上帝的应许"概念之上。参见 Jürgen Moltmann, *Theologie der Hoffnung: Untersuchungen zur Begründung und zu den Konsequenzen einer christlichen Eschatologie* (München: Chr. Kaiser, 1964), 85-124; Jürgen Moltmann 莫尔特曼,《盼望神学:基督教终末论的基础与意涵》[Theologie der Hoffnung: Untersuchungen zur Begründung und zu den Konsequenzen einer christlichen Eschatologie],曾念粤 Zeng Nianyue 译(香港[Hongkong]:道风书社[Logos and Pneuma Press],2007),97—140。在旧约神学中"应许"(die Verheißung)概念的核心地位相当于新约神学中"启示"(die Offenbarung)概念。冯拉德认为,上帝的应许最初是对以色列的应许,对弥赛亚的盼望并未被对耶稣基督的唯一盼望所终结;而巴特的"上帝的自我启示"的概念首先奠基于上帝在耶稣基督中的自我启示,其次才是在《圣经》和教会中的自我启示,这一启示既包括旧约《圣经》和以色列,也包括新约《圣经》和基督教会。

地位相当。① 冯拉德的《旧约神学》(1957—1960)上卷“以色列历史传承的神学”(die Theologie der geschichtlichen Überlieferungen Israels)、下卷“以色列先知传统的神学”(die Theologie der prophetischen Überlieferungen Israels)及其传承史范式是20世纪下半叶旧约神学研究的基石。冯拉德与诺特(Martin Noth)同为古以色列史学大师阿尔特(Albrecht Alt)最出色的弟子,他们都以解释摩西五经(der Pentateuch)的起源见长,都使用“传承史”的研究范式;而阿尔特的老师正是宗教史学派的圣经批判大师衮克尔(Hermann Gunkel),冯拉德从衮克尔那里继承了形式批判法。冯拉德同时还深受20世纪最伟大的新教神学家卡尔·巴特的影响,在德国纳粹统治期间他加入巴特领导的认信教会(die Bekennende Kirche)并积极反抗德意志基督徒(die Deutschen Christen)的神学主张。甚至可以说,冯拉德在旧约神学名目下从事的《希伯来圣经》研究也属于巴特的《圣经的陌生的新世界》(1917)所开创的“回到圣经”运动的一部分。② 不过,冯拉德的旧约神学的“上帝的应许与实现”的主题在很大程度上避免了巴特式的基督中心论及其《圣经》神学框架,也避免了将《圣经》的普世救赎盼望收敛于耶稣基督的中心并以基督教会取代以色列信仰共同体的危险倾向。这种切断《圣经》传承史甚至废弃整个以色列的信仰共同体的危险倾向,在支持纳粹德国

---

① 参见 Rudolf Bultmann, *Theologie des Neuen Testaments* (Tübingen: Mohr Siebeck, 1948, 1953)。布尔特曼的《新约神学》以及围绕“历史的耶稣”问题与他的弟子们 Ernst Käsemann、Ernst Fuchs、Günther Bornkamm、Herbert Braun、Hans Conzelmann、Willi Marxsen、Gerhard Ebeling、Walter Schmithals、Heinrich Schlier、Uta Ranke-Heinemann、Eta Linnemann、Manfred Mezger、Günter Klein、Helmut Koester 等旷日持久的论战推动了20世纪新约神学研究。冯拉德二战后在海德堡大学执教近20年(1949—1967),也有 Hans Walter Wolff、Odil Hannes Steck、Hans-Joachim Kraus、Rolf Rendtorff、Klaus Koch、Hans-Jürgen Hermisson 等一众出色的弟子,而且对盖瑟(Hartmut Gese)和美国的柴尔兹(Brevard Childs)以及布鲁格曼(Walter Brueggemann)产生了深刻的影响。参见 Gerhard von Rad, *Theologie des Alten Testaments* (München: Chr. Kaiser, 1957, 1960); Hans Walter Wolff, Rolf Rendtorff, and Wolfhart Pannenberg, *Gerhard von Rad: seine Bedeutung für die Theologie. Drei Reden* (München: Chr. Kaiser, 1973); James L. Crenshaw, *Gerhard von Rad* (Waco, Texas: Word Books, 1978); Brevard Childs, *Old Testament Theology in a Canonical Context* (Philadelphia: Fortress Press, 1985); Walter Brueggemann, *Theology of the Old Testament: Testimony, Dispute, Advocacy* (Minneapolis: Fortress Press, 1997), 31-49; Rudolf Smend, “Der Theologe des Alten Testaments: Gerhard von Rad,” in *Bibel und Wissenschaft. Historische Aufsätze* (Tübingen: Mohr Siebeck, 2004), 187-198。

② 巴特说:“《圣经》里有一个陌生的新世界,那是上帝的世界。”[Karl Barth, “Die neue Welt Gottes in der Bibel,” in *Das Wort Gottes und die Theologie* (München: Chr. Kaiser, 1929), 32]巴特的反纳粹檄文《(摩西十诫中的)第一诫是神学的公理》(1933),参见 Karl Barth, “Das erste Gebot als theologisches Axiom,” in *Theologische Fragen und Antworten. Gesammelte Vorträge, III* (Zollikon-Zürich: Evangelischer Verlag, 1957), 127-143;张旭 Zhang Xu,《卡尔·巴特神学研究》[A Study of Karl Barth's Theology](上海[Shanghai]:上海人民出版社[Shanghai Renmin Chubanshe],2005)。

的日耳曼宗教运动、反犹主义和犹太人大屠杀中达到了灾难性的顶峰。作为路德宗的基督教神学家,冯拉德在纳粹德国期间从事旧约神学研究并坚持传承史的观念,在残酷的教会斗争与大屠杀时代站在了支持纳粹的日耳曼宗教的对立面,为二战后深刻反思基督教与犹太教之间漫长的悲剧性历史的神学观念之根开路,也为基督教的圣经神学研究赢得了道义上的权利。[①]

冯拉德的传承史观念坚决抵制割裂《旧约》与《新约》、犹太教与基督教、以色列与基督教会之间传承关系,这样基督教旧约神学对《希伯来圣经》的研究才具有学术道德上的合法性,其神学研究对于传承《希伯来圣经》的信仰共同体(无论是犹太人还是基督徒)才具有意义。[②] 根据《新约》以来的基督教神学观念,《旧约》与《新约》之间的关系是一种预表与见证的关系。冯拉德在《旧约中的预表解释》(1952)一文中认为,对新旧两约的预表解释是基于上帝的"应许与实现"(Verheißung und Erfüllung)的观念之上的,而割裂《旧约》与《新约》、以色列与基督教会则是对犹太教—基督教对上帝的应许的共同信仰的否定和拒斥。[③]《旧约》对《新约》的预表并不是一个事实应验了预言的历史现实的证实问题,而是对上帝的应许必将实现的信仰和信念的问题。冯拉德在《旧约神学》中说:"类比问题或预表问题在世俗的历史学家中间也很流行。在此当然不是去追问外在进程的类比,而是信仰之事(die Credenda)的类比,它肯定是外在事件完全无法与之相比的。"[④]因此,犹太教与基督教之间的连续性乃是对上帝的应许的坚定信仰一脉相承的连续性,而非一般意义上的历史连续性。信仰、观念和生活方式

---

① 路德当初为了抗议罗马天主教突出强调"律法与福音"(Gesetz und Evangelium)之分,这一教义最终导致像哈纳克(Adolf Harnack)和布尔特曼这样的现代新教神学巨擘都不能摆脱某种程度上取缔旧约的马克安主义倾向。路德的"律法与福音"的二分可追溯到奥古斯丁驳贝拉纠派时"律法与恩典"的二分,还可进一步追溯到保罗在《新约·罗马书》10:5—9中"信仰与律法"的二分,最终可追溯到耶稣登山训道的语式"你们听过……但是我对你说……"。近半个世纪持有"保罗新观"的学者们认为,路德从更为原始的立约关系(covenantal relation)中分离出律法与福音的对立,是对保罗的严重误读;而陶伯斯也以一己之力重新恢复了"犹太人保罗"的形象。参见 Krister Stendahl, *Paul among Jews and Gentiles, and Other Essays* (Philadelphia: Fortress, 1976); E. P. Sanders, *Paul and Palestinian Judaism: A Comparison of Patterns of Religion* (Philadelphia: Fortress, 1977); James D. G. Dunn, "The New Perspective on Paul," in *Jesus, Paul, and the Law: Studies in Mark and Galatians* (Louisville, KY: Westminster John Knox Press, 1990), 183-214; James D. G. Dunn, *The New Perspective on Paul* (Grand Rapids: Eerdmans, 2005); N. T. Wright, *Pauline Perspectives: Essays on Paul 1978-2013* (Minneapolis: Fortress, 2013); Jacob Taubes, *Die politische Theologie des Paulus* (München: Wilhelm Fink, 1993)。

② 关于新约与旧约的关系,参见 Gerhard von Rad, *Theologie des Alten Testaments*, II, 339-412。

③ 参见 Gerhard von Rad, "Typologische Auslegung des Alten Testaments," in *Gesammelte Studien zum Alten Testament*, II (München: Chr. Kaiser, 1973), 272-288。

④ Gerhard von Rad, *Theologie des Alten Testaments*, II, 392.

的可传承性在广度、深度和力度上都远远超越了物质的、社会制度的、种族人口的或土地的继承性和延续性的限度，也是传承史所要传承的首要之事。被剥去了所承载的生活方式的信念和文明意义的纯粹历史事实是很少被古代人世代传承下来的。[①]

对上帝的应许的信仰奠定了犹太教与基督教之间的传承关系，它先是塑造了以色列的生活方式与宗教信念的母体，对上帝的应许的盼望的历史性与末世论之维后来孕育了对“作为弥赛亚的耶稣”的信仰。[②] 然而从一开始，基督教坚持“旧约应许并见证了耶稣基督”的“预表解释学”就不免带着贬低和否定以色列对“上帝的应许”的信仰的危险倾向，即使是盼望上帝的应许的弥赛亚主义也可以被转换成“得胜的基督”的基督教末世论。潘能伯格的“历史神学”和莫尔特曼的“盼望神学”以及旧约神学家齐默利（Walther Zimmerli）和魏斯特曼（Claus Westermann）等人通过强调弥赛亚主义越来越强烈的普世化、宇宙化和末日启示化的趋势，将上帝的应许的重心从解救以色列转移到耶稣基督身上——耶稣基督是“上帝的应许”的一次决定性的、普世性的甚至是一劳永逸的“实现”。按照犹太教的救赎史观念，以色列民族不断背叛上帝与以色列之间的立约导致上帝对以色列人民的愤怒与审判，先知们对以色列背叛上帝诫命不时会发出严厉的谴责；而在基督教的救赎史中，犹太先知谴责以色列被挪用为耶稣和保罗对革新以色列信仰方式的支持，而耶稣代替了包括以色列在内的整个人类受罪得到上帝悦纳而更新并救赎了以色列。

可以说，耶稣本人以及保罗借用先知神学和弥赛亚主义对犹太教的激进解释和激进批判，奠定了整个圣经神学的“预表解释学”的叙事逻辑，在神学上审判以色列以及现实中歧视迫害犹太人的反犹主义倾向，就早已包含于基督教从犹

---

① 实际上，从1世纪犹太史学家约瑟夫斯(Flavius Josephus)的《犹太战争》和《犹太古史》到18世纪神学家巴斯纳热(Jacques Basnage)的《从耶稣基督到现时代的犹太史》(1699)这长达16个世纪的时间里，犹太人并没有写过一部民族通史或像《史记》与《资治通鉴》那样的纪传体和编年体的历史。格拉茨(Heinrich Graetz)的里程碑的十一卷本《从古至今的犹太人的历史》(*Geschichte der Juden von den Anfängen bis auf die Gegenwart*, 1853-1875)并非基于传统犹太教的历史神学信念，而是现代欧洲实证史学、历史主义、民族主义的产物，它极大地推动了19、20世纪犹太复国主义运动。

② 参见 Gershom Scholem, “Toward an Understanding of the Messianic Idea,” in *The Messianic Idea in Judaism and Other Essays on Jewish Spirituality*, trans. Michael A. Meyer (New York: Schocken Books, 1995), 1-36; William Scott Green and Jacob Neusner, *The Messiah in Ancient Judaism* (Atlanta, 1999)。

太教中分离出来的那场犹太宗教革命之中。[①] 作为犹太教信仰和盼望上帝对以色列人民的应许的产物,早期基督教会与同时代的"拉比犹太教"处于某种兄弟宗教争夺"摩西犹太教"传统以及上帝信仰的解释权的竞争性关系之中。[②] 直到基督教成为罗马帝国的国教,基督教在与犹太教的竞争性关系中彻底占据了上风,犹太教遭到基督教的抵制开始了被驱逐流散到全世界的命运(或许更甚于被掳埃及和巴比伦以及罗马的镇压)。在以基督教为中心的世俗化现代社会中,犹太教除了继续承受基督教圣经神学以基督中心论排斥犹太教解释《希伯来圣经》的压力,还要经受宗教改革和启蒙运动以来的《圣经》历史批判法对犹太教有神论信仰的巨大冲击。显然,新的圣经神学不仅要肯定犹太教与基督教之间的传承史,承认犹太教与基督教这对兄弟宗教在上帝信仰和神学叙事上各自相对独立的地位,而且更要与基督教一起回应历史批判法、解构主义和宗教多元论的挑战。

---

① 耶稣说:"摩西的律法,先知的书,和诗篇上所记的,凡指着我的话,都必应验。"(《路加福音》24:44)。耶稣这句话是对《旧约》中"上帝的应许与实现"的盼望的激进解释,因为他将他"自身"视为上帝之子、以色列人盼望的弥赛亚、上帝与世界和解的中保、上帝的应许的实现。这是犹太教一直不能接受的。新约中经常说:"……是要应验主借先知所说的话"(《马太福音》1:22,2:15,2:17,2:23,4:14,12:17,13:35,21:4,27:9),这是在摩西传统与耶稣基督的新传统之间通过弥赛亚主义建立起一个清晰的"传承史":耶稣模仿伟大的先知摩西,登山训众并在山上立下新的律法;他是至高的祭司,他在耶路撒冷清洁了圣殿(《马太福音》12:6,《约翰福音》2:13—15);他是比所罗门更有智慧的君王,能轻松决疑(《马太福音》12:24);他是"大卫的子孙",是以色列王朝的合法继承人(《马可福音》12:35—37,15:2)、"得胜的人子"(《但以理书》7:13—15,《马可福音》13:26)和"受难的仆人"(《以赛亚书》53,《马可福音》10:45)。但耶稣激烈批判摩西传统(《马太福音》5—7,《约翰福音》1:17, 3:14, 5:45—47, 6:32, 7:19)却也是继承了先知传统激进批判摩西传统的做法,只不过他激进地解释了先知传统中弥赛亚盼望的对象与含义。

② 按照纽斯纳(Jacob Neusner)的讲法,随着70年耶路撒冷沦陷、圣殿被毁以及基督教兴起,犹太教在90年开始了正典集结工作,犹太的拉比确定了三十九卷旧约正典。到了2世纪《密释纳》和《塔木德》开始集结成典,拉比阿基巴(Rabbi Akiba)大力推动犹太统一经文运动。在不到一个世纪的时间里,第二圣殿时期的犹太教平行孕育出"拉比犹太教"和早期基督教会两大传统,分别确立了《塔木德》和《新约》两大经典。《新约》作为第二圣殿时期晚期兴起的以耶稣基督来重新定义以色列身份的犹太教新派别的正统经典,为了标明其独特的以色列社群身份,基督教教会将犹太教贬低为律法主义,并将希伯来圣经用作预示和见证耶稣基督到来的"旧典",以此对抗犹太教的大传统。参见 Jacob Neusner, *Jews and Christians: The Myth of a Common Tradition* (London and Philadelphia: SCM Press and Trinity Press International, 1991); Jacob Neusner, *Judaism When Christianity Began: A Survey of Belief and Practice* (Louisville: Westminster John Knox Press, 2002)。图宾根大学的亨格尔对犹太教、希腊化与基督教之间相互影响的经典参见 Martin Hengel, *Judentum und Hellenismus: Studien zu ihrer Begegnung unter besonderer Berücksichtigung Palästinas bis zur Mitte des 2. Jahrhunderts vor Christus* (Tübingen: J. C. B. Mohr, 1988)。尼伦伯格深入探究了中世纪的犹太教、基督教和伊斯兰教之间的互动,参见 David Nirenberg, *Neighboring Faiths: Christianity, Islam, and Judaism in the Middle Ages and Today* (Chicago: The University of Chicago Press, 2014)。尼伦伯格对西方反犹主义传统研究参见 David Nirenberg, *Anti-Judaism: The Western Tradition* (New York: W. W. Norton & Company, 2013)。

在现代《圣经》研究中，以历史事实为科学实证基础的历史批判法与以信仰宣道为共同体传承基础的圣经神学是学术上相互竞争、立场上难以兼容的两大研究范式和解释传统。当然，历史批判法与圣经神学之争归根结底乃是启蒙运动以来科学与神学之争的一部分。冯拉德在创建其“传承史”的旧约神学范式之时，他的老师的阿尔特学派[诺特(Martin Noth)、赫尔曼(Siegfried Herrmann)、唐纳(Herbert Donner)等]以及美国的奥尔布赖特(William Foxwell Albright)学派[怀特(G. Ernest Wright)、布莱特(John Bright)、格鲁伊克(Nelson Glueck)、斯贝瑟(E. A. Speiser)、高登(Cyrus Gordon)等]的《旧约》历史批判与以色列史考古方兴未艾，对圣经神学的信仰解释造成巨大的冲击。冯拉德仍然站在类似于儒家经学的圣经神学立场去理解整个《希伯来圣经》所记述和被编纂的以色列历史(而非基于以色列考古的古以色列史)，将被编纂的以色列史视为世代重申对上帝的应许的信仰的传承史。他认定《希伯来圣经》的本质就是坚定信仰上帝对以色列的应许及其实现的“历史神学”而非其余别的什么。《希伯来圣经》所记载的是一部对上帝的应许的信仰和盼望的传承史，而不是纯粹的古以色列政治事件编年史；圣经历史批判法对文学形式、历史事实和正典编纂和形成过程所做的考证，完全支持而非否定《希伯来圣经》所自我理解和自我宣叙的“历史神学”。所谓的“历史神学”，并非系统神学那样的一门神学分支学科，也不是以维科、柏克或黑格尔式的历史哲学解释犹太教或基督教教义，而是指《希伯来圣经》中犹太教对“上帝的作为启示于以色列历史之中”以及“上帝的应许必将在以色列历史中得以实现”的神学信念。这对理解犹太政治神学的内涵具有方向上的指引性。

冯拉德以“传承史神学”(Die Theologie der geschichtlichen Überlieferung)阐释《希伯来圣经》的犹太教信仰及其形成过程，其基本范畴包括“应许与实现”(Verheißung und Erfüllung)、“预表”(die Typologie)、“重述”(die Nachcrzählung)、“传承史”等。冯拉德以“传统/传承”(die Überlieferung)取代了19世纪旧约神学巨擘威尔豪森(Julius Wellhausen)的“底本”概念和圣经历史批判法的“历史”概念，以动态的“传承史”(die Überlieferungsgeschichte)突破了20世纪上半叶旧约神学大师艾希洛特(Walther Eichrodt)以“立约”(berith/Bund)的单一主题为中心的面面俱到的主题阐释，对后来的盖瑟(Hartmut Gese)的“传统形成”(der Traditionsprozess)和柴尔兹(Brevard Childs)的“经典批判”(Canon Criticism)的圣经神学研究范式产生了深刻的影响。冯拉德、盖瑟和柴尔兹的圣经神学都将《旧约》与《新约》作为基督教会共同体最终确认的“经”通为一统，将传承史中被犹太教或基督教会的信仰共同体所承认的“最终形式”的经典视为“上帝之道”的权威，以此超越了历史批判法带来的“历史与信仰”的对立,矫正了现代新教神学过于个人主义、过于自由主义、过于生存主义的神学模式。冯拉德1971年去世之后,20世纪70年代兴起的一代旧约神学家,如深受其影响的柴尔兹和伦托尔夫(Rolf Rendtorff)等与巴尔(James Barr)、列文森(Jon D. Levenson)等人一起试图以"语言转向"去克服圣经研究中"历史与信仰"之间的对立,在珀度(Leo Perdue)所说的"历史之蚀"(the collapse of history)之后,重建新的旧约神学范式。在20世纪末布鲁格曼推出了他的"后现代旧约神学",以利科(Paul Ricœur)的"见证"和"想象力"概念取代了传统的"信仰"概念,以"见证、争议、辩护"的多主题线索并进的纲领兼容柴尔兹的经典批判、哥特瓦尔德的社会批判与缪伦伯格(James Muilenburg)的修辞学分析,极大程度地拓展了旧约神学的时代相关性。① 不过,后现代旧约神学范式所接受的社会批判和修辞批判及其后现代主义哲学的取向在很大程度上是以解构犹太政治神学的基本观念为前提的;因而对于理解《希伯来圣经》来说,反而是冯拉德的传承史的旧约神学范式,既吸收了《圣经》的历史批判和形式批判的成果,又最大限度地阐发了《希伯来圣经》及其编纂史的犹太政治神学的意义,有助于抵制现代主义和后现代主义对作为集体记忆和文化记忆的传统的大清洗。

三、摩西第五经的历史传承

对于理解犹太政治神学来说最重要的一件事就是,犹太教是一个"经的宗教"(religion of the book)——《希伯来圣经》是一部有着明确的政治神学信念并负载着一个信仰共同体的生活方式和历史传承因而被尊为"经"的经书,它绝不

① 参见 Rolf Rendtorff, *Canon and Theology* (Philadelphia: Fortress, 1993); Brevard S. Childs, *Theology of the Old and New Testaments: Theological Reflection on the Christian Bible* (Philadelphia: Fortress Press, 1993): James Barr, *The Concept of Biblical Theology: An Old Testament Perspective* (Minneapolis: Fortress Press, 1999); Jon D. Levenson, *The Hebrew Bible, the Old Testament, and Historical Criticism: Jews and Christians in Biblical Studies* (Louisville: Westminster John Knox, 1993); Leo Perdue, *The Collapse of History: Reconstructing Old Testament Theology* (Minneapolis: Augsburg Fortress, 1994); Leo Perdue, *Reconstructing Old Testament Theology: After the Collapse of History* (Minneapolis: Augsburg, Fortress, 2005); Walter Brueggemann, *Theology of the Old Testament: Testimony, Dispute, Advocacy* (Minneapolis: Fortress Press, 1997), 49-60; Walter Brueggemann 布鲁格曼,《布氏旧约导论:正典与基督教的想象》[An Introduction to the Old Testament], 许子韵 Xu Ziyun 译(香港[Hongkong]:天道书楼[Tien Dao Publishing House], 2012); Walter Brueggemann 布鲁格曼,《先知式的想象》[The Prophetic Imagination: The Canon and Christian Imagination],谢乐知 Xie Lezhi 译(新北[Xinbei]:台湾基督教文艺出版社[Taiwan Christian Literary Press],2009)。关于利科的叙事神学,参见 André LaCocque and Paul Ricœur, *Penser la Bible* (Paris: Seuil, 1998)。

是一部以各种文学形式记载了古以色列的历史、法律和宗教习俗的类书。19 世纪以来的《旧约》历史批判范式已在极大的程度上解构了《希伯来圣经》的传承史的宣道与信仰。[①] 简而言之，历史批判法从摩西五经以及从《约书亚记》到《列王纪》的前先知书中分析出来从创世(《创世记》1)到被掳巴比伦(《列王纪下》25)之间的“古以色列史”史实，余下的是堆砌在这些历史事实之上的各种文学(神话、传说、传奇、寓言、小故事等)、法律和宗教的素材，至于以色列人对他们所坚信的上帝的作为、上帝的应许、上帝的立约贯穿于整个以色列兴衰成败历史中的宣讲和叙述，在被启蒙了的历史批判法眼里都不过是过时的神话而已。将《希伯来圣经》贬为一堆文学、历史、法律和宗教史的材料和形式，将《希伯来圣经》所见证和传承的犹太教的信念贬为缺乏历史证据的神话，对于犹太人和基督徒来说，不啻

① 《旧约》的历史批判研究奠基于威尔豪森(Julius Wellhausen)在其经典之作《以色列史导论》(*Prolegomena zur Geschichte Israels*, 1878)中提出的摩西五经的 JEDP 四底本说，即公元前 950—前 850 年出自南国犹大的以 Jahweh 之名的 J 典，公元前 850—前 750 年出自北国以色列的以 Elohist 之名的 E 典，公元前 721 年北国亡国后二者结合成 JE 典，是从《创世记》到《民数记》的底本；公元前 621 年，包括《申命记》《约书亚记》《耶利米书》以及被称为申命派历史的《列王纪》等在内的 D 典成书，公元前 6—前 5 世纪被掳后利未的祭司派的 P 典成书并将以色列各时代的底本集合起来合成 JEDP。本来先知传统完成的 D 典是摩西五经的顶峰，而威尔豪森的 JEDP 底本说却以 P 典作结，以此影射犹太教像天主教那样固守祭祀礼制与祭司体制，失去了先知精神而导致以色列堕落，这显然是一种新教神学的“意识形态”。参见 Julius Wellhausen, *Prolegomena zur Geschichte Israels* (Berlin: de Gruyter, 2018)。半个世纪以来，伦托尔夫及其弟子布鲁姆(Erhard Blum)对摩西五经的传承史研究最终宣告了威尔豪森的 JEDP 四底本说的破产。参见 Hans Heinrich Schmid, *Der sogenannte Jahwist: Beobachtungen und Fragen zur Pentateuchforschung* (Zürich: Theologischer Verlag, 1976); Rolf Rendtorff, *Das überlieferungsgeschichtliche Problem des Pentateuch* (Berlin: de Gruyter, 1977); Erhard Blum, *Studien zur Komposition des Pentateuch* (Berlin: de Gruyter, 1990)。另参见 Thomas Römer, “Der Pentateuch,” in Walter Dietrich, Hans-Peter Mathys, Thomas Römer, Rudolf Smend, *Die Entstehung des Alten Testaments* (Stuttgart: Kohlhammer, 2014), 52-166; *The Oxford Handbook of the Pentateuch*, eds. Joel Baden and Jeffrey Stackert (Oxford: Oxford University Press, 2021); Konrad Schmid, “Textual, Historical, Sociological, and Ideological Cornerstones of the Formation of the Pentateuch,” in *The Social Groups behind the Pentateuch* (Atalanta: The Society of Biblical Literature, 2021), 29-52。

在生活方式和世界观念上拔除他们的生存之根。① 为了对抗《圣经》历史批判法切断犹太人和基督徒继续传承生存信念和文明方式的传统之根,冯拉德重申了《希伯来圣经》中所表达的犹太历史神学观念的"传承史神学"立场,反对纯以史学、文学、哲学、宗教学的视角去解读或拆解犹太教的《圣经》叙事。② 他不像历史批判法那样将所考证的《圣经》编纂和经典建构仅仅视为对传统的神话式圣经神学观念的祛魅与摧毁,而是将《圣经》编纂和经典建构视为《希伯来圣经》的传承史神学观念的一种具体体现。

冯拉德的传承史神学坚持《希伯来圣经》所记载的以色列史是以色列人信仰上帝的立约、应许与救赎的历史,而非一般意义上的历史;《希伯来圣经》的编纂和经典确立的历史也是以色列人的历史神学信念的一部分。以色列与上帝之间互动的历史本身就是《希伯来圣经》的思想主题,上帝的应许的以色列救赎史叙事本身就是犹太教信念体系的基础,因此,犹太人对摩西五经的叙事、编纂与传承以及对律法书、先知书的信仰和宣讲,不啻这种救赎史信念的核心:宗教之传承全赖于"经"的见证、记述、宣讲和世世代代的重申。以色列的历史本身就是上帝与以色列立约和对以色列的应许的见证、实现与盼望:从创世(《创世记》1—11)、先祖(《创世记》12—50)、出埃及(《出埃及记》1—15)、旷野(《出埃及记》16—18)到西奈立约(《出埃及记》19:1 至《民数记》10:10)、旷野(《民数记》10:11—36:13)和重申诫命(《申命记》),《希伯来圣经》所记载的以色列历史的每一段叙事都贯穿着犹太教世代传承的救赎史信念;而以摩西五经为中心信仰、传承与不断重述这种"上帝的应许与实现"的以色列救赎史,这就是犹太教的政治神学。在犹太教的政治神学中,摩西传统、先知神学和弥赛亚主义构成了各有侧重却又

① 公元前 587 年以色列人被掳至巴比伦,失去了自己的土地、王国、圣殿(《列王纪下》25)。此后,"出埃及"以及"流亡与回归"就成了犹太教历史叙事的基本主题。现代历史学家会说,"被掳"(Captivity)、"被逐"(Exile)或"大流散"或许并没有旧约中所说的那么残酷,它们可能是一种想象性的叙事模式;但是,以色列人圣殿被毁、失去应许之地和流亡离散却是不争的历史事实,而这正是犹太救赎史神学的基础。参见 Rainer Albertz, *Die Exilszeit 6. Jahrhundert v. Chr.* (Stuttgart-Berlin-Köln: Kohlhammer, 2001); Ernest Nicholson, *Deuteronomy and the Judaean Diaspora* (Oxford: Oxford University Press, 2014); Shlomo Sand 施罗默·桑德,《虚构的犹太民族》[The Invention of the Jewish People],王东兴 Wang Dongxing、张蓉 Zhang Rong 译(上海[Shanghai]:上海三联书店[Shanghai SDX Joint Publishing Company],2012); Shlomo Sand 施罗默·桑德,《虚构的以色列地:从圣地到祖国》[The Invention of the Land of Israel:From Holy Land to Homeland],杨军 Yang Jun 译(南京[Nanjing]:南京大学出版社[Nanjing University Press],2019); Shlomo Sand 施罗默·桑德,《我为何放弃做犹太人》[Comment j'ai cessé d'être juif],喇卫国 La Weiguo 译(北京[Beijing]:中信出版社[CITIC Press],2017)。另参见 Leora Batnitzky, *How Judaism Became a Religion: An Introduction to Modern Jewish Thought* (Princeton/Oxford: Princeton University Press, 2011)。

② 参见 Gerhard von Rad, *Theologie des Alten Testaments*, I, 117-128。

一脉相承的信念集合。

可以说，摩西五经的编纂和形成，标志着犹太教的历史神学达到了自我意识的顶峰。自威尔豪森(Julius Wellhausen)以来，摩西五经的底本起源、编纂修订、经典形成和传承史，就成了旧约神学研究的核心主题。在这个历史批判法与圣经神学交战的主战场，冯拉德的传承史神学范式以重新阐释的犹太历史神学范式吸纳并完美解释了历史批判和形式批判的考证成果，并抵制了历史批判法的无神论或反神学前提对继续传承《希伯来圣经》的侵蚀。[①] 冯拉德的传承史神学认为，摩西五经并不是一般的历史和文化意义上的集体记忆(Gedächtnis des Kollektivs)和"文化记忆"(kulturelles Gedächtnis)，摩西五经在本质上是具有强烈的诫命性质、要求以色列人世世代代信仰、顺从、践行并传承下去的独特生活方式和文明信念的"圣经"。[②] 犹太教对以色列历史的救赎性质的认信，是他们的"历史神学"的根本信念。犹太人坚信自己是被上帝拣选并与其立约的民族，他们世世代代见证了上帝的应许、救赎和审判的作为发生在以色列的历史之中，以色列的兴衰成败就是这个信仰生活共同体不断更新见证上帝的应许、上帝的救赎与上帝的审判的历史，一代又一代的年轻人将会重申、重述、重新见证上帝在以色列中的作为、应许和救赎。正是在这种对上帝的应许和救赎从不间断的追忆和重述之中，产生出了先知批判当下社会的正义诉求以及在苦难和绝望中盼望救赎的弥赛亚主义。也正是作为承载着希伯来文明与犹太人生活方式的根本信念的神圣经典，因此，《希伯来圣经》那些"充满想象力的记忆"和"充满苦难的盼望"才会世代传承，历久弥新，成为犹太人维系自身宗教、民族和文化认同的纽带。

在整个《希伯来圣经》中，摩西五经第五经《申命记》通过重申摩西所重申的上帝的诫命以及上帝与以色列立约(它明确将其称为《托拉》)，最深刻地表达了

---

① 冯拉德最早的两本著作《申命记中上帝的子民》(博士学位论文，1929)与《摩西六经的形式史问题》(六经即摩西五经加上约书亚记，1938)都是以宗教史学派的衮克尔的形式批判法研究《申命记》之作。他后来还有两本《申命记》的研究著作，即《申命记研究》(*Die Deuteronomium-Studien*, 1948)和《摩西第五经申命记》(*Das fünfte Buch Mose*: *Deuteronomium*, 1964)，后者是附有导读的德文重译《申命记》。参见 Gerhard von Rad, "Das Gottesvolkim Deuteronomium," in *Gesammelte Studien zum Alten Testament II* (München: Kaiser, 1973), 9-108; Gerhard von Rad, "Das formgeschichtliche Problem des Hexateuchs," in *Gesammelte Studien zum Alten Testament I* (München: Chr. Kaiser, 1958), 9-86; Gerhard von Rad, *Deuteronomium-Studien* (Göttingen: Vandenhoeck & Ruprecht, 1948); Gerhard von Rad, *Dasfünfte Buch Mose*: *Deuteronomium* (Göttingen: Vandenhoeck & Ruprecht, 1964)。

② 参见 Jan Assmann 扬·阿斯曼，《文化记忆：早期高级文化中的文字、回忆和政治身份》[Das kulturelle Gedächtnis]，金寿福 Jin Shoufu、黄晓晨 Huang Xiaochen 译(北京[Beijing]：北京大学出版社[Peking University Press]，2015)。

上述犹太教对上帝的应许的信仰以及将这种信仰的生活方式接续下来并传承下去的信念。冯拉德说:“凭借超强的内在同一性,(《申命记》)这部对《托拉》的总结性宣道实际上是《旧约》中唯一一部需要系统展示其内容的神学著作。”[①]《申命记》带着这种鲜明而坚定的神学意图贯穿于整个记载上帝之意志与作为的摩西五经与记载上帝之言的先知书之中,冯拉德将《申命记》表达的这种神学信念称为“申命派历史神学”(die dtrGeschichtestheologie)。[②] 冯拉德说:“申命派的历史神学第一个清楚地表述了救赎史(Heilsgeschichte)现象,这一救赎史是一个通过审判与救赎的上帝之道(Gottswort)持续注入历史而形成并得以实现的历史过程。”[③]可以说,《申命记》因其“申命派的历史神学”而成为摩西传统的总结和先知传统的开端,因而它是整个旧约神学的中心(Mitte biblischer Theologie)。[④]

将《申命记》及其历史神学作为旧约神学的中心,这意味着从祭司派传统侧重于摩西五经前四经的创世主题转向申命派传统强调摩西五经第五经“以历史

① Gerhard von Rad, *Theologie des Alten Testaments*, I, 235.

② 关于律法书与先知书之间的关系,参见 Walther Zimmerli, *Das Gesetz und die Propheten: ZumVerständnis des Alten Testaments* (Göttingen: Vandenhoeck & Ruprecht, 1963)。

③ Gerhard von Rad, *Theologie des Alten Testaments*, I, 356.冯拉德晚年对智慧书的研究对其《旧约神学》偏重申命派历史神学和先知传统亦有所修正,参见 Gerhard von Rad, *Weisheit in Israel* (Neukirchen-Vluyn: Neukirchener, 1970)。

④ 参见 Siegfried Herrmann, “Die konstruktive Restauration: Das Deuteronomium als Mitte biblischer Theologie,” in *Probleme biblischer Theologie: Gerhard von Rad zum 70. Geburtstag*, Hg. Hans Walter Wolff (München: Chr. Kaiser, 1971), 155-170; Konrad Schmid, “Der Pentateuch und seine Theologiegeschichte,” *Zeitschrift für Theologie und Kirche* 111 (2014): 239-271。关于《申命记》的研究文献,参见 Jeffrey Stackert, *Deuteronomy and the Pentateuch* (New Haven, CT: Yale University Press, 2022), 211-239。

为启示"的主题,从仪式性宗教和祭司神学转向启示性宗教和救赎史神学。[①] 从这里能看出冯拉德深受巴特严厉批判天主教创世论自然神学的深刻影响。《创世记》的宇宙开端与人类开端的叙事并非对人性的肯定,《创世记》第1—11章实际上是上帝与以色列的立约以及对以色列的救赎的历史之"序曲",是以色列人即将背弃上帝而被诅咒审判的一系列历史的预演:亚当夏娃背叛上帝(《创世记》1—3)、该隐杀兄(《创世记》4:1—16)、拉麦充满残忍仇恨的利剑之歌(《创世记》4:17—23)、诺亚方舟的大洪水惩罚(《创世记》6)、建造巴别塔的狂妄人类(《创世记》11)等。[②] 当然,《创世纪》也记载了上帝对以色列先祖亚伯拉罕的一系列"应许"(12:1—3,18:1—15,28:13—15),更不用说上帝给以色列的"应许之地"(《约翰福音》21:43—45),这些也都昭示着上帝对以色列救赎的历史。可以说,上帝的救赎与上帝对以色列的背叛的审判是不可分割的。在先知神学中这个主题优先于上帝的创世。整个先知传统对上帝的救赎的末世论盼望都建立在坚信上帝对以色列的应许与审判的历史神学(而非上帝的创世)之上。[③] 所以说,申命派的历史神学是理解《希伯来圣经》的关键。

冯拉德在耶拿大学任教时,他在纳粹德国去犹太化和教会斗争的恶劣环境

① 先秦儒家从周公创建的宗法制礼乐文明那里继承了祭祀性和仪式性的礼学观念与制度设想,又在春秋乱世叙事之上进一步提出了历史性和批判性的文明观念,这与犹太的历史神学有些相似之处,但先秦儒家本质上有别于犹太的历史神学:春秋公羊学的华夏夷狄之分是以周天子或君为中心的文明观念,而申命派历史神学则建立在与任何近东帝国迥然有别的犹太教独一神论之上;春秋史在微言的修辞中寓褒贬彰善恶崇仁义贬势利,而申命派历史神学则以上帝的诫命审判以色列人民、君主和各种偶像崇拜;春秋学褒贬政治的原则是文明的礼与非礼以及名分的正不正,而申命派和先知传统审判以色列的原则是对上帝的诫命的顺从与背叛;等等。参见顾颉刚 Gu Jiegang,《五德终始说下的政治和历史》[Politics and History in Light of the Five Virtues Theory],收录于《古史辨》(第5册)[Critical Studiesof Ancient History (5)](上海[Shanghai]:上海古籍出版社[Shanghai Classics Publishing House],1982),404—617;杨向奎 Yang Xiangkui,《宗周社会与礼乐文明》[The Society of the Zhou Dynasty and Rites and Music Civilization](北京[Beijing]:人民出版社[The People's Publishing House],1997);饶宗颐 Rao Zongyi,《中国史学上之正统论》[Legitimism in Chinese Historiography](北京[Beijing]:中华书局[Zhonghua Book Company],2015);蒋庆 Jiang Qing,《公羊学引论:儒家的政治智慧与历史信仰》[Introduction to Gongyang School](福州[Fuzhou]:福建教育出版社[Fujian Education Press],2014);曾亦 Zeng Yi、郭晓东 Guo Xiaodong,《春秋公羊学史》[History of Spring and Autumn Gongyang School](上海[Shanghai]:华东师范大学出版社[East China Normal University Press],2017)。

② 参见 Gerhard von Rad, *Das erste Buch Mose: Genesis* (Göttingen: Vandenhoeck & Ruprecht, 1972), 1-26; Gerhard von Rad, "The Theological Problem of the Old Testament Doctrine of Creation," in *The Problem of the Hexateuch and Other Essays*, trans. Rev. E. W. Trueman Dicken (New York: McGraw-Hill, 1966), 131-143。

③ 参见 Gerhard von Rad, *Theologie des Alten Testaments*, II, 192。

中潜心研究《申命记》这部重申上帝之诫命的经书。[①] 他不仅重译了这部希伯来律法书,而且毕生保持着对摩西第五经的浓厚兴趣,钻研精深。冯拉德的老师阿尔特在《以色列法的起源》(1934)中从法律的角度阐释《申命记》这部律法书,他区分了两种类型的以色列法律:一种是上帝直接训诫的诫命(apodiktische Recht),如十诫;另一种是以客观第三人称表达的决疑法(kasuistische Recht),如约书。[②] 但冯拉德认为,《申命记》中那些具有法律条文形式的律法只是形式上与近东的宗主国和所属国签订的契约或条约有相似之处,它们实质上仍然是具有神学信仰性质的上帝诫命,而不是纯粹民事、刑事或宗教事务的法律。《申命记》(31:10—11)记述了摩西吩咐在以色列节日住棚节时将以第三人称决疑法形式写就的法律条文以宣道(die Predigt)的形式进行宣讲,这就实现了法律条文向宗教诫命(das Gebot)的转化。[③] 冯拉德认为,《申命记》的条文汇编(第12—26章)是对西奈山传统的古老"约书"(《出埃及记》20:22—23:19)的细致修订,在宣道仪式上宣讲它用以训诫以色列人遵守上帝的诫命,活出上帝的诫命所要求的生活方式(《申命记》4—11)。因此,《申命记》的法律条文形式的宣讲必须被理解为通过摩西之口被重申的上帝之诫命,也即对上帝在西奈山与以色列立约时所立下的诫命的重申,它要求犹太人将上帝的律法世世代代宣讲下去,被世世代代所聆听。[④]

"申命记"的希腊文 deutero-nomos 是"第二律法"的意思,据考证源自公元前二三世纪希腊文七十子译本(Septuagint)将申 17:18 中的"抄录"一词误译为"第二";但引申为"重申"在语义上并不算全然失当,因为所谓"申命"就是对《出埃及记》中上帝在西奈山给以色列人的诫命(而非律法)的"重申"(《出埃及记》

---

① 参见 Bernard M. Levinson, "Reading the Bible in Nazi Germany: Gerhard von Rad's Attempt to Reclaim the Old Testament for the Church," *Interpretation: A Journal of Bible and Theology* (2008): 238-254。

② 参见 Albrecht Alt, "Die Ursprünge des israelitischen Rechts," in *Kleine Schriften zur Geschichte des Volkes Israel*, I (München: Chr. Kaiser, 1953), 278-332; Martin Noth, *Die Gesetzeim Pentateuch: Ihre Voraussetzungen und ihr Sinn* [Halle (Saale): Niemeyer, 1940]; Gerhard von Rad, *Das fünfte Buch Mose: Deuteronomium*, 12; Hartmut Gese, "Das Gesetz," in *Zur Biblischen Theologie: Alttestamentliche Vorträge* (München: Chr. Kaiser, 1977), 55-84; Dale Patrick, *Old Testament Law* (Atlanta: John Knox, 1985)。一方面,《旧约》的"律法"被犹太人视为上帝的恩典,却被基督教贬作"律法主义",成为新教反抗天主教的运动中的一个重要的靶子,为现代反犹主义提供了神学的支持;另一方面,历史批判法将其视为条文或契约的"法律",这种解构又为反犹主义提供了实证主义的支持。

③ 关于诫命的意义,参见 Gerhard von Rad, *Theologie des Alten Testaments*, I, 203-216.

④ 关于律法在《希伯来圣经》中的核心地位和神学含义,参见 Gerhard von Rad, *Theologie des Alten Testaments*, I, 239-244; Gerhard von Rad, *Theologie des Alten Testaments*, II, 413-436。

19—24)。冯拉德认为，摩西重申的诫命来自上帝在西奈山通过摩西与以色列立约的“西奈山传统”，《申命记》的编纂将它与另一个相对独立的上帝通过摩西引领和解救以色列人的“出埃及传统”（当然还有先祖传统、旷野流浪等）合并在一起。显然，在申命派的历史神学中，“西奈山立约”绝非一个签订法律契约的事件，它是以色列救赎史的决定性时刻：“西奈山立约”开启了上帝在以色列历史中的作为与对以色列的应许，也开启了以色列人对上帝的回应和上帝对以色列的审判，因此，犹太人必须不断重申上帝与以色列在西奈山的立约。《申命记》重申西奈山立约以及上帝给以色列的诫命和应许，奠定了犹太教后来的先知传统（《申命记》18:15—18）和盼望救赎的弥赛亚主义的基础。

据摩西五经编纂史研究的共识，《申命记》的编纂最终在公元前 621 年约西亚的宗教改革运动中由从北国以色列流亡到南国犹大的利未派祭司们（《申命记》33:8—11）完成，其时距摩西重申诫命之事已有六七百年时间。这次摩西五经的编纂之举可以说是对摩西重申西奈山上帝给以色列的诫命的再一次重申。在公元前 722 年北国以色列灭亡到公元前 586 年南国犹大灭亡这段时间，申命派编纂摩西五经的活动极为活跃。他们试图通过编纂摩西五经表明犹太人在国破家亡的生存危机中仍然坚定地信仰上帝的应许和上帝的救赎。对摩西五经的传承史神学的信念回答了犹太人如何应对与宗主国统治权力和主流文化（尤其是多神论的宗教信仰）的冲突并在被掳、被统治、被逐和流散中生存下去的问题。正是靠着世世代代传承摩西五经的信念以及对上帝的应许和救赎的信仰和盼望，犹太人这个弱小的族群失去了大卫王国、失去了耶路撒冷和圣殿、失去了应许之地的土地、失去了大量的人民，在埃及、亚述、巴比伦、波斯、希腊和罗马等帝国相继征服和严酷统治下顽强地生存下来，并一直保持了犹太教自身的强大凝聚力以及对其他部族的宗教文化的吸引力。正是申命派编纂摩西五经的传承史信念将犹太教塑造成了“经的宗教”，这种“经”所传承的犹太教信念成为犹太人在 4000 年历史中得以生存下来的根本。①

《申命记》是《旧约》中少有的风格鲜明、内容完整、形式平衡、思想统一的篇章，它在整体上的内在统一性就建立在摩西十诫的简明的神学原理之上。申命派编纂摩西五经的传承史神学的基本观念可以归为一条诫命——“除我之外你不可有别的神”（《出埃及记》20:3），即以色列人的上帝雅威（YHWH）是唯一的

① 参见 Paul Johnson 保罗·约翰逊，《犹太人四千年》[A History of the Jews]，管燕红 Guan Yanhong、邹云 Zou Yun 译（北京[Beijing]：世界图书出版公司[World Publishing Corporation]，2021）；Paul Johnson, *A History of the Jews* (London: Weidenfeld & Nicolson, 1987)。

(《出埃及记》12:26—27,13:8—9,13:14—15;《申命记》6:20—21)。[①] 这一犹太教独一神论可以说是犹太政治神学的核心,它意味着以色列是上帝出于爱唯一拣选并与之立约的子民(拣选论和立约论),上帝给以色列一部律法和诫命(摩西五经),上帝应许给以色列迦南的土地(应许之地),以及上帝的应许必要在以色列的历史中实现(上帝的作为与救赎)。当代《旧约》神学大师布鲁格曼(Walter Brueggemann)说:"肯定以色列的上帝雅威是以色列关键的政治角色,这种神学想象并不是对一份别有他用的历史报告的后来的补充,相反,在《旧约》及其政治神学的想象中,雅威一直位于政治进程的前面和中心,他是所有其他政治问题围绕着他的决定性因素和力量。"[②]正是基于独一神论的强烈神学信念,申命派将摩西的宣讲、上帝的拣选与立约、上帝的诫命与律法、应许之地、以色列的统一、圣殿的中央化、祭祀仪礼的圣洁、上帝的公义等众多主题整合于摩西第五经《申命记》之中,使得记载着"摩西十诫"的《申命记》成为《希伯来圣经》的"心经"。[③]

申命派以其传承史神学信念确立了摩西重申上帝的诫命的摩西传统,他们还凭借着强烈的历史神学信念编纂了包括《约书亚记》《士师记》《撒母耳记》《列王纪》在内的"申命派历史"(Deuteronomistisches Geschichtswerk)。[④] 所谓的"申命派历史",为申命派的历史神学补足了上帝在以色列历史中的应许、审判、

---

① 关于摩西第一诫,参见 Gerhard von Rad, *Theologie des Alten Testaments*, I, 216-225。

② Walter Brueggemann, "Scripture: Old Testament," in *The Blackwell Companion to Political Theology*, eds. William T. Cavanaugh and Peter Manley Scott (Oxford: John Wiley & Sons Ltd, 2019), 17.

③ 参见 Lothar Perlitt, "Hebraismus-Deuteronomismus-Judaismus," in *Deuteronomium-Studien*, *FAT* 8 (Tübingen: Mohr Siebeck, 1994), 247-260。在《路加福音》(10:27)中耶稣说"你要尽心、尽性、尽力、尽意爱主你的神;又要爱邻人如同自己",这是引用了"以色列啊,你要听!雅威我们的神是独一的主。你要尽心、尽性、尽力爱雅威你的神"(《申命记》6:4—5)、"你要敬畏雅威你的神,侍奉他,指着他的名起誓"(《申命记》6:13)以及"以色列啊,现在雅威你神向你所要的是什么呢,只要你敬畏雅威你的神,遵行他的道,爱他,尽心尽性事奉他,遵守他的诫命、律例,就是我今日所吩咐你的,为要叫你得福"(《申命记》10:12—13)。耶稣对《申命记》的基本诫命(爱与敬畏独一的神雅威)的引用表明他深刻地领会了申命派神学乃至整个犹太政治神学的核心,即独一神论。由此可见,《申命记》在《旧约》中不容置疑的核心地位,它与《以赛亚书》是《新约》最多引用的经书。

④ 根据诺特(Martin Noth)的研究,申命派在约西亚宗教改革运动中编纂了《申命记》,还在被囚巴比伦期间(公元前586—538年)编纂了《约书亚》《士师记》《撒母耳王记(上、下)》《列王纪(上、下)》等六部"前先知书",被统称为"申命派历史"。参见 Martin Noth, *Überlieferungsgeschichtliche Studien: Die sammelnden und bearbeitenden Geschichtswerke im Alten Testament* (Darmstadt: Wissenschaftliche Buchgesellschaft, 1967); Martin Noth, *Geschichte Israels* (Göttingen: Vandenhoeck & Ruprecht, 1950); Claus Westermann, *Die Geschichtsbücher des Alten Testaments: Gab es ein deuteronomistisches Geschichtswerk?* (Gütersloh: Chr. Kaiser, 1994); Thomas Römer, *The So-Called Deuteronomistic History: A Sociological, Historical and Literary Introduction* (London/New York: T & T Clark, 2007)。

救赎的具体作为，可以说，“申命派历史”与申命派的“历史神学”相辅相成，构成了整个犹太政治神学之根本。申命派历史的叙事深深体现了申命派的救赎史的神学信念，即以色列的命运就是上帝对以色列的应许与审判、恩典与愤怒、惩罚与救赎的历史，以色列在历史中的存亡兴衰皆系于他们是否遵从上帝的诫命，因此他们是原初意义上的救赎史神学的首创者。[①] 在《士师记》(2:1—23)中以色列人民背叛了上帝，上帝在愤怒中将以色列交给仇敌，百姓呼告上帝，上帝兴起士师(如参孙)来拯救人民；士师死去后百姓又转向偶像崇拜，接着又希望有国王，于是列王兴起；等等。在这种申命派历史的叙事模式中所体现的政治神学观念是，以色列和犹大在公元前722至公元前586年间之所以相继失去应许之地、圣殿被毁、百姓被掳，就是因为以色列人不顺服上帝的诫命(甚至可以追溯到亚当夏娃背弃上帝的诫命)，去崇拜多神论的偶像。[②] 申命派历史编纂早就在《申命记》(31:18—21)中借着摩西之口预言以色列人对上帝的背弃：“那时，因他们偏向别神所行的一切恶，我必定掩面不顾他们。……那时，有许多祸患灾难临到他们，这歌必在他们面前作见证，他们后裔的口中必念诵不忘。我未领他们到我所起誓应许之地以先，他们所怀的意念我都知道了。”上帝出于他的爱而独一拣选了以色列，与以色列立约，但是以色列人将会一再背叛上帝与以色列的立约，也就是背叛上帝的爱。这就必要遭受来自上帝的惩罚，上帝会在愤怒中将以色列交到它的仇敌手中。作为犹太人因背弃上帝诫命而承受被上帝惩罚的命运，是犹太教救赎史信仰中非常独特的部分。[③]

在申命派的救赎史叙事中，以色列人民不断地背弃上帝的拣选、立约和诫命，并因此遭到上帝的愤怒和惩罚。上帝在以色列历史中的作为不仅体现在上帝对以色列的爱的拣选、与以色列的立约、对以色列的应许，也体现在上帝对以

① 参见 Gerhard von Rad, *Theologie des Alten Testaments*, I, 135-142, 346-359; Gerhard von Rad, “Die deuteronomistische Geschichtstheologie in den Königsbüchern,” in *Gesammelte Studien zum Alten Testament* (München: Chr. Kaiser, 1958), 189-204。按照先知传统(即《申命记》7:12—24,28:1—14)的救赎史叙事模式，“申命派历史”围绕以色列是否遵守上帝与以色列的立约和给以色列的诫命的主题，记述了亚伯拉罕、摩西、约书亚和大卫以来以色列国兴衰成败的历史。大卫王朝和所罗门王朝(《撒母耳王记下》8:1—10:19)作为坚守上帝的立约的榜样，分别形成了大卫和所罗门两大传统，他们也分别成为诗篇和智慧文学的代言人。在智慧书中，以色列的传承史从过去的历史转向了未来对大卫的子孙的盼望；而活跃于公元前三四世纪的祭司派编纂了历代志、以斯拉和尼希米等，祭司派神学重心在圣殿崇拜与祭祀礼仪之上，从期待以色列国的政治独立转向保持象征独立性的以色列宗教的圣洁。

② 参见 Ernest Nicholson, *Deuteronomy and the Judaean Diaspora* (Oxford: Oxford University Press, 2014)。

③ 参见 Bernd Janowski, *Ein Gott, der straft und tötet?: Zwölf Fragen zum Gottesbild des Alten Testaments* (Göttingen: Vandenhoeck & Ruprecht, 2018)。

色列的愤怒与审判。正是从这种观念中孕育出犹太教的先知传统:上帝的先知严厉批判以色列人民、君王和宗教背叛了上帝的诫命,要求以色列全地的人民幡然悔改,在承受上帝的惩罚中回到对独一的上帝的信仰与盼望之上。在这里有一个经典形成过程所特有的原始底本和最终形态之间的解释学循环:《申命记》和申命派历史的叙事孕育了先知传统,深受先知传统影响的申命派编纂了《申命记》和申命派历史。正是申命派编纂《申命记》与"申命派历史"的历史神学信念,将摩西传统和先知传统这两大传统紧密交织在一脉相承的传承史之中,它们构成了冯拉德的《旧约神学》的核心。

四、摩西传统、先知传统与犹太政治神学之根

据冯拉德与诺特的研究,申命派编纂摩西五经与"申命派历史"的编纂运动发生在先知耶利米时代,也就是公元前587年巴比伦摧毁耶路撒冷之前的半个世纪,北国以色列的利未祭司在南国犹大流亡的日子(《申命记》31:18—21)。[①]在约西亚宗教改革时期,那些被剥夺了祭司职能的利未祭司(《申命记》33:8—11)深感亚述统治下政治复国主义之路已无路可走,因而不再谋求将复兴大卫王国作为解决当时的"以色列问题"的基本方案,而是转向将犹太人彻底确立为一个"宗教的民族"的路线,全心全力塑造族人领袖摩西忠于上帝的诫命与律法的信仰传统。在公元前621年约西亚的宗教改革运动(《列王纪下》22—23)中,这些申命派已完成了编纂摩西五经的事业,"摩西传统"最终成型。[②] 根据"传承史"的观念,摩西五经的"传统"完成于摩西第五经《申命记》的编纂,它标志着摩西五经"经"的地位的最终确立,也意味着申命派的"历史神学"的成熟。

公元前586年犹太人被掳巴比伦,70年后流亡的犹太人陆续回归故土。公元前458年第二批被掳的犹太人归回故土时,先知以斯拉重申摩西五经(《尼希米记》8:1—18),显然,此时摩西五经已成为凝聚犹太人的"圣经",超越了西奈山、应许之地和耶路撒冷圣殿在犹太人心目中的崇高地位。犹太教从此成为"摩

① 参见 Gerhard von Rad, *Das fünfte Buch Mose*: *Deuteronomium*, 7-21; Joseph Blenkinsopp, *The Pentateuch*: *An Introduction to the First Five Books of the Bible* (New York: Doubleday, 1992)。

② 参见 Gerhard von Rad, *Moses*, trans. Stephen Neil (Eugene, OR: Cascade Books, 2011); Martin Buber, *Moses*: *The Revelation and the Covenant* (New York: Harper, 1958); Norman K. Gottwald, "Traditions about Moses: Exodus, Covenant, and Lawgiving," in *The Hebrew Bible*: *A Socio-Literary Introduction* (Philadelphia: Fortress, 1985), 179-227; George W. Coats, *The Moses Tradition* (Sheffield, UK: JSOT Press, 1993); Walter Brueggemann, "The Alternative Community of Moses," in *The Prophetic Imagination* (Minneapolis: Fortress, 2001), 1-19。

西五经的宗教”,“摩西传统”被确立为以色列的正统。在近东列国强权政治的残酷环境中,以色列主要将作为一个传承摩西传统的宗教共同体(即犹太教)而存在。摩西传统的神学信念为巴比伦之囚的犹太人提供了个体和共同体的生存信念,即无论在何等苦难不义的处境中,犹太人都要信靠上帝的应许与公义,上帝对以色列的应许是信实的,以色列的盼望必不至于落空。可见,“摩西传统”的历史神学信念就是以色列人在族群生存危机中维系其共同生存、共同的生活方式和文明的信念,因而也就是犹太的政治神学的信念。

摩西传统正典化的运动深受公元前七八世纪阿摩司、何西阿、耶利米等先知盛世的宗教复兴运动的影响,尤其是以斯拉领导的宗教改革运动。申命派重申摩西传统的传承史事件,是与先知传统(尤其是北国以色列的先知)密不可分的。[①] 先知传统在继承摩西传统的同时又以一种激进的神赐的“卡里斯玛”方式将过去的历史转换成将来的新事物,正如冯拉德在《旧约神学》中所说:“先知预言是对古老的传统的整个当下化(Vergegenwärtigung),一方面与古老的过去的连接,把古老融入全新的传承;在另一方面却是与此相关的对那些十分老旧的东西以及在先知看来已经彻底没用的东西的不声不响的忽略,这从根本上只能被视为一种卡里斯玛的进程,更准确地说,一种卡里斯玛与折衷主义相叠加的进程(ein charismatisch-eklektischer Vorgang)。”[②]先知神学与申命派历史神学之间传承中的新意就在于,对上帝的应许从对过去的传统的继承与召唤转向了对上

① 关于这三位先知,参见 Gerhard von Rad, *Theologie des Alten Testaments*, II, 137-153, 199-228。另参见 Walter Dietrich, *Prophetie und Geschichte: Eine redaktionsgeschichtliche Untersuchung*, (Göttingen: Vandenhoeck & Ruprecht, 1972); *Jeremia und die deuteronomistische Bewegung*, Hg. Walter Groß (Weinheim: Beltz Athenäum, 1995); Joseph Blenkinsopp, *A History of Prophecy in Israel* (Louisville: Westminster John Knox, 1996); John Barton, *Oracles of God: Perceptions of Ancient Prophecy in Israel after the Exile* (London: Darton, Longman & Todd, 2007)。

② Gerhard von Rad, *Theologie des Alten Testaments*, II, 345.

帝的应许在未来实现的救赎盼望，这是弥赛亚主义的先声。[①]

申命派在创建"摩西传统"时赋予了摩西"所有先知中的先知"的角色。摩西作为上帝与以色列立约的中保在《旧约》中的地位如同耶稣基督在《新约》中的地位，他是整个"摩西传统"的承载者和最高象征，而不单纯是一个历史人物，一个"历史的摩西"。《申命记》中那些讲话极大可能不是摩西所说，却必定属于继承了西奈立约信念的"摩西传统"。[②] 因为摩西所宣讲的并不是新立之法，而是对上帝救犹太人逃出埃及的回忆并重申上帝在西奈山上与以色列的立约(《申命记》1:6, 5:22)。摩西重申上帝在西奈山对以色列的应许、立约和诫命，是犹太人进入上帝应许的迦南之地开始新的历史的大宪章，也是以色列世世代代应传承下去的大传统。因此，《申命记》的摩西重申的上帝诫命的讲话本身就是犹太教的"历史神学"。《申命记》通过摩西之口重申了上帝的诫命，摩西就是上帝的诫命的重申者，是上帝与以色列立约的中保，而不是梭伦和莱库古斯这种意义上的立法者。作为"上帝的人"，摩西高于以色列所有的立法者、君王、祭司、先知、诗人和智者。在摩西五经中，摩西引领以色列人逃出埃及，迈向迦南的应许之地，在西奈山代表以色列与上帝立约，又在进入迦南之前重申上帝的诫命训诫以色列人，他是以色列民族和犹太教无可置疑的创建者、领袖和导师，他集拯救者、立法者、先知、祭司、诗人、智者等各种职司于一身。[③] 摩西作为以色列的最高精神权威，与摩西五经作为以色列的最高律法与诫命相辅相成，共同构成了犹太政

---

① 关于先知的末世论，参见 Gerhard von Rad, *Theologie des Alten Testaments*, II, 108-133。在《申命记》中上帝应许了一位像摩西一样的先知(《申命记》18:15)，但最终他并没有出现(《申命记》34:10)；而对这个上帝应许的先知的热切盼望，就成了众先知宣道中的弥赛亚的起源。实际上，耶稣出现后很快就被认为是上帝应许给以色列的那位先知(《约翰福音》1:21,6:14,7:40)终于到来了。而深受《申命记》影响的《耶利米书》(31:31—34)中的一段话开启了犹太人对"新约"(《路加福音》22:20,《哥林多前书》11:25,《希伯来书》8:8—13)的盼望："雅威说：'日子将到，我要与以色列家和犹大家另立新约。不像我拉着他们祖宗的手领他们出埃及地的时候与他们所立的约。我虽作他们的丈夫，他们却背了我的约。'这是雅威说的。雅威说：'那些日子以后，我与以色列家所立的约乃是这样：我要将我的律法放在他们里面，写在他们心上。我要作他们的神，他们要作我的子民。他们各人不再教导自己的邻舍和自己的弟兄说：你该认识耶和华。因为他们从最小的到至大的都必认识我。我要赦免他们的罪孽，不再记念他们的罪恶。'这是雅威说的。"这可能是基督教最喜欢的《旧约》段落了，但在这段话里，上帝想要与其立约的对象是"以色列家和犹大家"，也就是北国以色列与南国犹大的统一，而不是普世的人类。

② 申命派在《申命记》中精心编纂了摩西讲话，让摩西对以色列人宣讲出全面扩充修订了"西奈立约"的诫命纲目，使其成为以色列人进入迦南的应许之地后新一代人建国的"共同约法"。摩西五经不仅要被放在上帝的约柜旁边(《申命记》31:24—26)，而且它的权威也远远高于以色列国王的权威(《申命记》17:18—20)："他登了国位，就要将祭司利未人面前的这律法书，为自己抄录一本，存在他那里，要平生诵读，好学习敬畏雅威他的神，谨守遵行这律法书上的一切言语和这些律例，免得他向弟兄心高气傲，偏左偏右，离了这诫命。这样，他和他的子孙，便可在以色列中，在国位上年长日久。"

③ 参见 Gerhard von Rad, *Theologie des Alten Testaments*, I, 302-308。

治神学的“摩西传统”。摩西是摩西五经的守护人，摩西的权威保障了摩西五经的权威。

摩西第五经《申命记》记述了摩西到了摩押准备进入应许之地迦南时对以色列人民所作的三次训诫，由于上帝对摩西说他不能与人民一同进入那应许之地，因此，这三次训诫就是摩西给以色列人民的遗言。冯拉德认为，《申命记》的三篇摩西训诫(Paränese)中第二篇是核心部分，在形式上它是一个“立约”：第一部分(《申命记》5:6—21)重申摩西十诫(《出埃及记》20:1—17)，第二部分(《申命记》6—11)，反复重申第一诫命“除了我以外，你不可有别的神”，两者构成立约的序言部分；第三部分(《申命记》12—25)是立约的具体条款，这些“申命记法典”可以视为十诫的扩充注释；第四部分(《申命记》26:16—19)是立约的盟誓部分，而其中的一段(《申命记》26:5—11)高度浓缩了出埃及、应许之地、上帝对先祖的应许、旷野流浪、西奈山立约等五大救赎史主题，被冯拉德称为“救赎史信经”；第五部分(《申命记》27—28)则是加强立约效力的祝福与诅咒。

《申命记》的神学核心无疑是第二篇摩西讲话中的摩西十诫(《申命记》5—11)，摩西十诫也是整个《希伯来圣经》中最为世人所知的文字。其实，它是一个简明的犹太政治神学纲要。① 摩西十诫第一块石板上的前四条都是关于敬拜雅威独一神的诫命，第一诫“除了我以外，你不可有别的神”的犹太独一神论，是犹太教区别于所有其他近东多神论宗教的标志性特征。是否敬拜独一的神雅威反偶像崇拜是以色列福祸兴衰的救赎史要件，因而对偶像崇拜的警告和惩罚也十分严厉。第二诫(“反偶像”或反形象)与第三诫(“上帝之名”)是两条具有本体论特征的禁令：上帝只启示给以色列他的名字雅威，是为了禁止妄称和亵渎的上帝圣洁的名字；而除了上帝之名之外，上帝没有任何可见的形象，任何可见的形象都是神人同形的人造偶像。② 第二、三条诫命对独一神论的辩证如下：一方面，上帝是自我启示的上帝，他不是任何人所能想象的形象，所有有形的形象都不过是人造的偶像；另一方面，上帝的自我启示又是自我隐藏的(《以赛亚书》45:15)，他只以其圣洁的名字雅威居住在以色列人民与在耶路撒冷圣殿之中。独一神

① 关于摩西十诫的研究，参见 Frank Crüsemann, *Die Tora: Theologie und Sozialgeschichte des alttestamentlichen Gesetzes*, 3. Aufl. (Gütersloh: GüterslohorVerlagshaus, 2005); Carl E. Braaten, *I Am the Lord Your God: Christian Reflections on the Ten Commandments* (Grand Rapids: Eerdmans, 2005); Stanley Hauerwas and William H. Willimon, *The Truth about God: The Ten Commandments in Christian Life* (Nashville: Abingdon, 1999)。

② 关于第二诫和第三诫，参见 Gerhard von Rad, *Theologie des Alten Testaments*, I, 193-200, 225-232; Christoph Dohmen, *Das Bilderverbot: Seine Entstehung und seine Entwicklung im Alten Testament* (Frankfurt am Main: Athenäum, 1987)。

论、反偶像论和上帝之名这三条诫命，既是本体论神学上的论证，也是犹太政治神学的宣示。

《申命记》中独一神论的犹太政治神学可以简要地概括为：独一的上帝（雅威），独一被拣选的人民（以色列），独一的先知（摩西），独一的启示（西奈立约），独一的律法（《托拉》），独一的应许之地（迦南），独一的圣殿（耶路撒冷）。独一神论的代表文字是《申命记》6：4—5 这段被冯拉德称为“以色列人的信经”的话：“以色列人阿，你要听，雅威我们的神是独一的主。你要尽心、尽性、尽力，爱雅威你的神”。它以这句话起头的“请听”（Shema）来命名。《申命记》一再重申认信“你是雅威”（《申命记》26）的信仰，比如：“所以，今日你要知道，也要记在心上，天上地下惟有雅威他是神，除他以外，再无别神。”（《申命记》4：39）“这是雅威你们的神试验你们，要知道你们是不是尽心尽性爱雅威你们的神。你们要顺从雅威你们的神，敬畏他，谨守他的诫命，听从他的话，侍奉他，专靠他。”（《申命记》13：3—4）这些是对《出埃及记》中“我是雅威，你们的主”和“除了我以外，你不可有别的神”（《出埃及记》20：2—3）的回应。而《路加福音》中的“你当全心、全灵、全力、全意爱主，你的上帝；并爱邻人如己”（《路加福音》10：27），则是对这个 Shema 信经的回应。这种一脉相承的传承史表明，摩西第一诫的独一神论不仅是旧约神学的顶峰，而且也是维系犹太教与基督教、《旧约》与《新约》、以色列与基督教会之间的核心信念。

独一神论的政治神学要求以色列谨守上帝的诫命“尽心、尽性、尽力，爱雅威你的神”，另一方面要以对待仇敌的严厉性抵制外邦的崇拜信仰：“当主你的上帝将此地此前的居民交给你，打败他们时，你应该彻底消灭他们，不可与他们立约，也不可恩待他们。因为他们必要使你们的子女远离我，而去侍奉别的神。”（《申命记》7：2—4）摩西五经的独一神论意味着在与周边国家的多神教长期斗争之后最终被以色列信仰共同体作为自我身份认同确立下来，由此，犹太教也达到了其

政治神学的自觉的顶峰。①

申命派的政治神学自觉意识尤其体现在《申命记》中那些诫命、警告、诅咒(《申命记》4:27—29, 18:15—18, 31:18—21),充满了对半个世纪后耶路撒冷沦陷、圣殿被毁以及巴比伦之囚等以色列灾难的“政治神学的想象力”。② 申命派的“政治神学的想象力”之所以超越了特定的历史事件,不在于他们事后追问是什么让以色列在失去了国家、土地、圣城圣殿、君王以及自由之后还能存活于世,是什么让以色列在流散、逃亡、被掳和被异族统治之中能够生存下去,是什么能够拯救以色列人于灾难之中并再次兴起以色列,而在于他们事先就给出了坚定的回答,即信仰并重申上帝的拣选、立约、应许和救赎。“因为你是属于主你的上帝的圣洁子民,主你的上帝在地上所有的民族中,拣选了你作为他自己的子民。

---

① 犹太一神教如何诞生于与周围民族多神教信仰的冲突之中,是最近 30 年西方学界的一个热门话题,比如阿斯曼的《埃及的摩西》(1998)和罗默(Thomas Römer)的《上帝的发明》(2014)等。参见 Jan Assmann, *Moses der Ägypter: Entzifferungeiner Gedächtnisspur* (München: Carl Hanser, 1998); Jan Assmann, *Moses the Egyptian: The Memory of Egypt in Western Monotheism* (Cambridge, Mass.: Harvard University Press, 1997); “Monotheismusals Politische Theologie,” in *Politische Theologie: Formen und Funktionenim 20. Jahrhundert*, Hg. Jürgen Brokoff and Jürgen Fohrmann (Paderborn-München-Wien-Zürich: Schöning, 2003), 13-27; Thomas Römer, *L'invention de Dieu* (Paris: Seuil, 2014); Bernhard Lang, “Die Jahwe-allein-Bewegung: Neue Erwägungenüber die Anfänge des biblischen Monotheismus,” in *Polytheismus und Monotheismusimantiken Israel*, Hg. Manfred Oeming, Konrad Schmid (Zürich: Theologischer Verlag Zürich, 2003), 97-110; *Gott der einzige: zur Entstehung des Monotheismus in Israel*, Hg. Ernst Haag (Freiburg: Herder, 1985); *Monotheismus: Jahrbuch Politische Theologie, Band 4*, Hg. Jürgen Manemann (Münster: LIT Verlag, 2002)。在现代宗教理论和犹太哲学中,犹太教的独一神论曾被视为道德宗教或启示宗教的顶峰。参见 Hermann Cohen, *Religion der Vernunft aus den Quellen des Judentums*, Hg. Bruno Strauss (Wiesbaden: Marix, 2008); Rosenzweig 罗森茨维格,《救赎之星》[The Star of Redemption],孙增霖 Sun Zenglin、傅有德 Fu Youde 译(北京[Beijing]:商务印书馆[The Commercial Press],2021);Leo Baeck 利奥·拜克,《犹太教的本质》[The Essence of Judaism],傅永军 Fu Yongjun、于健 Yu Jian 译(北京[Beijing]:商务印书馆[The Commercial Press],2021)。但在当今宗教信仰多元化和世俗化的时代,独一神论成了最不受欢迎的不宽容宗教的典型。因此,对犹太独一神论的多神论起源的研究暗含着对一神论的批判,甚至按照施米特式政治神学的类比,它也包含了对极权主义的批判。参见 Erik Peterson, “Der Monotheismus als politisches Problem: Ein Beitrag zur Geischichte der politischen Theologie im Imperium Romanum (1935),” in *Theologische Traktate*, Hg. Barbara Nichtweiß (Würzburg: Echter, 1994), 23-81。现代宗教理论对独一神论的污名化的一个例子是,将约瑟夫斯(Titus Josephus Flavius)《驳阿庇安》(第二卷第 164—167 节)的“神权政体”(Theokratia)概念泛化为宗教社会学术语,成为政教合一或推行宗教意识形态政权的代称,完全忽视犹太独一神论的反君权论、对上帝之国的盼望以及反犹太政治民族主义的丰富内涵。*Religionstheorie und Politische Theologie, Vol. 3: Theokratie*, Hg. Jacob Taubes (München: Wilhelm Fink, 1987)。

② 参见 Walter Brueggemann 布鲁格曼,《先知式的想象》[The Prophetic Imagination],谢乐知 Xie Lezhi 译(台北[Taibei]:台湾基督教文艺出版社[Taiwan Christian Literature Press],2009)。

主喜爱你们,拣选你们,并不是你们比别的民族的人数多,其实你们在所有民族中是人数最少的一个,主喜爱你们是由于主对你们的爱。"(《申命记》7:6—8)坚守对独一上帝的拣选、立约和应许的信仰和盼望,才是犹太人自我认同、自我团结与自我救赎之道。这就是犹太人的政治神学的想象力之源泉。冯拉德说:"信仰雅威的历史的特征就是,它总有各种全新的转折性事件,总有全新的上帝的约定突然降临,总有在传承史观看来将进入新时段的新开端。但是,当以色列对此做好了准备之后,它就很难被新东西的暗示所吓到,并总能走出他们刚好已适应了的观念。"①

申命派的政治神学自觉意识渗透在所有的"申命记法典"之中。《申命记》中这些法典都可以视为摩西十诫的拓展,它们旨在将上帝的诫命日常化与生活化(类似于塔木德和密西拿对《托拉》的解释模式),从而强化对上帝独一神的敬拜以及以色列人被拣选的独特身份的自我认同,以及对各种偶像崇拜的抵制,尤其是在被逐被囚状态下对帝国统治、对以色列君王统治或者对周遭国家流行宗教的归顺。申命派深刻地认识到,只有不断重申摩西传统的独一神论的上帝诫命,才能促成分裂的南国犹大与北国以色列统一成"全以色列"(《申命记》30:1—10)。为此,申命派设立律法摧毁各地祭坛(《申命记》12:1—32),将敬拜集中到中央圣殿(《申命记》12:2—14),以敬拜的制度化、公共场所集中化和巨型纪念碑化强化对上帝独一神的敬拜,杜绝以色列各地多神崇拜的乱象(《申命记》13:1—14:2,16:21—17:7,18:9—14)。②

申命派也以独一神论的政治神学观念改造了祭司派的仪礼文献(《申命记》12:1—16:17)。《申命记》中的祭祀礼仪和洁净法典,与其说是突出圣洁作为宗教禁忌(不洁不净是对上帝的背弃),不如说是用它来区分犹太人的独一神信仰与其他不洁净的多神论宗教,保持本族的独一神论在信仰上的纯洁、避免被其他国家(比如亚述)的强势文化和多神偶像崇拜所污染秽乱。《申命记》(14:3—21)关于洁净食物和饮食的禁令其神学意义则是以人的洁净配"上帝的圣洁",让上

① Gerhard von Rad, *Theologie des Alten Testaments*, II, 340.

② 公元前587年耶路撒冷被毁之后,这种忠诚于圣殿的信念(源于约柜)演变成了对"新耶路撒冷"的盼望(《以赛亚书》65:17—25),为后来南国的以赛亚先知的锡安神学奠定了基础。但约西亚宗教改革时期的先知耶利米早就警告过这种锡安神学和大卫传统(《耶利米书》7:1—15),因为圣殿的存毁系于以色列人是否顺从上帝的立约和诫命,是否行上帝的公义和社会正义,圣殿自身并不具有护佑以色列的权能。圣殿作为上帝之名的居所是在天上而不在迦南之地。"申命派历史"中以所罗门之口讲出的一段话呼应了耶利米的"圣殿训道":"神果真住在地上吗?看哪!天和天上的天,尚且不足你居住的,何况我所建的这殿呢?"(《列王纪上》8:27)在申命派看来,摩西五经的地位远远高于圣殿,圣殿被毁并不能摧毁犹太的"经的宗教"和"上帝的子民"。

帝的诫命充实在生命和日常生活的每一个空间，在世俗与神圣、生活习俗与宗教诫命之间没有隔阂。那些追忆传统的纪念性节庆的禁令(《申命记》16:1—17)，比如在耶路撒冷举行庆典纪念出埃及(《申命记》16:1—3)，显然是对摩西传统的仪式性确认。[①] 独一神论的上帝诫命看起来是抽象的，实际上，通过申命派的立法它渗透到犹太人生活方式的方方面面，确保没有一个领域会留给多神论的偶像崇拜。

在申命派确立摩西传统的犹太政治神学中但先知传统对申命派的影响十分明显。出埃及记的"流亡与回归"的主题成为申命派历史编纂的基本模式，对埃及那段被奴役的历史和上帝派摩西引领犹太人出埃及的集体记忆是摩西传统的核心(《申命记》16:18—20,17:8—13,19:14—21,25:1—19)。[②] 先知传统强调上帝的公义体现于救济穷人的社会正义之中的观念正是从摩西传统中孕育出来的，比如《申命记》保存了古老的"十分之一奉献"(《申命记》14:22—29)，豁免债务释放奴隶(《申命记》15:1—18)，保护孤儿、寡妇和寄居者等三类人(《申命记》24:17—21)等律法。[③] 没有哪个古老文明的经典能像《希伯来圣经》那样，将上帝的公义、社会正义、弱势群体的保护、被压迫者的释放以及受苦难者的救赎等观念表述得那么紧迫、庄重、清晰明确，这些观念是现代人最为敬重的犹太文明遗产之一。与关注社会底层的社会正义密切相关的是，申命派也坚持上帝的公义体现在对社会统治阶层的约束，包括对君王(《申命记》17:14—20)、利未祭司(《申命记》18:1—8)和先知(18:9—22)等职分的限制。申命派这种来自北国以色列独有的反王权的立场为之前的西奈传统所未有。[④] 这也从一个侧面可以看出申命派已然决定将摩西传统而非大卫传统(《撒母耳记上》12:14—15,12:24—25)作为犹太人在列国强权下生存、独立、统一和保存信仰生活方式等问题的解

① 关于这些仪式与节庆的意义，参见 Jacob Neusner, *The Enchantments of Judaism: Rites of Transformation from Birth through Death* (New York: Basic Books, 1987)；《密释纳・第二部：节期》。

② 参见 Brevard S. Childs, *The Book of Exodus: A Critical Theological Commentary* (Philadelphia: Westminster, 1974)。

③ 参见 Jeffries M. Hamilton, *Social Justice and Deuteronomy: The Case of Deuteronomy 15* (Atlanta, Ga.: Scholars Press, 1992); Robert R. Wilson, *Prophecy and Society in Ancient Israel* (Philadelphia: Fortress, 1980)。

④ 对王权的批判和对社会正义的主张，参见 Martin Buber, *Kingship of God*, trans. Richard Scheimann (New York: Harper, 1967); Martin Buber, *The Prophetic Faith*, trans. Carlyle Witton-Davies (Princeton, NJ: Princeton University Press, 2016)。

决方案。[1] 申命派编纂摩西五经、创立“摩西传统”、叙述“申命派历史”，最深刻地体现了犹太政治神学的内涵，也为犹太先知神学和弥赛亚主义观念奠定了基础。

在冯拉德的旧约神学研究范式的引导之下我们对《希伯来圣经》的摩西第五经《申命记》中的犹太政治神学进行了初步的探究，在冯拉德的研究之上作了进一步的阐释。冯拉德的一大贡献在我看来是充分显明了体现在《申命记》中的申命派的“上帝的应许与实现”的传承史神学与“申命派历史”的“上帝的审判与救赎”的叙事模式。重申申命派的传承史神学观念，足以抵挡住现代历史批判和形式批判对摩西五经的经典形成的怀疑与解构。冯拉德阐明了申命派所重申的摩西传统、摩西律法和摩西诫命是犹太教的先知精神和弥赛亚观念的起源，整个《希伯来圣经》中的摩西传统、先知传统和弥赛亚主义（以及基督教的新信仰体系）都贯穿着一个深刻的传承史神学信念。这些深刻的犹太政治神学思想及其丰富的文化内涵，使得犹太教成为西方文明的一个重要源头，既通过基督教在世界历史中产生了无可估量的影响，也通过犹太人自己的历史和命运显示了它特有的精神魅力。

---

① 参见 Jon D. Levenson, *Sinai and Zion: An Entry into the Jewish Bible* (New York: Harper and Row, 1985)。列文森在《西奈与锡安》中指出，犹太政治神学传统中北国以色列的摩西传统或西奈传统与南国犹大的大卫传统或锡安传统之间实际上存在着巨大的张力，它是 20 世纪以来谨守摩西传统的犹太教(Judaism)与犹太复国主义或犹太民族主义(Zionism，锡安主义)之间巨大张力的起源。上帝应许给犹太人的救赎既有以色列民族，也有以色列王国。当以色列人失去家园、土地和聚居时，统一的王国一度是犹太人的盼望；但当犹太人处于王朝的统治下，他们又只能诉诸摩西的权威反抗君王的统治；最后，在以色列王国被毁灭后，对锡安的末世论盼望已不再具有现实政治的意义，持守摩西传统或西奈传统才是犹太人立命的根本。不过，耶稣本人的弥赛亚的自我意识却是来自大卫传统的末世论化，而非来自出埃及的宣讲诫命的摩西传统，《新约》中提及大卫之名的次数要远多于摩西之名。

Towards Jerusalem in "Athens and Jerusalem": On Jewish Political Theology

ZHANG Xu

Abstract: In order to gain a deeper understanding of the origins of Jewish political theology, this paper analyzes the idea of Jewish political theology in Deuteronomy, the fifth book of the Pentateuch, in the light of the German Old Testament theologian Gerhard von Rad 's Old Testament theological paradigm of the history of traditions. The Deuteronomists ultimately established Judaism's "Mosaic Tradition," "Torah Scripture," "Monotheism," and "Deuteronomistic View of History" in the time of Josiah, and strengthened the Jewish ethnic identity under Assyrian rule, which favored religious integration over kingdom politics, and inaugurated Judaism's prophetic tradition and its messianic dimension of hope in the promises of God. Gerhard von Rad 's historical-theological analysis of Deuteronomy opens up a strange new world of the Hebrew Bible, demonstrating the dynamic roots of Jewish monotheistic faith, prophetic spirituality, and the political theology of messianic concepts in the history of Western thought and in world history.

Key Words: Political Theology, History of Tradition, Promise of God, Mosaic Tradition, Monotheism

犹太神秘主义经典《创造之书》中的三个 *sefer* *

施歆文 **

【摘要】《创造之书》是犹太教神秘主义现存最早的希伯来语经典，讲述了以色列的上帝通过"赛菲洛"和希伯来字母创世的过程，解释了《希伯来圣经》的《创世记》中诸多元素的由来。该书版本众多，语言简洁凝练，同时保持了宗教文本用语的模糊性。其代表性例子就是开篇的三个同形同根词语 *sefer*。作者未标明其元音符号，亦未对其作出更多解释，同时，版本的多样性使得 *sefer* 的含义更加扑朔迷离。*sefer* 在文本中的位置决定了其重要性，对其的理解要建立在整体语境的基础上，而《创造之书》展现出的对于各种理解的开放性，让每位译者以不同的视角看待文本，并以不同的方式理解三个 *sefer*。每位译者的解读都是独特的，这反过来又会影响到更多的读者。

【关键词】宗教文本；翻译；犹太教；神秘主义；《创造之书》

《创造之书》(*Sefer Yetzirah*)是犹太教神秘主义流派现存最早的希伯来语经典，其开始流传时，卡巴拉神秘主义（犹太神秘主义思想发展过程中最重要的派别）还未形成，因此可以称之为一本前卡巴拉著作。《创造之书》的篇幅简短，即使是最长的版本也不超过 2000 字，但文本内容丰富，包含了对上帝创造世界的神秘解释。作者伪托于犹太人的祖先亚伯拉罕，讲述了他在一次冥想中获得的关于上帝通过十个"赛菲洛"和希伯来字母创造世界的过程，借此呈现了一个与《创世记》相辅相成又截然不同的创世故事。书中的一些术语对后世卡巴拉神秘主义体系之建构产生了重要影响，犹太神秘主义学者约瑟夫·丹(Joseph

* 本文系四川外国语大学校级科研项目"犹太教神秘主义经典《创造之书》研究与翻译"(sisu202053)成果。

** 施歆文，四川外国语大学东方语言文化学院希伯来语专业讲师。

Dan)将其称为“中世纪犹太思想的基石之一”[①]。

一、《创造之书》的源语抄本与译本的多样性

从版本流变的角度来说,《创造之书》的具体成文日期不详并存在很多争议[②],而且它的手稿版本相当多样化。自9世纪开始,《创造之书》的手稿开始在一个又一个的卡巴拉主义者手中流传。在此过程中,由于中世纪犹太人散居世界各地,缺乏一个集中的政治和宗教管理机构,不同的犹太抄写员和评论家有很大的自由度来复制和抄写宗教文本,有的抄写员在抄写过程中不自觉地出现错误,更有许多评论家发挥其主观性,在文本的任意部分加入其个人注释和评论,或者重新排列段落顺序。同时,手稿之间亦会相互影响,因此《创造之书》并不存在一个权威的版本,也很难对《创造之书》的最初版本进行追根溯源。犹太学者马拉奇·贝特-阿里(Malachi Beit-Arie)就指出,古典文学批评的许多原则和实践方法,例如建立手稿之间的遗传关系,分类手稿和还原原文,对于中世纪希伯来文本都不适用。[③] 从10世纪初起,《创造之书》就被公认为存在于三类修订本中,包括一个较短版本,一个包含注释材料的较长版本,以及《创造之书》最早期的评论家萨阿迪亚·果昂(Saadya Gaon)以阿拉伯语进行评注和修改的版本,人们习惯将这些版本称为“短版”“长版”“萨阿迪亚版本”。与此同时,由于不同文本抄写员的复写工作不同,每个版本进一步发展成了不同的手稿,因此产生了更多的变化。这些差异主要表现在文本长度、段落排列、语言风格和具体内容的修改中。2003年,海曼(Hayman)在其著作《创造之书:版本、翻译和文本评论》中整理了《创造之书》的部分手稿,并将其中最重要的三版手稿并列展示,为后来的学者提供了研究《创造之书》相对可靠的文本基础。

一方面,从中世纪流传下来的众多抄本造成了《创造之书》不只有一个固定的作者,那些被认为是原作者所写的文本,通常是由其他人所写。另一方面,《创造之书》源语版本的多样性不可避免地影响了后续的文本传播和翻译。从19世纪末开始,由于其重要性和影响力,也因其简洁性,《创造之书》开始被不同的译者译为其他语言。根据不同译者所选择的不同源语版本以及不同译者的主观因素,如宗教意识形态背景、认知和表达风格等,《创造之书》翻译版本呈现出了更

---

① Joseph Dan, *The Ancient Jewish Mysticism* (Tel-Aviv: MOD Books, 1993), 198.

② 肖勒姆将其追溯于3—6世纪,也有学者认为《创造之书》成文于9世纪的伊斯兰统治时期。

③ 参见 Malachi Beit-Arie, *Hebrew Manuscripts of East and West: Towards a Comparative Codicology* (London: The British Library, 1992), 82。

大的多样性。众多的希伯来手稿和英译版本的存在进一步影响读者和后世学者对文本的理解。然而,手稿和译本的多样性并不是唯一因素,作品本身带有的神秘色彩和其晦涩、模糊的语言特征以及原创术语和多义词的运用共同推动了对文本的多样化解读。本文要讨论的是这种文本多样化理解中的一个非常具有代表性的例子。

二、《创造之书》中三个 *sefer* 的理解挑战

本文聚焦的 *sefer* 出现在《创造之书》开篇的第一章第一节。该节的前半部分在海曼整理的所有手稿版本中都表达了相同的意思,用词上亦无差异,即引用《希伯来圣经》中《以赛亚书》第 57 章第 15 节的内容表达对上帝的赞颂,并称上帝开辟了三十二条智慧道路:

> 万军之耶和华以色列的神,永活的神,全能的神,至高至上,永远长存,名为圣者(《以赛亚书》57:15)。他雕刻了三十二条奇妙的智慧道路。(《创造之书》1:1)

差异出现在该段的后半部分中:

> 以色列的神用三个ספרים(*sefarim*)创造了这个世界:ספר(*sefer*)、ספר(*sefer*)和ספר(*sefer*)。(《创造之书》1:1)

对这句话的多样性理解源于句末的三个 *sefer*,*sefarim* 为其复数形式。*sefer* 一词在该段落中重复了三次,然而,《创造之书》的作者不仅并未传达关于这三个 *sefer* 的更多信息,下文中也没有进一步再提及 *sefer* 一词,因此,读者只能够根据 *sefer* 一词的字面意义,结合整体语境解读每个 *sefer*。同时,*sefer* 出现的位置也十分关键,根据上下文可知,这三个同形词是以色列的神用来创造世界的三个事物。因此,对于每个 *sefer* 含义,以及作为其整体概括的 *sefarim* 的不同理解,会以先入为主的方式对读者阅读后文产生影响。

三个同形词 *sefer* 源于同一组词根 *s.f.r.*。希伯来语实词的词根通常由两到四个辅音字母构成,通过在词根周围添加元音和辅音来衍生不同词汇,因此,希伯来语中有许多词根相同、词形相同,但因元音不同,发音、含义和词性不同的词汇。

在希伯来语的发展过程中,*s.f.r.*这个词根就是该语法现象中的一个例子。该词根能组成一系列同形异义的词汇,同时,这一系列词汇还存在多义词的现象,使得该词的词汇含义更加多样化和不确定。不同的古希伯来语工具书罗列

了这一系列同词根词汇的几种含义(见表1)。[①]

表1 s.f.r.同根词汇的发音、含义和词性

词根+元音符号	发音	含义	词性
סֵפֶר	sefer	1.书(book) 2.信(letter) 3.文件(document) 4.卷轴(scroll) 5.一种写作行为(kind of writing)	名词
סְפָר	sephar	1.计算,计数(counting, enumeration) 2.人口普查(census) 3. 边界(border)	名词
סוֹפֵר	sofer	1.作家(writer) 2.抄写员(scribe)	名词
סִפּוּר	sippur	1.故事(story) 2.讲述(telling)	名词
סָפַר	saphar	计数(to count)	动词
סִפֵּר	sipher	1.讲述(to tell) 2.谈论(to talk about) 3.修剪头发(to shear)	动词

值得注意的是,根据海曼整理的手稿,该句在长版、短版和萨阿迪亚版本延伸出的所有手稿中存在两种不同的写法,而这两种写法皆可追溯至10世纪,即《创造之书》刚被世人所知时。第一种以最早的长版手稿为代表,即"*sefer ve-*

① 有关词典包括 Marcus Jastrow, *A Dictionary of the Targumim, the Talmud Babli and Yerushalmi, and the Midrashic Literature* (Piscataway, NJ: Gorgias Press, 2012), 1017-1018; Wilhelm Gesenius, et al, *A Hebrew and English Lexicon of the Old Testament with an Appendix Containing the Biblical Aramaic* (Oxford: Clarendon Press, 1939), 706; Karl Feyerabend, *A Complete Hebrew-English Pocket-Dictionary to the Old Testament* (Berlin-Schoneberg: Lagenscheidt, 1920), 235; Friedrich Huber, et al, *Hebrew and Aramaic Dictionary of the Old Testament* (Berlin, Boston: De Gruyter, 1973), 192.

sefer ve-sefer”,抄写员并未提示每个 *sefer* 的发音和含义。第二种以在开罗秘库(Cairo Genizah)发现的最早的萨阿迪亚评注版的抄本碎片为代表,写为“*sefer ve-sefer ve-sippur*”,其抄写员为最后一个 *sefer* 加入了非根辅音,将其明确定义为希伯来语动词 *siper* 的动名词形式 *sippur*,其含义为讲述(telling)或是故事(story),这种方式在一定程度上缩小了后人的理解空间,但另外两个 *sefer* 的所指依然是未知的,也有几个较晚时期的版本为三个 *sefer* 标注了元音符号,将其明确为“*sefer sephar ve-sippur*”。[①]

因此,由于元音符号缺失和词汇本身多义性所带来的意义的不确定性,绝对意义上完全等值地翻译每个 *sefer* 的含义是不可能的,这在一定程度上降低了 *sefer* 一词的可译性。从 *sefer* 可能具有的更深层含义上来说,它的语境和重复三次的特点让它更像是一个文学符号,其所指的内容很可能超越字面意思。因此,在此处,词根谬误(root fallacy)的可能性也不可被忽略。基于词根在希伯来语中的重要性,依据词根去分析词汇的含义是合理且普遍存在的。然而,正如陶伯施密特(Gerhard Tauberschmidt)所指出的,在犹太宗教文本中,假设一个词在文本中的含义在于其词根意义,而忽略上下文,则很可能会掉入词根谬误的陷阱。他认为,犹太宗教经典常借用各类隐喻、借喻等认知方式,借助生活中可见的事物来解释相对抽象的神学教义,或是企图掩盖不可言说的神圣知识,同时也实现了相关词汇语义上的扩展。[②] 因此,出现在《创造之书》中的 *sefer* 一词很可能也具有非词根意义上的延伸含义。

三、英文译本中的三个 *sefer*

1877 年,美国改革派拉比卡丽什(Isidor Kalisch)出版了一本小册子,其中包括《创造之书》的第一版英文译本,他以一种清晰直接的方式将希伯来语版本和英语翻译对照展示,并在书末附上了对每一章节的解释性说明,其出版商在前言中称赞他对《创造之书》的翻译工作几乎无人能与之匹敌。对于三个 *sefer*,在译文部分,卡丽什直接为他们标注了元音符号,将其译为三个 *sepharim*:*sephar*、*sippur*、*sefer*;在注释部分,卡丽什认为它们分别代表数字(number-

① 参见 A. Peter Hayman, *Sefer Yesira*: *Edition*, *Translation*, *and Text-Critical Commentary* (Tubingen: Mohr Siebeck, 2004), 59。

② 参见 Gerhard Tauberschmidt, “Polysemy and Homonymy in Biblical Hebrew,” *Journal of Translation* 14 (2018): 29。

sephar)、字词(word-*sippur*)、文字的书写(writing of the word-*sefer*)。[1]

该开创性的英文译本或多或少地影响了后来的许多译者,在接下来的一个世纪里,有几位译者采取与卡丽什相似的解读方式,他们的译法可以分为以下三种。

第一种译为三个 *sepahrim*(three sepharim)。其中,威斯克(William Wynn Westcott)译为数字(numbers-SPR)、字母(letters-SPR)、声音(sounds-SIPUR)[2];霍尔(Manly Palmer Hall)译为数字(numbers)、字母(letters)、声音(sounds)[3];勒诺维茨(Harris Lenowitz)译为数字(Numbers-*sephar*)、书写(writing-*sefer*)、言语(speech-*sippur*)[4]。

第二种译为三本书(three books)。其中,埃德莎姆(Alfred Edersheim)译为数字(numbers-*sephar*)、书面文字(written word-*sefer*)、言语(spoken word-*sippur*)[5];美国正统派拉比开普兰(Aryeh Kaplan)译为数字(numbers-*sephar*)、文本(text-*sepher*)、表达(communication-*sippur*)。[6]

第三种译为三种表达形式(three forms of expression)。其中,斯滕林(Knut Stenring)[7]和霍夫曼(Edward Hoffman)[8]均译为数字(numbers)、字母(letters)、字词(words)。

这些译者的译法有共同点,但也存在着微妙的差别。总的来说,这些译者认为"数字"是第一个 *sefer*,同时,他们所采用的源语文本都是那些包含了 *sippur* 的文本,与卡丽什相同,他们皆认为表示"讲述、故事"的 *sippur* 是三个 *sefer* 之

---

① 参见 Isadore Kalisch, *The Sepher Yezirah: A Book on Creation, or, the Jewish Metaphysics of Remote Antiquity* (New York: L. H. Frank, 1877), 50。

② 参见 William Wynn Westcott, *Sepher Yetzirah: The Book of Formation and the Thirty-two Paths of Wisdom* (Bath: Robert H. Fryar, 1887), 17。

③ 参见 Manly Palmer Hall, *The Secret Teachings of All Ages: An Encyclopedic Outline of Masonic, Hermetic, Qabbalistic and Rosicrucian Symbolical Philosophy* (San Francisco: H. S. Crocker Co., 1928), 113。

④ 参见 Harris Lenowitz and Charles Doria, *Origins: Creation Texts from the Ancient Mediterranean* (Garden City, N.Y.: Anchor Press, 1976), 57。

⑤ 参见 Alfred Edersheim, *The Life and Times of Jesus the Messiah*, ed. Grand Rapids (Mich.: Wm. B. Eerdmans Pub. Co., 1943), 1480。

⑥ 参见 Aryeh Kaplan, *Sefer Yetzirah: The Book of Creation in Theory and Practice* (York Beach: Samuel Weiser, Inc., 1990), 5。

⑦ 参见 Knut Stenring, *The Book of Formation* (London: W. Rider, 1923), 51。

⑧ 参见 Edward Hoffman, *The Kabbalah Reader: A Sourcebook of Visionary Judaism, foreword by Arthur Kurzweil* (Boston: Shambhala Publications, 2010), 4。从霍夫曼的作品中可以看出,他直接采用了斯滕林的翻译版本。

一。在他们的阐释中可以观察到词汇语义的扩展，他们将其译为字词、言语、表达或声音，多与语言的口头表达形式有关。而另一个 *sefer* 则被译为文本或文本的基本组成单位、字母。值得一提的是，海曼在其著作中尝试重建《创造之书》的最早版本，在其中他也认同这一种译法。[①]

以出版公司 WOC(Work of the Chariot)为代表的另一组译者则持有不同的译法。[②] 20 世纪 70 年代初，WOC 翻译了一系列以希伯来语和阿拉米语写成的犹太神秘主义著作，其中就包括《创造之书》。译者只对原作进行了简洁精练的翻译，注释仅以少量脚注形式出现，许多精致而神秘的图表贯穿于文本中，以视觉形式呈现《创造之书》的内核。与上一组译者不同，虽然 WOC 的译者认同前两个 *sefer* 应被理解为数字和与文本有关的字母，但另一个应被理解为"边界"(border)。这个版本也或多或少地产生了一些影响。1978 年，布卢门撒尔(David R. Blumenthal)在其发表的著作《理解犹太神秘主义》中翻译了《创造之书》，尽管他声称他的工作完全出于原创，但其翻译的内容与格式都与 WOC 的译本高度相似，更重要的是，他保留了 WOC 的译者对于三个 *sefer* 的独特理解，只是他将三个 *sefer* 定义为"三个原则"(three principles)，而非 WOC 翻译的"三个标志"(three signs)。[③] 1984 年，亚历山大(Philip S. Alexander)在其译著《犹太教研究的文本来源》中采取了与布卢门撒尔同样的译法，即"三个原则"：边界(border)、字母(letter)、数字(number)。[④]

有趣的是，还有一些译者一方面认同卡丽什等人的观点，即 *sippur* 应该是三个 *sefer* 之一，并将其译为"语言"(language)；另一方面，他们像布卢门撒尔等人一样，将"边界"加入三个 *sefer* 之中，例如马特(Daniel C. Matt)的三个密码(three ciphers)——边界(boundary)、语言(language)、数字(number)[⑤]和霍维兹(Daniel M. Horwitz)的三个实体(three entities)——边界(boundary-*sefer*)、语言(language-*sippur*)、数字(number-*sephar*)[⑥]。

---

① 参见 A. Peter Hayman, *Sefer Yesira*: *Edition*, *Translation*, *and Text-Critical Commentary* (Tubingen: Mohr Siebeck, 2004), 64。

② 参见 http://www.workofthechariot.com/TextFiles/Translations-SeferYetzirah.html。

③ 参见 David R. Blumenthal, *Understanding Jewish Mysticism. A Source Reader*: *The Merkabah Tradition and the Zoharic Tradition* (New York: Ktav Publishing House, 1978), 15。

④ 参见 Philip S. Alexander, *Textual Sources for the Study of Judaism* (Manchester: University Press, 1984), 117。

⑤ 参见 Daniel C. Matt, *The Essential Kabbalah*: *The Heart of Jewish Mysticism* (San Francisco, CA: HarperSanFrancisco, 1995), 85。

⑥ 参见 Daniel M. Horwitz, *A Kabbalah and Jewish Mysticism Reader* (Philadelphia: Jewish Publication Society; Lincoln: University of Nebraska Press, 2016), 48。

除了这三种主要译法以外，还有一些作者给出了一些另辟蹊径的解读，例如巴布斯(Papus)的“数字(number)、计数(numbering)、被计数(numbered)”[①]，菲尼亚斯(Mordell Phineas)的“抄写员(scribe)、抄本(script)、卷轴(scroll)”[②]。他们的翻译与文本的直接关联不大，失去了对比意义。因此，本文不对其进行探讨。

显然，所有的译者都将“数字”视为三个 *sefer* 之一，而他们之间的差异则在于对于其余两个 *sefer* 的理解。对不同译法的分析应该考虑以下几个因素：不同译法所获得的文本证据，不同译法中三个 *sefer* 之间的关系，不同译法中三个 *sefer* 在《创造之书》所描写的创世过程中扮演的角色。而译者本人所留下的注释和评论则是重要的参考依据。

四、三个 *sefer* 的传统译法解读

(一)数字、字词(言语或声音)、字母(或文本)

在讨论包含 *sippur* 的“数字、字词(言语或声音)、字母(或文本)”这一译法时，值得注意的是，有些译者进行了翻译并附带注释，尽管他们的翻译结果相同，但通过注释可以观察到他们对该文段的理解存在差异，这与对第一个 *sefer*“数字”的理解有关。

少部分译者(斯滕林和霍夫曼)认为“数字”指的是《创造之书》中的术语“赛菲洛”(*sefirot*)，他们直接在其译文中将“赛菲洛”翻译为“数”或在注释中将其与“数字”直接等同。“赛菲洛”出现在《创造之书》的第一章。如前文所述，作者在卷首就阐明以色列的上帝通过开辟三十二条智慧道路而创造世界，作者紧接着在第二节解释了这三十二条神秘道路的构成：

> 十个赛菲洛和二十二个字母是基础。(《创造之书》1:2)

“赛菲洛”一词源于希伯来语动词“计数，枚举”(*safar*)的动名词形式。将“赛菲洛”与数字相联系的传统源于10世纪初，果昂在其评论中将“赛菲洛”解释为“十个难以接近的数字”[③]。肖勒姆(Gershom Scholem)在其著作《卡巴拉的起源》中肯定这一传统，他指出，赛菲洛是“原始数”；但他也指出，作者之所以不使

---

① Papus, *The Qabalah: Secret Tradition of the West* (York Beach, ME: Weiser Books, 1977), 203.

② Phineas Mordell, *The Origins of Letters and Numerals According to the Sefer Yetzirah* (Philadelphia: P. Mordell, 1914), 7.

③ Giulio Busi, "'Engraved, Hewed, Sealed': Sefirot and Divine Writing in 'Sefer Yetzirah'," *Jerusalem Studies in Jewish Thought* 21 (2007): 1-11.

用代表普通数字的希伯来语单词 *mispar*,是要表明"赛菲洛所指的并非普通数字的问题"[①]。

显然,无论是果昂、肖勒姆还是英文译者,在认同赛菲洛与数字的对照关系的同时,都强调其与普通数字之间的区分。的确,从赛菲洛作为普通数字的概念出发,《创造之书》没有提供明确的文本证据,出现在第一章的赛菲洛难以与普通数字所有的特征相对照。该章节讲述的是上帝创造世界的第一阶段,包含从几个层面对赛菲洛的描述。在引入"赛菲洛"时,作者称十个赛菲洛为 *sefirot belimah*。这里包含了两层信息,首先赛菲洛本身的数值是十,一个在文本中具有神圣和完美的象征意义的数字,但这只能说明赛菲洛可以被计数。其次,赛菲洛的性质是 *belimah*。*belimah* 一词在有些手稿中也以 *beli-mah* 的形式出现,《希伯来圣经》中就用到了这个词,如"将大地悬在虚空(*belimah*)"(《约伯记》26:7),说明了赛菲洛的超越性质。在第一章第六节中,作者又赋予赛菲洛拟人的特征,他引用《以西结书》第一章第十四节中描述"四活物"的闪电、旋风以及"来回"的动作,将赛菲洛定义为上帝战车前的超验生物。

在第一章中还存在对赛菲洛的另外两种描述。十个赛菲洛分别对应"没有界限的十个深度",分属于时间、空间和道德三个区域中的五组维度。在章节末尾部分,作者又将十个赛菲洛分为两组,前四个赛菲洛被定义为宇宙若干基本元素产生的来源,在这一过程中作者使用了动词 *chaqaq* 和 *chatzav*,意为"砍伐"和"雕刻",神的灵、空气、水、火以及二十二个字母被先后创造出来,解释了《创世记》第一章第二节"地是空虚混沌,渊面黑暗,神的灵运行在水面上"中诸多元素的来源;后六个赛菲洛则对应空间的六个维度,此处使用了动词 *chatam*,意为"封锁"。将赛菲洛定义为数字,肖勒姆发现很难理解这三个动词的内涵,他写道:"这种创造的性质还不清楚,因为作者使用了建筑学上的动词,这些动词的确切含义可以用不同的方式来解释。"[②]而且,每个赛菲洛的出现顺序所指向的数字与通过其进行神圣雕刻和砍伐所创造的元素之间也没有联系。[③]

经过文本分析,可以认为赛菲洛既是一种虚无的理想概念,没有实体却能被计数,又是神圣的超验生物,不仅构成《创世记》第一章之前宇宙的基本元素,也代表元素形成的空间结构。肖勒姆努力调和这几种内涵,称赛菲洛是"有生命的

---

① Gershom Scholem, et al., *Origins of the Kabbalah: Not Assigned* (Princeton, NJ: Princeton University Press, 2019), 27.

② 同上。

③ 参见 Giulio Busi, "'Engraved, Hewed, Sealed': Sefirot and Divine Writing in 'Sefer Yetzirah'," 29。

用数值表示的生物"(living numerical beings)[1],然而就文本来看,《创造之书》并未给予赛菲洛一个连贯统一的解释。从《创造之书》所表达的创造过程来看,每个赛菲洛更像是一个领域,通过它上帝执行着特殊的创造行为。就像肖勒姆所指出的,赛菲洛所涉及的是"宇宙的形而上学原则或世界创造阶段的问题"[2]。

总的来说,虽然将赛菲洛等同于数字是一种传统,但赛菲洛本身与数字的关系是难以被定义的,它应被理解为一种形而上的存在,通过它最终完成了《创世记》中各种未被说明来源的元素的生成。

与语言有关的 *sippur*,则让人联想到《创世记》"要有光"之后的记载,在《创世记》所记载的故事中,创造过程的每个阶段都有神的口头命令。约瑟夫·丹指出,是希伯来语,而不是其他语言在《创世记》故事中展现出创造力,即上帝的每一步创造工作都由一句相同的话开始:"上帝说",这意味着世界的创造是伴随着上帝的希伯来语陈述开启的。[3]

《创世记》只记载了通过上帝的话语完成的创造,《创造之书》的作者则尝试解释其背后的原理,并将话语的创造力归于希伯来字母的创造力。基于第一章由赛菲洛完成的创造,作者紧接着在第二章中说明了由赛菲洛生出的二十二个希伯来辅音字母在创造过程中发挥的作用:

> 二十二个希伯来字母是一切的基础……他雕刻它们,他称它们,他交换它们,他组合它们,用它们形成了所有创造物的生命和所有将被形成的生命。他是如何称重和交换的?阿勒夫和其他字母互相组合,贝塔和其他字母互相组合……(《创造之书》2:5)

《创造之书》第三至六章的内容则是作者对于二十二个字母在现实领域,包括宇宙、时间和人体三个维度展开创造的说明,即现实世界的所有物质都是通过二十二个希伯来辅音字母的相互组合而产生的。由此可见,作者将希伯来字母视为创造的基础和工具,它们不独立承担创造的任务,而是通过相互组合赋予现实事物生命。同时,它们的组合又可以被视作希伯来语书面文字和话语的来源。

因此,将三个 *sefer* 理解为"数字(赛菲洛)、字母(或文本)、字词(言语或声音)"可以获得足够的文本证据,三个 *sefer* 之间的联系亦很明确,代表"数字"的十个赛菲洛构成现实世界的基本框架,并完成《创世记》之前种种元素的形成;从

---

① Gershom Scholem, et al., *Origins of the Kabbalah: Not Assigned*, 28.

② 同上, 27。

③ 参见 Joseph Dan, *The Ancient Jewish Mysticism* (Tel-Aviv: MOD Books, 1993), 201。

赛菲洛诞生的二十二个希伯来字母,作为创造现实事物的基本力量;字词代表着创造力量的结合,执行实际的创造任务,又与《创世记》中上帝的十次叙述巧妙契合。这三者体现了三个阶段的创造,正如斯滕林对于作为三个 *sefer* 整体概念的 *sepharim* 的定义——"三种表达形式",也正是对《创造之书》的作者的宇宙进化论的清晰展现。作者尝试补充《创世记》中未阐明的故事,并尝试探索《创世记》所记载之事背后系统性的、逻辑性的创造方式,约瑟夫·丹将其定义为"科学真理",并评价道:"《创造之书》补充的是逻辑科学思想,而不是神秘主义,这在某种程度上是纯科学的。"[①]

而在包括卡丽什和开普兰在内的另一些译者看来,"数字"指的是可以用来表示数值的普通数字[②],他们将三个 *sefer* 定义为构成每个受造物性质的三个基本要素,即一个给定事物的数值、代表这个事物的字词和其书写的形式。由此可见,对比创造过程,受造物更受这些译者的关注。这一种解读可以追溯到中世纪的犹太哲学家犹大·哈列维(Judah Halevi)的代表作《库萨里》,哈列维为了回答库萨里国王的疑问提到了《创造之书》,并详细说明了以色列的上帝通过赛菲洛和字母的力量将这三个要素从其意志带入受造物的过程。[③] 哈列维论述的目的是说明这三个要素在每一个受造物之上所表达的上帝意志的统一性,从卡丽什的注释中可以看出他也采用了同样的解读方式。[④] 开普兰则在此基础上进一步赋予《创造之书》实践意义。与约瑟夫·丹截然不同的是,开普兰将《创造之书》当作一本具有强烈魔法色彩的冥想练习指导手册[⑤],在他看来,人类则可以通过冥想学习《创造之书》中的创造法则,从而完成神圣的创造行为。在这种实践中,作为字母的物理形式存在的文本、作为字母的数值存在的数字和作为字母发音存在的声音起到了关键作用。[⑥]

由此可见,这一组译者选择从受造物而非创造过程的角度定义三个 *sefer*,他们关注由《创造之书》描述的创造过程给受造物带来的基本性质。虽然希伯来

---

① Joseph Dan, *The Ancient Jewish Mysticism* (Tel-Aviv: MOD Books, 1993), 202.

② 其中,开普兰认为赛菲洛是普通数字的来源。参见 Aryeh Kaplan, *Sefer Yetzirah: The Book of Creation in Theory and Practice* (York Beach: Samuel Weiser, Inc., 1990), 23。

③ 出自《库萨里》4:25,见 https://www.sefaria.org/Kuzari。在该文段中,犹大·哈列维认为数值意味着为了使一个物体的排列协调所需要的计算和"称量",最终体现为受造物的尺度或重量,这代表了以色列的上帝最初的意志和考量,并通过《创世记》中的上帝话语成为现实,而事物名称的书写形式也是与每个字母的特性相协调的,与希伯来语作为神圣语言之特性有关。

④ 参见 Kalisch Isadore, *The Sepher Yezirah: A Book on Creation, or, the Jewish Metaphysics of Remote Antiquity*, 50。

⑤ 参见 Aryeh Kaplan, *Sefer Yetzirah: The Book of Creation in Theory and Practice*, xi。

⑥ 同上,21。

字母与数值之间的对等关系及其带来的隐喻推测是一种传统，但这种译法在《创造之书》的文本中不能获得非常直接的文本证据，如约瑟夫·丹所说，从字面上来看，《创造之书》的确只包含了创造的理论原则，未包含对于受造物基本性质的描写和对人类实践的指导。

(二)边界、字母、数字(赛菲洛)

这种译法与上一种译法最大的不同点是"边界"。同时，这一组译者普遍认同数字和赛菲洛的等同关系，他们在译文中将其称为"原始数""基本数""虚无的数"，因此可以将这组译者的译法视作"边界、字母、赛菲洛"。

通过上文的分析，可以明确的是《创造之书》传达的是一种多阶段的、循序渐进的创造过程。在赛菲洛的创造阶段中，"边界"确切存在的文本证据虽然并不明确，但也能通过作者的描述找到其存在的依据。如上文所述，在这一阶段，对于赛菲洛形成的五个维度，《创造之书》的作者论及的是"十个深度"。作者在这里用了 *omek* 一词，该词在《希伯来圣经》中出现时，通常用以形容让人无法触及的物理深度或是精神深度。同时，这些深渊被认为是没有界限的(*Ein la-hem Sof*)(《创造之书》1:7)，在这里出现了在后世的卡巴拉中通常用来形容上帝无限性的术语 *Ein Sof*，从这一角度看，赛菲洛构成的五个维度似乎深不见底，没有界限。然而，紧接着作者明确了上帝作为"唯一主人"的"统治者"地位：

> 唯一的主……从他的圣所治理他们，直到永永远远。(《创造之书》1:7)

形容词"唯一的"(*yachid*)和动词"治理"(*moshel*)的使用，确定了其独一无二的统治地位，这表明这五个维度即使有无限的深度，也依然在以色列的上帝之下。在几个小节之后，作者描述六个赛菲洛对应的六个空间的维度被上帝用组成神名的三个字母的六种组合所封锁(*chatam*)(《创造之书》1:15)，形成了宇宙的六个"边缘"(*shesh ktzavot*)。虽然神名的字母组合的顺序在不同的希伯来手稿中有所不同[①]，但可以肯定的是，空间维度的边界已经建立和确认。

显然，这个边界并不是人类可以观察到的现实边界，而是一个概念性的边界，它的存在不是为了衡量空间的大小，而是为了强调上帝的控制以及上帝与塞菲洛的关系。所以，正如布卢门撒尔所说，必须把"边界感"(the sense of boundary)理解为"有界性"(sense of boundedness)。[②]

---

① 海曼和开普兰在他们的著作中都提到了这一点，海曼将其简单地解释为不值得记录的错误，或者是抄写员为了掩盖深奥知识而故意犯的错误。参见 A. Peter Hayman, *Sefer Yesira: Edition, Translation, and Text-Critical Commentary* (Tubingen: Mohr Siebeck, 2004), 90。

② 参见 David R. Blumenthal, *Understanding Jewish Mysticism. A Source Reader: The Merkabah Tradition and the Zoharic Tradition*, 15。

第四章到第七章描述了由字母开始的第二次创造,即在先前创造中形成的三个独立领域——空间、时间和人体——中的进一步创造。在这一阶段,出现了关于边界最明确的文本证据,空间的边界得到了进一步的确认,变得更加清晰。在第四章中,七个双音节字母被定义为对应空间维度的六个方向的六条"侧边"(*tzla-ot*)和中间的圣殿[①];十二个单音节字母则是向六个方向分散的"十二组对角线",作者在定义每条对角线时,直接使用了希伯来语"边界"(*gvul*),表明作者对宇宙空间维度的猜想和对边界存在的认同。

与空间维度相比,时间和人体的有限性的文本证据不是很明显。然而,就像空间维度一样,《创造之书》的作者认为上帝还在时间的维度和人体的维度上设置代理人,他们分别被放置在"年轮"和"心脏"中(《创造之书》6:3),这两个维度的边界感并不是通过直接界定边界而产生的,而是一种相对抽象、虚拟的边界感,主要体现在时间的规律性和人的生命的有限性上,产生于管理者的设置。因此,这一组译者的译法亦能得到足够的文本证据,他们关注由赛菲洛和字母主导的创造过程所产生的"有界性",关注作者对于所造宇宙形状的构想。通过赛菲洛,以色列的上帝进行初始的创造,通过字母,他设置了空间的限制,通过设置代理人,他让三个维度的世界在有限的范围内有序运行。他们把边界视为这一过程中不可忽视的"原则"或"标志"。边界的概念在《创造之书》中发挥了非常重要的作用,它使宇宙的结构更加清晰和完整,三个维度世界的有限性也是对以色列的上帝的至高无上和唯一统治权的强调。

(三)边界、语言、数字(赛菲洛)

通过分析上述译法,可以观察到文本呈现出的丰富内容和多样的理解视角。在《创造之书》中可以找到对宇宙的源起和创造过程的叙述,同时也可以找到对受造宇宙的结构的叙述。正如肖勒姆所指出的,"这本书包含了关于宇宙起源学(cosmogony)和宇宙学(cosmology)非常紧凑的论述"[②]。"数字、字词、字母"和"边界、字母、数字"的两种译法将引导读者从这两个方面理解文本,也是文本证据最充足的、三个 *sefer* 的职责和相互关系最明确的两种译法,因此可以被认为是合理的。

那么,以霍维兹为代表的第三种译法"边界、语言、数字(赛菲洛)"综合了上述两种译法,可能更全面地囊括了《创造之书》的文本内容。上文提及,这一组译者一方面采用了包含 *sippur* 的源语文本,并将其译为"语言"(language);另一

① 关于"侧边"一词,在长版和萨阿迪亚版本中出现的希伯来语词汇是"侧边"(*tzla-ot*),而短版手稿基本都使用"边缘"(*ktzavot*),两个词在意思上都能表示强烈的边界意义。参见 A. Peter Hayman, *Sefer Yesira: Edition, Translation, and Text-Critical Commentary*, 131。

② Gershom Scholem, et al, *Origins of the Kabbalah: Not Assigned*, 25.

方面将“边界”加入三个 *sefer* 之中。根据霍维兹的解释，边界指出了世界不可忽视的“有界性”，赛菲洛代表了第一重创造过程和宇宙的基本结构，语言代表了希伯来语字母在现实的创造过程中的力量，这包括了《创造之书》中所呈现的所有创造原则，可能是最为恰当的一种译法。

结 语

上述结论仅局限于一种基于字面意义的对英文译本的整理和分析。原作者的意图很难猜测，或许上述译法背后的解读方式都不是他的意图，或许他从来没有打算定义三个 *sefer*，而是保留其作为普通人无法接触的创世奥秘的神秘性。然而，通过以上分析可以明确的是，《创造之书》虽然简短，但其所呈现的创世奥秘可以用多种方法去诠释，译者也可以从不同的角度或多或少地在这本书里找到他寻找和认同的东西。《创造之书》文本内容的丰富性与其呈现出的对于各种解读的包容性和开放性在三个 *sefer* 的翻译问题上得到了显著的体现。三个同根同形的多义词 *sefer* 本身具有意义上的不确定性，不同的译者身处不同的时代，或是面对不同的源语版本，或是带着不同的身份立场和翻译目的，对处于文本关键位置的三个同根同形的 *sefer* 产生了不同的理解，由此产生了诸多不同的译法。

本文提到的译者有不同的出发点，一类译者将《创造之书》当作对《希伯来圣经》中《创世记》故事的某些方面的解释，并希望单纯地以传达这种创世奥秘为目的翻译文本。也有译者透过文章讲述的创世奥秘的表面，将《创造之书》看作一本可以为普通人类所使用的魔术指导书。他们从受造物的角度定义三个 *sefer*，三个 *sefer* 作为受造物与创世者不可分割的三个方面，在人类尝试进行的创造活动中起到关键的作用。虽然这一种译法无法获得直接的文本证据，但也给《创造之书》的理解和翻译带来了全新的角度。

在对不同传统译法的解读背后，亦不可忽略许多译者不意译而只音译三个 *sefer* 的做法。对于译者来说，理解原作者的意图至关重要，在难以了解原作者意图的情况下，他们选择保留其原有的模糊性和对各种解读的开放性，而非将个人的理解强制性地加入对三个 *sefer* 的定义中。这种做法也吸引后世的读者们进行全新解读的尝试。正如海玛特(Amrollah Hemmat)所说，恰当的翻译应该为读者对文本的种种不同反应、为读者与文本的各种互动留有余地。[①]

---

① 参见 Amrollah Hemmat 阿姆鲁拉·海玛特，〈当代诠释学和宗教文本翻译〉[Contemporary Hermeneutics and the Translation of Religious Text]，潘紫径 Pan Zijing 译，于《宗教经典汉译研究》[Research on Chinese Translation of Religious]，2016 年第 1 期[2016, Issue 1]，22—31。

The Three *Sefer* in Jewish Mystical Text *Sefer Yetzirah*

SHI Xinwen

Abstract: *Sefer Yetzirah* is the oldest known Hebrew text on Jewish mysticism, describing God's process of creating the universe through the twenty-two Hebrew letters and the ten "Sefirot", explaining the origin of many elements in the Book of Genesis. *Sefer Yetzirah* has many editions. Its language style is concise, while maintaining the ambiguity of sacred text. A representative example is the three homonymous words *sefer* at the beginning of the text, without any vowel marks to indicate their meanings and without any further explanations in the following text. Moreover, the diversity of editions makes the word's meaning more complicated and confusing. The word's key position in the whole text determines its importance, thc interpretation towards it should be based on the overall context, while the openness to various interpretations displayed in *Sefer Yetzirah* allows each translator to understand the text from different perspectives and interpret the three *sefer* in different ways. Every translator's interpretation is unique, which would in turn affect more readers.

Key Words: Religious Text, Translation, Jewish Mysticism, *Sefer Yetzirah*

启蒙运动中的犹太教：康德与门德尔松的比较

马　明*

【摘要】康德与门德尔松都是德国启蒙运动的代表人物，二者关于犹太教的观点有紧密的关联。门德尔松虽然认为犹太教的三重内容（永恒真理、历史真理和神启律法）与理性具有一致性，但又坚持神启律法只对犹太民族具有永恒的约束力；康德认为犹太教是一种非道德、非来世的政治信仰，并基于启蒙的历史进步论和"理性大公主义"的道德宗教对于门德尔松的思想进行了双重批判。人类在整体上朝向善不断进步，一切规章性历史信仰的终极目的在于伦理共同体的建立，因此，犹太教应当抛弃神启律法，在不断朝向唯一道德信仰的过程中实现"安乐死"。

【关键词】康德；门德尔松；犹太教；道德

在与康德同时代的哲学家中，摩西·门德尔松（Moses Mendelssohn）无疑是一位重要的哲学家，他被誉为"德国的柏拉图"。著名的康德研究学者盖耶尔（Paul Guyer）评价道："康德通常被认为是德国启蒙运动中最伟大的哲学家，我在这里很难对此提出异议。但我想说的是，在某些方面，摩西·门德尔松应该被认为是与康德平起平坐的德国启蒙运动的代言人，也许至少在某一点上，他甚至是启蒙运动更清晰的代言人。"①门德尔松与康德始终保持着友好的关系，二者都参与了德国《柏林月刊》1784 年关于"什么是启蒙"的征文，门德尔松先于康德提出启蒙包括公民的启蒙和人的启蒙；而他与雅可比关于斯宾诺莎哲学的争论掀起了 18 世纪 80 年代著名的"泛神论之争"，康德也通过《什么叫作在思维中确

* 马明，南京大学外国哲学博士研究生。

① Paul Guyer, "Mendelssohn, Kant, and Religious Pluralism," *Journal of Deutsche Zeitschrift für Philosophie* (November 14, 2020): 590.

定方向》(1786)一文介入了讨论。

然而,正如福柯在《什么是启蒙》[①]一文中所注意到的,门德尔松的特殊之处在于他的犹太身份,他从小接受的是传统的犹太拉比教育,之后才跟随着自己的老师,借助朋友莱辛(Gotthold Ephraim Lessing)的帮助进入柏林启蒙运动的学术圈。因此,在同为德国人和犹太人的双重身份下,门德尔松对于启蒙的思考不可避免地包含着犹太教的近代化问题:犹太人如果要进入德国的启蒙文化,是否必须要放弃自己民族的信仰?如果不放弃,那么犹太人又应当如何在接受欧洲启蒙思想的同时保持自己的宗教性和民族性?《耶路撒冷——论宗教权力与犹太教》[②](以下简称《耶路撒冷》)一书正是门德尔松关于犹太问题的代表作。值得一提的是,从康德的著作中可以明显地看出他知晓并阅读过门德尔松的这本著作,在该书发表的同一年,康德在给门德尔松的一封信中写道:"我在读您的《耶路撒冷》时是多么欣赏您的深刻、精巧和机智。我把这本书看作在预告一个尽管缓缓来临,但却非常巨大的变革,这场变革不仅涉及您的民族,而且也涉及我的民族。您很善于把您的宗教与高度的良知自由(freedom of conscience)统一起来,人们过去根本不相信宗教具有这种自由,其他任何宗教也不能自夸具有这种自由……这最终必然会使人们在宗教的要点上联合起来。"[③]从这里我们可以看到,康德似乎对这部著作不吝赞美,认为门德尔松不仅将犹太教也将其他宗教引向了一种自由的信仰,这是门德尔松的创见。学者蒙克(Reinier Munk)指出:"这些赞美之词表达了两位哲学家为证明自然和启示宗教(natural and revealed religion)的真理而作出的努力。"[④]但笔者认为,我们仍需要进行一种学理上的考察:二者同时作为启蒙运动的代表人物,他们关于犹太教的观念是一致的吗?门德尔松认为自己的信仰有悖理性的精神吗?康德是如何在其道德宗教的视域下来看待犹太教及门德尔松的宗教宽容思想的?以上是本文试图探讨的问题。

---

① 参见 Michel Foucault 福柯,〈康德与启蒙问题〉[Kant and Enlightenment],于奇智 Yu Qizhi 译,于《华南师范大学学报》(社会科学版)[Journal of South China Normal University (Social Science Edition)],2013 年第 5 期[2013, Issue 5],32—47。

② 此书的第一部分探讨的是国家与教会是否有权干涉宗教与信仰事务,第二部分讨论犹太教。因此副标题分别对应此书的两个部分。宋立宏教授指出,此书的中译本应为宗教"权力"(Macht),而非宗教"权利"(Recht),本文采用此译名。参见宋立宏 Song Lihong,〈犹太教有教义吗?——一个观念史反思〉[Does Judaism Have Dogmas],于《河南大学学报》(社会科学版)[Journal of Henan University (Social Sciences)],2013 年第 1 期[2013, Issue 1],91—99。

③ Immanuel Kant 康德,《康德书信百封》[One Hundred Letters of Kant],李秋零 Li Qiuling 编译(上海[Shanghai]:上海人民出版社[Shanghai Renmin Chubanshe],2019),113。

④ Reinier Munk, "Mendelssohn and Kant on Judaism," *Jewish Studies Quarterly* 13 (2006): 216.

本文首先介绍门德尔松在《耶路撒冷》中的犹太教思想，表明他一方面认为犹太教与理性具有一致性，另一方面又坚持神启律法对于犹太人特别的约束力；其次，介绍康德在道德宗教视域下的犹太观，表明犹太信仰作为非道德的政治信仰不能被纳入普遍教会的发展史中，以此反对门德尔松将犹太教视为基督教的基础；最后，阐明康德基于历史进步论来看待多种历史信仰与唯一的道德信仰之间的关系，提出了犹太教的和平死亡，康德由此对门德尔松的历史观和犹太教观念进行了双重批判。

一、门德尔松：在永恒真理和启示律法之间摇摆

虽然关于近代犹太教科学（Wissenschaft des Judentums）运动的开端和奠基者并没有定论[①]，但是门德尔松的重要性不言而喻。他被誉为“从隔都走向现代社会的第一人”，是“犹太人的路德”。门德尔松的犹太教思想主要集中于《耶路撒冷》的第二部分，这本书是他生前发表的最后一部著作。而他之所以写作这本书，是因为继拉瓦特之争后，门德尔松再一次遭遇到来自基督徒关于他的思想背离了自己的犹太信仰的质疑。[②] 1782 年《光明与权利》一书发表，该书针对门德尔松为马纳西文选所写序言作出回应。作者认为，犹太教所信仰的摩西律法实质是一种建立在神圣启示之上的政治学说，摩西不仅指明了全部的教会学说与原则，还指明了教会所拥有的权利，任何一个不遵守犹太律法的人都会得到教会的惩罚与诅咒。“摩西用石碑般坚硬的教会权力规定用石头砸死那些安息日的破坏者，砸死亵渎上帝名称的人和其他不遵守他的律法条例的人，以示惩戒。”[③]而门德尔松在他所写的序言中提出了政教分离的原则，反对教会和国家在信仰事务上的强制权力，这无疑意味着他放弃了自己的犹太信仰，而更加接近一种强调自由、理性的基督教。对这种置疑，门德尔松写道：“这种谴责直逼我的内心深处。”[④]他认为，这种评价产生的原因在于他们缺乏对犹太教的真正了解；他还指出，基督教是建立在犹太教之上的，如果这些批评是成立的，那么也必定会损害到基督教。因此，门德尔松认为自己有必要对真正的犹太教作出论述，以

---

① 参见 Michael Meyer, “Where Does the Modern Period of Jewish History Begin?,” *Judaism* 24 (1975): 329-338。

② 关于门德尔松写作《耶路撒冷》一书的具体历史背景，参见 Moses Mendelssohn 门德尔松，《耶路撒冷》[Jerusalem]，刘新利 Liu Xinli 译（济南[Jinan]：山东大学出版社[Shandong University Press]，2007），1—10。

③ 门德尔松，《耶路撒冷》，37—38。

④ 同上，38。

表明犹太教与启蒙精神并不违背，自己完全没有必要改变自己的信仰，由此我们也可以看到此书带有一种护教的论战性质。接下来，笔者试图从三个方面来论述门德尔松在此书的第二部分所呈现的犹太教观念：首先，论述门德尔松的真理观；其次，论述他由真理观得到犹太教的三重内容；最后，论述门德尔松通过一种非进步的历史观提出宗教宽容的思想。

首先，门德尔松认为，一切真理都是关涉人的幸福的，它包括永恒真理和历史真理。永恒真理又包括必然真理和偶然真理，其中前者来自上帝的知性，对人而言，它体现为数学定理和艺术原则；后者来自上帝的意志，体现为宇宙和精神世界的法则。门德尔松对于永恒真理的论述充分展现了启蒙的理性精神。他认为，永恒真理是上帝直接通过创造的内在关系向我们展示出来的，因而具有普遍性和必然性，每个人都能通过上帝赐予我们的理性与观察的能力认识到这些真理。它不依赖于任何特定的奇迹、声音和文字，在永恒真理中引入人的理性无法通达的超自然启示并不符合上帝的全能和全善。历史已经向我们证明，大多数没有神启的人类都很好地生存下来了。“根据他们的观点，向人类启示幸福所依赖的真理已经是上帝的充分的大善；只是，上帝不是全能的，或者上帝的善还不够，所以才不给予人类以发现这一切的力量。”[①]而与永恒真理相对的非永恒真理就是历史真理，它是我们对于只出现一次的事件的信仰，也就是说，对于历史真理，我们只能相信，它通过话语和标记被教导和传授给我们。历史真理得以可能要依赖于见证和权威，见证是历史真理的证实，而权威则使得历史真理区别于发生一次就消失的历史事件。在历史真理中，奇迹的发生是被允许的。

其次，基于以上真理观，门德尔松指出，犹太教所包含的内容与这两种真理是一致的。犹太教并不否认永恒真理，真正的犹太教认为，上帝赐予了所有民族的人同等的自然、同等的理性和观察能力，一切人都能通过永恒真理成就幸福的生活。“地球上的所有居民都得到幸福的呼唤，幸福的途径是如此广泛地铺开，就像人类自身广泛散开一样；幸福的手段是如此慷慨地被赐予。”[②]犹太教中的历史真理则是关于犹太民族行为的记录，例如，上帝对犹太民族立法、许诺、拣选的历史，犹太人因违背律法得到惩罚的历史等；然而最能体现犹太民族特点的内容在于犹太教拥有神启律法(revealed law)，在门德尔松看来，这是犹太民族为之自豪之处。在以神圣律法启示犹太人的层面上，上帝不再是永恒真理的根据，即不再是宇宙的创造者和维护者，而变成了一个只与以色列人民立约的上帝，变成了犹太民族的君主和管理者(king and head)，保护和带领整个民族。他以神

① 门德尔松，《耶路撒冷》，44。

② 同上。

圣的律法启示犹太人，因此，履行律法就是犹太民族的责任与义务。只要上帝没有让以色列人重新解放，以色列人就必须严格地遵守这些戒律(commandment)，直到令上帝满意，让自己的良知安宁。“谁不是生在律法之中，谁就不受律法的约束；但是，谁生在律法之中，谁就必须按照律法生，必须按照律法死。”[①]即便是基督教的创始人耶稣也从来没有要废除摩西律法，相反，他的行动是完全与《旧约》一致的，是对于摩西律法和拉比教诲的遵守。

那么是否如门德尔松的评论者所指出的，承认一种启示的律法和对律法的必然遵守就意味着摩西宗教是一种强制性的启示信仰呢？门德尔松对此的回答是否定的。他给予犹太律法以一种实践维度的阐释，在他看来，犹太律法所涉及的不是是否相信，而是做还是不做的问题。就律法的来源而言，它的确是上帝以超自然的方式向摩西启示出来的，《旧约》是特别给予犹太人的神启。但门德尔松认为，超自然的立法(supernatural legislation)不等于超自然的宗教启示(supernatural revelation of religion)或者救赎真理，这里所立的法和戒律所要求的是犹太人的行为和意志，是他们的生活方式而非信仰教条。在此意义上，这种启示的律法与永恒的理性真理之间是具有一致性的，或者至少它们是能够被引向永恒真理的。“所有的律法都涉及永恒的理性真理，或者以永恒的理性真理为基础，或者提醒和唤起对于理性真理的思考……在摩西律法的所有戒条和规定之中，没有一句话要求：你要信！或者，你不要信；相反，其中所有的话都是：你要做，或者，你不要做！”[②]

对于这种具有实践维度的行为律法，门德尔松自豪地指出，在犹太教之前的宗教都是偶像崇拜，它们赋予了符号或者文字标记一种实在的意义，而只有被神意所选中的以色列民族才通过上帝所启示的神圣律法得到了关于上帝的正确概念，作为立法者的上帝为犹太民族制定了礼仪、戒条与规定，它们是行动最基本的普遍原则，从而将人们的行为与信仰联系在一起。

最后，门德尔松反对莱辛的历史进步论。莱辛认为，人类这一种属如同一个人，神意令我们逐渐进步，就如同从孩童成长为大人。但是门德尔松认为，对于个体的人而言，或许不断地进步通向永恒的福乐是神意，但人类整体上却并非如此。人类并非在朝向一种统一和普遍的方向不断地进步，而是常常在一个固定的界限内来回摆动，在前进一段时间后又立马退回到原地。在此基础上，门德尔松提出了他的宗教宽容的思想，他认为既然并没有一种统一普遍的神意与历史目的，那么我们也没有必要要求一种信仰的联合(union of faith)和完全一致，让

① 门德尔松，《耶路撒冷》，73。

② 同上，48。

“羊群在统一的牧羊人的牧养之下”只会导致理性和自由精神的禁锢与伪善，这与启蒙的精神完全是背道而驰的。因此，只有保持信仰的多样性才是符合神意的，有利于消除宗教仇恨和迫害。“让他以自己的方式或者以他祖先的方式呼求上帝，让他在自己认为能够寻求得到的地方，寻求自己的救赎之路。不要让任何人在你们的国家里成为心灵的宣告者和思想的审判官……热爱真理！热爱和平！”[①]对于基督徒而言，即便不把犹太教看作是兄弟和同胞，也至少应当给予他们平等的人类权利，将他们看作是共同的居住者；而对于生活在异邦的犹太人来说，在顺从所在国家的规章制度和道德风俗的同时也应该坚持自己民族的律法。对此，盖耶尔指出：“人类由不同的群体组成，有着不同的历史，他们不能在某一单一的进步尺度上相互比较。对他们来说，可能有不同的宗教外在形式(different outward forms of religion)，没有必要在所有人类群体中保持一致性。”[②]

通过以上三点，门德尔松完成了对于自己信仰的辩护。无论是从犹太律法与永恒真理之间的一致性还是从宗教形式多样性的角度来看，犹太人都没有必要放弃自己的信仰。但我们从门德尔松的论证中却不难看到他在理性宗教和启示宗教之间模棱两可的态度。[③] 他一方面坚持论证犹太教的内容与理性可理解的、对全人类普遍有效的永恒真理之间的一致性，因此赋予了犹太律法以实践、行动的维度；另一方面承认一种只能信仰的历史真理，以一种仅仅属于犹太民族的神圣启示来凸显以色列民族特有的选民(chosen people)身份，摩西律法是上帝和犹太民族所立的约，是每一个犹太人从生到死都必然遵守的诫命。在这个意义上，门德尔松仍然坚持犹太教中具有理性无法理解、只对犹太民族具有效力的启示内容。对此，宋立宏教授指出，门德尔松的这种思想张力体现了他自我理解中的二分，“既要做启蒙开明之士，又要做传统的犹太人”[④]。国外犹太研究学者迈尔(Michael Meyer)指出：“门德尔松是犹太生活的改革者(reformer of Jewish life)，但却不是犹太教的改革者(reformer of Judaism)。”[⑤]蒙克也指出：

① 门德尔松，《耶路撒冷》，76—77。

② Paul Guyer, “Mendelssohn, Kant, and Religious Pluralism,” 596.

③ 事实上，门德尔松的这种摇摆态度同样体现在他与雅可比的泛神论之争上。学者黄毅指出，作为启蒙的捍卫者，门德尔松同时也承认哲学和常识信念之间存在矛盾，而对于常识的承诺其实就是一种雅可比式的向非理性信仰的跳跃。参见黄毅 Huang Yi，〈康德、雅可比与泛神论之争〉[Kant, Jacobi, and Pantheism Controversy]，于《南昌大学学报》(人文社会科学版)[Journal of Nanchang University (Humanities and Social Sciences)]，2015年第1期[2015, Issue 1]，43—49。

④ 宋立宏，〈犹太教有教义吗？——一个观念史反思〉，93。

⑤ Michael Meyer, *Response to Modernity: A History of the Reform Movement in Judaism* (Detroit: Wayne State University Press, 1995), 13.

"门德尔松关于犹太教是自然宗教加启示法的观点容易导致一种误解，即按照门德尔松的说法，理性和启示在犹太教中是对立的，并暗示犹太教中的摩西律法外在于理性的范围。"①也正是在对于犹太民族特有的神启律法的观点上，康德与他的好友门德尔松分道扬镳。这是我们下文要具体论述的内容。

二、康德：犹太信仰作为非道德的政治信仰

笔者认为，康德关于犹太教的观点首先是在其道德宗教的视域下来论述的。在1791年的《纯然理性界限内的宗教》(以下简称《宗教》)一书中，康德指出，一切真正的宗教只能是一种"纯粹的道德宗教"(purely moral religion)，即把出自实践理性的道德法则同时当作是上帝的诫命。这种宗教以每个理性主体都具有的道德禀赋为基础和前提，以主体的道德改善作为一切信仰得以确立的最高条件。纯粹的道德法则既是出自我们的实践理性的，又同时可以被看作是上帝的意志最初在我们心中的立法，它是真宗教的必然条件。通过这种宗教，康德重新建立人与上帝之间的关系：理性主体以一种善的生活方式的主动变革来侍奉神，以期望成为上帝所喜悦之人。在这种道德关系中，上帝是一个道德的世界统治者(moral ruler of the world)，他的神圣性体现在他以道德立法，人应当履行对于上帝的道德义务；他的正义体现在他根据人行动(包括道德意念)的善恶进行道德审判；他的仁慈体现在他保证配享幸福(道德)和幸福之间的一致性。由于道德法则是每个理性存在者通过意志准则的普遍化就能达到的，因此，这种宗教是普遍的，是向每个自由主体开放的，是每个人凭借实践理性就可以信仰的。在《学科之争》中，康德将这种普遍的宗教信仰称为"理性的大公主义"②。如果联系康德的第一批判和第二批判，我们便不难理解为什么唯有道德信仰才是康德所认可的唯一的真信仰：在理性的理论应用中，我们所能表象到的只是有限的经验世界，认识上帝这一超感性的存在是理性的僭越；而只有理性的实践应用才为我们提供了进入本体世界的狭窄通道，因此，唯有不断地出自道德法则去行善，履行自己的道德使命，我们才可能希望自己在上帝面前称义，成为一个令上帝喜悦之人。对于这种信仰的唯一性，康德引用《圣经》中的"窄门"来描述这种真信

① Reinier Munk, "Mendelssohn and Kant on Judaism," 221.

② Immanuel Kant 康德，〈学科之争〉[The Conflict of the Faculties]，收录于《康德著作全集》(第7卷)[Kants Werke (7)]，李秋零 Li Qiuling 主编(北京[Beijing]：中国人民大学出版社[China Renmin University Press]，2007)，47。

仰,“导向永生的窄门和小路是善的生活方式的门径”[①]。

基于这一道德宗教的视域,康德对于从犹太教到基督教的发展作出了自己的解读,他认为,从《旧约》到《新约》,从犹太教到基督教的革命性变革就在于从基督教才开始逐渐确立起一种普遍的道德信仰。具体而言,康德认为,犹太民族只是一群人联合起来所形成的政治共同体,这个共同体采取了一种神权政治的制度,他们的信仰也只属于一种政治信仰。犹太教的这种特质体现在四个方面:(1)犹太教的律法来自受到上帝启示的祭祀阶层,这些律法或者诫命要么只是与道德无关的仪式和习俗,要么是虽具有道德性但却来自外部强制的法则,因此,犹太人只需要外在地遵守这些律法而根本不对他们的内心有所要求。例如,摩西十诫虽然就其本身而言可以是伦理诫命,但是它们在犹太教中只被当作上帝给予摩西的启示,外在地施加给犹太人,而没有考虑过这些法则是能够出自人的实践理性而具有道德性的。康德认为,基督教相比犹太教所作出的变革正在于此,它开始通过道德(行动不仅要合乎义务也应当出于义务)建立人与上帝的关系。(2)在《学科之争》中,康德区分了神学学科和法学学科,前者指向人类永恒的福祉,后者指向公民的福祉,因此,神学和宗教一定是关于来世的,“如果没有对于来世的信仰,任何宗教就都是不可思议的”[②]。但是,在康德看来,犹太教中的奖赏与惩罚只针对此世,因此上帝即便被推崇为最高的神圣存在者,他在这个共同体中也只是作为尘世的君主被敬重,甚至为了促进人民政治上的服从,他把奖赏和惩罚归给并没有参与行动的后代。这与上帝作为一个道德上的统治者所具有的正义属性是完全相背离的。从这个角度看,犹太律法不仅是非道德的,也是与来世无关的,康德由此声称,在严格意义上犹太教甚至都不是一种宗教。(3)犹太教强调犹太民族在所有民族中特有的选民身份,由此而敌视其他民族,这与道德信仰所要求的普遍性也是相违背的。(4)犹太教固然也强调耶和华作为唯一的、普遍的世界统治者,但他是一位与人的道德无关的最高存在者,他只要求人对于诫命的外在遵守,因此,它并不比多神论更好。甚至可以说,一种多神论,只要“它们全体一致地把自己的喜悦仅仅赋予最配享的人,即全心全意追

---

① 《马太福音》谈道:“你们要进窄门,因为引到灭亡,那门是宽的,路是大的,进去的人也多,引导永生,那门是窄的,路是小的,找着的人也少。”值得一提的是,门德尔松在《耶路撒冷》中明确反对这种“窄门”的说法,他谈到在信仰中“既不需要在一片草地上放牧全部的羊群,也不需要仅仅通过一道窄门出入主的屋宇”(门德尔松,《耶路撒冷》,74)。虽然康德在此处没有直接提到自己针对的是门德尔松,但我们不难通过此对比看到二者思想上的根本差异。

② Immanuel Kant 康德,《纯然理性界限内的宗教》[Die Religion Innerhalb der Grenzen der Bloβen Vernunft],李秋零 Li Qiuling 译注(北京[Beijing]:中国人民大学出版社[China Renmin University Press],2012),114。

求德性的人"[1]，也要比犹太教只强调对于上帝的外在、机械的崇拜更容易产生出真正自由的道德宗教。而从犹太教到基督教的所发生的一场彻底变革就在于基督教中出现了耶稣这样一位道德教师。[2] 康德认为，启示基督教中的耶稣道成肉身、降生人世应当被理解为上帝之子屈尊他自身，为我们提供了一个符合上帝意旨与创世目的的、完全圣洁的人性榜样；他践行善的生活方式，他的受难与死亡向人们展示的其实是道德意念的力量，是道德法则的坚定性与纯洁性；他还通过教诲来最大限度地向人们传播善，唤起人们内心本就存在的善的源初禀赋。因此，基督教中对于耶稣这位上帝之子的信仰本质上是一种实践的信仰，即"他（指人们，笔者按）能够信仰并且确立以自己为基础的信赖，他将在类似的诱惑和苦难的情况下对人性的原型（指耶稣，笔者按）忠贞不渝，并且以忠实的仿效保持与自己的榜样的相似"[3]。耶稣向人们昭示：除非做一个善人，否则任何方式（迷信、顿悟、奇迹）都不能使人得救，获得永生。"宣布强制的信仰（对侍奉神灵的日子、信条和习俗的信仰）是自身毫无价值的，相反，道德的信仰是唯一能够造福于人的信仰。"[4]尽管这场斗争在生理上的结局是失败的，并且旧的信仰仍在继续，但是就其唤起人类心灵中善的意念而言，耶稣为人们提供了一个道德上圣洁理念的榜样，打开了自由信仰的大门。在此意义上，这场变革"并没有失败，而是在他死后转化为一场悄悄进行的，但却是在许多苦难之中传播开来的宗教变革"[5]。

由此，康德认为，如果我们要描述一项普遍的、朝向道德宗教的教会发展历史，那么这个教会历史的开端只能从基督教开始，因为只有在基督教的起源处才"包含着趋向真正的、普遍的宗教信仰的客观统一的种子和原则，它在逐步地接近这样的宗教信仰"[6]。而犹太教信仰由于与真正的道德信仰在原则上不一致，不能被纳入到这一发展史之中。康德在《宗教》中提到门德尔松在《耶路撒冷》中对于基督教和犹太教关系的论述，门德尔松认为犹太教是基督教的基石，如果犹太教被否定，基督教也会受到损害，因而，那些对于自己信仰的指责者的做法就

---

① 康德，《纯然理性界限内的宗教》，115。

② 这里对耶稣的理解只是康德对基督教的道德化阐释，是康德的视角，它不能直接等同于传统的启示宗教。

③ 康德，《纯然理性界限内的宗教》，49。

④ 同上，115—116。

⑤ 同上，70。

⑥ 同上，113。

如同房子的基石掉落,却试图通过把房子搬到最上层来拯救它。[1] 门德尔松以此来反驳那些要求其改宗的做法,因此,笔者认为,康德在此的论述可以看作是对于门德尔松这一观点的反驳,康德认为,就基督教包含道德宗教的种子而言,它完全建立在一种崭新的原则之上,而犹太教最多只能看作为基督教提供了一种“自然的诱因”。在1794年的《学科之争》中,康德进一步基于历史目的论的观点提出犹太教应当通过朝向普世的道德宗教实现一种“安乐死”,这是笔者在第三部分要论述的内容。

三、“错误的和平缔造者”与“犹太教的安乐死”

“犹太教的安乐死”(Euthanasie des Judenthums)可以看作康德对于犹太民族如何实现真正的宗教启蒙这一问题的回答。他的这一观点以他的历史进步论为哲学基础。因此这一部分笔者首先阐述康德的历史进步论,其次论述多种历史信仰与唯一的道德信仰之间的关系,它们构成了康德对门德尔松的双重批判。

在《论俗语:这在理论上可能是正确的,但不适用于实践》(1793)的文章中,康德与莱辛一致,主张一种历史进步论,认为人类这一种族会朝着一个统一的、善的方向发展。康德认为,关于人类整体上是否可爱这一问题应当基于另外一个问题——人的本性中“是否有一些禀赋使人们能够由此得出,这个类将一直向着更善进步,而且现在和过去时代的恶将消失在未来时代的善中”[2]。虽然历史上已经有经验昭示出人类之间的种种恶行,但至少就人类会向着更善不断进步而言,它是值得我们去爱的。对于这一问题的回答,康德反对门德尔松在《耶路撒冷》中所提出的非进步历史观,在他看来,既然我们将个体与恶的坚定斗争视为一种“配得上神明的景象”,那么在类的意义上像门德尔松那样认为人类在获得一定的进步后,会反复重新堕入罪恶就是没有必要的。因为设想一种恶在历史上的不断堆积,以便为了等待最终的惩罚,这与上帝作为道德上的统治者的形象不一致,它“违背了一个睿智的世界创造者和统治者的道德性”[3]。即便不上升到神学的意义上看,凡具有善良意志的人也都不会赞同这种观点,它与人所具

---

① 门德尔松的论述参见门德尔松,《耶路撒冷》,75;康德对门德尔松此说法的提及参见康德,《纯然理性界限内的宗教》,152。

② Immanuel Kant 康德,〈论俗语:这在理论上可能是正确的,但不适用于实践〉[On the Common Saying: “This May Be True in Theory but it Does not Apply in Practice”],收录于《康德著作全集》(第8卷)[Kants Werke (8)],李秋零 Li Qiuling 主编(北京[Beijing]:中国人民大学出版社[China Renmin University Press],2010),311。

③ 康德,〈论俗语:这在理论上可能是正确的,但不适用于实践〉,313。

有的神圣的道德禀赋是不相配的。因此,人类历史应当也能够不断朝向善进步,“这种进步虽然时而被打断,但绝不会被断绝”[1]。而对于通过经验的事实来置疑历史进步论的观点,康德给出了两点反驳:首先,就道德作为我们存在的终极目的而言,促进人类越来越善是人对其族类的义务,这种义务的论证自身就是明确而不可动摇的,而一种基于历史事实的怀疑只能算是一个不明确的假说,因为过去的事实并不能用来论证将来的不可能;其次,即便从经验的事实来看,同样可以给出很多人类整体上越来越善的历史证明,而我们之所以会认为人类在日益堕落,恰恰是由于我们已经获得了很大的进步,对自己提出了更严格的道德要求。因此,康德认为,门德尔松既然致力于实现犹太民族的启蒙,那么他也必须保持一种人类朝向越来越善不断进步的希望。“善良的门德尔松如此热心地致力于他所属的民族的启蒙和福利时,他也必定寄希望于这一点。因为如果不是别人在他后面继续走在同一条轨道上,他就不能以理性的方式希望自己独自造就这种启蒙和福利。”[2]

类似莱辛的神圣教育计划[3],康德以这种历史目的论来看待从历史信仰到真正的宗教信仰的发展。历史信仰得以建立的规章与诫命只是人类这个种族不断发展过程中的襁带,如同一个孩童进入青年时代时便需要丢弃“孩子气的事情”,随着人类的不断教化,历史信仰也将会是多余的,因而需要被舍弃,否则它就会成为成长的桎梏。具体而论,历史信仰也叫“教会信仰”,它建立在启示之上,因而其法则是规章性的。由于人不可避免的有限性(例如,我们对于超感性存在的理解总是要借助一些感性表象方式),历史信仰必然要先行于纯粹的道德信仰。虽然康德认为从基督教中才开始包含道德信仰的种子,但其历史发展仍然表现为建立在《圣经》(《新约》)启示之上的教会信仰,它同样也就宗教教义的区别而分成许多教派,在此意义上,无论是犹太教还是基督教都属于多种形态的教会信仰。但是,康德在此强调的是,只能有一种宗教信仰,在其中先天的道德法则(而非规章性法则)构成了上帝的诫命。因此,这些教会信仰自身并不具有实在性,而唯有在朝着唯一的道德信仰不断发展的间接意义上才有其实在性。也就是说,各种教会信仰只能被看作是促进道德事奉的工具或者载体,它们必须以“成就人的道德价值”为最终目的。因此,《圣经》中的启示性诫命应该作出有利于确立道德信仰的诠释,即“彻底地解释为与一种纯粹理性宗教的普遍的实践

① 康德,〈论俗语:这在理论上可能是正确的,但不适用于实践〉,313。

② 同上。

③ 莱辛在《论人类的教育》(*Ueber Die Erziehung der Menschenheit*)中指出,在摩西之后,人类的更好的教育者即基督已经取代了他,因为人类已经足够成熟,可以进入教育的第二个伟大阶段。

的规则一致的意义"[①]。例如,在《旧约》中,上帝命令亚伯拉罕杀掉自己的儿子来献祭,这一命令是与道德法则相悖的,因此无论它源自多么神圣的权威都只能被视为一种"欺骗"。而在基督教中,关于天国、来世酬报等教义应当被看作是能够更好地激励主体进行道德努力的"表象"与唤醒主体内部原初向善禀赋的工具。历史信仰中的种种仪式(祷告、前往教堂、洗礼、领圣餐等)有利于促进和保持真正事奉上帝的方式(道德事奉),而它们也仅仅就其促进行动中善的因素而言才是令上帝喜悦的。

康德认为,各种教会信仰产生冲突的原因就在于,它们把并不属于宗教本质的东西(即道德)当作宗教的本质,把一种只具有偶然性的历史规章冒充为上帝的必然诫命。因此,不同于门德尔松认为一种普遍的信仰会导致对启蒙精神的压制,相反,在康德看来,一种教会信仰若不以一种普遍的道德信仰来校正自身,就会导致教会信仰利用权威来对自由、良知造成戕害[②]。在这个意义上,门德尔松是一位"错误的和平缔造者",他通过采取一种"因人而宜的论证"试图保留不同的信仰方式以满足所有的人,但是这种观点只会导致对道德宗教的无所谓和漠视(indifferent)的态度,这是对宗教本身的尊严的损害,它将不利于一种真正的宗教启蒙。因此,"宗教的手段是什么性状,某人把什么纳入他的教会信仰,这对于宗教来说并不是无所谓的事情"[③]。也就是说,康德认为,可以存在不同的教会教派,但同时各种教会应当为不断朝向一种统一的道德信仰而努力,一种普遍的宗教应当作为各种教会形式的终极目的。实现了这种宗教启蒙的教会,虽然在某个历史阶段上,彼此在形式上保持差异而不混同,但同时却也因道德信仰这一终极目的而能够成为"信仰兄弟"。并且他认为,随着历史的进步,各种教会形式之间的差异终将会消失,而只保留一种自由的宗教信仰——道德信仰。在这种信仰之中,每个具有自由意志的道德主体之间联合成为一个道德王国或者伦理共同体,他称之为"万物的复归"。由此,康德站在了反对门德尔松这位"错误的和平缔造者"的立场上,主张在信仰上应当"只有一个牧人和一个牧群"(one shepherd and one flock)。

在这样一种目的论的视角下,康德提出了关于"犹太教的安乐死"这一说法。正如第二部分所指出的,康德认为犹太教真正来说并没有关于永生福祉的宗教概念,而是一种指向尘世福祉的政治共同体。因此,如果犹太民族要走出隔都,

---

① 康德,《纯然理性界限内的宗教》,97。

② 例如,不把耶稣只是理解为完善人性理念的感性化形象,而是将其实在化为一个历史上真实存在的感官对象,从而陷入关于耶稣的性别、神人二性、他所施行的奇迹的种种争论之中。

③ 康德,《学科之争》,49。

“作为一个博学的、道德良好的、能够获得公民状态的一切权利的，其信仰也能够被政府认可的民族而引人注目”[①]，就需要一种能够有利于导向道德信仰这一终极目的的教会形式，而这一形式只能是公开地承认耶稣的基督教会。但同时康德又指出，犹太人完全可以在对《旧约》托拉和福音的解释上保持犹太人的自由，即作出适合犹太人自己的阐释，以便“把犹太人的耶稣对犹太人的说话方式与作为道德教师的耶稣对一般人说话的方式区别开来”[②]。康德认为，以这种方式，犹太教就能够逐渐放弃那些外在的规章性、礼仪性法则，又能够同其他的基督教教会教派之间保持友好的关系，从而在一种“安乐死”中走向纯粹的道德宗教。

基于此，康德反对门德尔松的犹太教观点。康德认为，犹太教所特有的选民概念不仅使他们敌视其他民族，也造成了其他民族对犹太民族的敌视；而门德尔松坚持神启律法对于犹太民族永恒的制约，认为只要上帝不取缔这些律法，每一个犹太人就必须严格地遵守，这只会给犹太人施加永远“沉重的负担”，阻碍犹太教朝向道德宗教的进步。康德以略带讽刺的口吻评价道：“他通过这种严厉的要求断绝了他自己的信仰同伴起码减轻沉重负担的希望，尽管他也许认为少许这样的负担在本质上是属于他的信仰的，至于这是否为他的善良意志增光，且让这些人自己去决定。”[③]与这种批评相对立，康德称赞同时代的本大卫(Lazarus Bendavid)要求彻底废弃犹太律法，对犹太教进行道德化的改造[④]，他认为，正是这位犹太人使犹太民族中逐渐开始出现“净化的宗教概念”。

结　语

至此，我们看到，康德与门德尔松关于犹太教的分歧事实上以二者在目的论、历史观上的思想分歧为基础。康德钦佩门德尔松为犹太民族融入启蒙的现代世界所作的努力，《耶路撒冷》代表着门德尔松率先在宗教领域拉开了启蒙的序幕，但在更深的学理上，二者之间的差异无疑更加显明。以下对二者的思想进行简单的比较与总结。

首先，作为启蒙的思想家，门德尔松和康德都试图阐明传统的启示宗教与真

① 康德，《学科之争》，50。

② 同上。

③ 同上。

④ 关于本大卫的犹太思想可参见胡浩 Hu Hao，〈论本大卫的犹太康德主义思想〉[On Jewish Kantianism of Bendavid]，于《鲁东大学学报》(哲学社会科学版)[Ludong University Journal(Philosophy and Social Sciences Edition)]，2017 年第 2 期[2017, Issue 2]，7—12。

正的理性宗教之间的一致性。门德尔松认为,犹太教包含着具有普遍性与必然性因而能为一切人的理性所认识的永恒真理,即便是为犹太民族所特有的历史真理与神启律法指向的也并非超自然的宗教启示,而是要求人去行动的律法。康德在《宗教》的序言中提出了著名的"同心圆理论",认为启示宗教包含着纯粹的理性宗教。他的释经学就致力于对《圣经》作出理性化、道德化的阐释。

其次,康德对于门德尔松的批判主要体现在四个方面:(1)康德反对门德尔松将犹太教视为基督教的基础,认为犹太教是非道德、非来世的政治信仰;而基督教就其包含道德宗教的种子而言,彻底抛弃了犹太教,完全建立在一个崭新的原则上。(2)康德反对门德尔松的历史悲观主义,认为人类在整体上是不断朝向善进步的。(3)门德尔松坚持犹太民族所特有的神启律法,但康德认为一切启示信仰的最终目的在于唯一的、普遍的道德宗教,因此犹太教应当舍弃神启律法,在朝向道德宗教的过程中和平死亡。(4)门德尔松在信仰上主张宗教多元和信仰宽容,反对"羊群在统一的牧羊人的牧羊之下";康德基于历史进步论与道德宗教主张在信仰中应当"只有一个牧人和一个牧群"。

对于二者的思想差异,学界有不同的评价,例如,科兹拉(Wojciech Kozyra)评价道:"康德从普世道德的角度阐述了上帝的概念,而没有为某些特定共同体留下空间;门德尔松试图将犹太民族的政治君主和自然宗教中的上帝结合起来,因此,门德尔松尽管思想开放,但仍然是一位哈拉卡犹太教(Halakhic Judaism)的辩护者。"[①]盖耶尔则认为:"相比于门德尔松,康德的思想对于宗教宽容并不友好……门德尔松关于宗教多样性的论点可能很难与《圣经》中关于上帝让犹太人称为选民的说法相吻合,但是相比康德认为历史上宗教的多样性是要被取代的,门德尔松对这种多样性的接受是对于现实的更合理回应。"[②]

不过,可以确定的一点是,虽然康德对于犹太教的看法是以他的历史进步论和道德宗教为哲学基础的,但是他仅仅将犹太教定位为关于此世的政治信仰,甚

① Wojciech Kozyra, "Kant on the Jews and Their Religion," Diametros 17 (2020): 47.

② Paul Guyer, "Mendelssohn, Kant, and Religious Pluralism," 595-597.笔者认为盖耶尔的这个说法是不准确的,在康德的观点中,宗教多样性的确不被强调,但是他基于历史目的论同样也提出了一种狭义的宗教宽容,康德的思路是:如果教会信仰逐渐实现一种宗教启蒙,将道德性确立为自己信仰的基本原则,那么即便有不同的教会,也因道德信仰这一共同的终极目的能够实现宗教宽容。"虽然规章性的信仰方式各不相同,却可以凭借统一的理性宗教的基本原则来确立各种信仰方式的信徒们彼此之间的互相宽容。"(康德,《纯然理性界限内的宗教》,110。)

至认为犹太教算不上一种宗教，这无疑是缺乏对犹太教的充分了解与同情。①令人惋惜的是，在《耶路撒冷》一书发表后的第三年(1786)，门德尔松就去世了，而康德对此书的批判多集中在18世纪90年代，因而门德尔松无法对康德作出进一步的回应。

参考文献

(一)中文参考文献

1.[法]福柯，《康德与启蒙问题》，于奇智译，《华南师范大学学报》(社会科学版)，2013年第5期。

2.胡浩，《论本大卫的犹太康德主义思想》，《鲁东大学学报》(哲学社会科学版)，2017年第2期。

3.黄毅，《康德、雅可比和泛神论之争》，《南昌大学学报》(人文社会科学版)，2015年第1期。

4.[德]康德，《纯然理性界限内的宗教》，李秋零译，北京：中国人民大学出版社，2011。

5.[德]康德，《康德书信百封》，李秋零编译，上海：上海人民出版社，2019。

6.[德]康德，《论俗语：这在理论上可能是正确的，但不适用于实践》，《康德著作全集》第8卷，李秋零主编，北京：中国人民大学出版社，2010。

7.[德]康德，《学科之争》，《康德著作全集》第7卷，李秋零主编，北京：中国人民大学出版社，2007。

8.[德]门德尔松，《耶路撒冷——论宗教权力与犹太教》，刘新利译，山东：山东大学出版社，2007。

9.宋立宏，《犹太教有教义吗？——一个观念史反思》，《河南大学学报》(社会科学版)，2013年第1期。

(二)外文参考文献

1. Michael Meyer, *Response to Modernity: A History of the Reform Movement in Judaism* (Detroit: Wayne State University Press, 1995).

① 在康德之后，一些犹太哲学家认为犹太教同基督教一样自身之中就包含着道德宗教的种子，因而致力于对犹太教也作出一种道德化的阐释，例如，新康德主义者科恩(Hermann Cohen)以及20世纪伟大的犹太哲学家拜克(Leo Baeck)。

2. Michael Meyer, "Where Does the Modern Period of Jewish History Begin?," *Judaism* 24 (1975).

3. Paul Guyer, "Mendelssohn, Kant, and Religious Pluralism," *Journal of Deutsche Zeitschrift für Philosophie* (November 14, 2020).

4. Reinier Munk, "Mendelssohn and Kant on Judaism," *Jewish Studies Quarterly* 13 (2006).

5. Wojciech Kozyra, "Kant on the Jews and Their Religion," *Diametros* 17 (2020).

Judaism in the Enlightenment: A Comparison of Kant and Mendelssohn

MA Ming

Abstract: Kant and Mendelssohn are both representative figures of the German Enlightenment, and their views on Judaism are closely related. While Mendelssohn believed that the threefold content of Judaism (eternal truth, historical truth and divinely revealed law) was consistent with reason, he insisted that divinely revealed law was only eternally binding on the Jewish people; Kant saw Judaism as a non-moral, non-eternal political faith, and makes his dual critique of Mendelssohn's ideas based on the Enlightenment theory of historical progress and the moral religion of "rational catholicism". As humanity as a whole progresses towards the good, and the ultimate aim of all satutory historical belief is ethical community, Judaism should abandon divinely revealed law and achieve "euthanasia" in the ongoing process of moving towards the one moral faith.

Key Words: Kant, Mendelssohn, Judaism, Morality

JEWISH STUDIES
犹太研究
第22辑

Criticism of Gersonides in Rabbi Abraham Bibago's *Path of Faith*: God's Knowledge of Particulars and Miracles

Shalom Sadik*

Abstract: This article undertakes an examination of Bibago's perspective concerning Gersonides' viewpoints pertaining to the inquiries surrounding the nature of God's Knowledge, as well as the elucidation of miracles encompassing their causation and the role they play in fostering religious faith. Within the context of these dual subjects, Bibago allocates a substantial segment of his discourse towards a comprehensive exposition of Gersonides' viewpoints, subsequently followed by a systematic refutation thereof, thereby eschewing the inclination to downplay disparities and harmonize their stances, a contrast to his approach in the analysis of Maimonides' ideas. Evidently, it shall be demonstrated that Bibago indeed assimilates certain aspects of Gersonides' stance, thereby effecting a notable deviation from the Maimonidean viewpoint. However, it remains conspicuous that Bibago consistently situates himself as an authentic exegete of Maimonides while concurrently assuming a stance in opposition to Gersonides.

Key Words: Bibago, Gersonides, Maimonides, God's Knowledge, Miracle

* Shalom Sadik, Ben-Gurion University of the Negev, Goldstein-Goren Department of Jewish Thought.

Rabbi Abraham Bibago[1] was one of the more prominent thinkers of the last generation of the flourishing Jewish community in pre-Expulsion Spain.[2] In his most influential work, *Derech Emuna* (*Path of Faith*), Bibago tried to

[1] On Bibago see M. Steinschneider, "Abraham Bibago's Schriften," *Monatsschrift für Geschichte und Wissenschaft des Judethums* 32 (1883): 79-96, 125-144; C. Sirat, *A History of Jewish Philosophy in the Middle Ages* (Cambridge: Cambridge University Press, 1985), 384-389; A. Lazaroff, *The Theologie of Abraham Bibago* (Alabama, 1981); A. Nuriel, *Concealed and Revealed in Medieval Jewish Philosophy* (Jerusalem: Magnes Press, 2000), 181-312[Hebrew]. In recent years, Yehuda Halper has written an extensive collection of articles on Bibago: Y. Halper, "Philosophical Allegory in Bibago: Exegetical Duplicity for the Sake of Open Inquiry," *Jewish Studies Quarterly* 21 (2014): 261-276; Y. Halper, "Bibago's Introduction to His *Commentary on Aristotle's Metaphysics*," *Zutot* 10 (2013): 1-15; Y. Halper, "Abraham Bibago on the Logic of Divine Science: Metaphysics α and the Legend of the Pardes," forthcoming; Y. Halper, "Abraham Bibago on Intellectual Conjunction and Human Happiness: Faith and Metaphysics according to a 15 th-century Jewish Averroist," forthcoming in *Quaestio: Yearbook of the History of Metaphysics*; and an article on Bibago submitted to the *Encylcopedia of Renaissance Philosophy*. In these articles, Halper argues that there existed a significant gap between the opinion of Bibago in his scientific works (particularly his commentary on the *Metaphysics*) and his religious composition, *Derech Emuna* ("Path of Faith"). According to Halper, the true opinion of Bibago is to be found in his scientific works, while in *Derech Emuna*, our author reveals his spiritual position on politics, education and religion. While I agree with Halper regarding the existence of a gap between Bibago's commentary on the *Metaphysics* and *Derech Emuna*, I disagree regarding the significance of the gap. In my opinion, the fact that Bibago doesn't describe the possibility of the intellectual conjunction with the intellect in his commentary doesn't signify that according to our author this kind of conjunction is not possible, but only that this is the opinion of Aristotle (and Averroes) and may be the true limit of philosophical inquiry. Some explanations that have nothing to do with the Aristotelian text, such as his commentary on the Talmudic aggada of the Pardes, can also be explained in the commentary according to an Aristotelian-Averroistic view. In *Derech Emuna* (see the second part of this article), Bibago claims that only faith can assure a human's surviving the decomposition of the body. It is probable that in these commentaries Bibago describes the impossibility of the acquisition of survival via philosophical inquiry, and in his own book explains that religions and especially faith can respond to this failure of philosophy. Another possibility, though less probable according to my opinion, is that Bibago changed his mind between the writing of his commentary on the *Metaphysics* and *Derech Emuna*, which was probably his last work.

This debate about the interpretation of Bibago is not critical to the understanding of his relation to Gersonides in *Derech Emuna*. Moreover, according to his commentaries, Bibago disagrees with Gersonides on scientific subjects, probably because the interpretation of Bibago is more Averroistic than the interpretation of Gersonides.

[2] On the Jewish philosophy of this period see A. Ackerman, "Jewish Philosophy and the Jewish-Christian Philosophical Dialogue in Fifteenth-Century Spain," in *The Cambridge Companion to Medieval Jewish Philosophy*, eds. D. H. Frank and O. Leaman (Cambridge: Cambridge University Press), 371-390.

synthesize various moderate philosophical views and traditional Jewish beliefs. In Bibago's book there are a number of important quotesfrom Gersonides, who is the second most quoted Jewish medieval thinker of Bibago's, after Maimonides. However, unlike with Maimonides, Bibago cites Gersonides' opinions as a foil to his own ideas.① By contrast, Bibago always makes the effort to interpret Maimonides in a way that agrees with his own opinion.

This article analyzes Bibago's attitude towards Gersonides with regard to the question of God's Knowledge and with regard to miracles, including how they happen and their importance in instilling faith. On these two subjects Bibago devoted a significant portion of his discussion to summarizing the opinions of Gersonides and then refuting them, rather than minimizing the differences and harmonizing their opinions, as he did when discussing the ideas of Maimonides. We will see that, in fact, Bibago adopted some of the opinion of Gersonides and thus separated himself from the opinion of Maimonides. Nevertheless, Bibago constantly positioned himself as a true interpreter of Maimonides and an opponent of Gersonides.

Ⅰ. God's knowledge

Bibago dedicated the second chapter (שער) of the first part of his book② to the subject of God's foreknowledge.③ In the beginning of his discussion, our author describes several mistaken opinions of non-Jewish philosophers. He starts his description with the view traditionally attributed to Epicurus④: all events are due to happenstance, and therefore there are no rules and no possibility of knowing the future. The next non-Jewish opinion to be refuted is

① It is important to note that Bibago mentions Gersonides also in his commentary on the Aristotelian corpus (super commentary on the commentary of Averroes). For example, Bibago noted that one of the reasons he wrote his commentary on the Posterior Analytics was to correct the mistaken interpretations given by Gersonides. On this subject see M. Steinschneider, "Abraham Bibago's Schriften," 126-127; Nuriel, *Concealed and Revealed in Medieval Jewish Philosophy*, 188-189.

② *Path of Faith*, MS Constantinopol 1511, VⅢ: r-XVI: r.

③ On this subject see Nuriel, *Concealed and Revealed in Medieval Jewish Philosophy*, 206-207. One God's attribute in general see C. Sirat, *A History of Jewish Philosophy in the Middle Ages*, 384-385.

④ Maimonides, *Guide of the Perplexed*, I, 17.

the view of the people who claim that God doesn't know anything under the sphere of the moon. According to our author, these people include believers in astrology and talismanic magic.[1]

After giving his summary of the mistaken gentile opinions, Bibago begins to describe the opinions of the Torah. According to Bibago, the Torah's view is that God has foreknowledge of all events despite people's free will. The basic reason for divine foreknowledge is that knowledge is perfection, and God attains all perfections.

In the continuation of this chapter[2], Bibago summarizes the opinion of Maimonides in chapters nineteen to twenty-one of the third part of the *Guide of the Perplexed*.[3] According to our author, Maimonides correctly described the true position of the Torah: God has a different type of knowledge than people, such that things that are completely impossible for human knowledge, like foreknowledge of the contingent future or knowledge of an infinity of

① This opinion is close on certain points (apart from the handling of astrology and magic) to the second opinion of Aristotle as found in the *Guide of the Perplexed* (I, 17).

② *Path of Faith*, XI: 2-XII: 2.

③ There is an important debate in modern scholarship regarding the true opinion of Maimonides on the question of free will. For example, see S. Pines, "Abul Barkat Poetics and Metaphysics," *Scripta Hierosolymitana* 4 (1960): 120-198; A. Altmann, "Free Will and Predestination in Saadia Bahya and Maimonides," *Essays in Jewish Intellectual History* (Hanover: New Hampshire, 1981), 35-64, especially 47-54; J. Stern, "Maimonides' Conception of Freedom and the Sense of Shame," in *Freedom and Moral Responsibility: General and Jewish Perspectives*, eds. H. Manekin and M. M. Kellner (Maryland: Eisenbrauns, 1997), 217-265; M. Sokol, "Maimonides on Freedom of the Will and Moral Responsibility," *Harvard Theologican Review* 91 (1998): 26-28, which asserts a deterministic opinion; J. Gellman, "Freedom and Determinism in Maimonides' Philosophy," in *Moses Maimonides and His Time*, ed. E. L. Ormsby (Washington: Catholic University of America Press, 1989), 141-144; S. Sadik, "Maimonides's Mechanism of Choice," *A.J.S. Review* 38 (2014): א-יט, which assert the voluntarist interpretation of Maimonides. In the Middle Ages, almost all of Maimonides interpreters think that he truly believed in free will except for one: Abner of Burgos. See Abner of Burgos, *Ofrenda de Zelos*, ed. Walter Mettman (Opladen: Westdeutscher Verlag, 1990), Chapter 7, 41-43; S. Gershenzon, "The View of Maimonides as a Determinist in 'Sefer Minhat Qenaot' by Abner of Burgos," *World Congress of Jewish Studies* 9, C (1986): 93-100.

individuals and details, are possible for divine knowledge.① As we see in the *Guide*:

ואשר אומר אני הוא ,שסבת כל מה שנכשלו בו כולם ,היא שומם בין ידיעתנו וידיעתו יתעלה יחס ותעיין כל כת בעניינים נמנעים בידיעתנו ותחשוב שהוא מחוייב בידיעתו.②

What I myself say is that all these difficulties to which all of them are subject have as their cause the fact they established a relation between our knowledge and His, may He be exalted; for every sect considers the things that are impossible for our knowledge and consequently thinks that this also holds necessarily with regard to His knowledge...③

We see in this passage the well-known opinion of Maimonides on attributes and the implications for the subject of divine knowledge, to wit, all the errors of the philosophers regarding God's knowledge are due to their equivocation of human and divine knowledge. Due to this error, the philosophers cannot understand that things that are completely impossible for our knowledge, e.g. knowledge of the future without annulling free will, are quite possible for God's knowledge.

After this description, Bibago begins to summarize Gersonides's criticism

① About Maimonides's opinion on divine knowledge see L. Stein, *Die Willensfreiheit und ihr Verhältniss zur Göttlichen Präscienz und Providenz bei den Jüdischen Philosophen des Mittelalters* (Berlin, 1882), 22-34; M. Schwartz, "Remarks Concerning Maimonides Conception of God's Knowledge of Particulars," in *Torah and Wisdom: Essays in Honor of Arthur Hyman*, ed. Ruth Link-Salinger (New York, 1992), 189-195; Ch. Manekin, "Maimonides on Divine Knowledge: Moses of Narbonne's Averroist Reading," *American Catholic Philosophical Quarterly* 76 (2002): 51-74; Ch. Touati, "Les deux théories de Maimonide sur la providence," in *Studies in Jewish Religious and Intellectual History*, eds. S. Stein and R. Loews (Alabama: University of Alabama Press, 1979), 331-343; H. Kreisel, "The Suffering of the Righteous," *Daat* 19 (1987): 25-26, note 31[Hebrew]; R. Krygier, *A la limite de Dieu: L'énigme de l'omniscience divine et du libre arbitre humain dans la pensée juive* (Paris: Publisud, 1998), 63-135.

② *Guide of the Perplexed*, Ⅲ, 20. I quote the Hebraic translation of Ibn Tibbon because his is the text that Bibago used. The Judeo-Arabic original is: אן ד'לך לאזם פי עלמה ואלד'י אקולה אנא, אן כל מא וקעוא פיה כלהם סבבה אן ג'עלוא בין עלמנא ועלמה תעאלי נסבה, וינט'ר כל פריק פי אמור תמתנע פי עלמנא פיט'ן.(Munk edition, Paris 1856, 347).

③ *The Guide of the Perplexed*, trans. S. Pines (Chicago: The University of Chicago Press, 1963), 481.

of Maimonides opinion.① It is interesting to see that the aim of this summary is not just to understand what is faulty with Gersonides' arguments, but to appreciate the true intent of Maimonides' opinion:

ולמען הבין תכלית כונת הרב המורה בזה אעיר על קצת ספקות ספק עליו הרב לוי בן גרשון ואשתדל להתירם כפי השכל.
דרך אמונה יב: ב

In order to understand the true intention of the Rabbi *The Guide* (i.e. Maimonides) on this matter, I shall comment on some of the objections raised by Rabbi Levi ben Gershon (i.e. Gersonides), and shall endeavor to dismiss them in accordance with intellect.②

In this text we see that Bibago claims that his aim in his long discussion (seven compact folios) of Gersonides' opinion is to understand in a better way Maimonides' opinion through the explanation and the resolution of Gersonides' criticism. We will see that the conclusion of this explanation is quite different than the aim as originally stated.

In the first part of his discussion, Bibago summarizes the four main arguments of Gersonides against the opinion of Maimonides. The first two are in the next text: ③

---

① On Gersonides opinion about this subject see *Wars of the Lord*, Ⅲ, the critics of Maimonides opinion come in the third chapter; Ch. Touati, *La pensée philosophique et théologique de Gersonide* (Paris: Les Editions de Minuit, 1973,) 5-53; S. Klein-Braslavy, "Determinism, Contingency, Free Choice, and Foreknowledge in Gersonides," in *Without Any Doubt: Gersonides on Method and Knowledge* (Leiden: Brill, 2011), 221-296; Ch. Manekin, "Freedom Within Reason? Gersonides on Human Choice," in *Freedom and Moral Responsibilit*, 165-204; T. Rudavsky, "Divine Omniscience, Contingency and Prophecy in Gersonides," in *Divine Omniscience and Omnipotence in Medieval Philosophy*, ed. T. Rudavsky (Lancaster: Springer, 1985), 161-181; T. Rudavsky, "Divine Omniscience and Future Contingents in Gersonides," *JHP* 21 (1983): 513-536; S. Feldman, *Gersonides: Judaism within the Limits of Reason* (Oxford: Littman Library of Jewish Civilization, 2010), 81-103; Ch. Manekin, "On the Limited-Omniscience Interpretation of Gersonides' Theory of Divine Knowledge," in *Perspectives on Jewish Thought and Mysticism*, eds. Alfred L. Ivry, Elliot R. Wolfson and Allan Arkush (Amsterdam: Routledge, 1998), 135-170; S. Sadik, "The Psychological Process of Choice in the Thought of Gersonides," *JSIJ*, forthcoming.

② Constantinopol 1511, Ⅻ: r.

③ The original critiques are in *Wars of the Lord*, Ⅲ, 3 (Tel-Aviv: Tel-Aviv University Press), 303-304.

כי ידיעתו היא לו מעצמותו וידיעת זולתו היא עלולה מידיעתו, (ונקנית באמצעות ידיעתו) ומה שזה דרכו הנה השם נאמר בו בקודם, ובשאר העניינים אשר יאמר עליהם – הוא ביאחור.

תאמר שאנחנו חייבנו בשם ית' שהוא יודע מפני מה שנמצא בנו מהידיעה. והמשל שאנחנו, מפני מה שהשגנו מהידיעה הנמצאת בשכלנו – שהיא, ממה שהיא שלמות לשכל, אי אפשר לו מזולתה במה שהוא שכל בפועל – חייבנו בשם ית' שהוא יודע. מצד מה שהתבאר בנפשו שנשוא אחד כשחויב לדבר מה מפני מציאותו לדבר אחר הוא בלית נאמר בשני הדברים בשתוף גמור.

For in God Knowledge is identical with His essence, whereas in anyone else knowledge is the effect of God's Knowledge. In such a case the term is applied to God in a prior sense and to other things in a posterior sense.

That if, we say that God knows because of the knowledge found in us. For example, since we apprehend that the knowledge belonging to out intellect is a perfection of our intellect — without which is could not be an intellect in act (i. e. perfect)— we predicate of God that He knows by virtue of the fact, which we have demonstrated concerning Him, that God (may He be blessed) is indubitably an intellect in act. It is self-evident that when a predicate is affirmed of some object because it is true of some other things, it is nor predicated of both things in an absolutely equivocal sense. ①

The third argument is that if there is absolutely nothing in common between our knowledge and God's knowledge, it is completely impossible to associate negative or positive attributes to God. For example, it would be impossible to attribute to God movement (or even corporality), because its meaning with regard to God is completely different than the meaning of human movement (or corporality).②

According to this argument, the attribute of knowledge is indeed not attributed both to us and to God in a completely equivocal way (בשיתוף גמור), but rather with a difference of prior and posterior (בקדימה ואיחור). In other

① S. Feldman translation Philadelphia 1987 Volume Ⅱ: 108-109.

② On divine attributes see David Kaufmann, *Geschichte der Attributenlehre in der Judischen Religionsphilosophie des Mittelalters von Saadja bis Maimuni* (Gotha 1872); H. A. Wolfson, "Maimonides and Gersonides on Divine Attributes as Ambiguous Terms," in *M. M. Kaplan Jubilee Volume*, ed. M. Davis (New York: Jewish Theological Seminary of America, 1953), 515-530; H. A. Wolfson, "The Aristotelian Predicables and Maimonides' Division of Attributes," in *Essays and Studies in Memory of L. R. Miller*, ed. I. Davidson (New York: The Jewish Theological Seminary of America, 1938), 201-234; H. A. Wolfson, "Maimonides on Negative Attributes," in *Louis Ginzberg Jubilee Volume*, eds. S. Liberman, S. Zeitlin, S. Spiegel, and A. Marx (New York, 1945), 411-446; H. A. Wolfson, "Crescas on the Problem of Divine Attributes," *JQR* 7 (1916): 1-44, 175-121.

words, divine and human attributes differ only in proportion, while having in common genus and species (ומין סוג). This conclusion is quite close to the opinion of Gersonides as we see by the end of his critiques of Maimonides' opinion:

ר"ל שהם נאמרים בשם יתברך באופן יותר שלם מהאופן אשר נאמרים בזולתו. ואחר שהתישב זה כלו
מבואר מצד העיון שהידיעה תאמר בשם יתברך ובזולתו בקדימה ובאחור, לא בשתוף גמור, ושהעיון
ירחיק מה שהשרישו הרב המורה ז"ל בידיעת השם לסלק מעליו טענות הפילוסופים.

(These predicates) are predicated of God (may He be blessed) implying greater perfection than when predicated of creatures. On the basis of this entire discussion, it is now evident that reasons shows that the term "knowledge" is predicated of God (may He be blessed) primarily and of creatures secondarily, not absolutely equivocally, and that the principles (of religion language) adopted by Maimonides in order to remove the objections of the philosophers concerning the problem of divine knowledge are not acceptable.①

In this text and in the summary by Bibago we see that, according to Gersonides, there is a certain kind of common definition of human knowledge and divine knowledge, such that while there may exist some difference between the two forms of knowledge, this difference doesn't change the essence of knowledge itself.

After his review of the well-known opinions of Maimonides and Gersonides, Bibago brings his own solution for Gersonides' arguments. In his response to the second argument of Gersonides, Bibago describes the true relation between God's attributes and human attributes:

והספק הב' יותר גם כן באמרנו כי הדברים המשותפים השמות הן המה אשר הגדר להם מתחלף בהוראתם
על הדברים המתחלפים ולא שתפם דבר כי אם השם לבד והאמת שזה החילוף אשר אנחנו נבחין בשמות
המשותפים אמנם הוא ההבדל האחרון בהכרח ואם היה שימצא בסוג הקרוב אינו הכרח שימצא בכל סוגיו
הן העליונים הן הקרובים אבל הוא נמנע...

And the second objection can likewise be dismissed by saying that (regarding) those things that are equivoque, these are the very names whose definition varies in accordance with the different things to which they refer, and they (i. e. the objects with identical names) share nothing in common

---

① *The War of the Lord*, trans. S. Feldman (New York: Jewish Publication Society of America, 1987), Volume Ⅱ, 35.

except their name only. But the truth is that this variation (of meaning) that we observe in equivoque terms is in fact (based on) an absolutely necessary difference, for if it would exist in a closely related genus, it wouldn't necessarily exist in all its genus, (in) either the lofty or the closer ones, but this is impossible...①

In this passage we see that Bibago explained the meaning of equivocality of terms (שיתוף השם) and that these names are not just homonyms. Moreover, it is impossible that they are totally different in all their classifications, but they have some kind of common classification. In the continuation of this passage, Bibago describes the common usage of the word "man" for both a real live person and a sculpture of a person. The two differ with regard to the majority of classes (e.g. life or intellect), which are not common to both sculpture and real people. However, there are some genuses that are common to the two (e.g. corporality and external human features).

By the end of his explanation, our author explains the meaning of this distinction with regard to the relationship between God and human knowledge:

דרך אמונה יג: א
כן בנדון שלפנינו הידיעה האלוהית והאנושית אינו מחוייב שיתחלפו אלא בהבדל האחרון ובסוג הקרוב. אמנם בסוג העליון אינו מחויב שיתחלפו ולזה שם הידיעה תתחלף באדם ובש"י כי באדם הוא קנין בשכל ובש"י אינו קנין בשכל כי אין לו ית' קנינים נקנים בשכלו כי יחייב ריבוי אמנם יסכימו בסוג עליון זה מחוייב והוא שהידיעה בכלם היא השגת האמת...

So it is in our discussion: Divine knowledge and human knowledge need not differ except regarding their final differentiation and in the closely related genus. However, it is not necessary that they differ in the highest genus. So for this reason the name "knowledge" differs between God and man, because in man, (knowledge) is an acquisition in the intellect, while in God it is not an acquisition in the intellect because he has no acquisitions that are acquired by His intellect, for this would require multiplicity. However, this is necessarily that they (divine and human knowledge) are in accord regarding the highest genus and this is because knowledge for everyone is apprehension of the truth... ②

Here Bibago explains that divine knowledge has something in common

① Constantinople 1511, XIII: r

② Ibid.

with the human form of knowledge. God cannot have intellectual acquisition of knowledge like people, because this kind of acquisition leads to multiplicity. However, both types of knowledge have something in common: the apprehending of truth. In the continuation of his discussion, Bibago explain this definition of the relationship between divine and human knowledge, and resolves the other argument of Gersonides against the opinion of Maimonides by the use of this definition.

It is interesting to compare the true use of Gersonides in Bibago's discussion of divine knowledge with his declared use of Gersonides before the summary of his opinion. Despite his claim that his aim in quoting Gersonides is to better understand Maimonides' opinion, in truth the view of Bibago stands rather between the views of his two predecessors. Nothing in Bibago's summary of Maimonides' opinions can lead to his final interpretation without Gersonides' argument. After the exposition of his own position, Bibago does not try to then convince the reader of the real opinion of Maimonides.

One can take the above observation a step further: It is also possible to interpret the opinion of Bibago as actually being closer to the opinion of Gersonides than to the opinion of Maimonides. According to Maimonides, there is absolutely no relation between human and divine knowledge. By contrast, according to Gersonides, there absolutely *is* a relation, with the relation being a question of having more or less of the same knowledge. According to Bibago, there exists between the two forms of knowledge a degree of relation, though decidely less than that of Gersonides. If we describe mathematically this relation, then according to Maimonides the relation between human and God knowledge is completely zero; according to Gersonides it is x; and according to Bibago it is $0.5x$. Thus, from one point of view, Bibago stands halfway between his two predecessors, but from another point of view, Bibago is much closer to Gersonides, for the degree of difference between completely zero and something is infinite, whereas the degree of difference between x and $0.5\,x$ is only 2.

Bibago used the classic scholastic mode of exposition (as did Rabbi Hasdai Crescas and Gersonides himself). He expounds on two different opinions, and then constructs his own opinion between them. It is also very probable that Bibago developed his own philosophical definition of God's attributes in trying to answer Gersonides' criticism of Maimonides. However, in contrast to this scholastic mode of exposition, it is important for Bibago both to see himself, and to expose himself to his reader, as a true interpreter of Maimonides and as an opponent of Gersonides.

Ⅱ. Miracles and faith

We find a similar use of Gersonides in Bibago's discussion of miracles. Bibago devotes the second chapter of the third part of the *Path of Faith*① to this subject. In the first paragraph of his discussion, Bibago mentions that one of his reasons for dealing with this subject is that those who came before him did not set down principles for understanding this important subject. Bibago gives two examples of those who came before him: Maimonides, whose treatment of this subject is not clear enough in his opinion, and Gersonides, whose discussion of this subject at the end of his *Wars of the Lord* is clear but incomplete (בלתי שלם).②

In the first part of his discussion③, Bibago divides miracles into three different kinds. The first is a נס or a regular "miracle" which God performs with the intermediation of an angel. The second is an effect of the Active Intellect called alternatively אות (sign) or מופת (sign of proof)④. God performs this kind of miracle through the intermediation of a prophet.⑤ The third kind of miracle, called a פלא (wonder) is done directly by God without any kind of intermediary. In this part of the chapter, Bibago doesn't mention

① *Path of Faith*, Constantinopol 1511, LXXIX: r-LXXXVI: r. On this subject see Nuriel, *Concealed and Revealed in Medieval Jewish Philosophy*, 225-229; C. Sirat, *A History of Jewish Philosophy in the Middle Ages*, 385-386.

② On Gersonide's opinion on miracles see Sarah Klein-Breslavi, "Gersonides' Use of Aristotle's *Meteorology* in his Accounts of Some Biblical Miracles," *Aleph-Historical Studies in Science & Judaism*, 10 (2010): 241-313.

③ Especially LXXXIV: 1.

④ Bibago does distinguish between אות and מופת, but in terms of their source they are equivalent. It should be noted that מופת is generally translated as "sign" or "wonder". However, "sign of proof" preserves the distinction from אות and פלא, and perhaps better captures the sense of the original Hebrew in the contexts in which מופת appears in the Bible.

⑤ On prophecy see Nuriel, *Concealed and Revealed in Medieval Jewish Philosophy*, 243-247.

Gersonides' opinion. However, we can see an important influence of Gersonides' treatment of the subject, especially in the two first kinds of miracles. According to Gersonides① the Active Intellect and the prophets (or the sages)② are active in the performance of a miracle, but it is completely impossible for God to do a miracle through a change of His will, as can be seen from this passage from *Wars of the Lord* (VI, 2, 10):

> ועוד שאם הנחנו השם יתברך פועל הנפלאות, היה מחויב אם שיתחדש לו רצון וידיעה כשירצה לחדש המופת אשר יחדשהו, ואם שיהיה חידוש זה המופת בזה העת אשר יחדש בו מוגבל ומסודר מרצונו הקדום. והנה המאמר כשיתחדש לו רצון וידיעה הוא בתכלית הבטול.

Hence, if God is alleged to be the agent of miracles, it would follow either that both will and knowledge would be generated in Him when He wants to generate the miracle that He performs; or that the generation of this miracle at the particular moment when it occurred was determined and ordered by His eternal will. The claim that will and knowledge can be generated in God is absurd.③

In the second part of the chapter, Bibago deals with the goal of the third kind of miracle, done directly by God Himself. According to Bibago, the aim of this kind of miracle is to bring people towards perfect faith. As we can see by the name of his book, faith is very important to our author. Faith is in some respect higher than the capacity of the human rational sense, and by believing in the divinity of the Torah, one feels both inspired and compelled to fulfill the commandments, thereby allowing the observant believer to attain life after death, this being the ultimate goal of faith. It is in this context that Bibago understands the crucial significance of God's performing miracles without any intermediary, for it is only the power of miracle-nurtured faith - and not the weaker transformative capacity of human reason - that can induce a person to keep the commandments as perfectly as possible.

This theory of Bibago is very different than the opinion of Maimonides on some major points. For example, Maimonides does not accept any kind of belief that is superior to human reason, and he outright denigrates the opinion

① Gersonides deal with this subject especially in *Wars of the Lord*, VI, Ⅱ, 9-12.

② *Wars of the Lord*, VI, Ⅱ, 11.

③ *Wars of the Lord*, VI, Ⅱ, 10: 478-479.

that miracles are meant to bring people to belief.

In the beginning of the eighth chapter of the laws of the foundations of the Torah (הלכות יסודי התורה) of the Mishne Torah, Maimonides explains that any believer whose belief is based on miracles has a shortcoming in his faith (יש בליבו דופי) inasmuch as there is a possibility that a charlatan (or a sorcerer) could do the same:

הלכות יסודי התורה פרק ח הלכה א
משה רבנו--לא האמינו בו ישראל, מפני האותות שעשה: שהמאמין על פי האותות--יש בליבו דופי, שאפשר שייעשה האות בלאט וכישוף. אלא כל האותות שעשה במדבר, לפי הצורך עשאן--לא להביא ראיה על הנבואה: צרך להשקיע את המצריים, קרע את הים והצלילם בו.

The (Nation of) Israel did not have faith in Moses, our teacher, because of the signs that he performed, for one whose belief is based on signs, (it shows that) he has a flaw in his faith (lit. "heart"), because it is possible to perform a sign through magic or sorcery. Rather, all the signs performed by Moses in the desert he did out of necessity, and not as a proof of his prophecy. (For example,) he needed to drown the Egyptians, so he split the sea and sank them in it. ①

By contrast, Gersonides mentions that bringing people to faith is one of the major aims of a miracle:

וגם כן הנה כאשר חפשנו בכל הנפלאות, מצאנו כלם על צד ההטבה והחנינה וההשגחה, וזה אם להקנות אמונה טובה, אם להקנות טוב גופיי, אם להציל מהרע, וזה אם מרע נפשיי אם מרע גופיי.
מלחמות ה' VI,2,10

Moreover, an inductive analysis of miracles shows that all of them are expressions of beneficence, grace, and providence - either for the purpose of bringing about right belief, material benefits, or salvation from evil, whether spiritual or material.②

We see that in this passage Gersonides mentions that spreading of the faith is one of the major aims of miracles. The opinion of Bibago on this subject is therefore closer to the position of Gersonides than to the opinion of Maimonides.

---

① Based on the translation by Eliyahu Touger, Onlinetranslation: https://www.chabad.org/library/article_cdo/aid/682956/jewish/Mishneh-Torah-Rambam.htm.

② *The Wars of the Lord*, VI, Ⅱ, 9: 472.

Strangely, Bibago doesn't mention the well-known opinion of Maimonides. He prefers to criticize another opinion mentioned by Gersonides① that miracles are done to benefit important people or a community:

כי התכלית אשר להם הוא יותר שלם ונעלה מכלל חלקי המציאות המשתנה ובזה טעה החכם ר' לוי בן גרשון שתכלית הפלא הוא להציל אדם חשוב או קהל חשוב הצלה גופיית או נפשית כי הצלת איש מה חשוב הוא דבר מעט השלימות בערך השינוי אשר יתחדש במעשה בראשית.

דרך אמונה פד: ב

Because the purpose (of wonders) is more perfect and lofty than the sum of the parts of changing existence. And in this the scholar Gersonides erred (when he claimed) that the purpose of a wonder is to save some important person or some important community physically or spiritually. For the saving of some important person is a matter of minor significance (lit. "perfection") compared to the change which would be made in the work of Creation. ②

In the continuation of the passage, Bibago also censured Gersonides for not differentiating between a miracle (נס) and a wonder (פלא), which Bibago saw as being on different levels. A miracle is the work of the prophets and, inasmuch as a prophet's connection to the Active Intellect is entirely natural, a miracle performed by a prophet doesn't require special divine intervention with the laws of nature. As a result, a נס is a kind of inferior miracle which, as per its inferior status, can be done for inferior purposes, e.g. in order to benefit certain important people or a certain community. In contrast, a changing of the natural order by God has to be for a more significant goal, a goal more significant than all the things of this world. According to Bibago, the only goal with enough significance to require this change of creation is instilling

① Probably based on *Wars of the Lord*, IV, 6.

② Constantinopopl 1511, LXXXIV: v.

transformative belief. Faith① which manifests as performance of commandments gives to the believer an infinite existence after the decomposition of the body. Granting this kind of continuity of life is more significant than any change to parts of natural existence, and indeed the granting of eternal life is what can legitimize the need to change nature. It is only for such a lofty purpose that a פלא would be performed.

In the continuation of this chapter②, Bibago again condemned the position of Gersonides for his affirmation that a wonder (פלא) is also a product of the Active Intellect rather than the direct work of God.

We can summarize by saying that in his discussion of miracles, Bibago builds a very different theory than that of Maimonides and Gersonides concerning the importance of miracles and the direct action of God in one certain kind of miracles (i. e. wonders). However, in the beginning of this chapter he prefers to directly condemn Gersonides and only says that the treatment given by Maimonides is not clear enough. In the continuation of the chapter, Bibago accepts certain principles of Gersonides, especially with regard to the role of the Active Intellect in regular miracles and the possibility that the aim of a miracle is to propagate belief. However, he never mentions his debt to Gersonides③, and even criticized some points where Gersonides actually agrees with Maimonides. On these subjects, especially with regard to the direct action of God in a wonder, instead of criticizing Maimonides, Bibago prefers not to mention Maimonides, and only to censure Gersonides openly.

Almost all other mentions of Gersonides' opinions in *Path of Faith* are

---

① On the importanc of faith see Nuriel, *Concealed and Revealed in Medieval Jewish Philosophy*, 271-276; C. Sirat, *A History of Jewish Philosophy in the Middle Ages*, 388-389; Y. Halper, "Philosophical Allegory in Bibago: Exegetical Duplicity for the Sake of Open Inquiry' and Abraham Bibago on Intellectual Conjunction and Human Happiness: Faith and Metaphysics according to a 15 th-Century Jewish Averroist," forthcoming in *Quaestio: Yearbook of the History of Metaphysics*. My explanation differs from the explanation of Nuriel and Halper regarding the accent on the supra-rational status of faith. On the importance of faith in the thought of the Jewish philosophers of the 15th century see A. Ackerman, "Jewish Philosophy and the Jewish-Christian Philosophical Dialogue in Fifteenth-Century Spain," 377-378.

② *Path of Faith*, LXXXV: 2.

③ On this subject his relation to Gersonides is similar to Crescas's relation to Gersonides. On this topic see Ch. Touati, "Hasday Crescas et le problême de la science divine," *REJ* 142 (1983): 73-89.

negative. For example, in the sixth chapter of the second part of his book[1](the chapter that has to do with the interpretation of Moses's sin) as well as in the fifth chapter of the third part, Bibago emphasizes that Moses reached maximum human capacity in all realms. As a part of this discussion, Bibago also compares Moses and the Messiah, and criticized Gersonides for affirming (in his commentary to the Torah)[2] that the superiority of Moses was limited to the miracles he performed, which would mean that in other matters, and in particular in terms of wisdom, any person could potentially be Moses's superior.[3] On this subject Bibago maintains the opinion of Maimonides.

Conclusion

We can summarize our discussion regarding the place of Gersonides in Bibago's *Path of Faith* by comparing the roles assigned to Maimonides and Gersonides, the only two major Jewish philosophers that Bibago deals with at length.[4]

Bibago makes every effort to position himself as a true interpreter of Maimonides and Maimonides as orthodox Jewish believer. For example, he interprets the well-known opinion of Maimonides on the possibility of acquiring life after death of the body only in the merit of scientific knowledge, in a very

---

① *Path of Faith*, LXVI: 1.

② Gersonides, *Commentary on Deuteronomy* (Jerusalem, 2000), XXXIV: 10.

③ Another example: His critique of the opinion of Gersonides about the creation of the world: *Path of Faith*, near the end of the book, 101: 2.

④ On the relation of Bibago to Maimonides see also A. Ackerman, "Jewish Philosophy and the Jewish-Christian Philosophical Dialogue in Fifteenth-Century Spain," 379-384 (especially 383). Ackermann also mention the critics of Gersonides' opinion on God's knowledge by the Jewish philosophers of 15 th-century Spain.

conservative way.[①] According to our author, the true meaning of this opinion is that following God's commandments proves that a person has acquired sufficient spiritual knowledge to attain this level of scientific knowledge. This interpretation transforms the arguably iconoclastic view of Maimonides into a more traditional one. All Jews that follow God's commandments have a part in Paradise. A non-Jew or a Jew who is a non-believer cannot access Paradise because they lack knowledge of the correct opinion regarding the nature of God and other metaphysical opinions that can only be acquired by a miracle or divine revelation. The role of Maimonides in Bibago's book is the role of the "good Jewish philosopher"; a philosopher who uses gentile philosophy to better understand Jewish belief, but by no means a Jewish philosopher who goes beyond this limited usage of philosophy in order to interpret the beliefs of Judaism according to the errant opinions of the gentile philosophers.

The role of Gersonides, in contrast, is the role of the "bad Jewish philosopher". In Bibago's book, Gersonides only appears to be criticized for his mistaken positions, which go against the true meaning of the Torah. Gersonides' misunderstanding of his own Jewish tradition, argues Bibago, comes from his extreme philosophical views. As we mentioned above, his misunderstanding of the difference between divine and human logic led to his misunderstanding of God's knowledge, while his misunderstanding of God's ability to change the laws of nature led to his misunderstanding of God's

① *Path of Faith*, especially XXXXVI: 2- LX: 1. On the scholars debate regarding the opinion of Maimonides on this topic sees S. Pines, "The Limitations of Human Knowledge According to al-Farabi, Ibn Bajja and Maimonides," in *Studies in Medieval Jewish History and Literature*, ed. I. Twersky (Cambridge, Mass.: Harvard University Press), 82-109; S. Pines, "Les limites de la métaphysique selon al-Farabi, Ibn Bajja et Maimonides: sources et antitheses de ces doctrines chez Alexandre d'Aprodise et Themistius," *Miscellanea Mediaevalia* 13 (1981): 211-225; Versus A. Altmann, "Maimonides on the Intellect and the Scope of Metaphysics," in *Von der mittelarlichen zur modern Aufklärung* (Tübingen: Mohr Siebeck, 1987), 60-129; H. A. Davidson, "Maimonides on Metaphysical Knowledge," *Maimonides studies* 3 (1992): 49-103; Z. Harvey, "Maimonides on Human Perfection, Awe, and Politics," in *The Thought of Maimonides Philosophical and Legal Studies*, ed. I. Robinson (New York: Edwin Mellen Press, 1990), 1-15.

miracles.[1]

It is interesting to see that Bibago in fact adopted some of Gersonides' opinions, such that Gersonides can be described without a doubt as one of the major Jewish philosophers to have influenced Bibago. But in the rhetoric of his book, Bibago decided to give to him the negative role of the Jewish philosopher influenced too much by gentile philosophy.

[1] I agree with Nuriel (*Concealed and Revealed in Medieval Jewish Philosophy*, 263) and Halper ("Abraham Bibago on the Logic of Divine Science: Metaphysics α and the Legend of the Pardes," 4), that Bibago sees himself as a student of Maimonides and wants to respond to the critique of Maimonides by Gersonides. But as opposed to Nuriel, I see also some important influence of Gersonides on Bibago.

毕巴戈《信仰之道》中对格森尼德的批评:神对于个体的知识与奇迹

沙洛姆·萨迪克

【摘要】本文审视毕巴戈在神之个体知识与奇迹问题上对于格森尼德观点的态度。针对这两个问题,毕巴戈在其《信仰之道》中花费大量篇幅详尽复述了格森尼德的观点,随后系统驳斥之,这与他在分析迈蒙尼德观点时极力淡化自己与迈蒙尼德立场分歧的做法形成鲜明对比。事实上,他吸取了格森尼德的一部分观点,由此在相当大程度上偏离了迈蒙尼德的立场。然而,值得注意的是,毕巴戈有意识地将自己塑造为迈蒙尼德的忠实注释者与格森尼德的坚定反对者。

【关键词】毕巴戈;格森尼德;迈蒙尼德;神圣知识;奇迹

《诗篇》44、74、80、89中的申命神学*

——从创伤研究的视角看

李　曦**

【摘要】过去的几十年间，关于《诗篇》44、74、80、89是否体现申命神学的问题，圣经学者们争论不休。鉴于这些诗篇的创伤背景，本文尝试从创伤研究的角度重新考察这个问题，提出两个论点。首先，《诗篇》44、74、80、89并没有如一些学者认为的那样拒斥申命神学，因为从创伤研究的视角看，这些《诗篇》里对神的指责并不等于把责任归于神，而是提示创伤性事件受害者的负面认知和情感。其次，创伤后成长的概念帮助我们看清楚两个重要的申命神学要素——神的赏罚与神的许诺；《诗篇》44、74预设了第一个要素，而《诗篇》80、89假定了第二个要素。相应地，本文依照四个主要部分展开。第一部分简述为什么把四首诗歌单独讨论，又为什么从创伤研究的角度考察这四首诗歌。第二部分澄清申命神学中与创伤后成长相关的两个要素。第三部分致力于反驳认为《诗篇》44、74、80、89的歌者在把苦难的责任归于神的观点。第四部分论证表明，《诗篇》44、74、80、89在不同程度上接受了与创伤后成长相关的两个申命神学要素。

【关键词】申命神学；群体哀歌；创伤研究；创伤后成长

在过去的几十年间，关于《希伯来圣经》里的群体性哀歌《诗篇》(*Psalms*)44、74、80、89是接受还是拒斥申命神学(Deuteronomistic theology)的问题，学者们争论不休。比如，索菲·拉蒙德(Sophie Ramond)在达利特·罗姆-斯洛尼

* 本文的英文原文发表于 *HTS Teologiese Studies/Theological Studies* 79 (2023), https://doi.org/10.4102/hts.v79i2.8506。中文由作者翻译并作适当修订。本文受教育部人文社会科学重点研究基地重大项目“犹太教和早期基督教‘文本、思想和社群’的分离研究”(22JJD730001)资助。

** 李曦，山东大学犹太教与跨宗教研究中心暨哲学与社会发展学院研究员。

(Dalit Rom-Siloni)关于《诗篇》44 的研究的基础上[①],提出《诗篇》74、80、89 指责神为导致以色列痛苦的原因,因此是在拒斥申命神学,因为后者的主要立场认为,以色列人的罪导致神的惩罚,即认为以色列人自己才是痛苦的原因。另一位学者马科·马提拉(Marko Marttila)则从米歇尔·埃蒙多弗(Michael Emmendörffer)关于《诗篇》89 的研究出发,指出《诗篇》44 是反申命神学的。[②] 不过与拉蒙德不同,马提拉认为《诗篇》74、89 支持申命神学。意外的是,这些讨论都没有充分考虑《诗篇》44、74、80、89 作为哀歌体裁的背景,即这些诗歌背后的创伤性事件,因而忽略了一点:这些诗歌里充满创伤性事件受害者对这些事件的回应,而这些回应实际上有助于我们理解诗歌中歌者的情感。比如,学者们没有注意到一种可能性:创伤性事件的受害者常常指责他人为导致其痛苦的原因,但是这种指责是对创伤的一种自然反应,并不必然表明受害者确实认为被指责的人应该为这个事件负责。

鉴于上述争论及其背后的问题,本文尝试从创伤研究角度澄清申命神学与《诗篇》44、74、80、89 的关系。本文将首先讨论当前学者关于《希伯来诗篇》的成书原则的讨论,解释为什么本文把该诗篇里的 4 首诗歌作为单独研究的对象,又为什么从创伤研究的角度解读这些诗歌。其次,本文将从创伤受害者对创伤性事件的正面回应的角度解读申命神学的两个要素:神对以色列的惩罚以及神对大卫的应许。再次,本文将论证表明:《诗篇》44、74、80、89 并没有拒斥申命神学,因为这些诗歌里对神的指责并不等同于对神的归责,而是创伤后沮丧情绪的典型反应。最后本文指出,从《诗篇》44、74、80、89 里,我们可以在不同程度上分别读出之前谈到的申命神学的两个要素:《诗篇》44、74 假定了对神的惩罚的接受,而《诗篇》80、89 接纳神对大卫的应许。

一、《诗篇》44、74、80、89 与《希伯来诗篇》

由于《希伯来诗篇》单独成书,因此对于本文来说首先需要处理的一个问题是:本文是否有理由把该诗篇里的 4 首诗歌作为独立对象来解读。

---

① 参见 Dalit Rom-Shiloni, "Psalm 44: The Powers of Protest," *Catholic Biblical Quarterly* 70 (2008): 683-698; Sophie Ramond, "La voix discordante du troisième livre du Psautier (Psaumes 74, 80, 89)," *Biblica* 96 (2015): 39-66。

② 参见 Michael Emmendörffer, *Der ferne Gott. Eine Untersuchung der alttestamentliche Volksklagelieder vor dem Hintergrund der mesopotamischen Literatur*, FAT 21 (Tübingen: Mohr, 1998); Marko Marttila, "The Deuteronomistic Heritage in the Psalms," *Journal for the Study of the Old Testament* 37 (2012): 67-91。

自从杰拉德·亨利·威尔逊(Gerald Henry Wilson)关于《希伯来诗篇》的开创性工作以来[①],学界几乎达成共识:《希伯来诗篇》最终编者的编纂目的和希望传达的信息决定了该书的整体结构。依照威尔逊的理论,《希伯来诗篇》的编者并非把残存的古代以色列诗歌松散地排列在一起,而是依照编纂计划和目的将其编成有机整体,而这些计划和目的典型地体现于《希伯来诗篇》5 卷的连接处。在这些编纂目的中有一个尤其重要,也与本文的写作密切相关,即《希伯来诗篇》第 1—3 卷主要关注《诗篇》89 所提出的问题,也就是神与大卫的约定(Davidic covenant)的失败。而这一问题在《希伯来诗篇》第 4 卷,也就是整部《希伯来诗篇》的核心中得到回答,其要点是强调王国不在时耶和华作为以色列的王和避风港的地位。[②] 简言之,威尔逊指出的这个编纂目的的核心要点是:《希伯来诗篇》对以色列王国的沦陷给出了某种回应,这种回应强调耶和华取代大卫成为以色列的王和庇护所。依照威尔逊的这种解读,《诗篇》第 2 卷 44 与《诗篇》第 3 卷 74、80、89 之间具有一定联系,因为它们都涉及神与大卫的约定的失败。

威尔逊关于《希伯来诗篇》如何成形的理论带来了两种不同的回应。一方面,有些学者对威尔逊的一些主要观点提出了挑战。比如,大卫·维尔格林(David Willgren)认为,我们应该把《希伯来诗篇》看作一部呈现不同立场的文集,而不是具有统一主题的书。[③] 钱伯·朗格曼(Tremper Longman Ⅲ)则简要地指出,《希伯来诗篇》最后两卷看起来不像是放弃了对人类国王(human king)的兴趣而完全转向关注神性国王(divine king);他还指出,《诗篇》89 也不像是在论述大卫王朝的覆灭。[④] 类似地,伊恩·瓦尔兰科特(Ian J. Vaillancourt)也质疑了威尔逊认为《希伯来诗篇》的编者从对人类国王的关注转向对神性国王的关注的论点;在瓦尔兰科特看来,《希伯来诗篇》第 5 卷,尤其是关键的《诗篇》110

---

① 参见 Gerald Henry Wilson, *The Editing of the Hebrew Psalter* (Chico, CA: Scholars Press, 1985)。

② 参见 Wilson, *The Editing of the Hebrew Psalter*, 215。

③ 参见 David Willgren, *The Formation of the "Book" of Psalms: Reconsidering the Transmission and Canonization of Psalmody in Light of Material Culture and the Poetics of Anthologies*, FAT 2/88 (Tübingen: Mohr Siebeck, 2016); "Why Psalms 1-2 Are Not to Be Considered a Preface to the "Book" of Psalms," *Zeitschrift für die alttestamentliche Wissenschaft* 130 (2018): 384-397。

④ 参见 Tremper Longman Ⅲ, *Psalms: An Introduction and Commentary*, TOTC 15-16 (Nottingham: Inter-Varsity Press, 2014), 34。

和《诗篇》118描述了一个多面的救世主,而不是单一形象的救世主。①

另一方面,有些学者倾向于发展而不是挑战威尔逊的观点,其中三个趋向对于本文的论述来说值得注意。首先,尽管学者们大多同意《希伯来诗篇》的宏大构架,他们也不介意对该书的特定单元进行单独研究,尤其是接纳龚克尔(Gunkel)的形式鉴别学来单独讨论某些篇章。② 其次,有学者指出,《希伯来诗篇》的整体性并不排斥其中的不同诗歌具有相互不同的,甚至可能相互排斥的主题。③ 最后,也有学者提倡对《希伯来诗篇》进行跨学科研究,把不同学科的精华融合起来。④

在笔者看来,威尔逊之后研究《希伯来诗篇》的两个倾向具有某种一致性。比如维尔格林的"文集说"仍旧承认《希伯来诗篇》是一个整体,而朗格曼在反对威尔逊的同时,也同意《希伯来诗篇》中一些篇章的排列次序是有目的编纂的结果。⑤ 更重要的是,两个倾向都提到《希伯来诗篇》在内容和研究方法上的多样性。以这种多样性为背景,本文将单独解读《诗篇》44、74、80、89,因为这几首诗歌具有类似的体裁和神学:它们都是群体哀歌,也都受到申命神学的影响,尽管它们分布在《希伯来诗篇》的不同卷本之中。由于群体哀歌的背景是国家创伤,而对创伤性事件的回应是普遍的人类现象,因此从创伤角度考察关于这些诗歌的一些争论具有可行性。⑥ 这个考察也是跨学科的,因为它的出发点是创伤性事件与申命神学的关系。下面,首先简单说明一下这个关系。

---

① 参见 Ian J. Vailancourt, *The Multifaceted Saviour of Psalms* 110 *and* 118: *A Canonical Exegesis*, HBM 86 (Sheffield: Sheffield Phoenix, 2020)。

② 参见 Nancy L. deClaissé-Walford, "The Canonical Approach to Scripture and The Editing of the Hebrew Psalter," in *The Shape and Shaping of the Book of Psalms*: *The Current State of Scholarship*, ed. Nancy L. deClaissé-Walford (Atlanta: SBL Press, 2014), 1-12 (9)。

③ 参见 Jaco Gericke, "Philosophical Perspectives on Religious Diversity as Emergent Property in the Redaction/Composition of the Psalter," in *The Shape and Shaping of the Book of Psalms*: *The Current State of Scholarship*, ed. Nancy L. deClaissé-Walford (Atlanta: SBL Press, 2014), 41-52。

④ 参见 Rolf A. Jacobson, "Imagining the Future of Psalms Studies," in *The Shape and Shaping of the Book of Psalms*: *The Current State of Scholarship*, ed. Nancy L. deClaissé-Walford (Atlanta: SBL Press, 2014), 231-246。

⑤ 参见 Longman III, *Psalms*: *An Introduction and Commentary*, 35。

⑥ 关于把创伤研究应用于《希伯来圣经》的可行性问题,笔者另有论述,参见 Li Xi, "Applicability of Post-traumatic Stress Disorder and Post-traumatic Growth to the Hebrew Bible," *Journal of Religion and Health*, forthcoming。

二、申命神学的两个要素:古代以色列人从民族创伤中学到的

申命神学是马丁·诺特(Martin Noth)在其1943年的开创性作品《历史传承研究》(*Überlieferungsgeschichtliche Studien*)第一部中用来证明其“申命历史”理论的主要证据之一。[①] 依照诺特的论证,《申命记》《约书亚记》《士师记》《撒母耳记》《列王纪》最初是一本独立的作品,用来记叙以色列的历史,即“申命历史”(Deuteronomistic History, DH),而这部作品是由某位编者(Deuteronomist, Dtr)在公元前587—前586年耶路撒冷陷落后以色列放逐期间独自编纂而成的。诺特提出几个证据来证明这个立场,其中之一是:这些作品具有统一的神学思想,即申命神学。在诺特看来,申命神学的主要内容涉及该编者编纂“申命历史”的动机,并指出:“他(Dtr)传达了一个没有希望的未来,他根本不期望被放逐的以色列人会重新团聚。”[②]在诺特看来,这位编者想要表达的全部内容就是:放逐是神对以色列人的悖逆的最终惩罚。

诺特之后的绝大多数学者接受了“申命历史”的概念,但是很多人认为“申命历史”的编者可能并不像诺特认为的那样悲观。[③] 在这一点上,美国学者弗兰克·莫尔·克洛斯(Frank Moore Cross)很好地总结了诺特的主要反对者之一汉斯·瓦尔特·沃尔夫(Hans Walter Wolff)的看法:“他(沃尔夫)无法想象,Dtr花费巨大时间和精力编写了一部伟大的史书,而其目的仅仅是表明以色列的国家灾难就是以色列的终点。”[④]克洛斯进一步指出,DH的编纂实际上经历了两个历史时期,因此我们可以分辨出两个层次的DH:放逐前的DH1和放逐期间的DH2。从这两层的DH中,我们都可以读出积极的神学思想:DH1中有神对大卫的永恒承诺,而DH2包含了认为忏悔可以带来希望的观点。[⑤]

关于申命神学的主要要素的争论还在继续,因此对于本文来说,在讨论《诗

---

① 本文采用1957年第二版第一部分的英译本,参见 Martin Noth, *The Deuteronomistic History* (Eugene, OR: Wipf & Stock, 1981)。

② Noth, *The Deuteronomistic History*, 97.

③ 比如 Hans Walter Wolff, “Das Kerygma des deuteronomistischen Geschichtswerks,” *Zeitschrift für die alttestamentliche Wissenschaft* 73 (1961): 171-186; Timo Veijola, “Martin Noth's *Überlieferungsgeschichtliche Studien* and Old Testament Theology,” in *The History of Israel's Traditions: The Heritage of Martin Noth*, eds. Steven L. McKenzie and Matt Patrick Graham, JSOTSupp 182 (Sheffield: Sheffield Academic Press, 1994), 101-127。

④ Frank Moore Cross, *Canaanite Myth and Hebrew Epic: Essays in the History of the Religion of Israel* (Cambridge: Harvard University Press, 1997), 277.

⑤ 参见 Cross, *Canaanite Myth and Hebrew Epic*, 287-289。

篇》44、74、80、89是否传达了申命神学之前，首先需要明确申命神学的主要内容。在这一点上，有必要指出，放逐毫无疑问是"申命历史"的背景：对于克洛斯来说，放逐是DH2的背景；对于哥廷根学派来说，"申命历史"的第一次编纂完成于放逐期间，而之后的编纂(DtrN，DtrP)完成于后放逐期间。[①] 依照当前的创伤研究，耶路撒冷陷落和随后的放逐都属于创伤性事件，属于"亲历战争"(exposure to war)和"作为战争囚徒而拘禁"(incarceration as a prisoner of war)的范畴[②]；而在古代以色列，这类事件同样具有创伤性，因为它们同样给古代以色列人带来无言的痛苦[③]。因此，从创伤研究角度分析申命神学的特征具有一定可行性。

通常，创伤性事件会给亲历者的精神健康带来伤害，造成创伤后应激障碍(Posttraumatic Stress Disorder，PTSD)的症状。但是有时候，创伤性事件也给亲历者带来正面影响，比如促成他们的成长或者成熟。创伤催人成长的理念其实具有很长的历史，但是直到30多年前，心理学家才发展出不同的概念来描述和解释这个现象。[④] 在这些概念中，最著名的当属创伤后成长(Posttraumatic Growth，PTG)，它由理查德·特德斯奇(Richard G. Tedeschi)和劳伦斯·卡尔宏(Lawrence G. Calhoun)于1996年提出，用来描述与生活危机抗争而带来的正面心理变化。[⑤]

与创伤后成长概念相对应，特德斯奇和卡尔宏还设计了创伤后成长量表(Posttraumatic Growth Inventory，PTGI)来分析个体在经历创伤性事件后的成长程度。[⑥] 这一量表描述了5个方面的成长：与他们的关系、新的可能性、个人

---

① 参见Thomas C. Römer, *The So-Called Deuteronomistic History: A Sociological Historical and Literary Introduction* (London: T &T Cark, 2007), 21-43。

② 参见*DSM*-5, 274。关于创伤性事件的定义，以及本文谈到的创伤后负面情感，均来自美国精神病协会关于创伤后应激障碍的最新诊断标准，参见American Psychiatric Association, *Diagnostic and Statistical Manual of Mental Disorders* (Washington, D. C.: American Psychiatric Publishing, 2013)。本文依惯例将该标准简称为*DSM*-5。但是，笔者引用*DSM*-5的目的不是要表明耶利米患有创伤后应激障碍，而是参照这个诊断标准来界定耶利米经历创伤后的负面心理回应。

③ 参见Li Xi, "Posttraumatic Growth, Belief in a Just World, and Ps 137,9," *Biblical Theology Bulletin* 51 (2021): 175-184。

④ 参见Lawrence G. Calhoun and Richard G. Tedeschi, "The Foundations of Post-Traumatic Growth: An Expanded Framework," in *Handbook of Post-Traumatic Growth: Research and Practice*, eds. Lawrence G. Calhoun and Richard G. Tedeschi (Mahwah, NJ: Lawrence Erlbaum Associates, 2006), 3-23 (6)。

⑤ 参见Richard G. Tedeschi and Lawrence G. Calhoun, "The Post-Traumatic Growth Inventory: Measuring the Positive Legacy of Trauma," *Journal of Traumatic Stress* 9 (1996): 455-471。

⑥ 同上。

能力、精神变化以及珍视生命。虽然我们无法跨越时空去定量检测“申命历史”的编者创伤后成长的程度(如果有成长的话),但是这个量表可以帮助我们定性判断编者是否呈现出某维度的创伤后成长。鉴于此,有学者已经开始探究创伤后成长与《希伯来诗篇》的疗愈功能的关系[①],也有人提出整部《希伯来圣经》的成书都与创伤后成长有关[②]。回到诺特,本文想强调他的一个论点,即“申命历史”的编者在以色列的历史中感受到了神对以色列的正义审判。对于诺特的这个观点,学者们几乎没有异议。而本文认为,“申命历史”的编者的这个感受,其实体现了创伤后成长中的“精神变化”,理由如下。

首先,正如有学者已经指出的,认为耶路撒冷的陷落是神的惩罚相当于认为这一陷落不是神的错。[③] 从信仰的角度看,对历史的这种理解好于把民族灾难看作神的错,因此体现了“对精神性事物(spiritual matters)的更好的理解”——创伤后成长量表中“精神变化”的指标之一。[④] 其次,强调神的正义审判意味着否认耶路撒冷陷落时神被打败了。耶路撒冷陷落之后,有些以色列人认为这是耶和华的失败,因而转投巴比伦,决定成为巴比伦人。[⑤] 与这些在身份上成为巴比伦人的以色列人相比,“申命历史”的编者体现了“更强的宗教信仰”——创伤后成长量表里“精神变化”的另一个指标。

因此,创伤研究帮助我们看到,“申命历史”的编者看起来并不像诺特所理解的那么悲观。这位编者并非如诺特认为的那样,仅仅是出于对历史事件的意义的好奇而写作。[⑥] 这位编者的写作动机里,应该含有经历创伤后的某种精神变化,这种变化是耶路撒冷陷落带来的精神成长。

对“申命历史”编者的写作目的的如上澄清,也帮助我们重新考察《撒母耳记上》7:1—14 中先知拿单关于神许诺大卫以永恒国度的预言。通常认为,这个预言属于“申命历史”的一部分[⑦],但是诺特对这一预言保持了沉默,而关注预言中

---

① 参见 Brent A. Strawn, “Trauma, Psalmic Disclosure, and Authentic Happiness,” in *Bible through the Lens of Trauma*, eds. Elizabeth Boase and Christopher G. Frechette, Semeia Studies 86 (Atlanta: SBL, 2016), 145-158。

② 参见 David M. Carr, *Holy Resilience*: *The Bible's Traumatic Origins* (New Haven: Yale University Press, 2014), 5。

③ 参见 Gerhard von Rad, *Old Testament Theology*, Ⅰ, trans. D. M. G. Stalker (Edinburgh: Oliver and Boyd, 1973), 342-344; Römer, *The So-Called Deuteronomistic History*, 24。

④ 参见 Tedeschi and Calhoun, “The Post-Traumatic Growth Inventory,” 460。

⑤ 参见 R. B. Salters, *A Critical and Exegetical Commentary on Lamentations*, ICC (New York: T & T Clark, 2010), 27; Carr, *Holy resilience*, 8。

⑥ 参见 Noth, *The Deuteronomistic History*, 99。

⑦ 参见 Römer, *The So-Called Deuteronomistic History*, 27。

涉及圣殿建造的部分，认为经节 13a 关于大卫的后裔而非大卫将建造圣殿的预言是后世插入的。[①] 在笔者看来，之所以诺特对永恒国度的许诺保持沉默，应该是因为他把"申命历史"编者的情感理解得过于悲观。依照托马斯·罗摩(Thomas Römer)的洞见，只要是和"申命历史"编者的悲观形象冲突的文本，诺特都选择性地忽略了。[②] 然而，正如笔者前面已经讨论过的，诺特赋予申命神学的悲观色彩多少有些问题，因为该神学其实包含了创伤后成长中的精神变化。因此，从创伤研究的角度看，《撒母耳记下》7:1—14 中神对大卫的许诺与神对以色列的惩罚并不冲突，二者都属于申命神学的一部分。

因此，本文倾向于确立与创伤后成长相关的两个申命神学要素：一是诺特所强调的神对以色列的惩罚，二是克洛斯和冯拉德(Gerhare von Rad)提醒我们注意的《撒母耳记下》7:1—14 中神对大卫的许诺。[③] 诚然，哥廷根学派还发现了申命神学的其他要素，比如 DtrN 强调的对律法的遵从[④]，以及 DtrP 所关注的对先知预言的实现。[⑤] 但是，申命神学的这些其他要素与本文强调的申命神学的两个要素并不矛盾，而且本文也没有认为申命神学只含有两个要素，而是认为申命神学含有两个与创伤后成长相关的要素。更重要的是，讨论《诗篇》44、74、80、89 中的申命神学的学者，也都没有从哥廷根学派的立场理解申命神学。[⑥] 因此，本文随后的讨论基于这两个确定的申命神学要素。

三、《诗篇》44、74、80、89 中对神的指责

对于本节的论点，罗姆斯洛尼于 2008 年讨论《诗篇》44 中对神的抗议的文章非常重要[⑦]，因为该文承上启下，不仅进一步阐明了厄哈德·戈斯滕伯格

① 参见 Noth, *The Deuteronomistic History*, 55。

② 参见 Römer, *The So-Called Deuteronomistic History*, 27。

③ 参见 Van Rad, *Old Testament Theology*, 342-344; Cross, *Canaanite Myth and Hebrew Epic*, 279-289。

④ 参见 Rudolf Smend, "The Law and the Nations: A Contribution to Deuteronomistic Tradition History," in *Reconsidering Israel and Judah: Recent Studies on the Deuteronomistic History*, eds. G.N. Knopper and H. G. McConville, trans. Peter T. Daniels, SBTS 8 (Winona Lake, IN: Eisenbrauns, 2000), 95-110。

⑤ 参见 Walter Dietrich, *Prophetie und Geschichte: Eine redaktionsgeschichtliche Untersuchung zum deuteronomistischen Geschichtswerk*, FRLANT 108 (Göttingen: Vandenhoeck& Ruprecht, 1972), 107-109。

⑥ 感谢一位匿名评审提出关于哥廷根学派的问题。

⑦ 参见 Rom-Shiloni, "Psalm 44: The Powers of Protest"。

(Erhard Gerstenberger)于1988年提出的《诗篇》44的神学背离了申命神学的立场[①],而且启发了拉蒙德于2015年发表认为《诗篇》74、80、89是在拒斥申命神学的文章。[②] 在这篇文章里,罗姆斯洛尼区分了关于神义论的"正统"(orthodox)思想和"非正统"(non-orthodox)思想:正统思想为神的一切行为辩护,认为以色列人所遭受的困境是他们自己的行为所致,因此以色列人自己应该受到谴责。[③] 笔者在上一节对申命神学的讨论表明,申命神学的第一个要素就属于这个"正统"思想。而在罗姆斯洛尼看来,《诗篇》44表达了"非正统"思想,因为该诗篇拒斥如下申命神学要点:以色列人遗忘了神,因此被神审判。[④]

罗姆斯洛尼的论证基于《诗篇》44:18—23与《耶利米书》18:13—17之间的比较,而这个比较强调三个要点。[⑤] 第一,《诗篇》44:18b中"虽然我们没有遗忘你"[⑥]的说法恰恰与《耶利米书》18:15的说法相反,后者指责以色列人遗忘了神因此违背约定。第二,《诗篇》44:19中"我们没有变心"的说法也与《耶利米书》18:15中的变心之罪对立。第三,先知耶利米预见到神的审判会导致以色列的军事失败和耶路撒冷陷落(《耶利米书》18:16—17),而《诗篇》44:11—17则表达了对神的抗议。基于这三个论点,罗姆斯洛尼总结道:"《诗篇》44显然违背了申命传统和先知传统,反对把以色列的境况归结为以色列人自己对约定的违反。"[⑦]

罗姆斯洛尼的以上三个要点的前两个可以被归为一类,因为二者都强调以色列人无辜,而这一点得到了马提拉的呼应。马提拉也认为《诗篇》44是在反对申命神学,他指出:"在经节44:18,作者抱怨:虽然以色列人从来没有忘记耶和华也没有对耶和华的约定不忠,但苦难还是降临了。"[⑧]因此,马提拉总结说,《诗篇》44是在用申命学派的用语来反对申命学派的立场。[⑨]

然而,罗姆斯洛尼和马提拉所犯下的一个错误是:我们其实并不确定,《诗篇》44:18—19是否在强调以色列人被放逐即被神惩罚之前的无辜。在这个问题上,阿德勒·伯林(Adele Berlin)的讨论非常有帮助,她认为,《诗篇》44:18b

---

① 参见 Erhard S. Gerstenberger, *Psalms*, Ⅱ, FOTL 14, 15 (Grand Rapids: Eerdmans, 1988), 186。

② 参见 Ramond, "La voix discordante du troisième livre du Psautier (Psaumes 74, 80, 89)"。

③ 参见 Rom-Shiloni, "Psalm 44: The Powers of Protest," 684。

④ 同上,691。

⑤ 同上,692—693。

⑥ 本文中的《希伯来诗篇》由笔者翻译,经节排序以希伯来文本MT为准。

⑦ Rom-Shiloni, "Psalm 44: The Powers of Protest," 693.

⑧ Marttila, "The Deuteronomistic Heritage in the Psalms," 76.

⑨ 同上。

的语法结构其实可以有两种不同解读,即“我们没有遗忘你”可以发生在放逐之前也可以发生在放逐之中。[①] 为了看清柏林的要点,下面完整引用《诗篇》44:18—19,并标注出柏林提示的两种可能解读:

44:18　　这一切发生在我们身上,
　　　　然而/尽管我们没有遗忘你
　　　　也没有违背你的约定

44:19　　我们没有变心
　　　　也没背你的道

可以看到,柏林的要点是,我们既可以把 44:18b 读成“然而我们没有遗忘你”,也可以读成“尽管我们没有遗忘你”。从语法看,两个读法都成立,因此上下文和文本背景决定了哪个读法更合适。罗姆斯洛尼和马提拉把这个句子读为“尽管我们没有遗忘你”;依照这个解读,“没有遗忘你”发生在放逐之前,因此表达了以色列人的无辜:他们没有遗忘神,但神还是惩罚他们了。因此这种解读支持《诗篇》44 的反申命神学立场,认为该诗不认为是以色列人的罪导致放逐。但是,柏林本人支持“然而我们没有遗忘你”的解读,认为“没有遗忘你”发生在放逐之时,她指出:“这里的意思并不是,以色列人尽管没有忘记神但还是被神惩罚,而是,尽管他们被放逐,他们还是没有忘记神。”[②]而柏林支持该解读的理由是:忘记耶和华转而崇拜其他神是在异邦的放逐期间才会遇到的诱惑。[③]

笔者认为,我们有理由接受柏林的解读。除了柏林自己谈到的理由之外,还有另一个柏林没有提到的重要理由:“起来! 不要永远(לנצח)拒斥我们。”(《诗篇》44:23b)该经节使用的“永远”一词提示,经节 18—23b 中抱怨的可能并不是神的惩罚即耶路撒冷陷落和此后的放逐,而是无尽的苦难。换言之,这一段经节里的歌者所抱怨的不是,尽管以色列人没有遗忘神但放逐还是发生了,而是,尽管以色列人在经历放逐之苦时仍旧记着神,但放逐却遥遥无期。因此,罗姆斯洛尼认为《诗篇》44 反对申命神学的前两个理由,即以色列人认为自己无辜的论点,其实并不成立。

---

① 参见 Adele Berlin, “Psalms and the Literature of Exile: Psalms 137, 44, 69 and 78,” in *The Book of Psalms: Composition and Reception*, eds. Peter W. Flint and Patrick D. Miller, SuppVT (Leiden: Brill, 2008), 65-86。

② 同上,73。

③ 同上。

笔者所强调的"永远"一词,还出现在本文讨论的其他群体哀歌中。《诗篇》74:1 呼喊:"神哪,你为什么永远地拒绝了我们?"因此我们也有理由认为,这里的抱怨不是针对作为神的惩罚的苦难,而是无尽的苦难。这一点在《诗篇》74:10 体现得更清楚:"神哪,我们敌人还要羞辱我们多久(עדמתי)?""多久"与"永远"呼应,表明歌者介意的是无尽的苦难,而非惩罚之苦。"永远"一词并没有出现在《诗篇》80 中,不过有无尽苦难的想法,因为歌者反问神:"万军之主神哪,你还要对你子民的祷告愤怒多久?"(《诗篇》80:4)。而在《诗篇》89 中,"永远"和"多久"两个词都出现了:"主呀,你还要永远隐藏你自己多久?"(《诗篇》89:46)。因此,《诗篇》80、89 看起来也不像是在强调以色列人遭受的无辜苦难,而是苦难之中耶和华的缺位。

罗姆斯洛尼认为《诗篇》44 反对申命神学的第三个理由涉及歌者在经节 11—17 里对神的抗议。在这些经节里,歌者抱怨神丢弃了以色列人(经节 10),把他们贱卖(经节 13),令他们如待宰的羔羊(经节 12),被邻居所嘲讽(经节 14)并被列国嗤笑(经节 15)。在罗姆斯洛尼看来,这些抱怨表示一种态度:歌者是在反对申命神学,因为后者认为以色列人应该为耶路撒冷的陷落负责。[①]

考虑到《诗篇》44 的背景,即耶路撒冷陷落和放逐这些创伤性事件的发生,罗姆斯洛尼的上述论点并不牢靠。创伤性事件受害者一个常见的典型反应就是焦虑,想知道为什么苦难发生在自己身在。对此,心理学家罗尼·贾诺弗-布尔曼(Ronnie Janoff-Bulman)有段重要的论述:"在对创伤幸存者的多年研究中,我最经常听到的一个说法就是,'我从来没有想到这会发生在我身上'。"[②]有时候,受害者甚至会非理性地对创伤性事件归责,比如"持续性地具有关于创伤性事件的原因或后果的负面认知"[③],而这种认识构成了创伤后应激障碍的指征之一。对于本文的讨论而言,《诗篇》44:11—17 中对神的指责听起来很像关于创伤性事件的原因的持续的负面认知,尽管这一指责并不一定暗示创伤后应激障碍的存在。换言之,考虑到《诗篇》44 背后的民族灾难,认为该诗对神的谴责意味着把责任归给神的说法是站不住脚的,这些指责听起来更像是"与创伤性事件相联系的负面认知和情感"[④]。

---

① 参见 Rom-Shiloni, "Psalm 44: The Powers of Protest," 693。

② Ronnie Janoff-Bulman, "Posttraumatic Growth: Three Explanatory Models," *Psychological Inquiry* 15 (2004): 30-34 (32).

③ *DSM*-5, 272.

④ *DSM*-5, 271.

在《诗篇》74、80、89中,我们看到了类似的谴责,这些诗歌里的歌者不时指出,神出于愤怒而把灾难降临在他的子民身上(《诗篇》74:1; 80:5—7; 89:39—46)。因为这些谴责,拉蒙德认为,《诗篇》74、80、89的最明显特征就是:它们从不谴责拒斥了耶和华或者崇拜其他神的以色列人;相反,这些诗"谴责神,因为他和以色列人作对,令他们被放逐,被毁灭(《诗篇》80),失去自己的圣殿(《诗篇》74),丢掉了自己的大卫王朝(《诗篇》80、89)"①。因此拉蒙德总结认为,《诗篇》74、80、89拒绝承认无妄之罪,也表达了与申命神学对立的立场。②

拉蒙德认为《诗篇》74、80、89反对申命神学的立场面临前面谈到的罗姆斯洛尼所面临的同样问题。当《诗篇》74、80、89里的歌者声称神造成了苦难的时候,这些抱怨更像是创伤性事件造成的负面情感,而不是真正在追溯创伤性事件的真实原因。值得注意的是,当这些诗歌里的歌者在谈到神的愤怒时,他们时常反问神"为什么"(《诗篇》44:23—24; 74:1; 80:12)。在龚克尔看来,作为群体哀歌标志的这种反问传达了关于苦难与神的愤怒的联系的看法,而这种看法更清楚地揭示了以色列人所遭受的苦难。③ 也就是说,龚克尔也不认为这里的歌者是在抱怨神造成了苦难因此该为苦难负责,而是在把苦难本身表达出来。上文引用的心理学家贾诺弗布尔曼的论述也表明,问"为什么"是创伤性事件受害者经常会问的典型问题,因为他们迫切想知道苦难为什么发生。

因此,本文再次强调,《诗篇》44、74、80、89中所显露的对神的抱怨,反映了创伤性事件受害者的一种负面情感,而不是认为神该为这些事件负责。不过,本文并不否认这些诗歌里的歌者在谴责神。他们确实在谴责神,但是这些谴责不过是"关于创伤性事件的原因或后果的被扭曲的认知"④,是创伤后应激障碍的指征之一。作为创伤性事件的亲历者(文本表明了这一点),这些歌者并不是真的认为神应该为以色列人的苦难负责而以色列人是无辜的;相反,他们是通过谴责神来宣泄自己的痛苦。早在40多年前,创伤心理学家就提出,研究者要更加仔细地区分因果性、责任以及谴责这些概念。⑤ 而在最近的关于2016—2017年意大利中部地震的幸存者的研究中,研究者进一步定义了这个区分:"归因涉及

---

① Ramond, "La voix discordante du troisième livre du Psautier (Psaumes 74, 80, 89)," 61.

② 同上。

③ 参见 Hermann Gunkel, *Introduction to Psalms: The Genres of the Religious Lyric of Israel*, comp. Joachim Begrich, trans. James D. Nogalski, MLBS (Macon: Mercer University Press, 1998), 89。

④ *DSM*-5, 272.

⑤ 参见 Kelly G. Shaver and Debra Brown, "On Causality, Responsibility, and Self-Blame: A Theoretical Note," *Journal of Personality and Social Psychology* 50 (1985): 697-702。

关于逻辑地导致特定后果的信念，而谴责涉及该后果的发生是否道德的问题。”[①]该研究在总结中谈到这次地震的幸存者也在谴责神，但是这些谴责反映了心理学家贾诺弗-布尔曼关于创伤的本质的理论，即这些谴责体现了创伤性事件所造成的破碎的世界观[②]；研究者没有在这些谴责和对神的归责之间看到联系。因此，本文同样认为，《诗篇》44、74、80、89 里的歌者虽然谴责神，但是并没有把造成苦难的责任归给神。

还需要注意的一点是，除了上述群体哀歌之外，《希伯来圣经》其实还有其他地方谈到神引发了某事件但没有把责任归给神。在出埃及的事件中，叙事者反复谈到，耶和华让法老的心刚硬（《出埃及记》7:3；9:12；10:20、27；11:10；14:8）。然而，这些叙事并不意味着叙事者认为耶和华应该为法老阻止以色列人出埃及的行为负责。如笔者在其他地方已经论证指出的，叙事者在这里表达的是认为神主宰一切的决定论，而这种决定论与人类的自由意志相容。[③] 当代关于自由意志问题的哲学争论让我们看清楚“耶和华让法老的心刚硬”这种说法的真正含义。同样，当代关于创伤的心理学研究让我们看清楚，谴责神为苦难的原因背后真正的情感。

综上所述，认为《诗篇》44、74、80、89 是在反对申命神学的典型论证并不成立。在《诗篇》44 中，歌者声称以色列人没有忘记神，但这一说法并不是在提示以色列人的无辜。《诗篇》44、74、80、89 充满对神造成苦难的谴责，然而这些谴责并不是指神该为苦难负责，而是表达了创伤性事件受害者的负面情感。

四、《诗篇》44、74、80、89 里的申命神学

上一节的讨论表明，《诗篇》44、74、80、89 并没有拒斥申命神学。不过，没有拒斥申命神学并不必然意味着接受申命神学。因此，依照第三节所澄清的申命神学的两个要素，本节致力于表明：在《诗篇》44、74、80、89 中，可以看到申命神学中两个与创伤后成长相关的要素。

在《诗篇》44 中，可以看到申命神学第一个要素的痕迹。如前所述，《诗篇》44:18 谈到的“我们没有遗忘你”发生在放逐之时而非放逐之前。因此，《诗篇》

① Massazza, Alessandro, Helene Joffe, and Chris R. Brewin, “Earthquake, Attributions, and Psychopathology: A Study in A Rural Community,” *European Journal of Psychotraumatology* 10 (2019): 2-3.

② 同上，8。

③ 参见 Li Xi, “Ben Sira on the Free Will Problem: A Comparison with Chrysippus,” *Harvard Theological Review* 114 (2021): 328-345。

44:23的请求"起来！不要永远拒斥我们"暗含这样一个立场：鉴于以色列人面对神的惩罚仍旧忠于神（没有遗忘神），神应该停止放逐这样无尽的苦难，不要"永远"抛弃以色列。而这个立场其实预设了一个与申命神学息息相关的逻辑，即以色列人犯下的罪导致了作为惩罚的苦难，因此如果以色列人不再犯下罪，惩罚就该停止了。伯林就注意到《诗篇》44与这一逻辑的关系，她指出："《诗篇》44声称在放逐期间不再犯下这个罪，因此，放逐应该结束，因为导致放逐的理由已经不复存在。"[①]因此《诗篇》44:23的请求预设了上面提到的申命神学的第一个要素，或者，正如伯林所总结的："《诗篇》44绝非在拒斥申命神学，它没有否认偶像崇拜的罪导致作为惩罚的放逐，而是在接受这个神学并建立在它的基础之上。"[②]

《诗篇》74没有直接谈到申命神学，但是间接证据表明该诗接受这个神学。在这一点上，马提拉说道："《诗篇》74与申命学派的用语和神学也具有某种联系，最明显的是该诗与《诗篇》89相似，而后者可能是最具申命学派特征的诗歌。"[③]马提拉关于《诗篇》74与《诗篇》89相似的看法最初来自提莫·维乔拉（Timo Veijola）[④]，非常有见地。不过需要注意，并非两首诗之间的所有相似都有助于本文的讨论。比如，马提拉谈到《诗篇》74:1和《诗篇》89:39都使用"拒斥"（זנח）一词[⑤]，但是，这个词也出现在《诗篇》44:10、24。马提拉还指出，"敌人的嘲讽（חרפה）是《诗篇》74:22和《诗篇》89:42共有的主题"[⑥]，但"嘲讽"一词也出现在《诗篇》44:14。前文已经谈到，马提拉实际上认为《诗篇》44具有反申命神学的立场[⑦]，因此上面几处相似的用词其实无法表明《诗篇》89接受申命神学，我们还需要考察相似的用词究竟在文本中是如何使用的，尤其是具有神学含义的词。

在笔者看来，在群体哀歌里与神学密切相关的一个词是"约定"（ברית），该词出现在《诗篇》44:18；74:20a；89:4、29、35、40。在《诗篇》44:18中，歌者声称，以色列人没有遗忘神也没有违背神的约定。前文谈到，"没有遗忘神"涉及申命神学里关于罪与罚的关系，即该神学的第一个要素，因此，"没有遗忘神"与"没有

---

① Berlin, "Psalms and the Literature of Exile: Psalms 137, 44, 69 and 78," 73.

② 同上。

③ Marttila, "The Deuteronomistic Heritage in the Psalms," 79.

④ 参见 Timo Veijola, *Verheißung in der Krise. Studien zur Literatur und Theologie der Exilszeit anhand des 89. Psalms*, AASF B 220 (Helsinki: Suomalainen Tiedeakatemia, 1982), 55-57。

⑤ Marttila, "The Deuteronomistic Heritage in the Psalms," 79.

⑥ 同上。

⑦ 同上，75—76。

违背约定”并列的用法体现了申命神学的影响。而下面笔者会澄清,《诗篇》89的“约定”指的是《撒母耳记下》7:1—14中神对大卫的许诺,也就是申命神学的第二个要素。因此看起来,《诗篇》44和《诗篇》89中的“约定”具有不同的含义;这样的话,当《诗篇》74:20a恳求神要谨记自己的约定时,其内容可能是希望神不要再惩罚以色列,也可能是希望神记得他与大卫的约定,也有学者认为可能是其他东西。[①]

笔者认为,从上下文看,《诗篇》74:20a里的“约定”与罪和惩罚相关。在经节1—11中,歌者抱怨神抛弃了以色列,但是在经节12—17中,歌者转而赞美神的拯救之能,然后在经节18中请求神记住以色列的苦难,并在经节19中请求神不要永远忘记可怜的以色列人。而在经节74:20b中,歌者请求神注意“地上的黑暗之处布满暴力”,提示以色列人遭遇的悲惨境地。可以看到,《诗篇》74:20a前后都在谈论以色列人的苦难,因此当《诗篇》74:20a谈到约定时,其背后的动机很有可能是希望神结束这苦难。那么我们可以进一步发问:歌者心里究竟有什么理由请求神结束苦难呢?一个合理的回答是,苦难是神对以色列的罪的惩罚[②],而一旦惩罚够了,苦难也就该结束。因此,请求神谨记约定结束苦难就意味着请求神不再惩罚,这个逻辑与之前谈到的《诗篇》44请求神不要永远拒斥以色列的逻辑非常相似。因此,《诗篇》74:20a里的“约定”与《诗篇》44里的“约定”具有同样的指向,很有可能体现了申命神学的第一个要素。

《诗篇》80也没有直接谈到申命神学,不过,该诗与《诗篇》89的相似之处可以帮助我们看到《诗篇》80里隐藏的神命神学的第二要素。如拉蒙德和维乔拉已经详细讨论过的[③],两首诗具有诸多相似之处,包括用“坚固”(אמץ)一词来描述神在以色列身上施展的大能(《诗篇》89:22; 80:16、18),都出现“所有路过的人”(כלעברידרך,《诗篇》89:42; 80:13),以及神击破城墙的意向(《诗篇》89:41; 80:13)——这里的城墙很有可能指《撒母耳记下》5:20谈到的军事上的防御墙。[④]

对本文的讨论来说,最重要的相似之处是“坚固”一词的使用。在《诗篇》80:

---

① 参见 Frank-Lother Hossfeld and Erich Zenger, *Psalms 2: A Commentary on Psalms* 51-100, ed. Klaus Balter, trans. Linda M. Maloney, Hermeneia (Minneapolis: Fortress Press, 2005), 250。

② 参见 Robert L. Cole, *The Shape and Message of Book* Ⅲ (*Palms* 73-89), JOSTSupp 307 (Sheffield: Sheffield Academic Press, 2000), 29。

③ 参见 Ramond, “La voix discordante du troisième livre du Psautier (Psaumes 74, 80, 89),” 51-52; Veijola, *Verheißung in der Krise*, 56。

④ 参见 Marvin E. Tate, *Psalms* 51-100, WBC 20 (Dallas: Word, 1990), 101; Hans-Joachim Kraus, *Psalms* 60-150, trans. Hilton C. Oswald (Minneapolis: Augsburg Publishing House, 1989), 4。

15 中，歌者请求神从天上“垂看、光顾这葡萄藤”，在下一经节，歌者增加了“垂看光顾”的对象，也就是：

80:16　　你右手所栽种的葡萄园，
　　和你为自己坚固(אמצתה)的枝条(בן)。

“你为自己坚固的枝条”这一意象还出现在经节 18，在此歌者恳请神：

80:18　　用你的手扶持你右手边的人，
　　扶持你为自己坚固(אמצת)的人子(בן)。

同样的意象出现在《诗篇》89，经节 20—38 有一长段论述，用来描述神通过异象对忠心之人所说的话，对于本文的讨论来说其中两句尤为重要：

89:21　　我已经找到大卫我的仆人，
　　我用我的圣油膏了他。

89:22　　我的手必扶持他，
　　我的手也该坚固(תאמצנו)他。

鉴于这几个意象相似，我们有理由认为，《诗篇》80:16、18 里神为自己坚固的“枝条”和“人子”很有可能指的就是大卫，他是神在《诗篇》89:21—22 里通过异象许诺要坚固的。此外，在同样的异像里，神还承诺说：“我要永远保持对他的慈爱，我与他的约定永远都在”(《诗篇》89:29)，“我不会毁约，也不会改口”(《诗篇》89:35)。如下面将会澄清的，《诗篇》89 的约定指的是神在《撒母耳记下》7:1—14 对大卫许下的那个约定。因此，《诗篇》80 谈到的约定似乎也具有同样的内容；对此，罗伯特·科勒(Robert L. Cole)明确指出：“《诗篇》80:16、18 里请神坚固人子的恳求，指的就是神对大卫的许诺，这一点在《诗篇》89:22 中得到证明。”[①]综上所述，本文认为《诗篇》80 隐含地接纳了申命神学的第二个要素。

不同于《诗篇》44 和《诗篇》80，《诗篇》89 明确谈到神与大卫的约定。除了上面刚刚谈到的异像中的两处论述(《诗篇》89:29、35)涉及约定之外，歌者还强调：“我已同我拣选的人立了约，我已向我的仆人大卫发了誓。”(《诗篇》89:4)学者们都同意，这里的约定指的就是《撒母耳记下》7:1—14 里神对大卫的许诺，也就是申命神学的一个重要要素；但是学者们没有达成共识：《诗篇》89 谈到这个约定

---

① Cole, *The Shape and Message of Book* Ⅲ, 89.

的目的究竟是接受还是拒斥申命神学。比如埃蒙多弗就认为，《诗篇》89 的要点在于强调神对大卫的许诺失败了，因此该诗的精神不属于申命学派[1]，而这个论点被马提拉接纳，用来证明《诗篇》44 的反申命神学立场[2]。

其他学者也注意到《诗篇》89 是在强调神的许诺的失败，尽管他们没有把这个失败看作是反申命神学的证据。比如马尔文·塔特(Marvin Tate)认为，在《诗篇》89 里，"该诗最后部分表达的灾难所带来的苦难以及未被实现的期望，都给耶和华的承诺和赞美打上了巨大的问号"[3]。类似地，就像本文第一节谈到《诗篇》的结构时简要指出的，虽然威尔逊同意[4]，神与大卫的约定是《诗篇》89 的明确关注点，但是威尔逊认为，这个约定在该诗被看作是失败的、被违背了的，因此该诗提出了关于大卫约定的明显失败的问题。

是什么导致这些学者认为《诗篇》89 表达了神对大卫的许诺的失败呢？显然，从上下文和学者们引用的文本来看，这个原因就是该诗从经节 39 开始对神的抱怨。比如，在经节 39，歌者抱怨神抛弃、放弃，并迁怒于受膏者；经节 40 声称神放弃了与自己仆人立的约定，把仆人的王冠打翻在地。然而，如我在前面第三节已经指出的，对神的抱怨或者抗议，不过是创伤亲历者呈现的一种典型的负面回应，并不意味着亲历者真的认为是神造成了这些创伤。因此，说《诗篇》89 中对神的抱怨表示抱怨者认为神的约定失败了，这多少有点问题。实际上，在该诗的最后，我们可以读出对神的信念。在经节 48，歌者请求神"记住，我的生命如此短暂"；在经节 51，歌者请求神"记住，你的仆人如何被羞辱"[5]。如果不是对神还有信念，歌者怎么会在抱怨神(经节 39—46)之后又转而向神倾诉，恳请神的惦记呢？而在抱怨之前，歌者有一处对神的赞美(经节 6—19)和一段神谕(经节 20—38)，这看起来与该诗最后表达的情感形成某种呼应，也表明这些情感可能传达出对神的信念。因此在笔者看来，我们有理由接受对《诗篇》89 的这样一种评论："该诗的赞歌和神谕传达了对弥撒亚盼望的向往和对国家在神的眷顾下复兴的期待，因此该诗绝非表达大卫约定的失败的哀歌。认为《诗篇》89 传达的

---

① 参见 Emmendörffer, *Der ferne Gott*, 229。

② 参见 Marttila, "The Deuteronomistic Heritage in the Psalms," 76。

③ Marvin E. Tate, *Psalms 51-100*, WBC 20 (Dallas: Word, 1990), 416.

④ 参见 Wilson, *The Editing of the Hebrew Psalter*, 212-215。

⑤ 原文的"仆人"为复数，因此学者们争论是否这里指的是集体弥撒亚而不是单个弥赛亚，关于这个争论，参见 Marcel Krusche, "A Collective Anointed? David and the People in Psalms 89," *Journal of Biblical Literature* 139 (2020):87-105。尽管有这个争论，我们仍旧可以得出结论：《诗篇》89 表达了符合申命神学的弥赛亚盼望。

讯息是'失败',这完全忽视了支配着整首诗的弥赛亚盼望。"[①]

综上所述,本节的讨论表明,《诗篇》44 假定了申命神学的第一个要素,也就是神对以色列的惩罚,而《诗篇》74 的内容暗示对这个要素的支持。《诗篇》89 接受了申命神学的第二个要素,也就是神对大卫的许诺,而《诗篇》80 与《诗篇》89 的多处相似点表明,《诗篇》80 接受了同样的神学。

总　结

本文致力于表明,创伤研究提供了一个不同的视角来考察广受争议的问题,也就是群体哀歌《诗篇》44、74、80、89 与申命神学的关系。这个考察提示了两个要点:首先,创伤性事件亲历者的一个常见反应是在焦虑中急于知道为什么灾难会发生,因此对灾难的原因有种歪曲的认知,这种反应让我们看到,《诗篇》44、74、80、89 中对神的抱怨可能并不像一些学者认为的那样是在把创伤的原因归结于神;其次,创伤性事件亲历者有可能从创伤中获得成长成熟,这个特点帮助我们确认申命神学的两个要素,也就是神对以色列的惩罚和神与大卫的约定,而这两个要素以不同的方式、在不同的程度上呈现于《诗篇》44、74、80、89 中。

参考文献

1. Adele Berlin, "Psalms and the Literature of Exile: Psalms 137, 44, 69 and 78," in *The Book of Psalms: Composition and Reception*, eds. Peter W. Flint and Patrick D. Miller, SuppVT (Leiden: Brill, 2008).

2. American Psychiatric Association, *Diagnostic and Statistical Manual of Mental Disorders* (Washington DC: American Psychiatric Publishing, 2013).

3. Brent A. Strawn, "Trauma, Psalmic Disclosure, and Authentic Happiness," in *Bible through the Lens of Trauma*, ed. Elizabeth Boase and Christopher G. Frechette, Semeia Studies 86 (Atlanta: SBL, 2016).

4. Christian Frevel, "Gott in der Krise: Die Komposition der Klagelieder als Modell kollektiver Krisenbewältigung," in *Im Lesen Verstehen: Studien*

① William C. Pohl, "A Messianic Reading of Psalm 89: A Canonical and Intertextual Study," *Journal of the Evangelical Theological Society* 58 (2015): 507-525 (509).类似立场参见 Hossfeld and Zenger, *Psalms* 2, 415。

Zu Theologie und Exegese, ed. Christian Frevel (Berlin: de Gruyter, 2017).

5. David M. Carr, *Holy Resilience: The Bible's Traumatic Origins* (New Haven: Yale University Press, 2014).

6. Dalit Rom-Shiloni, "Psalm 44: The Powers of Protest," *Catholic Biblical Quarterly* 70 (2008).

7. David Willgren, *The Formation of the "Book" of Psalms: Reconsidering the Transmission and Canonization of Psalmody in Light of Material Culture and the Poetics of Anthologies*, FAT 2/88 (Tübingen: Mohr Siebeck, 2016).

8. David Willgren, "Why Psalms 1-2 Are Not to Be Considered a Preface to the Book of Psalms," *Zeitschrift für die alttestamentliche Wissenschaft* 130 (2018).

9. Erhard S. Gerstenberger, *Psalms*, 2 vols, FOTL 14, 15 (Grand Rapids: Eerdmans, 1988).

10. Frank Moore Cross, *Canaanite Myth and Hebrew Epic: Essays in the History of the Religion of Israel* (Cambridge: Harvard University Press, 1997).

11. Frank-Lother Hossfeld and Erich Zenger, *Psalms 2: A Commentary on Psalms 51-100*, ed. Klaus Balter, trans. Linda M. Maloney, Hermeneia (Minneapolis: Fortress Press, 2005).

12. Gerhard von Rad, *Old Testament Theology*, Ⅰ, trans. D. M. G. Stalker (Edinburgh: Oliver and Boyd, 1973).

13. Gerald Henry Wilson, *The Editing of the Hebrew Psalter* (Chico, CA: Scholars Press, 1985).

14. Hermann Gunkel, *Introduction to Psalms: The Genres of the Religious Lyric of Israel*, comp. Joachim Begrich, trans. James D. Nogalski, MLBS (Macon: Mercer University Press, 1998).

15. Hans-Joachim Kraus, *Psalms* 60-150, trans. Hilton C. Oswald (Minneapolis: Augsburg Publishing House, 1989).

16. Hans Walter Wolff, "Das Kerygma des deuteronomistischen Geschichtswerks," *Zeitschrift für die alttestamentliche Wissenschaft* 73 (1961).

17. Jaco Gericke, "Philosophical Perspectives on Religious Diversity as Emergent Property in the Redaction/Composition of the Psalter," in *The*

Shape and Shaping of the Book of Psalms: The Current State of Scholarship, ed. Nancy L. deClaissé-Walford (Atlanta: SBL Press, 2014).

18. Kelly G. Shaver and Debra Brown, "On Causality, Responsibility, and Self-Blame: A Theoretical Note," *Journal of Personality and Social Psychology* 50 (1985).

19. Lawrence G. Calhoun and Richard G. Tedeschi, "The Foundations of Post-Traumatic Growth: An Expanded Framework," in *Handbook of Post-Traumatic Growth: Research and Practice*, eds. Lawrence G. Calhoun and Richard G. Tedeschi (Mahwah, NJ: Lawrence Erlbaum Associates, 2006).

20. Li Xi, "Applicability of Post-traumatic Stress Disorder and Post-traumatic Growth to the Hebrew Bible," *Journal of Religion and Health*, forthcoming.

21. Li Xi, "Ben Sira on the Free Will Problem: A Comparison with Chrysippus," *Harvard Theological Review* 114 (2021).

22. Li Xi, "Posttraumatic Growth, Belief in a Just World, and Ps 137,9," *Biblical Theology Bulletin* 51 (2021).

23. Lan J. Vailancourt, *The Multifaceted Saviour of Psalms* 110 *and* 118: *A Canonical Exegesis*, HBM 86 (Sheffield: Sheffield Phoenix, 2020).

24. Michael Emmendörffer, *Der ferne Gott. Eine Untersuchung der alttestamentliche Volksklagelieder vor dem Hintergrund der mesopotamischen Literatur*, FAT 21 (Tübingen: Mohr, 1998).

25. Marcel Krusche, "A Collective Anointed? David and the People in Psalms 89," *Journal of Biblical Literature* 139 (2020).

26. Marko Marttila, "The Deuteronomistic Heritage in the Psalms," *Journal for the Study of the Old Testament* 37 (2012).

27. Massazza, Alessandro, Helene Joffe, and Chris R. Brewin, "Earthquake, Attributions, and Psychopathology: A Study in a Rural Community," *European Journal of Psychotraumatology* 10 (2019).

28. Martin Noth, *The Deuteronomistic History*, Eugene (OR: Wipf & Stock, 1981).

29. Martin Noth, *Überlieferungsgeschichtliche Studien* (Tübingen: Max Niemeyer Verlag, 1967).

30. Marvin E. Tate, *Psalms* 51-100,WBC 20 (Dallas: Word, 1990).

31. Nancy L. deClaissé-Walford, "The Canonical Approach to Scripture

and the Editing of the Hebrew Psalter," in *The Shape and Shaping of the Book of Psalms: The Current State of Scholarship*, ed. Nancy L. deClaissé-Walford (Atlanta: SBL Press, 2014).

32. Robert L. Cole, *The Shape and Message of Book III* (*Palms* 73-89), JOSTSupp 307 (Sheffield: Sheffield Academic Press, 2000).

33. Rolf A. Jacobson, "Imagining the Future of Psalms Studies," in *The Shape and Shaping of the Book of Psalms: The Current State of Scholarship*, ed. Nancy L. deClaissé-Walford (Atlanta: SBL Press, 2014).

34. Ronnie Janoff-Bulman, "Posttraumatic Growth: Three Explanatory Models," *Psychological Inquiry* 15 (2004).

35. R. B. Salters, *A Critical and Exegetical Commentary on Lamentations*, ICC (New York: T&T Clark, 2010).

36. Richard G. Tedeschi and Lawrence G. Calhoun, "The Post-Traumatic Growth Inventory: Measuring the Positive Legacy of Trauma," *Journal of Traumatic Stress* 9 (1996).

37. Sophie Ramond, "La voix discordante du troisième livre du Psautier (Psaumes 74, 80, 89)," *Biblica* 96 (2015).

38. Tremper Longman III, *Psalms: An Introduction and Commentary*, TOTC 15-16 (Nottingham: Inter-Varsity Press, 2014).

39. Thomas C. Römer, *The So-called Deuteronomistic History: A Sociological Historical and Literary Introduction* (London: T&T Cark, 2007).

40. Timo Veijola, *Verheißung in der Krise. Studien zur Literatur und Theologie der Exilszeit anhand des* 89. *Psalms*, AASF B 220 (Helsinki: Suomalainen Tiedeakatemia, 1982).

41. Timo Veijola, "Martin Noth's *Überlieferungsgeschichtliche Studien* and Old Testament Theology," in *The History of Israel's Traditions: The Heritage of Martin Noth*, eds. Steven L. McKenzie and Matt Patrick Graham, JSOTSupp 182 (Sheffield: Sheffield Academic Press, 1994).

42. William C. Pohl, "A messianic Reading of Psalm 89: A Canonical and Intertextual Study," *Journal of the Evangelical Theological Society* 58 (2015).

Deuteronomistic Theology in *Psalms* 44, 74, 80, and 89: Examined from the Lens of Trauma

LI Xi

Abstract: In the past two decades, biblical scholars have been divided regarding the presence of Deuteronomistic theology in *Psalms* 44, 74, 80, and 89. Given the traumatic background of these psalms, this article reexamines this issue through the lens of trauma studies and argues for two points. First, *Psalms* 44, 74, 80, and 89 do not reject Deuteronomistic theology as some scholars have claimed because, viewed from the perspective of trauma studies, the accusations of God in these psalms do not indicate attribution of responsibility but demonstrate trauma victims' negative cognition and emotion associated with the traumatic event. Second, the concept of posttraumatic growth (PTG) helps clarify two crucial elements of Deuteronomistic theology concerning divine retribution and divine promise; *Psalms* 44 and 74 assume the first element, whereas *Psalms* 80 and 89 presuppose the second. Accordingly, this article consists of four main sections. In the first section, I briefly explain the reason for reading these four psalms together from the lens of trauma studies. Next, I clarify two elements of Deuteronomistic theology from the perspective of PTG. In the third section, I argue against the view that accusations of God in *Psalms* 44, 74, 80, 89 indicate an attribution of responsibility to God. Lastly, I demonstrate how the two elements of Deuteronomistic related to PTG are presented in these four psalms to different degrees.

Key Words: Deuteronomistic Theology, Communal Laments, Trauma Studies, Posttraumatic Growth

《塔纳赫》的犹太传奇诠释

——以路易斯·金兹伯格的《犹太人传奇》为例

白英倩*

【摘要】2000多年以来，《塔纳赫》[①]挑战着犹太诠释者的智力、想象力和创造力，“密得拉释”[②]代表了最早期的数代犹太学者对这一挑战的应对[③]。“传奇密得拉释”作为其两大分支之一，不只是用想象力在《圣经》文本和人类的理解力之间架起桥梁，还以流行形式表达和深化了博学规范的拉比观念，其发展的高度连贯性和一致性不仅是犹太民众集体智慧的结晶，还是他们进步精神的明证。[④] 19世纪末的民族浪漫主义催发了民间传说研究作为一个学术门类，而民间传说与民族身份的建构密切相关。路易斯·金兹伯格作为第三代东欧犹太人（出生于19世纪七八十年代）代表，在19世纪和20世纪之交致力于通过编辑和正典化犹太历史，使其保留和永久地传承下去。他的七卷本巨著《犹太人传奇》将传统的“传奇密得拉释”犹太文学形式翻译成连接犹太

* 白英倩，中国石油大学（北京）外国语学院讲师。

① 犹太教的核心经典称作《塔纳赫》，为希伯来语的首字母缩略语的音译，或称《希伯来圣经》，分为《托拉》、先知书和圣著三个部分，共二十四卷；与三十九卷的基督教《圣经》的《旧约》部分在篇幅上相同，但是在分类和排列顺序上不同。

② “密得拉释”从内容上可以分成两个部分：“律法密得拉释”和“传奇密得拉释”，希伯来语的音译分别为哈拉哈和阿嘎哒。“律法密得拉释”主要从《塔纳赫》经文引申相关律法，而其余非律法类的“密得拉释”则被归入“传奇密得拉释”，希伯来大百科的定义为：不是律法书的口传律法（主要是贤哲们的文学作品）的一部分。这一定义包括对《圣经》的解读、贤哲和他们的门徒的轶事、伦理作品、比喻、诗歌、祈祷文、笑话、医学论辩、夸张、咒语、地理……人所能够想象的都可以在传奇文学中找到。

③ 在《密得拉释大义篇》的英译本前言中，拉比伊西多尔·爱泼斯坦博士（Rabbi Dr. Isidore Epstein，《巴比伦塔木德》英译本的主编）将“密得拉释”的开端定于公元前444年，先知以斯拉招聚回归耶路撒冷的犹太人公开宣读律法书。参见 *Midrash Rabba*: *Genesis*, trans. Rabbi. Dr. H. Freedman (London: Soncino Press, 1939), x。

④ 参见 *Midrash Rabba*: *Genesis*, xxi。

文化和普世文化的选集来建立和强化共同的犹太民族信仰和身份。本文主要包含四部分内容：犹太传奇综述、路易斯·金兹伯格其人、《犹太人传奇》其事、《犹太人传奇》的释经角度。

【关键词】《塔纳赫》；“密得拉释”；《犹太人传奇》；释经

一、犹太传奇综述

传统上，犹太传奇指拉比文学体系里非律法的部分——叙事、神话、传记资料、传说、释经和寓言。路易斯·金兹伯格(Louis Ginzberg)在他的七卷本巨著《犹太人传奇》[①]的“前言”中精辟地概括道：“犹太人民的生活越凄惨，他们就越觉得有必要藏身于他们的过去。《圣经》或者说它的希伯来语术语《托拉》[②]是以前民族独立的仅存硕果，而《托拉》可以让苟且不堪的现实神奇地从他们辉煌的记忆前褪去。《塔纳赫》担负着滋养脑力和心灵的双重职责，也就是智力和想象力，其结果就是律法(哈拉哈)和传奇(阿嘎哒)。”[③]无论现在还是过去，人们都渴求娱乐，只不过犹太人没有从当下发生的事情中寻求他们娱乐的内容，而是从过去的源泉中濯取。古代以色列发生的事件不仅是被研究，而且在每天的生活中被重温，激起评论的欲望。所有类似于讲故事的文学形式，包括民间传说、童话故事、传奇等，都被包括在被称为犹太人的后圣经文学里，归在犹太传奇的条目

---

① 路易斯·金兹伯格的七卷本巨著《犹太人传奇》包括两部分：一是四卷本的叙事(故事)，主要运用“密得拉释”的资料(对圣经故事的充满想象力的复述、丰富和解释)讲述从上帝创世到波斯帝国时代的关于以色列诞生的传奇故事；二是三卷本的注释，从学术的角度对叙事来源的注释。出版历史：Louis Ginzberg, The Legends of the Jews (Philadelphia: Jewish Publication Society, 1909). (Ⅰ. From the Creation to Jacob, 1909. Ⅱ. From Joseph to the Exodus. 1910. Ⅲ. From the Exodus to the Death of Moses, 1911. Ⅳ. From Joshua to Esther, 1913. Ⅴ. Notes to Volumes Ⅰ and Ⅱ, 1925. VI. Notes to Volumes Ⅲ and Ⅳ, 1928. Philadelphia: Jewish Publication Society of America.)后来被翻译成希伯来语，1966年于以色列出版，参见 Louis Ginzberg, *Aggadot Ha-Yehudim*, trans. and ed. Mordekhai ha-Kohen (Ramat Gan, Israel: Masadah, 1966)。犹太出版协会于1967—1969年重新印刷。约翰霍普金斯大学出版社于1999年出版了平装本。犹太出版协会于2003年再版，参见 Louis Ginzberg, *The Legends of the Jews* (Philadelphia: Jewish Publication Society, 2003)。

② 《希伯来圣经》希伯来语音译为《塔纳赫》，共24卷，分为三部分：《托拉》、先知书和书卷。《托拉》在犹太教经典中的地位最高，又称为“摩西五经”，传统上五卷经书作为一个整体抄写在一个卷轴上，译为《律法书》。犹太传统是摩西在西奈山上(《出埃及记》21—23)接受了整本《托拉》；根据拉比经典，摩西同时还接受了一部口传《托拉》，作为成文《托拉》的权威诠释。《托拉》是通过摩西传递的圣言，是宗教界的共识。《托拉》包含三个层面的含义：一是摩西五经，二是《希伯来圣经》全书，三是犹太教的全部典籍。

③ Louis Ginzberg, *The Legends of the Jews*, xxx.

之下。犹太传奇比犹太律法更加受到重视，因为犹太传奇主要是大众的创作，而且更加受到大众的喜爱。它所适用的作品都有两个特征：一是来源于《圣经》；二是具备故事的本质。事实上，这种二元性也是犹太传奇最为显著的特征。[1]

犹太传奇在某种意义上也是民间传说。民间传说研究作为一个学术门类开始于19世纪末的民族浪漫主义。民间传说与民族身份的建构密切相关。研究民间传说的学者感兴趣的是以民间传统的碎片化形式幸存下来的据称更加辉煌的民族过往。民间传说的作用有三：其一，重新发现的对过往的自豪感；其二，面对不定未来的勇气；其三，最重要的是，感受到此前从未感受过的自尊感。民间传说成为民族主义知识分子建设民族身份的工具。[2] 最早一代东欧犹太贤哲学者的特点是对启蒙运动的学术价值的传统应用，代表人物主要有塞缪尔·戴维·卢扎托（S. D. Luzzatto）[3]、所罗门·犹大·罗卜·哈科恩·拉波波特（Shelomoh Yehudah Rapoport）[4]、纳赫曼·克罗克马尔（Nachman Krochmal）[5]。这些学者联合起来，将转向批判性的学术研究与犹太传统和过去相连接。代表作有利奥波德·祖茨（Leopold Zunz）[6]的《论拉比文学》（1818），其将学术研究作为传统犹太学术模式的延伸。第三代东欧犹太人（出生于19世纪七八十年代）都满怀东方民族主义热情，经受正规严格的德国学界世界专业水准的智力训练。作为这种双重影响的一个结果，这一代人致力于将个人对东方的委身和西方的科学气质联合起来，十年之内出现了两本致力于东西方调和的学术刊物——希伯来语的《从东到西》（1894）、德语的《东和西》（1901）——以及期刊《民族》（1896），确保犹太学术界意识到它在复兴民族希伯来文化中的全部潜力。第一个犹太民间传说协会和第一本期刊于1897年在德国成立，致力于与狭隘主义抗争而不是推进民族主义。另一个反映了启蒙主义和浪漫主义混合价值的文化项目“汇聚”（Kinnus，ingathering）[7]也开展起来。[8] 东欧的犹太民族主义者作

---

① Louis Ginzberg, *The Legends of the Jews*, Preface xxx.

② Rebecca Schorsch, *The Making of a Legend: Louis Ginzberg's The Legends of the Jews* (Chicago, Illinoise, 2003), 24.

③ 以希伯来语首字母缩写 Shadal 著称，意大利犹太学者、诗人。

④ 加利西亚人，捷克拉比和犹太学者。

⑤ 加利西亚犹太哲学家、神学家和历史学家。

⑥ 学术犹太研究的创始人，对犹太文学，圣歌学和宗教仪式进行批判性研究。祖茨的历史研究和当代著作对当代犹太教产生了重要影响。

⑦ 传统的汇集：犹太复国主义的选集项目。

⑧ 参见 Rebecca Schorsch, *The Making of a Legend: Louis Ginzberg's The Legends of the Jews*, 95。

家哈伊姆·纳赫曼·比亚里克(Hayim Nahman Bialik)[①]、耶霍舒亚·哈纳·拉尼茨基(Yehoshu'a Hana Ravniski)[②]和米哈·约瑟夫·贝尔迪切斯基(Micah Yosef Berdyczewski)[③]分别创作了三部犹太传奇:以希伯来语创作的《犹太传奇书》(1908—1911)、以德语创作的《犹太人》(1916—1923)和以德语创作(英语出版)的《犹太人传奇》(1909—1938)。[④] 路易斯·金兹伯格致力于科学研究、历史相对论,他的主要兴趣是要使拉比犹太教长久存留下来。他的作品由他的宗教传统主义、民族主义,以及历史批判训练汇聚而成。路易斯·金兹伯格的民族主义是拉比犹太教的,他用《犹太人传奇》竭力在美国建立犹太教国度,这个特别的国度以人民传统的拉比信念为特征。

二、路易斯·金兹伯格其人

东欧的传统、西方的批判性训练和自身的天分,这三点成就了路易斯·金兹伯格的作品和理想的犹太学术。除了西方正规的学术训练和显赫的家庭背景,路易斯·金兹伯格自身也天赋异禀。1873 年 11 月 28 日,路易斯·金兹伯格出生于立陶宛的科夫诺[⑤],他的早期教育完全是传统的和犹太的,他有私人教师,并且在立陶宛两所最好的传统犹太经学院学习。他家世显赫,出自最悠久的拉比领袖家族,其中最有名的人物是妈妈那边的叔祖维尔纳的加翁[⑥]——立陶宛的塔木德学者拉比加翁以利亚。当时的维尔纳的加翁遵循一种独特的教学法:学习必须从《塔纳赫》开始,快速学习过后掌握《塔木德》;学习必须同时包括《塔木德》的律法和传奇;既然所有的拉比文学作品都有内在的联系,那么学习必须包括一直以来被忽略掉的《巴勒斯坦塔木德》。尽管路易斯·金兹伯格否认,但

---

① 犹太诗人,主要用希伯来语写作,也用意第绪语写作。他是现代希伯来诗歌的先驱之一,也是犹太思想家的先锋之一,为犹太人的生活注入了新的活力。

② 希伯来语出版商、编辑,哈伊姆·纳赫曼·比亚里克的合作者。

③ 又名宾·戈里安(Bin Gorion),是乌克兰出生的希伯来语作家、记者、学者。他呼吁犹太人改变他们的思维方式,将自己从统治犹太宗教、传统和历史的教条中解放出来,他也因对前现代犹太神话和传说的研究而闻名。

④ 参见 Rebecca Schorsch, *The Making of a Legend*: *Louis Ginzberg's The Legends of the Jews*, 98。

⑤ 科夫诺(考纳斯)是两次世界大战期间立陶宛的首都,犹太社区人口为 35000—40000 人,约占该市人口的四分之一,拥有数十个犹太机构、40 个犹太会堂、犹太高等院校(特别是世界著名的斯洛博德卡犹太学院)、意第绪语和希伯来语学校、犹太医院、犹太复国主义组织。

⑥ Gaon(גאון)是希伯来语"骄傲"或"辉煌"的意思,是中世纪早期苏拉和彭贝迪塔两所伟大的巴比伦塔木德学院的院长的称呼,通常是杰出的宗教学者和司法权威,用作荣誉头衔,它的意思类似于"阁下",被当时世界范围内的犹太社区公认为精神领袖。

据说他天赋异禀,被称为"行走的百科全书",以具有过目不忘的能力而声名远播,他从来没有被看到过使用参考书、词典。路易斯·金兹伯格说他把《犹太人传奇》的3.6万条注释都存在了脑子里。十四岁的时候,他就已经将《塔纳赫》烂熟于心,掌握了所有的拉比犹太教的资料,没有学习任何世俗知识。他的大学训练始于伯林大学,从数学转向东方学研究;然后从伯林转入斯特拉斯堡,后来又去了海德堡,追随他的叙利亚学教授完成了学业。他的博士论文是闪族学方向,辅修叙利亚学和哲学,是 20 世纪为数不多的荣誉毕业生之一。他完成博士学业的时候,已经可以流畅使用德语、拉丁语、希腊语、古叙利亚语、阿拉姆语(亚兰文)、阿拉伯语、阿卡德语和其他的古代语言。尽管他从来没有正式继续犹太研究,他仍然获得了拉比身份的认证。他的博士论文《犹太圣经传奇的现在、使用和影响,以及教父作品中的释经》(德语)1900 年在伯林发表。自 1902 年起直到 1953 年去世,他在美国纽约的犹太神学院任教逾 50 年。在此期间,神学院共授予 650 位学生拉比资格,他们都曾在他那里受教。他的著作除了《犹太人传奇》,还有《〈巴勒斯坦塔木德〉评注》等,以及对《犹太大百科》超过 400 条的学术贡献。[1]

三、《犹太人传奇》其事

路易斯·金兹伯格作为历史学家,挑选了按照时间顺序结集的方式。他没有按照既定《圣经》经卷经文顺序,而是遵循《圣经》历史发生的点点滴滴,主要是《圣经》历史人物和民族大事件。对路易斯·金兹伯格来说,犹太编纂的历史就是犹太历史,犹太人没有传统意义上的所谓"历史"。"依据非犹太来源而写就的外部历史,不过是外邦人的憎恶史。犹太人存在的意义和秘密在于他们怎么生活和他们写了什么,而不是外邦人对他们做了什么(他们遭遇了什么)。纯粹的犹太研究关切显露犹太精神活力、原创、韧性的文化层面的历史。"[2]犹太教是民族的,拉比们是以色列的英雄,他们的文学创作因此是回应人民需要的,对犹太人的幸存和西方的历史至关重要。

选集作为一种文学形式,通常被认为是一种毫无创意的机械活动,而实际上选集是经过挑选的文学作品的集合或结集。"传奇密得拉释"选集,以犹太的创

---

① 参见 Rebecca Schorsch, *The Making of a Legend: Louis Ginzberg's The Legends of the Jews*, 66-69。

② Ismar Schorsch, *From Text to Context: The Turn to History in Modem Judaism* (Hanover, London: Brandeis University Press, 1994), 260.

造力为特征，是选集的想象力的结果和反映，是犹太文学形式的精髓。路易斯·金兹伯格选择创作一个文化选集，不是文学形式的选择，而是民族偏好的表达，这一文学形式能够包容过去的宏大。创作选集的决定也让路易斯·金兹伯格能够同时将传统的材料招聚到当时的情景，以使犹太历史保留下来。他认为犹太历史是文化编纂的历史，是文学历史的选集化："以色列历史不是政治势力发展的编年史，它是独特的灵性发展的故事：以色列的民族英雄不是用剑的武士，而是用笔的文士。因此，政治独立的丧失并没有摧毁以色列作为一个历史实体的存在。"①路易斯·金兹伯格在世纪之交选择编纂犹太文化，由此置身于本文化悠久传统的环境中，即通过编辑和正典化犹太历史，使其保留和永久地传承下去。因此，路易斯·金兹伯格与其说是一位传统的历史学家，不如说是一位传统的犹太文化的编纂者。

"于公元纪年初期几个世纪主要在以色列形成的犹太传奇不是一个孤立的文学造物。它像是一棵枝叶繁茂的巨树：它的根深深地扎在圣经时期，它的枝芽远及中世纪，从它巨大的树干上向各个方向生发出或浓密或稀疏的枝条，触及与贤哲同时期的文学文化世界。"②路易斯·金兹伯格认为，现代研究犹太传奇的最重要的任务之一是区分原始文本和后来学者们添加的部分。他首次尝试搜集所有犹太传奇的原始资料，只要其中提到《圣经》的人物和事件，其使用的资料并不局限于拉比文学，但要确定是犹太的。这些资料来源于《塔木德》的"密得拉释"释经文学（最重要的部分）、年代较为久远的卡巴拉犹太神秘主义的作品、被归为典外文献基督教会中的一些作品和教父文学作品。伯纳德·海勒(Bernhard Heller)在对路易斯·金兹伯格的《犹太人传奇》的书评中提到："犹太传奇是从《希伯来圣经》正典确立后到犹太伟大的思想家和哲学家迈蒙尼德出现前的一千年间，犹太灵性最伟大的作品。……很难想象仅凭一人之力能够完成如此一部鸿篇巨著。……路易斯·金兹伯格作品的核心是2世纪到14世纪拉比文学中《塔木德》和"密得拉释"里可以找到的浩繁而纯粹的犹太传奇，而且并不局限于此，还包括犹太释经学、中世纪哲学、卡巴拉（包括后期卡巴拉）、哈西德主义、巴尔谢姆托夫（哈希德派创始人）的传奇，甚至在当时活着的犹太人中流行的传统，都被收录到文章的主体当中。……这部伟大作品的卓越之处在于它提供的两个探究的方向：一是将犹太传奇与东方的、希腊的、基督教会的、伊斯兰教的和流行传奇的视角进行比较；二是搜集和披露了不为人所知和被遗忘的犹太

① Louis Ginzberg, "The Rabbinical Student," in *Students, Scholars and Saints* (Philadelphia: Jewish Publication Society, 1928), 59.

② Avigdor Shinan, *The World of Aggadah* (Jerusalem: Hebrew University, 1990), 2.

传奇宝藏。”[①]

四、《犹太人传奇》的释经角度

路易斯·金兹伯格的七卷本巨著《犹太人传奇》的特色在于它包括两部分：一是四卷本的叙事(故事),主要运用“密得拉释”的资料(对圣经故事的充满想象力的复述、丰富和解释)讲述从上帝创世到波斯帝国时代的关于以色列诞生的传奇故事;二是三卷本的注释(准确地说是两本注释和一本索引),从学术的角度对叙事来源的注释。大卫·斯特恩(David Stern)在犹太出版协会 2003 年再版的《犹太人传奇》的前言介绍中说道:“该书有双重目的:首先,以一种可读、有趣的形式向美国读者展示丰富的犹太传奇(根据梅尔·苏兹伯格最初的委托);其次,以这次活动为由,从每一个可以追溯的来源收集传说,并分析和追踪它们的相似之处、影响和来源。这是三部作品中唯一一部对学术作出真正原创的重大贡献的作品。”[②]就此,我们可以归纳出《塔纳赫》的犹太传奇诠释的特点。

第一,传统的共同民族信仰被不断深化与强调。路易斯·金兹伯格认为,拉比们没有反映民间智慧和共有文化的概念。反之,民众以流行形式表达了博学的规范的拉比观念:“创造、以色列的拣选、《托拉》、先祖的德行、赏与罚,还有许多相似的问题,吸引了不只是犹太思想还有犹太想象力的注意。”[③]拉比和法利赛人民族的共识是通过一个确定的对圣书的教导和阐释体系来建立和强化共同的民族信仰。路易斯·金兹伯格在《犹太人传奇》中的选材、翻译和安排反映了他对犹太教的深刻理解和渊博的拉比文献知识,全书一以贯之反复强调的是上帝的美善——仁慈、同情、乐于饶恕。如果没有一位乐于饶恕的上帝,人类的悔改将毫无意义。《犹太人传奇》的开篇“世界的被造”就是关于这样一位无比慈爱善良的造物主的仁慈美善的创造故事。第一段谈及“起初,在天地被造的两千年之前,有七样东西已经被造”的最后一样是“还有一个声音大声喊着,‘归回吧,人子’”。[④] 上帝像一个老父亲翘首期盼在外的浪子,明明知道“人的罪性注定要漠视《托拉》的戒律”,他仍然不放弃希望,“很久之前就创造了悔改,让罪人有机会弥补他们的错误。此外,圣殿的祭祀会具有赎罪能力,天堂和地狱将会有赏善罚

---

① Bernhard Heller, “Ginzberg's Legends of the Jews,” *The Jewish Quarterly Review* 24 (July 1933), 53.

② Louis Ginzberg, *The Legends of the Jews* (Philadelphia: Jewish Publication Society, 2003), xxii.

③ Rebecca Schorsch, *The Making of a Legend: Louis Ginzberg's The Legends of the Jews*, 17.

④ Louis Ginzberg, *The Legends of the Jews*, 1.

恶的责任。最终,指定的救世主会带来救赎,这将终止所有的罪性”。[①]“因此,从万物的起初就彰显了上帝的美意,没有这份美意一切都将不会持续存在。”[②]所有的造物,无论大小,各司其职,都是为了彰显上帝的美意。“如果没有这份美意,无数的邪灵很快就会终结人的世代。上帝的美意设定了每年的尼散月,在春分的时候,撒拉弗会靠近灵界,恐吓它们,这样它们就害怕施害于人。再次,如果不是上帝的美意给予软弱的动物以保护,温驯的动物早早就会被野兽赶尽杀绝。在塔慕斯月,夏至的时候,当群兽的力量处于巅峰的时候,它的咆哮让所有听到的动物噤若寒蝉,一整年的时间都会夹紧尾巴,有所收敛。而且在提斯利月,秋分的时候,大鸟振翅高鸣,鹰隼秃鹫之类的猛禽听到了这个声音,会害怕俯冲而下贪婪地消灭猎物。同样,如果不是上帝的美意,那么多的大鱼会很快就会将小鱼吃干净。在冬至的时候,也就是提别月,大海会躁动,海怪会搅动海水,大鱼们也会不安,它们的食欲受到影响,小鱼们因此逃过一劫。”[③]“最后,上帝的美意彰显于保留他的以色列,如果上帝没有为它设立保护者——大天使米盖尔和加百列,它不会在外邦人的敌意中幸存下来。无论何时以色列不顺从上帝,被外邦的天使们控告行为不端,它的守护天使都会保护它,以至于其他的天使们都心存忌惮。一旦外邦的天使们都恐惧起来,这些国家自身也不会对以色列施以恶意。”[④]在故事的最后,“上帝的美意统治天地,毁灭天使被安置在它们无法生事的天的最远端,而慈悲天使则在上帝的命令下环绕在上帝的宝座周围[⑤]。”路易斯·金兹伯格选择通过神学的和哲学的分类来描绘创造的故事,上帝以善意统管天地,在创造之初上帝看一切都甚好,上帝将毁灭天使与慈悲天使分开,毁灭天使远在天边,慈悲天使环绕在上帝宝座周围,这反映了犹太观点——上帝,作为美善之源,不会和恶密切接触。字里行间,上帝的美善和怜悯不断被强调,这是犹太创造故事的主题,也是路易斯·金兹伯格编纂重写该故事的目的。

第二,犹太传奇更多的是挑战人的想象力和创造力,使《圣经》人物形象更加丰满,把历史事件的前因后果交代得更加清楚可信,在犹太传统和多文化的交锋中,用人类的想象力和创造力搭建起《圣经》文本和人类个体、群体间理解的桥梁。“‘密得拉释’的说教是一种有效的——甚至是最有说服力的——媒介,它解决了《圣经》叙事中的解释困难,使《圣经》对当代读者来说具有相关性和意义,

① Louis Ginzberg, *The Legends of the Jews*, 1.

② 同上。

③ 同上,1—2。

④ 同上,2。

⑤ 同上。

弥合了《圣经》看似奇怪的内容与读者认为它应该表达的意思之间的差距。”[1]以该隐和亚伯的故事(《创世记》4:1—16)为例,这是一个只有16节经文的短小故事,交代了该隐和亚伯的出生、冲突的缘由、凶杀过程、上帝对该隐的惩罚以及该隐的申诉。此段经文让人难以理解的地方是:同样都是献祭,为什么上帝会厚此薄彼?我们可以从经文中找出线索:“4:3 有一日,该隐拿地里的出产作为供物献给耶和华。4:4 亚伯也将他羊群中头生的和羊的脂油献上。耶和华看中了亚伯和他的供物。”从字面意思上看,他们所献的供物不同:该隐随意拿“地里的出产”,而亚伯献上的却是精挑细选的“羊群中头生的和羊的脂油”;因为献上供物的不同,反映出奉献者的动机不同(或者说他们是怎么看待上帝的)。接着,因上帝看中了亚伯和他的供物,该隐就“大大的发怒,变了脸色”(《创世记》4:5)。冲突一步步地升级,整个的凶杀过程只用了短短两句话描述:“该隐与他兄弟亚伯说话;二人正在田间。该隐起来打他兄弟亚伯,把他杀了。”(《创世记》4:8)案发现场是田间,两人为什么到了田间?正在做什么?二人说了些什么?亚伯是怎么死的?在读经的过程中人们不免会产生上述问题,这样的问题用犹太律法书哈拉哈的释经进路无法回答,但是《犹太人传奇》给出一个更加周详的故事,将事情的前因后果和人物的秉性动机交代得清楚明白。在《犹太人传奇》中,这段不足500字的故事被扩展为三部分(该隐的出生、兄弟相残和该隐的惩罚)近4000字的故事。毋庸置疑,这个故事的主要人物是该隐,要解释他为什么会成为人类历史上第一个谋杀犯。书中特别强调了该隐冥顽不灵,是后世一切对抗上帝、不虔不敬的人的先祖。

第三,作为“一部对学术作出真正原创的重大贡献的作品”[2],“直到今天,《犹太人传奇》仍然是犹太传奇唯一不可或缺的参考书。它是学生或学者学习后圣经时代的《圣经》情节及其来源的主线的第一本书。它也是寻找如下类似问题的第一个地方:亚伯拉罕是哪一天出生的?在我们的祖先中,谁被认为是和伊索一样?摩西的外貌如何?波提之的妻子叫什么?人们只需要参考索引,索引将提供该传奇的来源和所有版本的传奇和注释”[3]。而从路易斯·金兹伯格所使用的材料范围的广泛性和多样性,我们可以知道当时文化交流的盛况。他的注释“第一卷中对亚伯拉罕进行了描绘。认为世界的存在应归功于族长的功绩的观点源自巴勒斯坦;亚伯拉罕以巨大的个人牺牲离开乌尔是来自埃及文本;亚伯拉罕向埃及的智者证明他们的信仰是空虚的,是源于罗马文本;拉班、巴兰和亚

[1] Louis Ginzberg, *The Legends of the Jews*, xxi。

[2] 同上,xxii。

[3] 同上,xxiii。

伯拉罕的父亲,从亚伯拉罕为夏甲和以实玛利建造的城邑中得了他们的法术,是来自巴比伦文本。同样,路易斯·金兹伯格从第一个来源得出亚伯拉罕母亲的名字,从第二个来源得出亚伯拉罕被称为'上帝真正的朋友',从第三个来源得出真正信仰的发现,从第四个来源得出亚伯拉罕非凡的树的故事,从第五个来源得出撒拉不育的来源,从第六个来源得出夏甲的父母,等等。路易斯·金兹伯格参考的资料来源之多简直令人难以置信"①。此外,《犹太人传奇》的注释众多,内容丰富细致,几乎对正文中提到的所有说法进行了文献溯源和发展梳理。以第一章"世界的被造"的第一节"起初的造物"为例,注释中包括了《托拉》被认为是源于上帝的智慧,上帝从永恒的混沌中创造了世界,上帝的良善是创造的基本原则,以色列的守护天使,毁灭天使以及所有其他的邪恶与上帝之间的距离等。有些注释完全可以扩展成一篇学术论文。以毁灭天使以及所有其他的邪恶与上帝之间的距离这条注释为例:"在非常古老的来源里间接提到了毁灭天使以及所有其他的邪恶与上帝之间的距离。根本的观点在于作为善的原始来源的上帝不会与邪恶有密切的接触。这种观点与斐洛的教义有相关性,但不完全相同,斐洛的教义认为只有善从上帝发出。斐洛的主要功绩之一,就是把一种通俗的观念转变为哲学的观念。根据《以诺二书》18 章,堕落天使被发现在第二层天,即远离上帝的宝座。然而,要提请注意的事实是,在拉比来源中,毁灭天使不等同于堕落天使,如在《以诺书》,或者在伪经文献的某些地方,毁灭天使的任务是对恶人施加惩罚。在 PR 22,114a 中的陈述里,毁灭天使与其他天使不同,他们有'关节'。这是希望传达这样的观念,即他们不站在上帝的宝座前,也不像其他天使那样迅速履行他们的职责,而是慢慢地移动,从一个地方到另一个地方,就像人类通过'关节'移动一样。"②《犹太人传奇》对于理解犹太传奇的内容和来源的参考价值是毋庸置疑和无与伦比的,通过犹太传奇这座想象力和创造力搭建起的《圣经》文本和人类个体、群体间理解的桥梁,人们可以更好更深入地理解犹太经典所要传递的信息。

结　语

综上所述,"犹太传奇体现了犹太人鲜活的精神,事实上,它证明了这种鲜活精神的存在,即使犹太人在外国统治下过着流亡的生活,但它让他们的想象力自

① Louis Ginzberg, *The Legends of the Jews*, xviii.

② 同上,3。

由地漫游在古代的《塔纳赫》——《托拉》中，逃离当时悲惨的生存环境”[①]。路易斯·金兹伯格选择以民间传说的形式编撰“传奇密得拉释”，把这些民间传说的重构部分与重写《希伯来圣经》的形式编织在一起。七卷本的《犹太人传奇》就是重构的史诗加上对来源的注释。这些民间传说以大众喜闻乐见的讲故事的方式反复传讲讨论，在世世代代的犹太人当中广为流传，对犹太民族身份的建构、民族自豪感的熏陶、民族自信心的建立意义深远。

参考文献

1. Avigdor Shinan, *The World of Aggadah* (Jerusalem: Hebrew University, 1990).

2. Bernhard Heller, "Ginzberg's Legends of the Jews," *The Jewish Quarterly Review* 24 (July 1933).

3. E. Urbach Ephraim, *The Sages: Their Concepts and Beliefs* (Harvard University Press , 1987).

4. Eli Ginzberg, *Louis Ginzberg: Keeper of the Law* (Philadelphia: Jewish Publication Society, 1996).

5. Howard Schwartz, *Reimaginning the Bible: The Storytelling of the Rabbis* (Oxford University Press, 1998).

6. Ismar Schorsch, *From Text to Context: The Turn to History in Modem Judaism* (Hanover, London: Brandeis University Press, 1994).

7. Jacobs Irving, *The Midrashic Process: Tradition and Interpretation in Rabbinic Judaism* (Cambridge: Cambridge University Press, 1995).

8. Jacob Neusner, *Rabbinic Judaism* (Minneapolis: Fortress Press, 1995).

9. Louis Ginzberg, *Students, Scholars and Saints* (Philadelphia: Jewish Publication Society, 1928).

10. Louis Ginzberg, *On Jewish Law and Lore* (New York: Atheneum, 1970).

11. Louis Ginzberg, *The Legends of the Jews* (Philadelphia: Jewish Publication Society, 2003).

① Louis Ginzberg, *The Legends of the Jews*, xix.

12. *Midrash Rabba*: *Genesis*, trans. Harry Freedman (London: Soncino Press, 1939).

13. Rebecca Schorsch, *The Making of a Legend*: *Louis Ginzberg's The Legends of the Jews* (PhD diss. Chicago, Illinoise, 2003).

14. Sara E. Karesh, *Encyclopedia of Judaism* (New York: Facts on File, 2006).

15. Shmuel Safrai, *The Literature of the Sages* (Minneapolis: Fortress Press, 1987).

Aggadic Exegetical Approach to *Tanach*: Louis Ginzberg's *The Legends of the Jews* as an Example

BAI Yingqian

Abstract: The "legendary Midrash", one of the two major branches of the Midrash, not only uses imagination to bridge the gap between biblical texts and human understanding, but also expresses and deepens the rabbinic idea of erudite norms in a popular form, and the high degree of coherence and consistency in its development is not only a crystallization of the collective wisdom of the Jewish people, but also a testament to their progressive spirit. National Romanticism at the end of the 19th century gave rise to the study of folklore as an academic discipline, and folklore is closely related to the construction of national identity. As a representative of the third generation of Eastern European Jews (born in the 1870s and 1880s), Louis Ginzberg worked at the turn of the nineteenth and twentieth centuries to preserve and perpetuate Jewish history by editing and canonizing it. His seven-volume masterpiece, *The Legend of the Jews*, translated the traditional Jewish literary form of "legendary Midrash" into an anthology connecting Jewish and universal culture to build and strengthen a common Jewish national faith and identity. This paper mainly includes four parts: a review of the Jewish legends, an overview of Louis Ginzberg, *The Legends of the Jews*, and exegetical perspective of *The Legends of the Jews*.

Key Words: *Tanach*, Midrash, *The Legends of the Jews*, Exegetical Approach

从"上帝显现"到"互渗相寓"

——莫尔特曼对犹太舍金纳概念的挪用*

李　聪**

【摘要】舍金纳的原意强调"上帝显现"以及与犹太人的同在，莫尔特曼挪用舍金纳于基督教神学，肇因于他回应欣茨的批判并受到罗森茨维格"舍金纳的流浪"之观念的启发。他对犹太舍金纳概念的挪用，可以概括为从"上帝显现"到"互渗相寓"。"互渗相寓"扩展了"上帝显现"的范围，从犹太人扩展到了教会、万国甚至整个宇宙，将舍金纳挪用至三一论框架下的圣灵论，用圣灵论更好地论证了上帝与这个世界既超越又内在的"互渗相寓"关系。"互渗相寓"还丰富了舍金纳原意的关系维度，基于三一上帝自身的互渗相寓而扩展至上帝与世界、人与自身、人与他人及人类社群、人与自然等多维度的、更为丰富的互动关系。"互渗相寓"所呈现的上述多维关系，莫尔特曼是将犹太舍金纳概念从基于"同情共感"的"上帝显现"，落实为借着基督道成肉身所成就的"在基督里"双重居住之"互渗相寓"。对舍金纳的这一挪用，补足了莫尔特曼在《盼望神学》中仅仅强调上帝的未来而忽视当下同在的缺憾，为犹太—基督教对话提供了共同的概念基础，莫尔特曼也正是因吸纳了犹太舍金纳思想而发展出生态神学等丰硕的神学成果。

【关键词】舍金纳；莫尔特曼；上帝显现；互渗相寓

莫尔特曼(Jürgen Moltmann)是当代闻名遐迩的德国新教神学家，但他的

* 本文系教育部人文社会科学重点研究基地重大项目"犹太教和早期基督教'文本、思想和社群'的分离研究"(22JJD730001)阶段性成果。

** 李聪，山东大学犹太教与跨宗教研究中心2020级博士研究生。

著作一贯坚持融新教、天主教、东正教为一体的普世主义方法。[1] 不仅如此,他还是一位亲犹太的思想家,将犹太人看成是和基督徒在同一条路上的同伴,投入许多精力去研读犹太经典及学者的著作,着力从犹太传统中吸取养分。他明确表示自己深受犹太思想的影响[2],并强调犹太教神秘主义传统中的舍金纳等概念对基督教思想将发挥不可估量的影响,因而主张在犹太—基督教的公开对话中接受这些概念。[3] 他不仅研究犹太思想,还亲身参与到犹太教与基督教对话的实践当中,认为在战后的德国中犹太人与基督徒的对话是一份宝贵的礼物。[4]

莫尔特曼坚持在对话中建构自己的思想,除了践行基督教思想内部的普世主义路线外,还投身于基督教与犹太教思想、马克思主义、人类学、心理学、自然科学等跨领域的对话。但相比其他领域的对话而言,学界尚不够重视他所倾心投入的犹太—基督教对话。学界一般对他的基督教终末论的内涵关注较多,但甚少探究其犹太根源,仅有一篇 2003 年的英文学位论文专门研究莫尔特曼的舍金纳观念。[5] 这篇论文重点考查了莫尔特曼运用舍金纳概念作为解决上帝内在和超越这一经典问题的方法,但没有分析舍金纳和“互渗相寓”的关联,更未涉及莫尔特曼如何将舍金纳挪用至“互渗相寓”。另有一篇未见正式出版但经一家期刊网站于 2012 年发布的论文[6],该论文以莫尔特曼三位一体神学中舍金纳传统为主题,将“互渗相寓”与舍金纳作为莫尔特曼思想的两条独立线索,而未探究这两个概念之间的联系。此外未见到以此为专题的论著,只是在研究莫尔特曼其他思想的论著中,偶有关于莫尔特曼对舍金纳概念的简要介绍,但没有讨论舍金纳和“互渗相寓”之间的关系。[7] 莫尔特曼以“终末即开始”的原则构建了基督教

---

① 参见 Jürgen Moltmann 莫尔特曼,《创造中的上帝》[God in Creation],隗仁莲 Kui Renlian 译(北京[Beijing]:生活·读书·新知三联书店[SDX Joint Publishing Company],2002),3。

② 参见 Jürgen Moltmann 莫尔特曼,《来临中的上帝》[The Coming of God],曾念粤 TSENG Nien Yueh 译(上海[Shanghai]:上海三联书店[Shanghai SDX Joint Publishing Company],2006),3。

③ 参见莫尔特曼,《创造中的上帝》,4。

④ 参见 Jürgen Moltmann 莫尔特曼,《当代的基督》[Jesus Christ for Today's World],曾念粤 TSENG Nien Yueh 译(台北[Taipei]:雅歌出版社[Christian Arts Press],1998),108。

⑤ 参见 Alan J. Johnson, *Shekinah: The Indwelling of God in the Theology of Jürgen Moltmann* (Minnesota: Luther Seminary St. Paul, 2003)。

⑥ 参见 Adam T. Arn, *A Mystical Thread: The Shekinah Traditon in the Trinitarian Theology of Jürgen Moltmann* (Abbotsford: Clarion Journal, 2012)。

⑦ 参见 T. David Beck, *The Holy Spirit and the Renewal of All Things: Pneumatology in Paul and Jürgen Moltmann* (Cambridge: The Lutterworth Press, 2007), 209-210。另参见郭郁 Guo Yu,〈莫尔特曼的“空间”概念及其环境意义〉[On Moltmann's Concept of "Space" and Its Environmental Significance],于《科学技术哲学研究》[Studies in Philosophy of Science and Technology],2013 年第 1 期[2013, Issue 1],108。

终末论,并且认为基督教终末论的根源在安息日和舍金纳的神学中。[①] 可见莫尔特曼对舍金纳概念极为重视,为了弥补舍金纳与“互渗相寓”相关性研究的缺失,本文拟从莫尔特曼的论著出发,结合以上相关研究展开探究,以厘清莫尔特曼如何将舍金纳“上帝显现”的犹太原意挪用至“互渗相寓”概念,加深对莫尔特曼思想的认识程度,并拓展犹太—基督教的对话视域。

一、舍金纳在犹太教中的原意

舍金纳,是希伯来文 Shekhinah[②] 的中文音译。舍金纳的本意是“住所”[③],引申为“上帝显现”[④],即上帝在此世的临在、内在性或者停留[⑤]。

在《希伯来圣经》中,舍金纳所描绘的是上帝与他的子民同住,与以色列一同漂流旷野,临在于会幕以及锡安圣殿之中,是上帝的临在。[⑥] 譬如,在出埃及事件中,舍金纳呈现为上帝借着云柱和火柱向以色列人显现,引领他们出埃及,“日间,耶和华在云柱中领他们的路;夜间,在火柱中光照他们,使他们日夜都可以行走。日间云柱,夜间火柱,总不离开百姓的面前”(《出埃及记》13:21—22)。在旷野停留期间,上帝则临在于会幕,与以色列人同住,“这要在耶和华面前、会幕门口,作你们世世代代常献的燔祭。我要在那里与你们相会,和你们说话。我要在那里与以色列人相会,会幕就要因我的荣耀成为圣。我要使会幕和坛成圣,也要使亚伦和他的儿子成圣,给我供祭司的职分。我要住在以色列人中间,作他们的神”(《出埃及记》29:42—45)。当以色列人进入迦南地,所罗门王建立圣殿,上帝又应许临在于这圣殿之中,“所罗门建造耶和华殿和王宫,并一切所愿意建造的都完毕了,耶和华就二次向所罗门显现,如先前在基遍向他显现一样,对他说:‘你向我所祷告祈求的,我都应允了。我已将你所建的这殿分别为圣,使我的名永远在其中,我的眼、我的心也必常在那里’”(《列王纪上》9:1—3)。自1世纪

---

① 参见莫尔特曼,《来临中的上帝》,258。

② Shekhinah 在英文文献中也有 Shekinah、Shechina、Shechinah 等不同的拼写法。

③ 周燮藩 Zhou Xiefan、刘精忠 Liu Jingzhong,《犹太教概论》[An Introduction to Judaism](北京[Beijing]:中国社会科学出版社[China Social Sciences Press],2012),470。

④ 刘精忠 Liu Jingzhong,《犹太神秘主义概论》[A Guide to Jewish Mysticism](北京[Beijing]:中国社会科学出版社[China Social Sciences Press],2015),248。

⑤ 参见 G. G. Scholem 索伦,《犹太教神秘主义主流》[Major Trends in Jewish Mysticism],涂笑非 Tu Xiaofei 译(成都[Chengdu]:四川人民出版社[Sichuan People's Publishing House],2000),53。

⑥ 参见周燮藩、刘精忠,《犹太教概论》,471。

起，犹太拉比开始以舍金纳来描绘上帝与他子民的同在。[1] 在喀巴拉传统中，舍金纳是上帝在造物中的在场或内在性，因此人能借此最深地认识自我，并体会上帝的在场[2]，这正如陈影所理解的，舍金纳"在彰显上帝属性的同时，关联着人类的属世生活"[3]。

值得注意的是，舍金纳在《佐哈尔》中有两层象征意涵。其一，舍金纳处于被流放的状态。舍金纳所创造和流溢的世界，因亚当堕落犯罪而失去了原有的和谐统一圆满的状态，上帝的本体与上帝的显现出现了隔离，这一不完美的存在状态被理解为舍金纳的一种"流放"状态。[4] 其二，舍金纳向一种阴性的女性化的方向发展。舍金纳的希伯来文 Shekhinah 是阴性名词[5]，《佐哈尔》将舍金纳描绘成被流放的、哭泣的、女性化的形象，即舍金纳以完全女性的形象出现，这一形象最终与流离四散的犹太民众等同起来，并赋予犹太人散居生活以宗教意义。[6] 舍金纳以上的象征意义尤其是舍金纳的流放图景，与罗森茨维格（Franz Rosenzweig）"舍金纳的流浪"之阐释是一脉相承的，这对莫尔特曼关于舍金纳的理解也产生了影响，具体影响将在后文进行阐述。

二、莫尔特曼挪用犹太舍金纳概念的缘由

莫尔特曼挪用舍金纳概念的原因在于回应欣茨（Christoph Hinz）的批判，并受到罗森茨维格的启发。

莫尔特曼在 1964 年出版《盼望神学》后，引起了关注，同时也面对一些批评的声音，其中特别引起他关注的批判是来自东德的神学家欣茨。欣茨在 1967 年写信提醒莫尔特曼，不要忘记上帝是《出埃及记》中在云柱和火柱中与以色列人同在的上帝。[7] 莫尔特曼认为欣茨的批判非常中肯，因而开始寻找合适的神学概念来补足上帝当下临在的缺憾，他如此表达这一缺憾："如果我们不只是从应

---

① 参见林鸿信 Lin Hong-Hsin，《圣神论》[Pneumatology]（台北[Taipei]：礼记出版社[Li Ji Press]，1997），167。

② 参见索伦，《犹太教神秘主义主流》，208。

③ 陈影 Chen Ying，〈神圣暴力、纯粹语言、舍金那：本雅明的正义观与犹太传统〉[Divine Violence, Pure Language, Shekhinah: Benjamin's View of Justice and Jewish Tradition]，于《外国文学评论》[Foreign Literature Review]，2021 年第 3 期[2021, Issue 3]，84。

④ 参见刘精忠，《犹太神秘主义概论》，124。

⑤ 参见林鸿信，《圣神论》，167。

⑥ 参见刘精忠，《犹太神秘主义概论》，125。

⑦ 参见洪亮 Hong Liang，《巴特与莫特曼管窥》[Six Studies in the Theology of Karl Barth and Jürgen Moltmann]（香港[Hong Kong]：德慧文化[Virtue and Wisdom Link Press]），108。

许的话语看上帝应许的未来,而是把目光转向相反的方向,从这个未来到现在,我们发现的不仅仅是上帝应许的话语。"[①]这就表明莫尔特曼从欣茨的评论中认识到,上帝不仅是应许之神,也是当下之神,是从未来的应许给当下带来希望的、与人同在的上帝。莫尔特曼明言:"为此,从 1972 年开始,我接受了犹太人对舍金纳的看法。圣约对以色列的应许的一部分是内住的应许。"[②]由此可见,莫尔特曼在欣茨的提醒之后,时隔五年,在 1972 年发现并接受了犹太神秘主义中的舍金纳概念。

莫尔特曼对舍金纳概念的理解,受到罗森茨维格的启发。莫尔特曼坦言,"在基督教与犹太教对话方面,透过我与拉丕(Pincha Lapide)的会遇,也透过研究罗森茨维格与秀乐姆(Gershom Scholem)的作品,我逐渐卷入其中"[③]。这说明莫尔特曼之所以能进入与犹太教的对话,是因为对罗森茨维格等人著作的研究。莫尔特曼在论及《来临中的上帝》一书的目标即上帝终末的舍金纳时,认为犹太思想对自己有很大的影响,并写道:"为此,我提出布洛赫和罗森茨维格的大名,以示感谢。"[④]前者对他的终末思想有激发作用,而后者则启发了他对舍金纳概念的理解。莫尔特曼认为舍金纳概念有助于理解上帝在创造物中的自我分化,并特别引述了罗森茨维格《救赎之星》中"舍金纳的流浪"之段落[⑤]:

> 舍金纳,即降临于人间并逗留于人们之间的上帝,被描述成上帝自身内发生的分裂。上帝自身从自身分离,把自己献给他的人民,分担他们的痛苦,和他们一起经历流放的苦难,和他们一起流浪。[⑥]

基于罗森茨维格这一论述,莫尔特曼认为舍金纳是指上帝在以色列人当中居住,甚至在以色列人遭遇流放之苦时,仍然与他们同在。[⑦] 这就说明,舍金纳不仅是以色列人出埃及时期云柱和火柱的上帝同在,也表明舍金纳随着犹太人一起被掳巴比伦,上帝是他的子民在被流放中同受苦难的忠实同伴。

---

① Jürgen Moltmann, *A Broad Place: An Autobiography* (Minneapolis: Fortress Press, 2007), 71.

② 同上。

③ Jürgen Moltmann 莫尔特曼,《耶稣基督:我们的兄弟,世界的救主》[Jesus Christ: Our Brother, Savior of the World],林鸿信 Lin Hong-Hsin 译(台北[Taipei]:台湾神学院出版社[Taiwan Theological College and Semniary Press],2009),124。

④ 莫尔特曼,《来临中的上帝》,3。

⑤ 莫尔特曼,《创造中的上帝》,25。

⑥ Franz Rosenzweig 弗朗茨·罗森茨维格,《救赎之星》[The Star of Redemption],孙增霖 Sun Zenglin、傅有德 Fu Youde 译(济南[Jinan]:山东大学出版社[Shandong University Press],2013),373。

⑦ 参见莫尔特曼,《耶稣基督:我们的兄弟,世界的救主》,133。

概言之,莫尔特曼正是在回应欣茨的批判并受到罗森茨维格的启发时,才发现并接受了舍金纳的概念,从而补足了他在《盼望神学》中仅仅强调上帝的未来而忽视当下同在的缺憾。

三、从“上帝显现”到“互渗相寓”

莫尔特曼对犹太舍金纳概念的挪用,可以概括为从“上帝显现”到“互渗相寓”(perichoresis)。“互渗相寓”是希腊教父在阐释社会三一论时所使用的重要概念,莫尔特曼对此概念进行了详细的考查,认为“纳西昂的格列高利(Gregor von Nazianz)可能是第一位将这个字眼用在神学上的人,大马士革的约翰(Johannes Damaszenus)使它成为基督论的主要概念,后来也将它运用在他的三一教义中”[①]。莫尔特曼正是用“互渗相寓”概念扩展了舍金纳的犹太原意“上帝显现”之范围,丰富了其关系维度,并落实了其具体方式。

(一)“互渗相寓”扩展了“上帝显现”的范围

如上文所述,舍金纳的犹太原意是“上帝显现”。犹太人在使用舍金纳这个词时,完全指向上帝与以色列人的同在。而莫尔特曼把舍金纳所指“上帝显现”的范围扩展至上帝与教会、各国甚至自然界的同在。这正如艾伦·约翰逊(Alan J. Johnson)所指出的,“莫尔特曼自由地和互换地使用这个术语(舍金纳)来表示上帝在教会中、在各国之间和在自然界中的临在”[②],但约翰逊未展开论述莫尔特曼如何把舍金纳应用于这些方面。根据莫尔特曼所说的“圣灵的体验就是舍金纳的体验”[③]可以得知,莫尔特曼是把舍金纳和圣灵论关联起来,或者说是将舍金纳扩展至圣灵论,从圣灵临在于教会、万国和自然界来论述上帝与世界的“互渗相寓”关系。

圣灵临在于教会。耶稣复活升天之前应许门徒说:“我要求父,父就另外赐给你们一位保惠师,叫他永远与你们同在”(《约翰福音》14:16),“但保惠师,就是父因我的名所要差来的圣灵,他要将一切的事指教你们,并且要叫你们想起我对你们所说的一切话”(《约翰福音》14:26),即耶稣给他的门徒留下应许,天父上帝会因他的名赐下圣灵与他们同在。上帝在世界的内居,是通过复活基督的形式,

---

① Jürgen Moltmann 莫尔特曼,《神学思想的经验》[Experiences in Theology],曾念粤 Tseng Nien Yueh 译(香港[Hong Kong]:道风书社[Logos and Pneuma Press],2012),342—343。

② Alan J. Johnson, *Shekinah*: *The Indwelling of God in the Theology of Jürgen Moltmann* (Minnesota: Luther Seminary St. Paul,2003), 144.

③ Jürgen Moltmann, *God in Creation* : *An Ecological Doctrine of Creation* (London: SCM Press, 1985), 96.

通过圣灵的临在来期待在终末时新创造中的舍金纳。[①] 圣灵在五旬节的降临，使得门徒及其所构成的教会成为圣灵的殿，这就清楚反映了舍金纳神学。[②] 在莫尔特曼看来，保罗使用圣殿的比喻来表达教会是基督的身体时，就是将舍金纳和圣灵联系起来。[③] 因此，圣灵的临在不仅限于犹太人，还降临于教会，这也是舍金纳神学的反映。

圣灵还临在于万国当中。在莫尔特曼看来，圣灵预示在终末时上帝将充满整个世界。[④] 五旬节圣灵降临时，门徒"就都被圣灵充满，按着圣灵所赐的口才说起别国的话来"(《使徒行传》2:4)，即门徒被圣灵充满的结果之一是说起多国多族的方言，这预示着圣灵不仅临在于犹太人，也将与非犹太人同在。莫尔特曼特别强调上帝国："我们真正盼望的是什么？我们盼望上帝国"[⑤]，"圣灵之内居乃是上帝荣耀之终末内居的预尝"[⑥]。就是说上帝国不仅包括以色列，还含括各国各族，在终末时一切都会被更新，成为新的创造，三一上帝内住并充满整个寰球。

不仅如此，圣灵内在于自然界之中。在莫尔特曼看来，"居住在以色列并与以色列一起流亡的舍金纳的真实情况，也同样适用于造物主在其创造中的舍金纳"[⑦]，即舍金纳不仅表明上帝与他的子民以色列、教会同住，还显明上帝与他们一起住在上帝所钟爱的造物中间，居住在这个地球与自然界之中。当圣灵降临并居住在劳苦叹息的受造物中时，圣灵也和万物一同叹息，等候得赎的日子。

圣灵临在于自然界，突出地体现于莫尔特曼的宇宙圣灵论。在他看来，"圣灵上帝也是宇宙的圣灵"[⑧]，"通过圣灵的活力与潜能，创造主亲自出现在他的创造物中。他不仅以他的超验性面对创造物；他还由于进入创造物而内在于其中"[⑨]，这就表明圣灵与宇宙(自然界)之间是既超越又内在的"互渗相寓"关系。

---

① 参见 Alan J. Johnson, Shekinah: The Indwelling of God in The Theology of Jürgen Moltmann, 152。

② 同上，156。

③ 参见 Jürgen Moltmann, *The Spirit of Life*: *A Universal Affiermation* (London: SCM Press, 1992), 51。

④ 参见 Alan J. Johnson, *Shekinah*: *The Indwelling of God in the Theology of Jürgen Moltmann*, 156。

⑤ 莫尔特曼,《来临中的上帝》,6。

⑥ Jürgen Moltmann 莫尔特曼,《三一与上帝国》[Trinity and the Kingdom],周伟驰 Zhou Weichi 译(香港[Hong Kong]:道风书社[Logos and Pneuma Press],2007),287。

⑦ Jürgen Moltmann, *God in Creation* : *An Ecological Doctrine of Creation*, 97.

⑧ 同上,16。

⑨ 莫尔特曼,《创造中的上帝》,17—18。

这一关系呈现为两方面：一方面，圣灵“以他的超验性面对创造物”，这表明圣灵并不等同或淹没于大自然，而是超越于大自然；另一方面，圣灵“进入创造物而内在于其中”，这又说明圣灵并不与大自然分离，而是内在于大自然。换言之，圣灵与大自然这种既超越又内在的关系，正是一种既有本质区别又密切关联的“互渗相寓”的共同体关系。宇宙圣灵的论述容易走向淡化圣灵位格的危险境地，但莫尔特曼受到加尔文的启发而认识到，三一论将宇宙圣灵论与泛神论作出了区分。莫尔特曼指出加尔文的“宇宙圣灵学说不同于斯多葛派泛神论的地方，在于基督教三位一体论”①，加尔文的宇宙圣灵论虽认为圣灵内在于宇宙，但圣灵并不淹没于宇宙中，因此宇宙并非神圣；而斯多葛派泛神论则认为世界灵魂居住在一个宇宙肉体中，宇宙因而是神圣的。两者的不同就在于三一论，三一论主张上帝既内在于宇宙，又不同于宇宙。而泛神论只强调上帝与宇宙的内在性，认为宇宙是神圣的，但没有注意到上帝超越于宇宙的一面。因此，莫尔特曼是在三一论框架下充分呈现出圣灵，即圣灵既内在于、渗透于并规定着宇宙的连贯性，又不淹没于宇宙，而是内在于世界的同时又超越世界。

圣灵内在于大自然，还体现在莫尔特曼关于非人类生命的阐述。在他看来，圣灵是“生命之源”②，赐予并爱护生命，不仅爱惜人类生命，也护佑非人类生命。他在解释《创世记》所记载的挪亚之约时，明确指出上帝与一切活物立约，这活物虽然首要的是人类生命，但“也包括了所有一般的活物——植物、树木和动物”③，也就是含括动物、植物等非人类生命。莫尔特曼还强调，圣灵“更新地球的面貌”④，在“自然、植物、动物和地球的生态系统中”⑤，可见圣灵的工作不仅限于人类生命，还在动植物等非人类生命中工作，在自然界中运行。

由此可见，莫尔特曼将舍金纳原意所指向的“上帝显现”范围，从犹太人扩展到了教会、万国甚至整个宇宙，将舍金纳挪用至三一论框架下的圣灵论，用圣灵论更好地论证了上帝与这个世界既超越又内在的“互渗相寓”关系。而“互渗相寓”对于“上帝显现”的拓展，不仅体现为借由圣灵论而扩展了“上帝显现”的范围，还丰富了其原来的关系维度。

（二）“互渗相寓”丰富了“上帝显现”的关系维度

舍金纳的犹太教原意“上帝显现”，即上帝与以色列人同在，与犹太经典《密

---

① 莫尔特曼，《创造中的上帝》，21。

② Jürgen Moltmann, *The Source of Life: The Holy Spirit and the Theology of Life* (London: SCM Press, 1997), 10.

③ 同上，12。

④ Jürgen Moltmann, *The Spirit of Life: A Universal Affirmation*, 8.

⑤ 同上，9。

德拉什》(*Midrasch*)所记载的犹太拉比对上帝与世界之间关系的论述有关。拉比认为"主是他的世界之居所,但主的世界不是他的居所"①,因此,舍金纳只是上帝与世界的单向度关系。

莫尔特曼并未停留于此一单向度的"上帝显现"维度,而是将舍金纳的内涵扩展至三位一体教义,特别是东方教父所阐释并为东正教所承继的社会三一论之关键概念"互渗相寓"。"互渗相寓"有两方面的含义,其一是互相渗透,其二是相互寓居,东方教父将这一概念用于描绘三一上帝三个位格之间的关系。莫尔特曼对这两方面的含义如此论述:"不同事物的统一性和区别性可以透过交互渗透的概念来加以掌握:上帝和人、天和地、人和自然、灵性和感性。紧接着的互相内住的思想表达出舍金纳的神学。"②可见,莫尔特曼认为"互渗相寓"的概念包括了舍金纳的互相内住,此外还有犹太舍金纳概念所未能涵盖的交互渗透的思想,即将不同事物的统一性和区别性有机结合在一起的观念。莫尔特曼充分采纳并发展了"互渗相寓"这一概念,对三一上帝三个位格之间的关系进行阐释,并基于三一上帝内部"互渗相寓"的关系进一步论述了上帝与世界之间的"互渗相寓"关系。

莫尔特曼对三一上帝内部的"互渗相寓"关系进行了阐述。在他看来,即便在终末的安息时,上帝仍将是三位一体的上帝,三个位格之间相互内住,是"互渗相寓"的合一关系。③ 圣父、圣子、圣灵彼此寓居,为彼此提供空间,是彼此的生存空间。这种"互渗相寓"的关系,犹如一块烧红的有火焰的铁块,铁块与火融为一体,但铁仍是铁,火仍是火,两者分不开,彼此独立却相互渗透。

"互渗相寓"的概念使得三一论避免成为"三神论"。三神论是指将三一上帝的三个位格理解成三个不同的个体。在"互渗相寓"的关系里,"那分开他们的也是联结他们的"④,就是说圣父、圣子、圣灵的位格特征是彼此区分的,但却彼此寓居,相互交流。"互渗相寓"也使得三一论避免经过形相论而成为独一神论。形相论把三一上帝错误地理解为独一上帝的三种不同的存在形态或三次重复,因而最终会演变成独一神论。"互渗相寓"的概念"以一种杰出的方式将三性与一性联结了起来,而又没有将三性化约为一性,或将一性消融在三性里"⑤。莫尔特曼这里所说的"一性"指的是三一位格的统一性,"三性"指的是上帝的三个

① *Midrash Rabbah Genesis* 2, trans. Rabbi Dr. Freedman (London: Soncino Press, 1939), 621.

② 莫尔特曼,《来临中的上帝》,261。

③ 参见 Alan J. Johnson, *Shekinah: The Indwelling of God in The Theology of Jürgen Moltmann*, 156-157。

④ 莫尔特曼,《三一与上帝国》,239。

⑤ 同上。

位格，即圣父、圣子、圣灵。“一性”是三一位格在自己神圣生命的循环里形成的，在三一位格彼此的关系里成就的，因而不能用神圣实体的普遍概念来理解。“三性”的差异在于三个位格的“互渗相寓”的生命过程，因而三个位格必然不能化约成同一神圣主体的三种存在样式。

“互渗相寓”的概念也使得三一教义避免成为次位论。次位论会把三个位格中的圣父高举过于其他位格，形成圣父的专权。但莫尔特曼认为圣父的专权只限于从三一的构成之角度来理解，而不适用于三一上帝“互渗相寓”的合一。圣父、圣子、圣灵是平等的关系，其中任何一个位格（包括圣父）并不高于其他位格，而是每个位格通过其他位格而生活、显现。

基于以上对三一上帝内部“互渗相寓”关系的阐述，莫尔特曼进一步论述了上帝与世界之间的“互渗相寓”关系。在他看来，“互渗相寓”的关系不仅限于三一位格内部，他还将其拓展至三一上帝与世界的关系。莫尔特曼从詹默《空间的问题》转引《密德拉什》中所讨论的一个问题——“上帝是世界的空间，还是世界是他的空间”，拉比的回答是“上帝是世界的居所，而世界并非上帝的居所”；莫尔特曼却给出了不同的答案，他认为上帝是世界的住所，世界也是上帝的家。[1] 就是说，莫尔特曼将三一位格的相互寓居的关系延伸至上帝与世界的关系，不仅世界在上帝那里找到居所，上帝也寓居在世界中，上帝与世界之间也呈现出“互渗相寓”的关系，对此他是如此论述的：

> 世界在上帝里和上帝在世界里的交互内住产生了。世界既不需要像泛神论所说的，消融在上帝里，而上帝也不需要像无神论所宣称的消失在世界里。上帝还是上帝，世界还是受造。透过他们交互的内住，他们仍然没有混杂也没有分开，因为上帝以上帝的方式住在创造里，而世界以世界的样子住在上帝里。[2]

上述引文中的“交互内住”体现出上帝与世界“互渗相寓”的关系，而这种关系并不会导致上帝与世界的混淆，上帝和世界各自保持自己的身份，上帝仍是创造者，世界还是受造物，两者的身份不会混杂，但也并非分离的关系，而是以各自的方式寓居于彼此之中：上帝“以上帝的方式”内居于世界，世界“以世界的样子”寓居在上帝之内。而上帝在世界的寓居，就是舍金纳，是上帝在自身内作出自我限制，从自身退回，腾出一个空间，让受造物得以在空间内被造并存活，这一空间是上帝退回自身而产生的空间，因而此空间并非在上帝之外，受造物得以在其中

---

① 莫尔特曼，《来临中的上帝》，281。

② 同上，289。

活在上帝的面前。在终末时,上帝伸展自身而充满这个空间,通过和宇宙的"互渗相寓",而使得宇宙成为上帝永恒的家,这就意味着世界得到救赎,这就是宇宙性的舍金纳。由此可见,莫尔特曼并未局限于舍金纳"上帝显现"所呈现出上帝与世界的单向关系,而是将其挪用于论证上帝与世界"互渗相寓"的双向互动关系。正如大卫·贝克(T. David Beck)所指出的,在莫尔特曼的思想中,有两个理解上帝与世界既超越又内在之关系的关键概念,一个是三一论中的"互渗相寓"概念,另一个是舍金纳教义。[①] 但他并未分析两个概念之间的关联。如果从大卫·贝克对于这两个概念论述的顺序来看,他先论述了三一论的"互渗相寓",之后才分析舍金纳教义,并且认为"圣灵的虚己是舍金纳的基础"[②],这说明三一论的"互渗相寓"概念可以比较清晰地体现上帝与世界之间双向的互动关系。

"互渗相寓"不仅将"上帝显现"所呈现出的上帝与世界之单向关系扩展至"互渗相寓"的双向互动关系,更为细致地来看,还扩展到了人与自身的关系、人与他人以及人类社群的关系、人与自然界的关系。正如亚当·阿恩(Adam T. Arn)所指出的,"互渗相寓"描述了圣父、圣子、圣灵所形成的内在分化之统一体,三一上帝在基督论上的统一和在基督里对人的救赎,圣灵在被救赎的人类和整个教会团体中圣灵论式的内住。[③] 亚当·阿恩虽然观察到"互渗相寓"的概念不仅适用于描述三一上帝自身的关系,还可以推论至上帝与人的关系,但他并未注意到"互渗相寓"的关系还可继续扩展至人与自身的关系、人与他人以及人类社群的关系、人与自然界的关系。因而,有必要对这些维度展开论述。

在人与自身的关系方面,莫尔特曼强调人自身的整全性。他批判灵魂高于身体的观念,认为以奥古斯丁为代表的西方教会传统因高举灵魂而割裂了人的整全性。在他看来,《圣经》的创世特别是造人的记载无法证实灵魂的优先性,反而宣称人是上帝的形象,是指人的身体、灵魂所构成的整个存在,都是上帝在地上的形象。在对终末的盼望中,在"我信身体复活"的盼望中,身体和灵魂相互寓居,并在圣灵的引导下成为一个共同体,并不存在灵魂支配身体的可能性。[④] 圣灵使得人的身体与灵魂结合为一,无论男人还是女人,都自由地成为真正的、完整的人。[⑤]

---

① 参见 T. David Beck, *The Holy Spirit and the Renewal of All Things: Pneumatology in Paul and Jürgen Moltmann* (Cambridge: The Lutterworth Press, 2007), 209-210。

② 同上,210。

③ 参见 Adam T. Arn, *A Mystical Thread: The Shekinah Traditon in the Trinitarian Theology of Jürgen Moltmann*, 9-11。

④ 参见莫尔特曼,《创造中的上帝》,327。

⑤ 同上,27—28。

在人与他人以及人类社群的关系方面，莫尔特曼强调人类的团结，提出要发展社会的个人主义或个人的社会主义。三一上帝自身的统一性，就是圣父、圣子、圣灵的“互渗相寓”的合一性，此合一性对应于由圣灵通过爱而联合起来的基督的共同体的经验，在教会的团体里弟兄姐妹们经历到上帝是爱，因而他们互相接纳。在人类社群中与此对应的是人与人之间的团结，“圣灵的经历将犹太人和外邦人、希腊人和蛮族、男人和女人、老人和孩童联系成平等和自由的团契”[①]，就是说人们互相接纳，人与他人之间的关系不再是是特权林立或低人一等，而是越来越平等、自由，形成团结的共同体。[②] 莫尔特曼主张，要改变个人的人权和社会的权利一分为二的现状，将两者聚合起来，东西方教会应就三一论展开普世合一的对话，发挥三一论的实质性作用，向着构建一个真正“人性的”社会而努力。[③]

在人与自然的关系方面，莫尔特曼认为人与自然要形成和解的生命共同体关系。如同圣灵寄居在人的里面，人类也寄居在自然当中，人与自然的关系应当从紧张的状态转变为和谐共生的关系。[④] 正如三一上帝自身是“互渗相寓”的，上帝和创造物也是如此，这种关系并不是支配与统治的关系，而是彼此共契的关系，因此人和自然也不应该是支配的关系，而应该成为彼此契合的共同体。

概括而言，莫尔特曼通过“互渗相寓”丰富了舍金纳原意“上帝显现”的单向维度，基于三一上帝自身的“互渗相寓”而扩展至上帝与世界、人与自身、人与他人及人类社群、人与自然等多维度的、更为丰富的互动关系。但“互渗相寓”所呈现的上述多维关系，需要以具体的方式加以落实，因而有待下面进一步探析。

（三）“互渗相寓”落实了“上帝显现”的具体方式

舍金纳在犹太教原意中的“上帝显现”是基于上帝对人的“同情共感”(pathos)[⑤]。关于上帝的“同情共感”，除上文所述罗森茨威格“舍金纳的流浪”可以体现这一点之外，赫舍尔(Abraham Heschel)对此也作出了重要的阐释。赫舍尔驳斥西方神哲学传统中“上帝是不动情”的上帝观，而将《旧约》的先知神学称为“同情共感的神学”(the theology of pathos)，他认为：

> 对于先知来说，上帝不是在抽象的绝对性中显现自己，而是在与世界

---

① 莫尔特曼，《神学思想的经验》，353。

② 参见莫尔特曼，《三一与上帝国》，218。

③ 同上，271。

④ 参见莫尔特曼，《创造中的上帝》，2—3。

⑤ pathos 也被译为“怜悯、悲悯”，但笔者认为 pathos 不仅限于对痛苦和悲伤的感受，也涉及对欢乐等情感的体会，因此译为“同情共感”比较准确全面。

的、个人的亲密的关系中显现自己。他不仅仅是命令和期望服从,他也被世界上发生的事情所感动和影响,并作出相应的反应。事件和人类的行为在他里面引起欢乐或悲伤、快乐或愤怒。[1]

从以上论述来看,赫舍尔认为上帝并非不动情的上帝,而是会因世界上发生的事件以及人的所言所行而动容的上帝,上帝和喜乐的人同乐,与悲伤的人同哭,也会因人的恶行而愤怒,他能体会人世间的悲欢离合、喜怒哀乐。莫尔特曼在梳理西方神哲学传统中的上帝观时,将赫舍尔誉为"首先明确地辩驳不动情上帝神学的人"[2],并指出"舍金纳的教义乃是以上帝的悲情为出发点的逻辑后果"[3],即莫尔特曼将上帝的"同情共感"作为舍金纳教义的逻辑前提来理解,换言之,舍金纳概念是基于上帝的"同情共感"发展之结果。

莫尔特曼从这一基于"同情共感"的"上帝显现"之舍金纳概念中,发现了"基督教的基督论和圣灵论的前提"[4]。"上帝显现"作为圣灵论的前提,在上文的"互渗相寓"扩展了"上帝显现"的范围中,已进行了相关阐述。因此,这里将集中论述"上帝显现"作为基督论的前提。莫尔特曼在论证这一点时依据了如下经文:"道成了肉身,住在我们中间,充充满满地有恩典,有真理。我们也见过他的荣光,正是父独生子的荣光。"(《约翰福音》1:14)"因为神本性一切的丰盛,都有形有体地居住在基督里面。"(《歌罗西书》2:9)这两处经文正是描述上帝借着基督的道成肉身,住在信徒之中,将上帝的恩典和真理带给人,可见莫尔特曼延续了犹太舍金纳概念中上帝与人"同情共感"的意涵,但他将其内涵进一步延伸至基督论尤其是基督的道成肉身。他认为:

基督教本身对舍金纳神学还是有所贡献的。这可以在上帝和人在"基督里"的一种交互内住的观点中找到。"在基督里"是上帝本身,他和世人和好(《哥林多后书》5 :19)。"在基督里"的就是"新的创造"(《哥林多后书》5 :17)。我们"在基督里"找到一种双重的居住:上帝的内住和信徒的内住。这种双重的内住成为基督徒终末性和全面性盼望的根基,这盼望乃是针对万有的崭新创造。舍金纳神学和基督论的区别在于:上帝的舍金纳可以假设成具有人的特征的路上的同伴和受苦的伙伴,可是却不是具体"成为肉身",并且以弥赛亚的身份"住在我们中间"。[5]

---

① Abraham Heschel, *The Prophets* (New York: Harper Collins Publishers Inc., 2001), 288.
② 莫尔特曼,《三一与上帝国》,39。
③ 同上,45。
④ 莫尔特曼,《来临中的上帝》,287。
⑤ 同上,288。

从上述引文不难看出，莫尔特曼认为基督论延续了舍金纳的“上帝显现”所呈现的上帝内住于世界的观点，但却更进一步，提供了“一种双重的居住”，即除了上帝内住于基督徒，基督徒也寓居于上帝，而这种双重的居住成为在终末时万物更新、上帝充满万物的盼望之基础。除了延续舍金纳以外，莫尔特曼也指出舍金纳与基督论的区别，犹太的舍金纳虽可假设为与人同受苦难的同伴，却没有具体地道成肉身，并未以救世主的身份与人同住。而基督却是亲自道成肉身，上帝的恩典有形有体地居住在基督里面，借着基督与人的同在，把恩典带给世人。基督虽然肉身被钉十字架，却通过复活胜过了死亡，应许门徒还要再来，在终末时向人显现，与他们永远同在，以荣光充满万有，这就是终末的舍金纳。这就表明，基督的道成肉身落实了舍金纳将上帝设想为与人“同情共感”的同伴之理想，而以耶稣基督有血有肉、有形有体地住在世人中间来表达上帝与人实际的同在。值得注意的是，这种“在基督里”的同在，是一种“双重的居住”，是一种“互渗相寓”的交互关系，从而扩展了“上帝显现”的单向关系。概言之，莫尔特曼将犹太舍金纳概念挪用至基督的道成肉身，是对舍金纳犹太原意的一种扩展性应用。

艾伦·约翰逊(Alan J. Johnson)对此有不同的看法，他认为“莫尔特曼对舍金纳的理解几乎完全与圣灵有关，这似乎也与充分实现他的三位一体思想的全部潜力背道而驰”[①]。他的这一论断过于武断，并未仔细考查莫尔特曼将舍金纳理解为基督道成肉身的相关论述。

莫尔特曼多次将舍金纳与基督的道成肉身进行类比性阐述。他在《神学的未来》一文中如此论述：

> 上帝将把世界的未来变成上帝的时间，并且用神圣的生命、神圣的、真理和神圣的公义来充满天地。这是以色列的舍金纳、出埃及和基督的道成肉身、复活故事的应许，甚至是新约结尾的话：“‘我必快来。’阿们！主耶稣啊，我愿你来！”[②]

可见，莫尔特曼把上帝将来要充满天地这一应许，同时作为犹太舍金纳和基督道成肉身的应许，并引用《启示录》倒数第二节经文来表达对基督耶稣再临的期盼。这就意味着在莫尔特曼眼中，舍金纳和基督的道成肉身虽不能等同，但有密切关联，并非如约翰逊所断言的莫尔特曼所理解的舍金纳完全与圣灵有关。

此外，莫尔特曼在《科学与智慧》一书中写明：“在舍金纳，即上帝的内住的想

---

① Alan J. Johnson, *Shekinah: The Indwelling of God in the Theology of Jürgen Moltmann*, 272.

② Jürgen Moltmann, “The Future of Theology,” *Ecumenical Review* 68 (March 2016): 11.

法中,我们发现了基督虚己思想的旧约圣经的前提和犹太教的同义词。”[①]由此看来,舍金纳是基督虚己思想的犹太教同义词,就是说,基督的虚己对应于《希伯来圣经》中舍金纳即上帝内住的想法。而“基督虚己思想”在《腓立比书》2:7—8中有精当的描述:基督“反倒虚己,取了奴仆的形像,成为人的样式。既有人的样子,就自己卑微,存心顺服,以至于死,且死在十字架上”。这就表明,基督虚己的最极致表达就是基督道成肉身,成为人的样式,顺服天父上帝,并且为拯救世人而死在十字架上。

更加清晰阐明舍金纳与基督道成肉身相关性的论述,体现在莫尔特曼《来临中的上帝》一书中:

> 教义学上的基督论和收缩神学相似,尝试以根据《腓立比书》二章道的虚己的想法来诠释耶稣基督里神性充满的内住。永恒的道透过降卑和虚己而取了“奴仆的形象”,为要像舍金纳一样,将属他的当作他的弟兄,来分担他们的受苦,并透过他在十字架的受苦来赎去他们的受苦。后来的基督论为了顾及上帝的不变性,而以永恒的道对人本质的接纳来代替虚己的思想。这两种想法导致了内住的上帝和人类的自然与历史构成的团契之观点,并且深化了舍金纳的神学。[②]

莫尔特曼这一阐释十分明确地将基督与舍金纳进行了类比,认为基督像舍金纳一样,虚己、自我降卑,甚至取了奴仆的形象,这就是指基督道成肉身,与他的子民同在,和他们同受苦难,并最终以十字架的受难来救赎他们。除了这一观点外,莫尔特曼还注意到后来的基督论虽然用永恒的道取代了以上基督虚己的想法,但这是出于对上帝不变性的维护,即便是这样的想法,也使得上帝内住于人类以及自然从而构成共同体的观念得以形成。以上两种观点都说明基督论深化了犹太舍金纳概念。正如郭郁所指出的,“上帝的‘内住’便体现在同以色列人一起经历的颠沛流离中,体现在耶稣基督的道成肉身(incarnation)、受辱受难和死而复活中”[③]。

综上所述,莫尔特曼将犹太舍金纳概念从基于“同情共感”的“上帝显现”,落实为借着基督道成肉身所成就的“在基督里”双重居住之“互渗相寓”。

---

① Jürgen Moltmann 莫尔特曼,《科学与智慧》[Science and Wisdom],曾念粤 Tseng Nien Yueh 译(台北[Taipei]:校园书房出版社[Campus Evangelical Fellowship],2002),74。

② 莫尔特曼,《来临中的上帝》,285—286。

③ 郭郁,〈莫尔特曼的“空间”概念及其环境意义〉,108。

结　论

犹太舍金纳概念的原意强调"上帝显现"以及与犹太人的同在，莫尔特曼挪用舍金纳于基督教神学，肇因于他回应欣茨的批判并得益于罗森茨维格"舍金纳的流浪"之观念的启发。

莫尔特曼对犹太舍金纳概念的挪用，可以概括为从"上帝显现"到"互渗相寓"。"互渗相寓"扩展了"上帝显现"的范围，莫尔特曼将舍金纳原义所指向的"上帝显现"范围，从犹太人扩展到了教会、万国甚至整个宇宙，将舍金纳挪用至三一论框架下的圣灵论，用圣灵论更好地论证了上帝与这个世界既超越又内在的"互渗相寓"关系。"互渗相寓"对于"上帝显现"的拓展，不仅体现为借由圣灵论而扩展了"上帝显现"的范围，还丰富了其原来的关系维度，基于三一上帝自身的"互渗相寓"而扩展至上帝与世界、人与自身、人与他人及人类社群、人与自然等多维度的、更为丰富的互动关系。"互渗相寓"所呈现的上述多维关系，需要以具体的方式加以落实，莫尔特曼将犹太舍金纳概念从基于"同情共感"的"上帝显现"，落实为借着基督道成肉身所成就的"在基督里"双重居住之"互渗相寓"。对于莫尔特曼自身的神学建构来说，对舍金纳的这一挪用，补足了他在《盼望神学》中仅仅强调上帝的未来而忽视当下同在的缺憾，丰富了强调"互渗相寓"关系的社会三一论。"互渗相寓"概念相比舍金纳"上帝显现"的原意，更好地阐释了上帝与世界之间既超越又内在的关系，这也成为莫尔特曼以三一论的万有在神论为架构的生态神学之建构基石。对于犹太教和基督教的对话而言，舍金纳这一犹太神秘主义教义为双方提供了共同的概念基础，基于对这一概念相近的理解，透过对话可以丰富彼此的理解，从而促进犹太教和基督教形成休戚与共的、最为重要的伙伴关系，莫尔特曼也正是因吸纳了犹太舍金纳思想而发展出生态神学等丰硕的神学成果。

From "Manifestation of God" to "Perichoresis": Moltmann's Appropriation of the Jewish Concept of Shekhinah

LI Cong

Abstract: Shekhinah's original meaning emphasis on "manifestation of God" and God's presence with the Jews, Moltmann appropriated Shekhinah's theology, this is because he responded to Hinz's criticism and was inspired by Rosenzweig's idea of "Shekhinah's wanderings." His appropriation of the Jewish concept of Shekhinah can be summed up in terms ranging from "manifestation of God" to "perichoresis". "Perichoresis" extends the scope of "manifestation of God" from the Jews to the church, the nations, and even the universe, appropriating Shekhinah to the Pneumatology of the Trinity, to demonstrate the God and the world both beyond and internal "perichoresis" relationship better with Pneumatology. "Perichoresis" also enriches the relationship dimension of the original concept, based on perichoresis of the Trinity God, it extends to the multi-dimensional and richer interaction between God and the world, man and himself, man and others, human community, man and nature. This multi-dimensional relationship, presented by the perichoresis, needs to be implemented in concrete ways, as Moltmann moves the concept of the Jewish Shekhinah from a "manifestation of God" based on "empathy", the realization is the "perichoresis" of the dual dwelling "in Christ" achieved by the incarnation of Christ. This appropriation of Shekhinah, which complements Moltmann's failure to emphasize God's future and ignore the present, provides a common conceptual basis for Judeo-Christian dialogue, Moltmann developed fruitful theological results such as ecotheology by incorporating Jewish Shekiner thought.

Key Words: Shekhinah, Moltmann, Manifestation of God, Perichoresis

C

综述

Review

2022年国内以色列研究评述

孙婉娜*

【摘要】以色列相关问题研究是当前学界关注的焦点之一。2022年，国内学术界在以色列政治、经济、文化、宗教、文学、科技创新、社会族群问题以及对外关系研究等方面取得了丰硕成果。详细梳理所取得的成就及其特点，不仅对于推进犹太—以色列研究具有重要的学术价值，而且可以助力中以学术、创新合作以及其他各领域交流。

【关键词】以色列研究；经济文化；对外关系

2022年，中以两国政治、经济、教育、文化等领域合作日益增多，国内学界以色列研究不断取得新的进展。据不完全统计，2022年国内学术界共出版以色列相关著作26部，其中学术著作10部，译著15部，研究报告集1部。据中国知网显示，2022年国内学者发表相关期刊论文近80篇，硕博士学位论文近50篇。[①]研究内容涉猎甚广，包含以色列历史、地理、宗教、政治、哲学、外交、农业、科技、信息安全、社会关系等多个领域。

一、学术著作

(一)专著

2022年，在以色列研究领域，有大量作品相继问世，成果非凡。张倩红的

---

* 孙婉娜，鲁东大学历史文化学院世界史专业硕士研究生。

① 著作统计数据来源于互联网；论文统计数据来源于中国知网，其中期刊论文统计范围为北京大学《中文核心期刊要目总览》来源期刊2022年版、中文社会科学引文索引(CSSCI)来源期刊(2022—2023)(含扩展版)；论文数据为约数。

《当代以色列：多元表达与社会张力》[①]一书，阐述当今以色列国家经济辉煌兴盛之下暗藏的忧患，如族群融合、普遍存在社会鸿沟、各宗教的话语权、移民安置等问题；犹太性与民主性辗转博弈，多元表达下的社会张力交织纵横；吃紧的地缘环境与难以满足的安全诉求促生了普遍性的社会焦虑。该书还聚焦了沙斯党，根据其兴起变化侧面反映当代以色列社会文化的变迁，生动凸显出以色列社会的多元性及特殊性。傅有德的《他山之石：犹太之于中国》[②]一书，将犹太教与我国传统儒学进行比较研究，探讨犹太文化对中国文化的借鉴意义，深入剖析犹太人的尚异性，从不同视角对犹太现象及其精神进行阐释，展现了犹太研究的中国视角。钟志清所作《希伯来叙事与民族认同研究》[③]一书以独特的视角切入，对"犹太族群认同"主题作了创新性的研究，从古代希伯来经典、流亡与还乡、以色列国家与多元文化、大屠杀、东方犹太人等几大叙事入手，着重分析希伯来文学叙事、犹太民族身份、以色列国家建构三者之间的关系，解读犹太人心中的民族认同感。书中细致分析了多部希伯来文学作品，并进一步探讨了希伯来文学作品如何在犹太民族复兴过程中发挥作用，角度新颖，立足当下，又服务于现实，充分展现以色列多元文化的张力，并对以色列国家和犹太民族不同群体的深入探讨提供了重要的理论支撑。

此外，还有多部以色列相关学术著作出版发行。如"缤纷以色列"系列书(共 7 册)：《以色列地理》[④]《以色列简史》[⑤]《以色列漫话》[⑥]《以色列都市文化》[⑦]《以

---

① 张倩红 Zhang Qianhong，《当代以色列：多元表达与社会张力》[Contemporary Israel](北京[Beijing]：社会科学文献出版社[Social Sciences Academic Press]，2022)。

② 傅有德 Fu Youde，《他山之石：犹太之于中国》[Judaism to China](济南[Jinan]：山东大学出版社[Shandong University Press]，2022)。

③ 钟志清 Zhong Zhiqing，《希伯来叙事与民族认同研究》[Hebrew Narrative and National Identity](北京[Beijing]：社会科学文献出版社[Social Sciences Academic Press]，2022)。

④ 徐新 Xu Xin，《以色列地理》[Israeli Geography](南京[Nanjing]：南京大学出版社[Nanjing University Press]，2022)。

⑤ 徐新 Xu Xin，《以色列简史》[A Brief History of Israel](南京[Nanjing]：南京大学出版社[Nanjing University Press]，2022)。

⑥ 李永强 Li Yongqiang，《以色列漫话》[Essays on Israel](南京[Nanjing]：南京大学出版社[Nanjing University Press]，2022)。

⑦ 王慧 Wang Hui，《以色列都市文化》[Urban Culture of Israel](南京[Nanjing]：南京大学出版社[Nanjing University Press]，2022)。

色列国防军》[1]《以色列名胜古迹》[2]《以色列创新农业》[3]。

体育运动方面,《源于战争的实用防身术:以色列马伽术》[4]一书出版,作者通过介绍以色列马伽术的起源、发展以及传承现状,将这项诞生于二战时期的格斗术带入国内读者的视野。该著作将体育与历史结合,弥补了国内在犹太体育运动研究领域的短板,为进一步探究二战时期的犹太民族提供了新视域。

(二)译著

2022年,多部以色列相关译著问世,涉及政治、经济、科技、文化、社会等多个领域。《以色列导论》[5]《希伯来文学的再生》[6]《以色列:一个奇迹国家的诞生》[7]《以色列的慈善事业与社会参与》[8]《势不可挡:以色列"虎刺怕"创业法则》[9]《达芬奇的笔迹》[10]《松鼠的坚果》[11]《以色列简史:1897—2011》[12]等一系列优秀作品于2022年在国内以中文的形式与读者见面。

尤其值得一提的是,胡浩、艾仁贵翻译的《以色列:一个奇迹国家的诞生》是以色列研究领域具有代表性的通史著作,对了解当代以色列国家的政治、宗教、

---

① 张鋆良 Zhang Yunliang,《以色列国防军》[Israeli Defense Forces](南京[Nanjing]:南京大学出版社[Nanjing University Press],2022)。

② 崔财周 Cui Caizhou,《以色列名胜古迹》[Historical Relics of Israel](南京[Nanjing]:南京大学出版社[Nanjing University Press],2022)。

③ 徐新 Xu Xin,《以色列创新农业》[Modern Agriculture in Israel](南京[Nanjing]:南京大学出版社[Nanjing University Press],2022)。

④ 张根田 Zhang Gentian,《源于战争的实用防身术:以色列马伽术》[Martial Art of Israel](北京[Beijing]:世界知识出版社[World Knowledge Press], 2022)。

⑤ Barry Rubin 巴里·鲁宾,《以色列导论》[Israel: An Introduction],关媛 Guan Yuan、李兰兰 Li Lanlan 译(南京[Nanjing]:南京大学出版社[Nanjing University Press],2022)。

⑥ Yigal Schwartz 伊戈尔·施瓦茨,《希伯来文学的再生》[The Rebirth of Hebrew Literature],钟志清 Zhong Zhiqing 译(杭州[Hangzhou]:浙江人民出版社[Zhejiang People's Publishing House], 2022)。

⑦ Anita Shapira 安妮塔·夏皮拉,《以色列:一个奇迹国家的诞生》[Israel: A History], 胡浩 Hu Hao、艾仁贵 Ai Rengui 译(北京[Beijing]:中信出版社[CITIC Press], 2022)。

⑧ Haim Dahan 哈伊姆·达汉,《以色列的慈善事业与社会参与》[Touches of Grace: Philanthropy and Social Involvement in Israel],孔德洁 Kong Dejie、邱莹 Qiu Ying 译 (桂林[Guilin]:广西师范大学出版社[Guangxi Normal University Press], 2022)。

⑨ Uri Adoni 尤里·阿多尼,《势不可挡:以色列"虎刺怕"创业法则》[The Unstoppable Startup],章布申 Zhang Bushen 译(北京[Beijing]:清华大学出版社[Tsinghua University Press], 2022)。

⑩ Dina Rubina 吉娜·鲁宾娜,《达芬奇的笔迹》[Leonardo da Vinci's Handwriting],余翔 Yu Xiang 译(济南[Jinan]:山东文艺出版社[Shandong Literature and Arts Press], 2022)。

⑪ A. Golan 阿维拉玛·戈兰著,R. Kallas 拉亚·卡拉斯绘,《松鼠的坚果》[Squirrel's Nuts],官爽 Guan Shuang 译(北京[Beijing]:北京出版社[Beijing Press], 2022)。

⑫ Martin Gilbert 马丁·吉尔伯特,《以色列简史:1897—2011》[The Story of Israel],扈喜林 Hu Xilin 译(广州[Guangzhou]:广东人民出版社[Guangdong People's Publishing House], 2022)。

外交、经贸、文明、社会等具有重要作用。作者追叙犹太复国主义运动的兴起发展,全景式地呈现了现代以色列国家从创立到发展至变革的历史过程,阐释了以色列发展至目前所取得的巨大成就和面临的种种挑战。在文学领域,由宋立宏总主编、钟志清翻译的《希伯来文学的再生》一书从地缘文化、社会历史、文本分析等跨学科视角出发,探讨了现代希伯来文学的思想风格特征及其在犹太民族复兴过程中的作用,理性分析了希伯来文学与以色列社会文化的关系、希伯来文学与欧洲文化的渊源等问题,并与南美等其他洲际文学进行对比论证。该书视野宽阔,在学科交叉的基础上系统深入地研究了犹太历史文化传统以及当今以色列的文化特性,充分体现跨学科的研究方法,对国内读者具有重要的启迪作用。

(三)研究报告集

2022 年,国内出版了《以色列蓝皮书:以色列发展报告(2021)》[①],该书由张倩红主编,深入探讨疫情以来以色列面临的各种问题及其应对措施,追溯原因并分析影响。该报告分为七个部分:总报告、分报告、专题篇、创新篇、中以合作篇及附录。内容详细阐述了以色列的住房问题、国家战略调整及能源市场的发展动态、基布兹发展现状、《亚伯拉罕协议》对以色列和阿拉伯国家关系的影响、以色列的数字经济及其借鉴意义等。该书不仅将以色列近年来社会各领域发展变革的最新成果呈现在读者眼前,而且各篇幅内容梳理对我们更好地理解疫情后的以色列社会发挥着至关重要的作用。

二、学术论文

(一)以色列国内政治、经济、社会研究

1.以色列政治

2022 年,以色列政局动荡,本届以色列政府由八个意识形态不同的政党组成,加之巴以矛盾的激化使得本就脆弱的政党关系再受冲击。王晋在《以色列政党政治的新变化与贝内特政府的政策调整》[②]及《以色列执政联盟何以宣告瓦

① 张倩红 Zhang Qianhong 主编,《以色列蓝皮书:以色列发展报告(2021)》[Annual Report of Israel 2021](北京[Beijing]: 社会科学文献出版社[Social Sciences Academic Press], 2022)。

② 王晋 Wang Jin,〈以色列政党政治的新变化与贝内特政府的政策调整〉[New Changes in Israeli Party Politics and Policy Adjustments of the Bennett Administration],于《当代世界》[The Contemporary World],2022 年第 3 期[2022, Issue 3],51—55。

解》[1]中客观分析了以色列内外政策的调整及变化。谭力、李绍先的《试析以色列家园党的政治影响力》[2]阐释以色列家园党政治参与进程，持续追踪以色列国内外政治环境的新变化和俄裔犹太选民出现的新特点，并关注家园党对中东地区整体局势产生的影响。牛新春的《以色列政治缘何一路向右狂奔?》[3]一文，分析了当今右翼执政的以色列政党政治形态右转的历史及现实原因。石润峰、李景龙的《从加沙冲突看以色列国防军的情报作战一体化发展》[4]梳理了 21 世纪以来以色列的情报一体化建设的各类举措及发展现状，综合分析了影响以色列国防军情报作战一体化发展的动因。潘基宏、王昕《塞西执政以来埃及与以色列准联盟关系的发展》[5]一文指出，塞西在埃及执政期间开启了埃以关系向纵深发展的方向，两国在一系列安全合作中逐渐形成新型双边关系，为埃以关系的新发展创造了客观条件。

2.以色列经济社会

张楚尧在《"一带一路"背景下中国与以色列的经贸关系发展与前景浅析》[6]一文中回顾了中以经贸往来的历史，深刻剖析了世界多极化和经济全球化浪潮下中以经济发展的前景趋势，并展望了新时代的中以战略合作愿景。宋来胜的《以色列经济崛起原因综述及其启示》[7]通过以色列近年 GDP 增长数据对以色

① 王晋 Wang Jin,〈以色列执政联盟何以宣告瓦解〉[Why Did Israel's Ruling Coalition Collapse],于《世界知识》[World Knowledge],2022 年第 14 期[2022, Issue 14],46—47。

② 谭力 Tan Li、李绍先 Li Shaoxian,〈试析以色列家园党的政治影响力〉[Analyzing the Political Influence of the Israel Homeland Party],于《宁夏大学学报》[Journal of Ningxia University],2022 年第 1 期[2022, Issue 1],30—40。

③ 牛新春 Niu Xinchun,〈以色列政治缘何一路向右狂奔?〉[Why Israeli Politics Has Gone All the Way to the Right],于《世界知识》[World Knowledge],2022 年第 24 期[2022, Issue 24],68—69。

④ 石润峰 Shi Runfeng、李景龙 Li Jinglong,〈从加沙冲突看以色列国防军的情报作战一体化发展〉[The Development of the Integration of Intelligence Operations by the Israel Defense Forces in the Context of the Gaza Conflict],于《情报杂志》[Intelligence Magazine], 2022 年第 7 期[2022, Issue 7], 13—18。

⑤ 潘基宏 Pan Jihong、王昕 Wang Xin,〈塞西执政以来埃及与以色列准联盟关系的发展〉[The Development of Quasi-Alliance Relations between Egypt and Israel since Sisi Came to Power],于《阿拉伯世界研究》[Arab World Studies],2022 年第 3 期[2022, Issue 3],110—132、159—160。

⑥ 张楚尧 Zhang Chuyao,〈"一带一路"背景下中国与以色列的经贸关系发展与前景浅析〉[Analysis of the Development and Prospects of Economic and Trade Relations between China and Israel under the Background of the "Belt and Road"],于《国际公关》[International Public Relations],2022 年第 16 期[2022, Issue 16],113—115。

⑦ 宋来胜 Song Laisheng,〈以色列经济崛起原因综述及其启示〉[An Overview of the Reasons for Israel's Economic Rise and Its Implications],于《湖北经济学院学报》[Journal of Hubei University of Economics],2022 年第 8 期[2022, Issue 8],32—34。

列经济崛起事实进行分析,并在承接引进国外资本技术促进经济发展方面给出自己的见解。余国庆的《以色列保持高生育率的缘由及影响》①一文探讨了以色列打破了收入和生育率的“逻辑悖论”,使以色列的收入与生育率保持同步增长。以色列政府高度重视人口战略,为生育家庭提供相应的保障,在“公共住房”、升学、就业等方面给予优待,促使生育率一直维持在相对较高的水平,为我国人口发展战略提供了良好的借鉴。潘楠的《德鲁兹社团与以色列国家关系的变迁(1918—2018年)》②一文,站在历史角度以100年的时间跨度审视德鲁兹社团与以色列国家的关系的变迁,评述社会关系变化过程中的历史和客观事实,全面、准确地对其进行分析。刘中民、王利莘的《修正派犹太复国主义思想的源流及嬗变》③一文介绍了修正派犹太复国主义的起源及发展过程,着重探讨建国后修正派犹太复国主义思想在以色列社会中的发展变化。

3.以色列科技·农业创新与人才培养

(1)科技创新

近年来,以色列创新文化不断发展,开放的教育文化背景是以色列创新的根源,国家出台的各项政策不断为文化创新助力。这种创新的文化不是短期形成的,而是长期根植于犹太人性格中的一种精神信仰。在以色列政府政策的支持下,各企业依托先进的科学技术不断激发创新活力,在包容的移民文化环境下,推动以色列的创新产业不断向前。彭斯震与李向宾的《以色列科技创新战略新动向和新举措研究》④一文展示了自疫情以来以色列积极调整的创新发展战略。各类新政策有力保障了本国创新产业的高效发展,尤其在引进外资与新健康产业发展方面起到极大的助推作用。作者着眼于以色列政策层面导向,将其逆势发展的成功案例加以分享,并积极对我国创新产业的发展建言献策,助推我国科技强国建设。刘晓敏、宋子文、陈红科等的《以色列地铁车站结构设计中以标与

① 余国庆 Yu Guoqing,〈以色列保持高生育率的缘由及影响〉[Reasons and Effects of Israel's High Fertility Rate],于《人民论坛》[People's Forum],2022年第6期[2022, Issue 6],100—103。

② 潘楠 Pan Nan,〈德鲁兹社团与以色列国家关系的变迁(1918—2018年)〉[Changes in the Relationship between the Druze Community and the State of Israel (1918-2018)],于《阿拉伯世界研究》[Arab World Studies],2022第2期[2022, Issue 2],77—79、158。

③ 刘中民 Liu Zhongmin、王利莘 Wang Lishen,〈修正派犹太复国主义思想的源流及嬗变〉[The Origins and Transmutation of Revisionist Zionist Thought],于《阿拉伯世界研究》[Arab World Studies],2022年第5期[2022, Issue 5],117—139、160。

④ 彭斯震 Peng Sizhen、李向宾 Li Xiangbin,〈以色列科技创新战略新动向和新举措研究〉[Research on New Trends and New Initiatives of Israel's Science and Technology Innovation Strategy],于《全球科技经济瞭望》[Global Technology and Economic Outlook],2022年第3期[2022, Issue 3],8—11。

欧标的差异研究》①一文严谨梳理了以色列地铁车站结构设计理念中欧洲标准与以色列标准的差异，为我国企业了解以色列设计体系，按照工程总承包模式承接以色列地铁合作项目提供了极大帮助。丁琪的《以色列军民融合创新：路径、特征、挑战及启示》②一文为我们介绍了以色列前总统本雅明·内塔尼亚胡运用以色列军民产业的共生关系促进创新行业发展，推动以色列高科技产业走向成功的案例。以色列政府目标明确、适时引导，在各方通力协作下，军民融合呈现出全面创新、纵深推进的良好态势。

聂力的《中以(上海)创新园：以"研发＋投资"促创新》③一文为我们展示了中以两国联手合作、积极打造的创新乐园——中以(上海)创新园自创建以来的发展成果。作为"一带一路"倡议中推动中以双方合作交流的重要平台，该园区得到了中以两国的大力支持，正逐步建成一站式服务、分布式运营和联动式发展的创新园。

(2)人才培养

在人才培养方面，以色列政府设置多种英才培育项目，根据不同学科、不同年龄进行分类，提倡辩论且打破常规，在对话中寻求新思路，在质疑中发展进步。"犹太教育中强调怀疑，不唯上，不唯传统，对约定俗成的东西敢于质疑，挑战权威也已成为犹太人的天性。"④任孝平、迟婧茹、孟繁超等的《以色列引进、培养和使用国际科技人才的经验及启示》⑤一文，系统介绍了以色列作为典型的移民国家在吸引人才方面的有关做法及鲜明特点，并且对提高我国国际人才核心竞争力提出了建议。郄海霞、赵蓓的《以色列特拉维夫大学创新创业教育生态系统的

① 刘晓敏 Liu Xiaomin、宋子文 Song Ziwen、陈红科 Chen Hongke 等，〈以色列地铁车站结构设计中以标与欧标的差异研究〉[Study on the Difference between Israeli and European Standards in the Structural Design of Israeli Metro Stations]，于《建筑结构》[Architectural Structure]，2022 年第 S1 期[2022, Issue S1]，308—312。

② 丁琪 Ding Qi，〈以色列军民融合创新：路径、特征、挑战及启示〉[Israel's Civil-Military Integration Innovation]，于《阅江学刊》[Yuejiang Academic Journal]，2022 年第 5 期[2022, Issue 5]，139—151、175。

③ 聂力 Nie Li，〈中以(上海)创新园：以"研发＋投资"促创新〉[China-Israel (Shanghai) Innovation Park]，于《国际人才交流》[International Talent Exchange]，2022 年第 4 期[2022, Issue 4]，41—43。

④ 焦慧凝 Jiao Huining，〈以色列英才教育的发展现状〉[The Current State of Development of Elite Education in Israel]，收录于《以色列蓝皮书：以色列发展报告(2021)》[Annual Report of Israel 2021]，250—268。

⑤ 任孝平 Ren Xiaoping、迟婧茹 Chi Jingru、孟繁超 Meng Fanchao 等，〈以色列引进、培养和使用国际科技人才的经验及启示〉[Israel's Experience in Introducing, Training and Using International Scientific and Technological Talents]，于《全球科技经济瞭望》[Global Science, Technology and Economy Outlook]，2022 年第 8 期[2022, Issue 8]，47—53。

构成及运行》[①]一文介绍了以色列特拉维夫大学依托社会创新创业为文化基底，构建出的多层次、多主体、动态的创新创业教育生态系统，为改良我国创新创业教育生态系统提供了新思路。吴昊的《以色列高校重视创新创业课程》[②]一文介绍了以色列瑞赫曼大学从"理论供给"到"行为养成"的全链条创业能力培养策略，该培养计划与各学科广泛结合，目标突出、组织形式多元，为我们展示了以色列创新教育与人才培养的多样性和实用性。

(3)农业创新

以色列自然资源极其匮乏，气候干旱，土地荒漠化严重，却以先进的农学科技著称于世。近年来，以色列在荒漠化治理与绿色环保领域取得突出成就，"以色列模式"的沙漠化防治已成为各国借鉴与重点学习的对象。毛雨婧、梁晨怡的《以色列现代高效农业发展的实践与思考》[③]一文对水土资源有效开发和利用进行细致分析，总结了以色列水土资源高效利用的经验及对我国现代高效农业发展的启示 。

以色列自建国以来，采取了多种措施对抗沙漠化问题，政府及社会各界均给予广泛关注并积极献策。以色列政府为防治土地沙漠化，专门成立荒漠管理与治理机构，且成立协调机构与政府各部门相互配合，共同解决荒漠化治理难题，凭借多方努力因地制宜地发展农业，以农业协调可持续为发展核心，根据不同的土地干湿类型结合其性质制定出每种类型专属的治理对策。朱兆一、李沛、段云鹏在《碳中和目标下以色列绿色经济发展的实践经验及其对中国的启示》[④]一文中阐明："不断更新迭代的绿色科技是以色列绿色经济保持发展动力的根本原因。"由此可见，在交流合作的基础上，中以双方不断交流互鉴，共同发展现代农业，助力农业环保型国家建设。

---

① 郗海霞 Xi Haixia、赵蓓 Zhao Bei,〈以色列特拉维夫大学创新创业教育生态系统的构成及运行〉[The Operation of the Innovation and Entrepreneurship Education Ecosystem of Tel Aviv University],于《现代教育管理》[Modern Education Management],2022 年第 3 期[2022, Issue 3],30—39。

② 吴昊 Wu Hao,〈以色列高校重视创新创业课程〉[Israeli Universities Attach Importance to Innovation and Entrepreneurship Courses],于《中国社会科学报》[Chinese Social Sciences Weekly],2022 年第 7 期[2022, Issue 7],12—19。

③ 毛雨婧 Mao Yujing、梁晨怡 Liang Yichen,〈以色列现代高效农业发展的实践与思考〉[The Development of Modern and Efficient Agriculture in Israel],于《黑龙江粮食》[Heilongjiang Agriculture],2022 年第 8 期[2022, Issue 8],85—87。

④ 朱兆一 Zhu Zhaoyi、李沛 Li Pei、段云鹏 Duan Yunpeng,〈碳中和目标下以色列绿色经济发展的实践经验及其对中国的启示〉[The Experience of Israel's Green Economy Development under the Goal of Carbon Neutrality],于《国际贸易》[International Trade],2022 年第 2 期[2022, Issue 2],14—21。

陈闻君、孙浩轩在《以色列荒漠农业开发模式研究:借鉴与思考》①一文中,回顾以色列存在多年的农业领域沙漠化问题,对其农业生产组织形式与不断调整的用水分配政策进行重点分析,肯定了基布兹农庄与莫沙夫合作社的农业组织形式对以色列抗旱农业的高效发展的积极作用。秦同春的《以色列依靠科技创新走出缺水困境的经验》②一文,用图表和数据将以色列现状呈现在我们眼前,让我们更近一步了解以色列所面临的缺水困境以及各类影响因素。张璇的《巴以结构性权力关系与水资源治理问题》③一文从水资源问题入手,剖析巴以矛盾冲突,分析巴以结构性权力与非对称性权力的关系。韩小婷的《以色列现代农业科技创新领域及创新经验》④一文为我们介绍了以色列先进的育种技术以及精准农业系统下的灌溉和温室技术,在高效率的农业合作组织与健全的农业科技管理体制下,以色列农业科技创新走出一条新路,为我国农业发展提供了科技强农的先例样本。刘茜在《绿色"一带一路"背景下中国与以色列的生态农业合作发展研究》⑤一文中指出,近年来,在"一带一路"背景下,以色列与我国多个地区建立创新合作平台,加快了农学领域的技术推广。此外,中国农业科学院作为我国农业技术研究的专业科研院所,通过联合研究平台,推进中以农业技术合作交流不断深化发展。

4.以色列族群研究

郝忠格的《以色列黑豹党运动与米兹拉希族群的政治发展》⑥一文为我们展

---

① 陈闻君 Chen Wenjun、孙浩轩 Sun Haoxuan,〈以色列荒漠农业开发模式研究:借鉴与思考〉[Research on the Development Model of Desert Agriculture in Israel],于《新疆农垦经济》[Xinjiang's Agricultural Reclamation Economy],2022 年第 9 期[2022, Issue 9],85—92。

② 秦同春 Qin Tongchun,〈以色列依靠科技创新走出缺水困境的经验〉[Israel's Experience in Relying on Scientific and Technological Innovation to Get out of the Dilemma of Water Scarcity],于《水文地质工程地质》[Hydrogeology and Engineering Geology],2022 年第 3 期[2022, Issue 3],192—197。

③ 张璇 Zhang Xuan,〈巴以结构性权力关系与水资源治理问题〉[Palestinian-Israeli Structural Power Relations and Water Resources Governance],于《阿拉伯世界研究》[Arab World Studies],2022 年第 4 期[2022, Issue 4],138—156、160。

④ 韩小婷 Han Xiaoting,〈以色列现代农业科技创新领域及创新经验〉[Israeli Modern Agricultural Science and Technology and Innovation Experience],于《农业工程技术》[Agricultural Engineering Technology],2022 年第 20 期[2022, Issue 20],4—5、7。

⑤ 刘茜 Liu Qian,〈绿色"一带一路"背景下中国与以色列的生态农业合作发展研究〉[Research on the Development of Ecological Agriculture Cooperation between China and Israel in the Context of the Green "Belt and Road"],于《产业创新研究》[Industrial Innovation Research],2022 年第 3 期[2022, Issue 3],41—43。

⑥ 郝忠格 Hao Zhongge,〈以色列黑豹党运动与米兹拉希族群的政治发展〉[The Black Panther Party Movement in Israel and the Political Development of the Mizrachi Ethnic Group],于《阿拉伯世界研究》[Arab World Studies],2022 年第 5 期[2022, Issue 5],140—156。

现了长期介于阿什卡纳滋犹太人与阿拉伯公民之间的特殊族群——米兹拉希犹太人。文章以考察城市空间中不同族群的复杂博弈为切入点，为冲突地区之间的发展治理与矛盾化解提供了借鉴。崔财周的《以色列社会对俄裔犹太移民的认知与态度》[①]与谭力、李绍先的《以色列俄裔犹太移民的政治参与及其影响》[②]两篇文章均介绍了俄裔犹太人在以色列生活的基本状况与文化倾向，前者从住房、工作、社会福利等政策角度分析以色列政府及民众对待俄裔犹太移民的态度，后者则从法理与现实层面着重强调了俄裔犹太移民的重要性。南北宝的《"双重歧视"下的抗争：以色列阿拉伯妇女组织发展研究》[③]一文剖析阿拉伯女性群体的"边缘人"身份，对以色列的阿拉伯妇女组织发展现状、面临问题与多重挑战进行分析。艾仁贵的《以色列的外籍劳工政策初探》[④]一文从公民身份构建角度切入，展示以色列官方及公众在确保和维持国家的犹太属性方面所作出的努力。文章还使我们了解到以色列境内来自第三世界的外籍劳工的生存现状，也借助不同视域向我们展示以色列深度参与全球经济网的利害得失。韩利利、唐克军的《冲突与整合：以色列公民身份认同与学校公民教育》[⑤]一文以三种政治话语体系为背景，研究以色列不同身份场合下的公民冲突构建与效能问题，为公民身份认同领域的研究添砖加瓦。

（二）以色列军事与对外关系研究

1.以色列军事

张鋆良、宋立宏的《"国家主义"话语中的以色列建军整编运动》[⑥]一文阐释

---

① 崔财周 Cui Caizhou，〈以色列社会对俄裔犹太移民的认知与态度〉[Perceptions and Attitudes towards Russian-Jewish Immigrants in Israeli Society]，于《四川师范大学学报》[Journal of Sichuan Normal University]，2022 年第 1 期[2022, Issue 1]，196—205。

② 谭力 Tan Li、李绍先 Li Shaoxian，〈以色列俄裔犹太移民的政治参与及其影响〉[Political Participation of Russian-Jewish Immigrants in Israel and Its Impact]，于《阿拉伯世界研究》[Arab World Studies]，2022 年第 2 期[2022, Issue 2]，56—76、157—158。

③ 南北宝 Nan Beibao，〈"双重歧视"下的抗争：以色列阿拉伯妇女组织发展研究〉[Study of the Development of Arab Women's Organizations in Israel]，于《阿拉伯研究论丛》[Arab Studies Forum]，2021 年第 2 期[2022, Issue 2]，93—111。

④ 艾仁贵 Ai Rengui，〈以色列的外籍劳工政策初探〉[A Preliminary Study of Israel's Foreign Labor Policy]，于《世界民族》[World Peoples]，2022 年第 3 期[2022, Issue 3]，106—115。

⑤ 韩利利 Han Lili、唐克军 Tang Kejun，〈冲突与整合：以色列公民身份认同与学校公民教育〉[Israeli Citizenship Identity and School Citizenship Education]，于《外国教育研究》[Foreign Education Research]，2022 年第 2 期[2022, Issue 2]，98—115。

⑥ 张鋆良 Zhang Yunliang、宋立宏 Song Lihong，〈"国家主义"话语中的以色列建军整编运动〉[The Realignment of the Israeli Army in the Discourse of "Statism"]，于《史林》[Historical Review]，2022 年第 2 期[2022, Issue 2]，209—218、222。

了以色列国防军从建军到兴军、强军的曲折过程及其先后经历的多次整编运动。以色列建军整编运动作为国防军史上开创性和奠基性的事件，使得以色列拥有了正式国防力量，成为以色列稳定军政关系的基石。王晋在《以色列如何施行“全民皆兵”》[①]一文中提到：“经过多年演变，以色列形成了一套以现役军队为核心，以预备役部队为基础的独特军事体系。”迫于外交安全形势的考虑以及兵役制度的变革压力，以色列国家对国防军队建设更加重视，而国防军在军事科技等方面大量的研发经费投入，也相应地反作用于创新创业市场，激发经济活力，提振疫情后的经济。

2.以色列对外关系

2022年俄乌冲突的爆发，使得以色列被卷入矛盾境地。以色列作为冲突第三方的国家，并不具有用于调停的充足资源和影响力，且调停策略选择也十分有限。然而，以色列政府在判断本国的国家安全、立国合法性、经济运行形势、社会稳定等因素后选择介入其中，进行国际调停。吴诗尧在《以色列介入俄乌冲突的动机、举措及影响》[②]一文中深刻分析了以色列在俄乌战争中进行国际调停的作用，剖析其目的并结合以色列自身实际谈及影响，讨论以色列介入俄乌冲突后可能产生的种种政治走向。

随着俄乌冲突的升级，以色列已然成为欧洲天然气输送的重要一环，亦成为缓解欧洲能源危机的重要途径之一。此次以色列与黎巴嫩地中海东部海域的划界协议得到联合国的承认，最大限度地弥合了二者多年来在气田利益分配上的分歧，既缓解了以黎长期未建立正式外交关系的“冷和平”状态，又为两国全力投入天然气勘采与对欧出口提供了有力的法律保障。但钮松在《以色列与黎巴嫩因何达成海上边界协议》[③]一文中分析指出：“近些年不断朝着绿色、低碳乃至‘元宇宙’时代迈进的欧洲国际关系，或将面临被工具化的化石能源瞬间‘打回原形’的更多可能性，而这又会对欧盟价值观和欧洲地区一体化进程造成冲击。”由此可见，以黎海上划界协议的达成有利有弊，欧洲在这番能源机遇中亦面临极大挑战，国与国之间博弈的双面影响依旧潜伏其中。2022年3月下旬，在以色列

① 王晋 Wang Jin，〈以色列如何施行“全民皆兵”〉[How Israel Implements “All Soldiers”]，于《世界知识》[World Knowledge]，2022年第10期[2022, Issue 10]，64—65。

② 吴诗尧 Wu Shiyao，〈以色列介入俄乌冲突的动机、举措及影响〉[The Motives, Measures and Impact of Israel's Involvement in the Russian-Ukrainian Conflict]，于《阿拉伯世界研究》[Arab World Studies]，2022年第5期[2022, Issue 5]，95—116、159—160。

③ 钮松 Niu Song，〈以色列与黎巴嫩因何达成海上边界协议〉[Why Israel and Lebanon Reached a Maritime Boundary Agreement]，于《世界知识》[World Knowledge]，2022年第21期[2022, Issue 21]，52—53。

与哈马斯达成停火协议将近一周年之际,巴以关系再度紧张,引发国际社会对巴以局势走向的担忧及争论。犹太人定居点问题是巴以和谈主要障碍之一,2022年5月以色列再次批准在约旦河西岸犹太人定居点新建住房,姚惠娜在《巴以安全关系困境长期化的原因解读》①一文中指出:"要从根本上解决巴以问题'两国方案'是唯一出路。然而巴以双方当前都不存在解决冲突的现实条件。"佘纲正的《从怀疑到正视:本-古里安的中国观变迁与冷战时期的中以关系》②一文通过分析本-古里安在以色列建国后的各类文章、演讲、通信、日记以及访谈,探明其在与中国交往中的高层决策制定与自身思想的转变过程。吴昊昙的《安全、武力与自助:以色列的国家安全研究》③一文介绍了以色列国家安全研究的平台、议题、方法,以文本分析、历史分析、调查研究等方法为我们展示了以色列安全至上政治的核心议题。

(三)大屠杀历史研究

纳粹屠犹一直是学界的重要议题。张倩红、王越广的《埃米尔·法肯海姆对后大屠杀时代犹太思想的重塑》④一文关注后大屠杀时代语境下的犹太人,分析犹太著名思想家埃米尔·法肯海姆提出的"第614条诫命"与"修复世界"观念,重塑二战后犹太人的信仰体系,将大屠杀划归为时代事件,并结合时代内涵重构犹太人的精神世界以解决犹太人的精神危机。葛淑珍的《否认大屠杀现象的兴起及国际社会的应对》⑤一文对否认大屠杀现象的反犹主义行为进行了探究,剖析其兴起及出现的内在原因并举出国际社会对否认大屠杀现象的应对概况。艾

---

① 姚惠娜 Yao Huina,〈巴以安全关系困境长期化的原因解读〉[Interpretation of the Reasons for the Protracted Dilemma of Palestinian-Israeli Security Relations],于《西亚非洲》[West Asia and Africa],2022年第5期[2022, Issue 5],135—154、160。

② 佘纲正 She Gangzheng,〈从怀疑到正视:本-古里安的中国观变迁与冷战时期的中以关系〉[Ben-Gurion's Changing View of China and Sino-Israeli Relations during the Cold War],于《学海》[Academia Bimestris],2022年第3期[2022, Issue 3],205—216。

③ 吴昊昙 Wu Haotan,〈安全、武力与自助:以色列的国家安全研究〉[A Study of Israel's National Security],于《国际政治研究》[International Political Studies],2022年第3期[2022, Issue 3],71—91、6—7。

④ 张倩红 Zhang Qianhong、王越广 Wang Yueguang,〈埃米尔·法肯海姆对后大屠杀时代犹太思想的重塑〉[Falkenheim's Reform of Jewish Thought in the post-Holocaust Era],于《外国问题研究》[Foreign Studies],2022年第3期[2022, Issue 3],88—96。

⑤ 葛淑珍 Ge Shuzhen,〈否认大屠杀现象的兴起及国际社会的应对〉[The Rise of Holocaust Denial and the Response of the International Community],于《外国问题研究》[Foreign Studies],2022年第3期[2022, Issue 3],106—116。

仁贵在《谁有权书写创伤历史——大屠杀史学在当代以色列的兴起与论争》[①]一文中，为我们展示了欧美学派与以色列学派在大屠杀史学的研究路径以及编纂时使用的专有名词上的分歧。该文从“记忆史学”入手，为我们打开新思路，将大屠杀史学不仅仅看作是书写苦难历史的学术行为，还将其本身视为塑造身份认同和国家记忆的重要手段。由此，大屠杀史学将成为一种“民族集体疗伤”的学术形式，亦成为向青年一代阐释历史教训的主要途径。

（四）宗教及文学研究

梅华龙的《〈希伯来圣经〉中以色列和犹大的“兄弟”关系》[②]一文分析了“兄弟”一词在各类历史叙述中的用法及释意，对《希伯来圣经》中的相关文献和术语进行梳理并分析以色列和犹大这两个希伯来王国的并立关系。他还在《〈但丘铭文〉与以色列古史研究的现实面向》[③]一文中，图文并茂地向我们展示了《但丘铭文》的部分残片，并根据其拼接方式、年代、作者进行古以色列史学方法论的探究，丰富了考古探索领域的研究成果。姚惠娜的《本尼·莫里斯与以色列“新历史学家”的发展》[④]一文介绍了以色列“新历史学家”的代表人物——本尼·莫里斯，并分析了巴以局势恶化后，其政治立场右转的原因与影响，深刻阐述了“新历史学家”们所面临的挑战与自身局限性，也客观分析了未来以色列史学走向的新趋势。王婷的《〈但以理书〉第 7 章中异象及其对异邦统治的回应》[⑤]一文在《但以理书》第 7 章的传统解释基础上，通过启示性异象隐喻现实，剖析创作者在异邦统治下的政治意图。张若一的《论〈塔纳赫〉释源传说的基本类型、文学功能与

① 艾仁贵 Ai Rengui，〈谁有权书写创伤历史——大屠杀史学在当代以色列的兴起与论争〉[The Rise and Debate of Holocaust Historiography in Contemporary Israel]，于《史学月刊》[Monthly Journal of Historiography]，2022 年第 8 期[2022, Issue 8]，116—126。

② 梅华龙 Mei Hualong，〈《希伯来圣经》中以色列和犹大的“兄弟”关系〉[The “Brotherhood” of Israel and Judah in the *Hebrew Bible*]，于《世界宗教文化》[The Religious Cultures in the World]，2022 年第 2 期[2022, Issue 2]，100—107。

③ 梅华龙 Mei Hualong，〈《但丘铭文》与以色列古史研究的现实面向〉[The *Tel Dan Inscription* and Realistic Facets of esearch on Ancient Israel History]，于《四川大学学报》（哲学社会科学版）[Journal of Sichuan University (Philosophy and Social Sciences Edition)]，2022 年第 4 期[2022, Issue 4]，25—37。

④ 姚惠娜 Yao Huina，〈本尼·莫里斯与以色列“新历史学家”的发展〉[Benny Morris and the Development of the Israeli “New Historians”]，于《世界历史》[World History]，2022 年第 5 期[2022, Issue 5]，125—138、156。

⑤ 王婷 Wang Ting，〈《但以理书》第 7 章中异象及其对异邦统治的回应〉[The Vision in *Book of Daniel* Chapter 7 and Its Response to Pagan Rule]，于《宗教学研究》[Religious Studies]，2022 年第 1 期[2022, Issue 1]，238—244。

思想观念》①一文分析了古代以色列民族文化内众多名称、宗教习俗、族群俗语的来源，对以色列民族集体记忆塑造与民族传统的赓续具有重要意义，而且对古代以色列历史、宗教、文化的相关研究具有重要价值。

结　语

综观 2022 年国内学界关于以色列问题的相关著述，可以说各方面研究均有所突破，基础问题与具体实践并行，理论研究与实际考察同步开展。以色列政治经济、对外关系、农业创新、人才培养、族群与社会生活、后大屠杀时代等核心议题均在国内以色列研究中有所体现。综上，其呈现出以下特点。

第一，国内以色列相关出版物更加多元化。2022 年国内学界出版的以色列相关专著、译著精彩纷呈，不再局限于单一的学术领域，而是以现实为依托更加通俗地阐述学术领域的专业性问题，将以色列经典生动形象地呈现在国内读者面前。各类书获得了更加广泛多元的受众群体，在再现历史瞬间的同时，详尽展现了犹太文化自身独特的要素，也推动了犹太文化在我国的传播与发展。

第二，以色列政府在疫情期间的国家战略调整成为学界关注的焦点。各类政策调整不仅限于经济领域，在国家能源结构、农业治理、社会生活以及民生领域都得以体现。各领域学者从政府宏观政策入手，细致剖析以色列经济社会发展趋势与变革，开拓更多研究领域反哺本土化理论，展望更广阔的研究前景。

2022 年，以色列对外关系的发展与地区合作仍面临众多不确定的风险，俄乌冲突爆发迫使以色列在政治、军事方面均作出较大调整。以色列、阿联酋及其他阿拉伯国家三角关系的复杂性，加之美国中东政策中的可变要素过多使得以色列外交问题难有定数。因此，众多学者对以色列安全环境的变化进行重新评估，深入探究以色列外交政策的新动向。以色列外交领域众多要素汇聚，利益关系复杂矛盾交织，地缘政治参与国众多，而国家利益永远是各国外交关系中的首要考虑因素。在此基础上，学者们更加侧重国家与地区之间的联系与互动研究，与以色列相关地缘政治问题于 2022 年被不断追踪，对外关系领域论文数量大幅增加且兼顾实效性和学术性。

第三，以色列研究体现多学科交叉的态势。学者对以色列居民身份政治构建的研究增多，且体现学科交叉的跨学科特点。更多学者以专业词汇和术语为

① 张若一 Zhang Ruoyi，〈论《塔纳赫》释源传说的基本类型、文学功能与思想观念〉[On the Basic Types, Literary Functions, and Ideas of the Origin Legends in the *Tanakh*]，于《宗教学研究》[Religious Studies]，2022 年第 1 期[2022, Issue 1]，268—274。

切入点探究历史问题，主要侧重于上古史研究，从文献和考古发掘中研究犹太文明的进程及其与世界文明的互动轨迹。诚然，跨学科研究已成为该研究领域不争的事实。不过从近年来的以色列国内研究趋势来看，跨学科研究的价值并不在于单一维度地展示交叉学科的研究成果，学者们对学科交叉的能动作用展开了更为深入清醒的思考。例如，2022 年学界对以色列居民身份构建的研究多偏向现实，且注重实践性与实用性能，侧重于不同身份犹太人对当代以色列社会带来挑战的实际回应，更具人文情怀与社会责任，而非仅在单纯抽象的文本领域下功夫。

从总体上看，我国学者正逐步将以色列的具体问题与我国实际情况相结合，不是简单肤浅化地解读，而是对比论证取长补短，凭借各界学者的敏锐洞察为以色列研究不断注入新鲜血液，从不同的研究视角对碎片化知识进行系统性的有效整合，并依靠中以民族之间的广泛联系开展进一步合作，深化犹太研究成果，横向发展、纵向辅助，不断梳理其文化发展脉络，拓展新圈层，从而预示了以色列研究未来发展道路上的无限可能。

JEWISH STUDIES
犹太研究
第22辑

Review of Domestic Israeli Studies in 2022

SUN Wanna

Abstract: Research on Israel-related issues is the focus of current academic circles. In 2022, great achievements have been made by Chinese academic circle in the study of Israeli politics, economics, culture, religion, literature, scientific and technological innovation, ethnic issues and external relations. Detailed review of these achievements and their characteristic, will not only be of great academic value for advancing Jewish-Israeli studies, but also can help promote exchanges in academic, innovative collaboration and other fields between China and Israel.

Key Words: Israel Studies, Economy and Culture, Foreign Relations